Clages/Zimmermann • Kriminologie

# Kriminologie

## Für Studium und Praxis

von

**Horst Clages**
Ltd. Kriminaldirektor a. D.

**Elmar Zimmermann**
Ltd. Kriminaldirektor

VERLAG DEUTSCHE POLIZEILITERATUR GMBH
Buchvertrieb

**Bibliografische Information der Deutschen Nationalbibliothek**

Die Deutsche Nationalbibliothek verzeichnet diese Publikation in der Deutschen Nationalbibliografie; detaillierte bibliografische Daten sind im Internet über http://dnb.d-nb.de abrufbar.

2. Auflage 2010
©VERLAG DEUTSCHE POLIZEILITERATUR GMBH Buchvertrieb,
Hilden/Rhld. 2010
Alle Rechte vorbehalten
Satz: VDP GMBH Buchvertrieb, Hilden/Rhld.
Druck und Bindung: Griebsch & Rochol, Hamm
Printed in Germany
ISBN 978-3-8011-0602-7

# Vorwort

Das vorliegende Buch enthält eine Darstellung des kriminologischen Grundwissens für die Ausbildung der Polizei. Die Auswahl der Themen stellt eine Einführung in die Kriminologie dar. Sie orientiert sich an den Curriculae des Bachelor-Studienganges und den Erfordernissen der polizeilichen Praxis. Das methodisch-didaktische Konzept folgt im Wesentlichen dem Prinzip des Repetitoriums. Der Konzeption entsprechend sind die einzelnen Themenbereiche in einer fachlich-theoretischen Kurzdarstellung gestaltet. Sie werden durch Hinweise auf die praktische Relevanz für die polizeiliche Aufgabenwahrnehmung ergänzt. Insoweit handelt es sich nicht in erster Linie um rein wissenschaftstheoretische Abhandlungen, wie sie in den meisten kriminologischen Lehrbüchern zu finden sind, die als Zielbereich das universitäre Studium im Blick haben. Im Mittelpunkt der Ausführungen steht vielmehr eine für die polizeiliche Aufgabenbewältigung anwendungsbezogene Kriminologie, die auf die Auseinandersetzung kontroverser Theorieansätze möglichst verzichtet, jedoch dort, wo sie bedeutungsvoll sind, angemessen diskutiert.

Soweit in den Einzeldarstellungen Kriminalitätsdaten verarbeitet worden sind, handelt es sich vorwiegend um Daten der Polizeilichen Kriminalstatistik des Bundes für das Jahr 2008. Zum Zeitpunkt der Manuskriptüberarbeitung stand aktuelleres Datenmaterial aus dem Erfassungsjahr 2009 noch nicht zur Verfügung. Dieser Umstand ist jedoch zu vernachlässigen, da die statistischen Daten der PKS im Einjahresvergleich nur unerheblich schwanken und somit auf grundsätzliche analytische Aussagen und phänomenologische Entwicklungen im Sinne der vorliegenden Darstellungen keinen wesentlichen Einfluss haben.

Darüber hinaus wird auf die relative Aussagekraft der Daten der Polizeilichen Kriminalstatistik hingewiesen, die begründet sind in systemimmanenten Schwächen und in der Dunkelfeldproblematik.

Die bearbeiteten Einzelthemen sind inhaltlich so angeordnet, dass der Leser/die Leserin zunächst in die Kriminologie als eine interdisziplinäre Wissenschaft und deren Entwicklung aus historischer Sicht eingeführt wird. Der derzeitige Diskussionsstand zu den als gesichert geltenden Erkenntnissen, der Bedeutung und der Anwendbarkeit von Kriminalitätstheorien leitet über zu kriminologischen Themenfeldern, die von besonderer polizeilicher Relevanz sind.

In einem zweiten Teil werden ausgewählte Deliktsanalysen vorgestellt. Besonders bei der Phänomenologie der Einzeldelikte zeigt sich die enge Verzahnung zwischen Kriminologie und Kriminalistik. Phänomenologische Erkenntnisse über Begehungsformen, Täter und deren Opfer sind unabdingbar notwendige Grundlagen für Kriminalitätslagebilder und somit für eine effektive Kriminalitätskontrolle unverzichtbar.

Anhand kurz gefasster Fallstudien mit gezielten Aufgabenstellungen sollen der Transfer von theoretischem Wissen auf die Praxis erreicht und das Verständnis für kriminologische Aussagen erleichtert werden. Darüber hinaus geben sie auch Anregungen für die Bearbeitung von Prüfungsklausuren im Fach Kriminologie und Prüfern Hinweise und Unterstützung in ihrer Prüfertätigkeit. Ausgesuchte Einzelfragen zu den jeweiligen Themenbereichen ermöglichen den Lesern die Selbstkontrolle des Lernerfolgs und unterstützen die Vorbereitung auf Fachgespräche und mündliche Prüfungen.

Empfehlungen zu weiterführender Literatur am Ende eines jeden Kapitels sind Hilfen für die gezielte fachliche Vertiefung.

Die Autoren verfügen über langjährige Lehr- und Prüfungserfahrungen in den Kriminalwissenschaften und über berufliches Erfahrungswissen aus verschiedenen Aufgaben- und Verantwortungsbereichen. Dieses Fachwissen haben sie in die vorliegenden Darstellungen eingebracht.

Wir wünschen allen Leserinnen und Lesern, die dieses Buch benutzen und damit lernend arbeiten, guten Erfolg.

Horst Clages und Elmar Zimmermann

# Inhaltsverzeichnis

# Abkürzungsverzeichnis

| | |
|---|---|
| a. a. O | am angeführten (angegebenen) Ort |
| Abs. | Absatz |
| ADAC | Allgemeiner Deutscher Automobilclub |
| AG | Arbeitsgemeinschaft |
| AKB | Allgemeine Bedingungen für die Kraftfahrtversicherung |
| Anl. | Anlage |
| AQ | Aufklärungsquote |
| BGBl. | Bundesgesetzblatt |
| BGHSt | Entscheidungen des Bundesgerichtshofs in Strafsachen |
| BKA | Bundeskriminalamt |
| BMJ | Bundesminister der Justiz |
| BRD | Bundesrepublik Deutschland |
| BtM | Betäubungsmittel |
| BtMG | Betäubungsmittelgesetz |
| BVerfG | Bundesverfassungsgericht |
| EDV | Elektronische Datenverarbeitung |
| EKhD | Erstauffällige Konsumenten harter Drogen |
| Erl. | Erlass |
| EW | Einwohner |
| FINDUS | Fallinformationen durchsuchen mit System |
| GDV | Gesamtverband der Deutschen Versicherungswirtschaft e. V. |
| GemRdErl. | Gemeinsamer Runderlass |
| Hrsg. | Herausgeber |
| HZ | Häufigkeitszahl |
| i. d. F. v. | in der Fassung von |
| INPOL | Informationssystem der Polizei |
| JGG | Jugendgerichtsgesetz |
| KBA | Kraftfahrtbundesamt |
| KFZ | Kraftfahrzeug |
| KPMD | Kriminalpolizeilicher Meldedienst |
| KSD | Kraftfahrzeug-Sachwert-Delikt |
| LKA | Landeskriminalamt |
| LKW | Lastkraftwagen |

| | |
|---|---|
| LSD | Lysergsäuredieethylamid |
| neub. | neu bearbeitet |
| NfD | nur für den Dienstgebrauch |
| NRW | Nordrhein-Westfalen |
| OFA | Operative Fallanalyse |
| OGZ | Opfergefährdungszahl |
| OK | Organisierte Kriminalität |
| PDV | Polizeidienstvorschrift |
| PKS | Polizeiliche Kriminalstatistik |
| PolG | Polizeigesetz |
| PKW | Personenkraftwagen |
| RiStBV | Richtlinien über das Straf- und Bußgeldverfahren |
| SR | Steigerungsrate |
| StGB | Strafgesetzbuch |
| StPO | Strafprozessordnung |
| StvStat | Strafverfolgungsstatistik |
| SZ | Schlüsselzahl |
| TVBZ | Tatverdächtigenbelastungszahl |
| TV | Tatverdächtige |
| TWE | Tageswohnungseinbruch |
| UVV | Unfallverhütungsvorschrift |
| VDP | Verlag Deutsche Polizeiliteratur |

# Kapitel 1
# Einführung in die Kriminologie

## 1 Begriff der Kriminologie

Der Begriff Kriminologie leitet sich vom lateinischen Wort „crimen" (Verbrechen) und dem griechischen Wort „logos" (Lehre) ab. Vom Wortsinn ist die Kriminologie somit die Lehre vom Verbrechen.

Bisher existiert keine einheitliche Definition des Begriffs „Kriminologie". Bis Ende der 60er-Jahre wurde in Deutschland (z. B. *Niggemeyer*) unter „Kriminologie im engeren Sinne" die „Wissenschaft von den Ursachen und Erscheinungsformen des Verbrechens, sowie den präventiven und repressiven Bekämpfungsmöglichkeiten der Kriminalität verstanden".[1]

Heute sind mehrere Standarddefinitionen in der Fachliteratur bekannt.

- Nach *Kaiser* ist „die Kriminologie die geordnete Gesamtheit des Erfahrungswissens über das Verbrechen, den Rechtsbrecher, die negative soziale Auffälligkeit und über die Kontrolle dieses Verhaltens. Ihr Wissenschaftsgebiet lässt sich mit den drei Grundbegriffen Verbrechen, Verbrecher und Verbrechenskontrolle treffend kennzeichnen. Ihnen sind auch Opferbelange und Verbrechensverhütung zugeordnet".[2]
- *Göppinger* definiert die „Kriminologie als selbstständige Erfahrungswissenschaft. Sie befasse sich mit den im menschlichen und gesellschaftlichen Bereich liegenden Umständen, die mit dem Zustandekommen, der Begehung, den Folgen und der Verhinderung von Straftaten sowie mit der Behandlung von Straffälligen zusammenhängen".[3]
- *Schwind* versteht unter „Kriminologie den interdisziplinären Forschungsbereich, der sich auf alle die empirischen Wissenschaften bezieht, die zum Ziel haben, den Umfang der Kriminalität zu ermitteln und Erfahrungen
  - über die Erscheinungsformen und Ursachen der Kriminalität (Phänomenologie und Ätiologie)
  - über Täter und Opfer (Forensische Psychologie und Psychiatrie, Viktimologie)
  - über die Kontrolle der sozialen Auffälligkeit einschließlich der Behandlungsmöglichkeiten für den Straftäter und der Wirkungen der Strafe bzw. Maßregel (Pönologie, Kriminaltherapie, Institutionenforschung, Statistik) zu sammeln".[4]

---

[1] Niggemeyer (1967), S. 9
[2] Kaiser (1996), S. 1
[3] Göppinger (2008), S. 1
[4] Schwind (2010), S. 8

Im nordamerikanischen Bereich wurde der Begriff der Kriminologie schon seit Langem sehr viel weiter gefasst. Hier war das Verständnis von Kriminologie bereits darauf ausgerichtet, wie Gesetze gemacht und aufgehoben werden, die Behörden der Rechtspflege arbeiten, wie diejenigen ausgesucht werden, die als Kriminelle behandelt werden, und wie Kriminalität definiert und erzeugt wird. Die amerikanischen Kriminologen interessierten sich schon früh für die große Zahl von Sozialproblemen, Rassismus, Macht und Krisen der Städte. Im Rahmen der sozialen Gerechtigkeit machten sie es sich zum Ziel, die Struktur und das Vorgehen der Institutionen der sozialen Kontrolle genauestens verstehen zu lernen.

**Merke**

Die engere und die weitere Auffassung von Kriminologie sollten erklärt werden können. Daneben sollte mindestens eine Definition von Kriminologie bekannt sein. Im polizeilichen Bereich werden überwiegend die Definitionen von Kaiser und Schwind zitiert.

# 2    Gegenstand der Kriminologie

Weitgehende Einigkeit herrscht darüber, womit sich die Kriminologie befasst. Diese Aufgabenbeschreibung bezeichnet man auch als Gegenstand der Kriminologie.

Zentraler Punkt kriminologischer Überlegungen ist das Verbrechen. Kriminalität entsteht danach durch die Interaktion von mehreren Beteiligten. Damit wird deutlich, dass neben dem Verbrechen auch der Verbrecher und das Verbrechensopfer Forschungsschwerpunkte der Kriminologie sind. Letztlich sind Verbrechen durch die staatlichen Organe zu verhindern und zu verfolgen. Somit ist die Verbrechenskontrolle ebenfalls Gegenstand der Kriminologie.

## 2.1    Verbrechensbegriffe

Die Verbrechensbegriffe, die im Recht, in der Soziologie und in der Kriminologie gebräuchlich sind, unterscheiden sich erheblich.

### Verbrechensbegriff des Strafgesetzbuches

Nach § 12 Abs. 1 StGB sind Verbrechen rechtswidrige Taten, die im Mindestmaß mit Freiheitsstrafe von einem Jahr oder darüber bedroht sind.

### Natürlicher Verbrechensbegriff

Der italienische Soziologe *Garofalo* benutzt in seinem Werk „Criminologia" erstmals den natürlichen Verbrechensbegriff (crimen naturale). Während die strafrechtliche Definition vom jeweiligen Gesetzgeber bestimmt werden kann, versteht man unter dem „natürlichen Verbrechensbegriff solche

Handlungen, die zu fast allen Zeiten und in fast allen Kulturkreisen als verwerflich angesehen werden. Hierzu wären der Mord, der Raub oder auch der Diebstahl zu zählen. Es wird unterschieden in Taten, die in sich schlecht sind (delicta mala per se), und in Taten, die strafbar sind, nur weil sie verboten sind (delicta mere prohibita)".

### Formeller Verbrechensbegriff

Unter den formellen Verbrechensbegriff fasst man solche Handlungen, die durch ein Gesetz mit strafrechtlichen Rechtsfolgen bedroht sind. Nach dem deutschen Strafrecht unterscheidet man dabei in Strafen (§§ 38 ff. StGB) und in Maßregeln der Sicherung und Besserung (§§ 61 ff. StGB).

Für den formellen Verbrechensbegriff findet man in der Literatur synonym auch die Begriffe:
- Strafrechtlicher Verbrechensbegriff
- Juristischer Verbrechensbegriff
- Legalistischer Verbrechensbegriff
- Normativer Verbrechensbegriff

### Materieller Verbrechensbegriff

Weitgehend von der Soziologie ist der materielle Verbrechensbegriff geprägt. Den Soziologen ging der formelle Verbrechensbegriff nicht weit genug, da sonstiges sozialschädliches oder sozial abweichendes Verhalten (Devianz) nicht in den Verbrechensbegriff einbezogen wurde, wenn eine Handlung formell nicht mit Strafe bedroht war. Vor dem Hintergrund einer liberalen Gesellschaft mit einem sich ändernden Zeitgeist scheint dieser Begriff wissenschaftlich angezeigt zu sein. Globalisierung und Technisierung führen zu einer neuen Qualität des Verbrechens, welches oftmals weit im Vorfeld einer formellen Sanktionierung zu Tage tritt.

### Funktionaler Verbrechensbegriff

Wichtig erscheint es, diese Begriffsvielfalt unter der Prämisse der Funktionalität oder Praxisorientierung zu verstehen. Heute nutzt man im polizeilichen Sprachgebrauch häufig den funktionalen Verbrechensbegriff, um über diesen Aussagen zum Umfang und zur Struktur von Verbrechen, Verbrechern und Verbrechensopfern erhalten zu können.

Danach ist Verbrechen ein schuldhaftes, seelisch-körperliches Verhalten, das wegen seiner gemeinschaftswidrigen Wirkung (Sozialschädlichkeit) rechtlich verboten und mit Strafe bedroht ist.

### Verbrechen als Einzeltat und Massenerscheinung

Den Kriminologen interessieren sowohl einzelne Taten als auch das Verbrechen als Massenerscheinung. So sind aus der Untersuchung eines Tatortes oder der Exploration eines Tatverdächtigen Erkenntnisse für zukünftige Fälle zu erlangen. Andererseits erlauben Analysen von Massenphänomenen eine strukturelle Aussage über Art und Umfang der heutigen oder zukünftigen Kriminalität.

Bsp.:
Warum tötet eine Stiefmutter in einer bestimmten Situation ihren Stiefsohn?
Wie wird sich die Jugendkriminalität in den nächsten Jahren entwickeln?

## Dunkelfeld

Neben den Straftaten, die der Polizei bekannt werden und deshalb näher untersucht werden können, ist für den Kriminologen ebenso interessant, welche Delikte nicht bekannt oder nicht angezeigt werden. Diese Handlungen werden unter dem Begriff Dunkelfeld zusammengefasst. Dabei unterscheidet man das absolute Dunkelfeld und das relative Dunkelfeld. Straftaten, die nicht bemerkt oder erkannt werden, sind solche des absoluten Dunkelfelds. Straftaten, die zwar erkannt werden, den staatlichen Behörden jedoch nicht angezeigt werden, sind solche des relativen Dunkelfelds.

Bsp.:
Der Geschädigte eines Taschendiebstahls meint, er habe sein Portemonnaie verloren.
Als Versicherungen darauf verzichteten, dass bei geringwertigen Diebstählen eine Anzeige bei der Polizei zu erstatten war, ging die Zahl der erfassten Diebstähle deutlich zurück.

## Vorfeld des Verbrechens

Ein Verhalten wird erst durch normative Wertungen zu dem unter Strafe gestellten „Verbrechen". Des Weiteren ist für die kriminologische Forschung wie für die polizeiliche Praxis das Vorfeld des Verbrechens von großem Interesse. Welche sozialen Verhaltensweisen dabei als sozial abweichend bezeichnet werden, hängt von der jeweiligen Gesellschaft, aber auch der geschichtlichen Epoche ab. Obdachlosigkeit, Alkoholismus, Suizid, Prostitution oder Drogenmissbrauch sind u. a. Verhaltensweisen, die im Vorfeld des Verbrechens für die Kriminologie interessant wären.

## Wandelbarkeit des Verbrechens

Im Zusammenhang mit dem Aufgabenbezug eines Verbrechensbegriffs ist die Wandelbarkeit des Verbrechens zu sehen. Die Entwicklung einer Gesellschaft führt dazu, dass Handlungen, die heute noch als gemeinschädlich betrachtet werden, in der Zukunft zunächst als Bagatelldelikt, später dann als „normal" empfunden werden (Entkriminalisierung).

Andersherum wird es neue Verhaltensweisen geben, die von der Gesellschaft als gravierend sozialschädlich empfunden werden und deshalb formell sanktioniert werden (Neukriminalisierung). Dabei hängt es von den jeweiligen Machtverhältnissen innerhalb des Staates und seiner internationalen Einbindung und vom Druck aus der Bevölkerung ab, in welche Richtung sich das Verbrechen wandelt.

Bsp.:

Der Tatbestand der Kuppelei passte nicht mehr in das Bild einer modernen liberalen Gesellschaft und wurde deshalb abgeschafft.

Computerkriminalität durch weltweite Datenmanipulation war bis Mitte der 90er-Jahre unbekannt.

Ölwechsel am Straßenrand führte vor 20 Jahren nur zu einem Kopfschütteln der Nachbarn. Heute wird regelmäßig die Polizei wegen eines Umweltdelikts tätig.

## Merke

Das Verbrechen als Gegenstand der Kriminologie sollte erläutert werden können. Die Unterscheidung der Verbrechensbegriffe wird als bekannt vorausgesetzt. Ebenso sollte beschrieben werden können, dass abweichendes Verhalten durch die Gesellschaft definiert ist und deshalb einem stetigen Wandel unterliegt. Gleiches gilt auch für das Verhalten, welches noch im Vorfeld des Verbrechens angesiedelt ist. Methodisch wird hierzu das Verbrechen als Einzeltat und als Massenerscheinung analysiert.

## 2.2    Begriff des Verbrechers

### Einzeltäter und Tätergruppen

Neben der Analyse von Handlungen, die als Verbrechen eingestuft werden, ist die Beschäftigung mit dem Verbrecher für die Kriminologie von Bedeutung. Dabei ist zunächst der einzelne Mensch, der ein Verbrechen begangen hat, von Interesse. Fragen nach dem Tatmotiv oder nach weiteren begangenen Delikten seien hier beispielhaft angeführt.

Darüber hinaus beschäftigt sich die Kriminologie mit der Analyse und Prognose, welche Bevölkerungsgruppen sich abweichend verhalten. So ist etwa die Untersuchung von Jugendkriminalität ein zentrales Forschungsgebiet der Kriminologie.

Bsp.:

In der Vernehmung zur Person im Rahmen eines Tötungsdelikts wird der Täter ausführlich zu seinen persönlichen Verhältnissen befragt. Zentrale Frage ist es zudem, das Tatmotiv herauszufinden.

In Zeiten steigender Gewalt durch Jugendliche ist zentraler Untersuchungsgegenstand der Kriminologie zu ermitteln, worin die Ursachen für die Gewaltbereitschaft liegen.

### Der Täter in seinen sozialen Bezügen

Beschäftigt sich der Kriminologe mit dem Einzeltäter, so ist ein zentrales Forschungsanliegen, die Ursachen für dessen Kriminalität herauszufinden. Dabei ist nicht nur die charakterliche Veranlagung der Person von Interesse, es wird ebenso untersucht, unter welchen sozialen Bedingungen der Täter heranwuchs. Fragen nach physischen und psychischen Auffälligkeiten stellen sich ebenso wie Fragen nach dem Sozialbereich des Probanden. So sind bei der Exploration eines Delinquenten seine Sozialisation, sein Leistungs- und Freizeitbereich, aber auch sein Kontaktbereich von entscheidender Bedeutung.

## Lebensquerschnitt/ Lebenslängsschnitt

Letztlich ist im Umgang mit der Täterpersönlichkeit von Interesse, welche Bedingungen zum Zeitpunkt eines abweichenden Verhaltens bestanden und auf den Täter eingewirkt haben.

Die Analyse dieser Einflussgrößen zum Zeitpunkt der Tat bezeichnet man als Lebensquerschnittuntersuchung. Betrachtet man zusätzlich den Lebenslängsschnitt eines Delinquenten, also dessen bisherigen Lebenslauf, seine kriminelle Karriere und Rückfälligkeit, so können diese Ergebnisse in einer Prognosetabelle niedergelegt werden, die wiederum dem Staatsanwalt oder Richter bei ihren Strafanträgen oder Urteilen helfen.

Bsp.:
Mitarbeiter der Jugendgerichtshilfe stellen für das Gericht fest, in welchen familiären Verhältnissen ein angeklagter Jugendlicher herangewachsen ist, um eine Prognose der weiteren Entwicklung des Angeklagten zu ermöglichen. Diese Ergebnisse werden bei der Festlegung des Strafmaßes einbezogen.

> **Merke**
>
> Als bekannt wird vorausgesetzt, dass Gegenstand der Kriminologie auch ist, den Verbrecher in seinen sozialen Bezügen zu untersuchen. Über den Lebensquerschnitt und den Lebenslängsschnitt sind Täterprognosen möglich.
>
> Des Weiteren wird das Verhalten von Bevölkerungsgruppen untersucht, die sich sozial abweichend verhalten. Hier wären Jugend- oder Ausländerkriminalität typische Beispiele.

## 2.3　Begriff des Verbrechensopfers

Ein Verbrechen kommt durch die Interaktion eines Verbrechers und eines Verbrechensopfers zustande. Dabei ist das Verhalten des Opfers oftmals erst tatauslösend. Deshalb wird in der Kriminologie verstärkt untersucht, welchen Einfluss Täter-Opfer-Bezüge auf das Entstehen von Verbrechen haben. Die Viktimologie als Lehre vom Opfer gewinnt zunehmend Bedeutung in der kriminologischen Forschung. Gerade für die Prävention ist das Opfer die erste Adresse. Während eine Resozialisierung eines Täters langwierig ist, kann über das Wissen, wann welche Personen an welchen Orten durch welches Verhalten Opfer von Straftaten werden, gezielt Verbrechensvorbeugung betrieben werden.

Bsp.:
Nach einer Serie von Raubüberfällen auf Tankstellen in den späten Abendstunden hat sich herausgestellt, dass die Betreiber, um ein lohnendes Zusatzgeschäft durch den Verkauf von Tabak-

waren und Alkoholika betreiben zu können, die Tankabrechnungen nicht über den Nachtschalter abwickelten. Durch Änderung dieses Verhaltens können weitere Taten verhindert werden.

**Merke**

Die Viktimologie als Lehre vom Opfer sollte als Teilaspekt der Kriminologie verstanden werden. Es sollte erläutert werden können, warum über das Opferverhalten eine gezielte Prävention möglich ist.

## 2.4 Verbrechenskontrolle

Letzter Gegenstand der Kriminologie sind die Tätigkeiten der Kontrollinstanzen, die die Verbrechenskontrolle durchführen. Dabei sind alle Personen und Institutionen der formellen und informellen Sozialkontrolle von Bedeutung. Formelle Sozialkontrolle betreiben neben Polizei und Justiz zunehmend auch die Behörden, die im Rahmen von Ordnungspartnerschaften Aufgaben wahrnehmen. Die informelle Sozialkontrolle erfolgt im Rahmen der Familie, der Schule oder der Berufsausübung.

Im Zentrum der Untersuchungen stehen dabei Fragen nach der Selektion bestimmter Tätergruppen oder der Stigmatisierung bestimmter Bevölkerungskreise. Auch wird untersucht, welche Verfolgungsschwerpunkte von den Kontrollinstanzen gewählt und durch welche Bedingungen diese gestützt werden.

Bsp.:
Durch die Herausgabe von Landeszielen werden jährlich ein oder mehrere Bearbeitungsschwerpunkte festgelegt.
Bei Polizeikontrollen werden häufiger Jugendliche, Ausländer oder soziale Randgruppen kontrolliert.

**Merke**

Gegenstand der Kriminologie ist auch die Aufgabenwahrnehmung durch die Instanzen der Sozialkontrolle. Dabei sollte erläutert werden können, dass Bearbeitungsschwerpunkte bestimmter Kriminalität festgelegt werden und es durch eine bewusste Selektion bestimmter Bevölkerungsgruppen zu einer Stigmatisierung kommt, die das Bild der bekannt gewordenen Kriminalität verzerren kann.

# 3 Kriminologie im System der Wissenschaften

## 3.1 Standort der Kriminologie

### Kriminologie als empirische Wissenschaft

Mittlerweile herrscht weitgehende Einigkeit darüber, dass die Kriminologie eine empirische, d. h. eine Erfahrungswissenschaft ist. Um zu kriminologischen Ergebnissen zu kommen, werden gemachte Erfahrungen analysiert. Diese werden mit verschiedenen Methoden exakter ausgewertet und nach Möglichkeit messbar gemacht.

Bekannte Methoden wären z. B. die Inhalts- oder Dokumentenanalyse, die Befragung oder das Interview, das Experiment oder die teilnehmende Beobachtung, aber auch die Evaluierung präventiver und repressiver polizeilicher Maßnahmen zur Erfolgskontrolle.

### Kriminologie als Tatsachenwissenschaft

Die Kriminologie untersucht abweichendes Verhalten und strafrechtlich relevante Geschehnisse. Das Verhalten der Menschen wird als reales, wirkliches Ereignis bewertet. Hauptaufgabe der Kriminologie ist es, die Verbrechenswirklichkeit systematisch zu beobachten, zu erfassen, darzustellen und zu erklären.

### Kriminologie als Sozialwissenschaft

Die Kriminologie untersucht menschliches Verhalten. Hierbei werden sowohl das Täter- und Opferverhalten berücksichtigt als auch die Meinung und Reaktion der unbeteiligten Bürger hieraus. Somit ist die Kriminologie auch als Sozialwissenschaft zu kennzeichnen.

### Kriminologie als selbstständige Wissenschaft

Weitgehende Einigkeit besteht heute auch darüber, dass die Kriminologie eine selbstständige Wissenschaft ist. Zwar wird vor allem aus soziologischer und psychiatrischer Sicht eine Autonomie der Kriminologie noch bestritten, weltweit ist der überwiegende Teil der Wissenschaft mittlerweile jedoch der Auffassung, dass die umfangreichen, eigenständigen Aufgaben der Kriminologie einen selbstständigen Standort als Wissenschaft rechtfertigen.

### Kriminologie als multi- oder interdisziplinäre Wissenschaft

Unbestritten ist, dass die Kriminologie eine interdisziplinäre, auch multidisziplinäre Wissenschaft ist. Dies bedeutet, dass Ergebnisse und Methoden aus unterschiedlichen Wissenschaften angewandt und genutzt werden, um sie für die Zwecke der kriminologischen Forschung zu nutzen. Interdisziplinarität ist zu verstehen als theoretische Integration und Verarbeitung von Beiträgen, Befunden und Ansätzen aus den verschiedenen wissenschaftlichen Disziplinen, die ihr analytisches und methodisches Instrumentarium auch auf den Gegenstand der Kriminalität und der mit ihr verbundenen Phänomene angewandt haben.

Besonders intensive Bezüge gibt es zu den Wissenschaftsgebieten der Soziologie, Psychologie (Tiefen-, Entwicklungs- und Sozialpsychologie), Medizin (Rechtsmedizin, Psychiatrie), Ethologie (Verhaltensforschung), Biologie (Humangenetik), Politologie, Demografie, Pädagogik und Chemie.

> **Merke**
>
> Der Standort der Kriminalität im System der Wissenschaften sollte beschrieben werden können. Vor allem sollte bekannt sein, dass die Kriminologie eine empirische, interdisziplinäre Wissenschaft ist, die als selbstständige Wissenschaft Aufnahme in das System der Wissenschaften gefunden hat.

## 3.2 Kriminologie im System der Kriminalwissenschaften

Nach *Groß/Geerds* werden als Kriminalwissenschaften „alle diejenigen Disziplinen bezeichnet, die sich in dieser oder jener Form primär mit dem kriminellen Verhalten von Menschen befassen"[5]. Dabei kann man in juristische und nichtjuristische Kriminalwissenschaften unterscheiden.

– Die juristischen Kriminalwissenschaften gliedern sich in die Strafrechtswissenschaften und die Strafprozessrechtswissenschaften. In diesen Disziplinen wird geklärt, was strafbar ist und wie im Rahmen eines Verfahrens vorzugehen ist. Geläufig sind hierfür auch die Begriffe „materielles Strafrecht" und „formelles Strafrecht".

– Zu den nichtjuristischen Kriminalwissenschaften zählen die Kriminologie und die Kriminalistik als gleichberechtigte Teildisziplinen.

– Auch die Kriminalistik ist nicht einheitlich definiert. Nach *Kube/Störzer* ist „Kriminalistik das Wissen über die Methoden und Mittel der Verhütung, Aufdeckung und Aufklärung von Straftaten einschließlich der Fahndung nach Personen und Sachen"[6]. *Clages* versteht die „Kriminalistik als Lehre von der präventiven und repressiven Verbrechensbekämpfung"[7]. Die Kriminalistik gliedert sich in weitere Teildisziplinen. Zu erwähnen wären die Kriminaltechnik, die Kriminaltaktik, die Kriminalstrategie und die Kriminallogistik.

– Auch die Kriminologie gliedert sich in Teilgebiete und unterschiedliche Aufgaben. Diese sind im nächsten Abschnitt erläutert.

– Die Kriminalpolitik ist letztlich das Ergebnis der juristischen und nichtjuristischen Kriminalwissenschaften. Diese versteht man als Gesamtheit aller staatlichen Maßnahmen, die zum Schutz der Gesellschaft und des einzelnen Bürgers auf Verhütung und Bekämpfung von Kriminalität gerichtet sind.

---

[5]   Groß/Geerds (1977), S. 12
[6]   Kube/Störzer (1992), S. 1
[7]   Clages (1994), S. 17

**Merke**

Die Abgrenzung zwischen der Kriminologie und der Kriminalistik im Gesamtsystem der Kriminalwissenschaften sollte beherrscht werden. Eine gängige Definition der Kriminalistik wird als bekannt vorausgesetzt. Die Teildisziplinen der Kriminalistik sollten vorgestellt werden können.

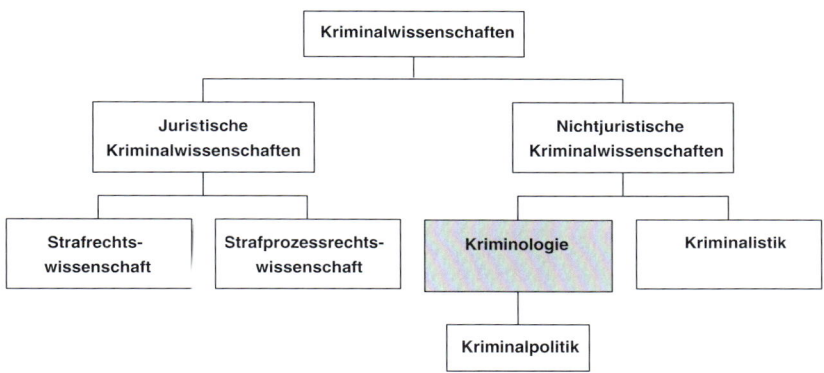

Übersicht: Die Kriminalwissenschaften

## 3.3 Teilgebiete der Kriminologie

Ausgehend von der Definition der Kriminologie im engeren Sinne könnte man der Meinung sein, dass sich die Teilgebiete der Kriminologie in die Erscheinungsformen (Phänomenologie) und die Ursachen (Ätiologie) des Verbrechens einteilen ließen.

Nach der heutigen Auffassung sind die Teilgebiete der Kriminologie sehr viel weiter gefasst.

### Kriminalphänomenologie – Lehre von den Erscheinungsformen des Verbrechens

Die Phänomenologie erfasst und beschreibt Einzeldelikte, Deliktsgruppen und die Gesamtkriminalität sowie die dazugehörigen Täterdaten im Zusammenhang mit den Ursachen und der jeweiligen sozialen Situation.

Bsp.:
Durch die „7 Goldenen W" (wer, was, wann, wo, wie, womit, warum) erfasst der Kriminalist eine Handlung.

### Kriminalstatistik

Im Rahmen einer Kriminalstatistik werden Daten und Fakten zu strafbaren Handlungen gesammelt, nach festgelegten Regeln aufbereitet, analysiert und interpretiert, um ein möglichst objektives Abbild der Verbrechenswirklichkeit zu erhalten. Eingeschränkt sind über die Statistik auch Prognosen möglich.

## Kriminalgeografie

Die Kriminalgeografie zeigt die Beziehungen zwischen Kriminalität und dem jeweiligen Lebensraum auf. Sie beschäftigt sich mit der Verteilung von kriminellen Handlungen und Täterwohnsitzen innerhalb bestimmter Gebietseinheiten. Dazu werden vor allem auch soziale Daten wie Arbeitslosigkeit, Wohndichte, Freizeit- und Kulturangebot u. ä. sowie Daten zur Raumstruktur (Stadtgepräge, Wohngebäude, Verkehrsgefüge) einbezogen.

## Kriminalätiologie – Lehre von den Ursachen des Verbrechens

Die Ätiologie versucht mit Hilfe von wissenschaftlichen Theorien unterschiedliche Ansätze für die Ursachen für Straftaten zu ermitteln.

## Kriminalsoziologie

Die Kriminalsoziologie beschäftigt sich mit dem Verhältnis von Kriminalität und gesellschaftlichen Bedingungen sowie Beziehungen zwischen sozialen Strukturen und Individuum. Sie versucht, die Entstehung von Straftaten, deren Definition und Bedeutung sowie die Entwicklung und Verhinderung im gesamtgesellschaftlichen Rahmen zu erklären. Darüber hinaus sucht sie nach Individualursachen, Strafwirkungen und Möglichkeiten der Vermeidung des Straffälligwerdens.

## Kriminalpsychologie

Die Lehre von den seelischen Verhältnissen und Abläufen in der Persönlichkeit des Täters, die als tatrelevant zu bewerten sind. In diesem Zusammenhang sind krankhafte (pathologische) Gesichtspunkte, aber auch die Vererbungslehre zu berücksichtigen.

## Kriminalpolitik

Die Lehre von der Gesamtheit aller staatlichen Maßnahmen, die zum Schutz der Gesellschaft und des einzelnen Bürgers auf Verhütung und Bekämpfung von Kriminalität gerichtet sind.

## Viktimologie – Lehre vom Verbrechensopfer

In der Viktimologie werden die verschiedenen Bedingungen untersucht, warum Personen Opfer werden, aber auch, wie ihr jeweiliger Tatbeitrag aussieht. Daneben wird die Rolle des Opfers in der Sozialkontrolle, etwa bei der Anzeigenerstattung, beleuchtet.

## Pönologie

Lehre von Vollstreckung und Vollzug staatlicher Strafsanktionen, mit dem Ziel, Sinn und Folgen freiheitsentziehender Maßnahmen zu untersuchen.

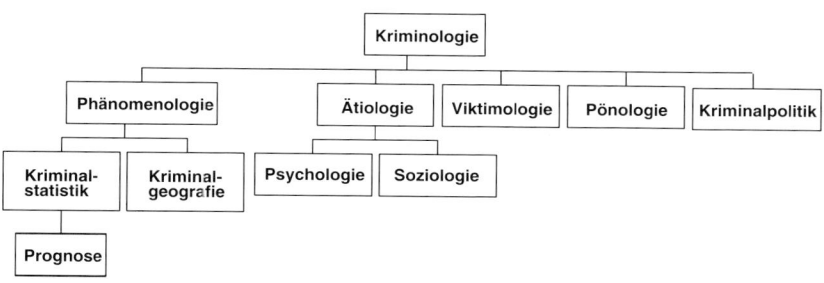

Übersicht: Teilgebiete der Kriminologie

> **Merke**
>
> Die Teilgebiete der Kriminologie werden als bekannt vorausgesetzt. Gerade in der mündlichen Prüfung ist es beliebtes Thema, den Einstieg über die Frage nach der Phänomenologie und Ätiologie zu wählen.

# 4 Geschichte der Kriminologie

## 4.1 Vorwissenschaftliche Fundstellen

Schon sehr früh sind in der Menschheitsgeschichte kriminologische Aussagen nachzuweisen. Diese haben zwar keinen wissenschaftlichen Charakter, beweisen aber, dass seit Menschengedenken abweichendes Verhalten beurteilt und bewertet wurde.

### Hammurabi (ca. 1700 v. Chr.)

Von einem Höherstehenden wird eine größere Moral als vom Niedrigen erwartet. Folglich soll ein Vergehen eines Reichen schärfer als das eines Armen geahndet werden. Fehlverhalten wird bestraft und unterliegt nicht mehr der Rache der Familie.

### Hippokrates (460–377 v. Chr.)

„Alle Verbrecher sind geisteskrank bzw. irrsinnig."

### Plato (427–347 v. Chr.)

Beim griechischen Philosophen wird erstmals der Gedanke von Prävention deutlich.

„Derjenige, der vernünftig strafen will, greift nicht zur Strafe, im Sinne einer Vergeltung für eine rechtswidrige Handlung. Er ist ja nicht imstande, das, was geschehen ist, ungeschehen zu machen. Mit der Strafe hat er vielmehr die Zukunft vor Augen, zunächst mit dem Ziel, dass derselbe Mensch nicht aufs Neue etwas Unrechtes tun wird, sodann, um zu verhindern, dass andere Unrecht tun. Sie erleben, dass der Täter für seine Tat bestraft wird. Das Vernünftige setzt sich die Abschreckung zum Ziel."

Die Ursachen des Verbrechens liegen für ihn in Dummheit, Leidenschaft, Egoismus und Genusssucht.

### Aristoteles (384–322 v. Chr.)

Für diesen griechischen Philosophen waren Verbrecher Gesellschaftsfeinde. Verbrecher waren nach Veranlagung und Gesellschaftsfaktoren zu unterscheiden.

### Thomas v. Aquin (1225–1274 n. Chr.)

Die Aussagen des Scholastikers sind sehr unter dem Einfluss der Kirche zu sehen. „Durch die Strafe konnte Gottes Zorn über die Missetat abgewendet werden." Gleichzeitig nahm er die Gedanken der griechischen Philosophen wieder auf. Für ihn war jeder Mensch aus „Potenz" (Anlage) und „Akt" (Wirklichkeit) zusammengesetzt.

### Thomas Morus (1478–1535 n. Chr.)

In seinem Buch „Utopia" sieht er die Ursachen des Verbrechens in der Gesellschaft, speziell in den ökonomischen und berufsmäßigen Verhältnissen.

Neben diesem Vertreter äußerten sich auch die Reformer (z. B. Luther, Calvin), die außerdem wirtschaftliche Gründe als Ursache für das Verbrechen sahen.

## 4.2 Entwicklung zur Wissenschaft

Im 18. Jahrhundert begann die erste wissenschaftliche Beschäftigung mit der Kriminologie. Geprägt waren die Überlegungen vom Zeitalter der Aufklärung. Deshalb waren viele Überlegungen zur Ursache des Verbrechens auch an der deterministischen oder indeterministischen Grundeinstellung (Lehre von der Unfreiheit bzw. Freiheit menschlichen Handelns) der jeweiligen Vertreter orientiert.

### Bedeutende Pioniere:
### Cesare di Beccaria (1738–1794) – Klassische Schule

Einer der bedeutendsten Vorreiter der Kriminologie war der Italiener *Cesare di Beccaria*. Seine Überlegungen zum Strafrecht, zur Bestrafung und zu den Ursachen abweichenden Verhaltens, die er in seinem Buch „Dei delitti e delle pene" niederschrieb, waren zu seiner Zeit revolutionär, wurden aber schon bald von vielen Staatsoberhäuptern übernommen. Di Beccaria war Vertreter der so genannten „Klassischen Schule".

Die klassische Schule der Kriminologie resultierte aus der Aufklärung. In ihr galten alle Menschen als frei, gleich und vernunftgesteuert und konnten daher als Individuen verantwortlich handeln. Der Mensch wurde als vernünftiges und verantwortliches Wesen gesehen, dessen im Grundsätzlichen anerkannte Willensfreiheit jedoch durch Gott, Teufel, Natur oder Unwissenheit beeinträchtigt sein konnte, und der somit in der Lage war, sich auch abweichend gegenüber Gesetz und Ordnung zu verhalten (*Lamnek*)[8].

Zu einer Zeit, als es an der Tagesordnung war, zu foltern und unmenschliche Strafen auszusprechen, kritisierte er den Strafvollzug und wendete sich gegen die Strafgewalt des Staates, die als etwas Höheres, Mystisches oder Unantastbares angesehen wurde.

Im Wesentlichen lassen sich die Forderungen di Beccarias wie folgt zusammenfassen:

1. Willkürverbot für die Polizei
2. Strikte Abhängigkeit des Richters vom Gesetz
3. Zügige Abwicklung des Strafverfahrens
4. Gewährung ausreichender Zeit für die Verteidigung
5. Öffentlichkeit der Gerichtsverhandlungen
6. Unschuldsvermutung zugunsten des nicht überführten Tatverdächtigen
7. Abschaffung des Strafzwecks der Vergeltung zugunsten der Abschreckung
8. Abschaffung grausamer Strafarten
9. Ersetzung der Todesstrafe durch lebenslange Freiheitsstrafe
10. Primat vorbeugender Kriminalpolitik

Zum Gedenken an di Beccaria wird durch die „Neue Kriminologische Gesellschaft e. V." seit 1964 die „Beccaria-Medaille" an solche Kriminologen oder Kriminalpolitiker verliehen, die sich im Sinne di Beccarias besonders verdient gemacht haben.

## Cesare Lombroso (1835–1909) – Anthropologische Schule

Der italienische Militärarzt gehörte systematisch zu den Vertretern der „Positivistischen Schule", aus denen sich die „Italienische (kriminal-anthropologische) Schule" und die „Französische (kriminal-soziologische) Schule" ableiteten.

*Lombroso* begann als junger Militärarzt an Straftätern den Schädelumfang, Arm- und Beinlänge, Brustumfang, Gewicht u. a. anatomische Merkmale zu messen, aufzuschreiben und mit gleichen Messungen später an Soldaten zu vergleichen.

Seine Grundthese bestand in der Überlegung, dass der Kriminelle äußerlich durch körperliche Merkmale erkennbar sei. Für ihn war der Kriminelle ein atavistisches Wesen, also jemand, der sich zu einer früheren Entwick-

---

[8]  Lamnek (1999), S. 62

lungsstufe zurückentwickelt. Er kristallisierte bestimmte Tätertypen heraus, die er nach bestimmten Gesichtspunkten einteilte. Die Ergebnisse legte er in seinem Werk „L'uomo delinquente" (Der kriminelle Mensch) in drei Bänden nieder.

*Lombrosos* Theorie vom geborenen Verbrecher stützt sich auf vier Hauptaussagen:

1. Der Kriminelle unterscheidet sich vom Nichtkriminellen durch zahlreiche physische und psychische Anomalien.
2. Der Verbrecher ist eine Spielart der menschlichen Gattung, ein anthropologischer Typ, eine Entartungserscheinung.
3. Der Verbrecher ist ein Atavismus, eine „Rückartung" auf einen primitiven, untermenschlichen Typ des Menschen. Verbrecher sind moderne Wilde, körperliche und seelische Rückschläge in ein früheres Stadium der Menschheitsgeschichte, in phylogenetische Vergangenheit. Im Verbrecher treten physische und psychische Merkmale auf, die man entwicklungsgeschichtlich für überwunden glaubte.
4. Verbrechen vererbt sich, es entsteht aus einer kriminellen Anlage.

Lombroso war der erste Wissenschaftler, der durch empirische Forschungsarbeit systematisch Körpermessungen und anatomische Untersuchungen vorgenommen hat.

In seinem Buch „Der geborene Verbrecher" führt er u. a. aus:

„Die Mörder haben einen glasigen, eisigen, starren Blick, ihr Auge ist bisweilen blutunterlaufen. Die Nase ist groß, oft eine Adler- oder vielmehr Habichtsnase; die Kiefer starkknochig, die Ohren lang, die Wangen breit, die Haare gekräuselt, voll und dunkel, der Bart oft spärlich; die Lippen dünn, die Eckzähne groß ... Im Allgemeinen sind bei Verbrechern von Geburt die Ohren henkelförmig, das Haupthaar voll, der Bart spärlich, die Stirnhöhlen gewölbt, die Kinnlade enorm, das Kinn viereckig oder vorragend, die Backenknochen breit – kurz ein mongolischer und bisweilen negerähnlicher Typus vorhanden."

Der Verdienst *Lombrosos* bestand darin, erstmals wissenschaftliche Methoden zu kriminologischen Zwecken – Erkennung von Verbrechertypen – angewandt zu haben. Seine Untersuchungen waren jedoch nur auf Verbrecher gerichtet. Es fehlte der Vergleich der gefundenen Merkmale mit einer nichtstraffällig gewordenen Bevölkerungsgruppe. Deshalb wurden seine Hypothesen schon zu seinen Lebzeiten, etwa durch den Berliner Gefängnisarzt *Baer* und den englischen Psychiater Charles Buckman *Goring* (Vergleich der körperlichen Merkmale von 3 000 Gefangenen mit 1 000 Studenten der Universität Cambridge) widerlegt.

*Lombrosos* Gedanken wurden leider durch den NS-Staat wieder entdeckt, der ihn für seine Zwecke kriminalpolitisch missbrauchte.

## Weitere frühe „Kriminologen"

In die Zeit des 19. Jahrhunderts fiel auch der erstmalige Gebrauch des Begriffs „Kriminologie", der dem französischen Anthropologen Topinard zugerechnet wird. Erstmals verwandt wurde der Begriff durch den Italiener Raffaele Garofalo, der ein Buch mit dem Titel „Criminologia" veröffentlichte.

## Weitere bedeutende Persönlichkeiten der Kriminologie waren

- für den Bereich der Phänomenologie: de Pitaval und Anselm von Feuerbach,
- für den Bereich der Anthropologie: *Franz Josef Gall*,
- für die Pönologie: *John Howard*,
- für die Psychologie und Psychiatrie: *von Eckartshausen, Esquirol* oder *Prichard*,
- für die Statistik: *Guerry und Quetelet*,
- für die Soziologie: *v. Öttingen und Mayr* und
- für die marxistische Kriminologie: *Friedrich Engels*.

Man sieht an dieser Aufstellung, dass es den eigentlichen „Vater der Kriminologie" nicht gibt.

### Merke

Das Wirken von *di Beccaria* und *Lombroso* sollte für mögliche Fragen in einer mündlichen Prüfung bekannt sein. Dabei ist zum einen die Rolle von di Beccaria als Strafrechtsreformer von Bedeutung, dem es gelang, Strafrecht aus dem dunkelsten Mittelalter in die Neuzeit zu überführen, zum anderen die Rolle *Lombrosos*, der erstmals mit wissenschaftlichen Methoden das Phänomen des Verbrechers untersuchte, auch wenn seine Hypothesen nicht zu halten waren.

## 4.3    Schulenstreit des 19. Jahrhunderts

### Die Italienische Schule

Die Italienische Schule war anthropologisch oder auch biologisch geprägt. Ihr bedeutendster Vertreter war *Cesare Lombroso* (s. o.). Die Hypothesen waren sehr stark von der Evolutionstheorie von Charles Darwin geprägt. „Der Verbrecher ist also der anomale Mensch, der von der Natur zum Rechtsbruch bestimmte Mensch."

Unter dem Druck der Kritik ist *Lombroso* später von seiner Hypothese abgerückt. Er hat seine These des geborenen Verbrechers so modifiziert, dass diese nur für etwa ein Drittel der Straftäter in Frage käme, für die dann allerdings nur noch die lebenslange Freiheitsstrafe oder die Todesstrafe vorzusehen sei.

Bekanntester Schüler *Lombrosos* war *Enrico Ferri*, der die Aussagen *Lombrosos* dahingehend modifizierte, dass für ihn „das Verbrechen eine Erscheinung zugleich biologischen, physischen und sozialen Ursprungs sei".

Ferri unterschied in seinem Buch in 5 Klassen von Straftätern:
– Der geborene Verbrecher
– Der verbrecherische Irre
– Der Verbrecher aus Leidenschaft
– Der Verbrecher aus erworbener Gewohnheit
– Der Gelegenheitsverbrecher

### Die Französische Schule

Die Französische Schule sah die Ursache für das Verbrechen in der sozialen Entwicklung des Menschen und unterschied sich damit grundlegend von der Italienischen Schule. Ihre Hypothesen waren geprägt durch Schriften von *Montesquieu*, *Rousseau* und *Locke*, der schon früh (1693) die These vertrat, dass „die soziale Entwicklung des Menschen von seiner Erziehung abhängig sei".

Die Milieu-Theorie der Französischen Schule wurde durch ihre Vertreter *Alexander Lacassagne* (1843–1924) und *Gabriel Tarde* (1843–1904) so ausgelegt, dass die charakterliche Veranlagung des Menschen allein auf äußere Umstände zurückzuführen ist.

*Lacassagne* wurde durch seinen Ausspruch berühmt, dass „jede Gesellschaft die Verbrecher hat, die sie verdient".

*Tarde* gelang es, durch empirisches Material den Anhängern der Italienischen Schule nachzuweisen, dass gleichartige Merkmale, wie *Lombroso* sie bei Verbrechern nachgewiesen hatte, auch bei Nichtverbrechern vorkommen. Für Tarde lag die Hauptursache für das Verbrechen in der Möglichkeit der Nachahmung sozialen und asozialen Verhaltens.

### Die Marburger Schule

Die Marburger Schule wurde geprägt durch den deutschen Juristen *Franz von Liszt* (1851–1919). Für ihn lag die Erklärung des Verbrechens in der Vereinigung der Hypothesen der Italienischen und der Französischen Schule (Synthese).

Seine Vereinigungstheorie ging in der Kernaussage davon aus, dass „das Verbrechen das Produkt aus der Eigenart des Täters im Augenblick der Tat und aus den ihn in diesem Augenblick umgebenden äußeren Verhältnissen ist". Diese auch „Anlage-Umwelt-Formel" genannte Hypothese war methodisch der erste Mehrfaktorenansatz (MFA), wonach abweichendes Verhalten nie aus nur einem Grund entsteht. Für *von Liszt* hatte die Veranlagung dabei nur geringe Bedeutung.

Dieser MFA bestimmte vor allem in den USA bis zum 2. Weltkrieg das kriminologische Denken. Auch heute wird methodisch für die Kriminalitätserklärung überwiegend ein MFA gewählt. Neben seinen Verdiensten um die Neuorientierung des Strafrechts in Deutschland (Marburger Programm) machte *von Liszt* sich auch durch die Gründung der „Zeitschrift für die gesamte Strafrechtswissenschaft" (ZStW), die auch heute in keiner guten Bibliothek fehlen darf, einen Namen.

**Merke**

Die unterschiedlichen Hypothesen der Italienischen Schule, der Französischen Schule und der Marburger Schule sollten für die mündliche Prüfung bekannt sein.

Methodisch ist der Mehrfaktorenansatz für die Kriminalitätstheorien von Bedeutung, da nach diesem wissenschaftlichen Ansatz die Kriminalität nie in nur einer Ursache begründet liegt.

## 4.4 Der Weg zur modernen Kriminologie

Nach dem Schulenstreit des 19. Jahrhunderts entwickelte sich, vor allem in den USA, eine Vielzahl von Theorien, die entweder den Anlagenfaktor oder Umweltbedingungen als kriminalitätsverursachend ansahen.

Die traditionelle Kriminologie war bis in die 50er-Jahre von der Suche nach Faktoren bestimmt, die der Anlage-Umwelt-Formel entsprachen. Beherrscht wurde die Kriminologie von der Grundannahme, dass sich Verbrecher und Gesetzeskonforme, Täter und Nichttäter nach ihrer Persönlichkeitsstruktur und ihren Eigenschaften unterscheiden.

Heute wird in einer modernen Kriminologie für die Kriminalitätserklärung methodisch überwiegend ein Mehrfaktorenansatz gewählt. Es hat sich aber gezeigt, dass für eine nachvollziehbare Verbrechenserklärung eine Untersuchung des Verbrechers nicht ausreichend ist. Vielmehr muss ein Erklärungsansatz auch den Opfereinfluss und die herrschenden Bedingungen der Sozialkontrolle berücksichtigen.

Auf eine Auswahl gängiger Theorien der Kriminalitätserklärung wird später näher eingegangen.

# 5 Methoden der Kriminologie

## 5.1 Empirische Sozialforschung[9]

**Definition**

„Empirische Sozialforschung" ist die systematische Erfassung und Deutung sozialer Erscheinungen. Empirisch bedeutet in diesem Zusammenhang, dass theoretisch formulierte Annahmen an spezifischen Wirklichkeiten überprüft werden. Systematisch weist darauf hin, dass dies nach Regeln vor sich gehen muss. Neben den theoretischen Annahmen und der zu untersuchenden sozialen Realität bedingen die zur Verfügung stehenden Mittel den Forschungsablauf.

**Problematik**

Ein gesichertes Wissen über die Ursachen der Kriminalität gibt es nicht. Aus diesem Grund sind die Ergebnisse zahlreicher kriminologischer Forschungsarbeiten mehr als fraglich. Ihr Aussagewert ist zum Teil nur eingeschränkt nutzbar.

Bsp.:
Bei verschiedenen Einbruchsdelikten ist der Anteil der als tatverdächtig erfassten Ausländer überdurchschnittlich hoch. Es darf jedoch nicht vergessen werden, dass bei diesen Delikten die gesicherten Täterdaten aus einem Aufklärungsanteil von z. T. unter 20 Prozent gewonnen werden, die nicht geklärten Taten somit durchaus auch alle auf das Konto von Deutschen gehen könnten.

Bei der Erfassung von Fällen für die Polizeiliche Kriminalstatistik (PKS) kommt es immer wieder zu Fehlern und Ungenauigkeiten, die die Aussagekraft erheblich einschränken.

**Methodenwahl**

– Quer- und Längsschnittsuntersuchungen

Kriminologische Untersuchungen beziehen sich überwiegend auf den Zeitpunkt des Ereignisses, also der Straftat. Allenfalls wird der Weg zu dieser Straftat in die Untersuchungen einbezogen. Solche Untersuchungen bezeichnet man als Querschnittsuntersuchung.

Wird alternativ das gesamte Leben eines Probanden analysiert, spricht man von einer Längsschnittuntersuchung.

– Quantitative und qualitative Forschung

Basieren Untersuchungen auf Zahlen oder lassen sie sich in Zahlen umwandeln, spricht man von quantitativer Forschung. Bestes Beispiel hierfür sind statistische Methoden.

Bei der qualitativen Forschung wird auf diese Verfahren gänzlich verzichtet. Sie erfolgt über Befragungen, Vernehmungen, Interviews, Ex-

---

9    Schwind (2010), S. 156 ff.

plorationen und ähnlichem. Dabei ist kritisch zu betrachten, dass gleiche Aussagen sehr unterschiedlich gedeutet werden können.

– Voll- und Teilerhebungen

Vollerhebungen (z. B. Volkszählung) sind in der Kriminologie die Ausnahme, es sei denn, man kann sich auf eine relativ kleine Grundmenge beziehen (z. B. alle Strafgefangenen einer bestimmten Justizvollzugsanstalt).

Im Rahmen der empirischen Sozialforschung wird überwiegend mit Teilerhebungen gearbeitet (z. B. eine bestimmte Anzahl von Schülern einer Gesamtschule). Dabei ist zu beachten, dass die Erhebung repräsentativ sein muss, d. h. eine Stichprobe muss uneingeschränkt zufällig sein.

## 5.2 Durchführung einer empirischen Untersuchung

### 5.2.1 Untersuchungsgegenstand und Ausgangshypothese

Zunächst muss thematisch festgelegt werden, womit sich die Untersuchung beschäftigen soll.

Bsp.:
Im Rahmen eines Projektes soll die Jugendkriminalität in einer Kleinstadt untersucht werden.

Zu diesem Thema werden vorhandene Quellen vorbereitend gesammelt und geordnet.

Bsp.:
Fachliteratur zur Jugendkriminalität und Auszüge der PKS für die Untersuchungsregion werden gesichtet.

Anschließend muss eine Ausgangshypothese formuliert werden. Eine Hypothese kann als Behauptung für einen Zusammenhang von mindestens zwei Merkmalen definiert werden.

Bsp.:
Die Ausgangshypothese lautet, dass die Jugendkriminalität in der Kleinstadt überproportional hoch sei, weil zahlreiche Jugendhilfeeinrichtungen vor Ort lokalisiert seien.

Die Ausgangshypothese muss frei von Widersprüchen und überprüfbar sein.

Bsp.:
Es muss festgelegt werden, was unter Jugendhilfeeinrichtungen verstanden wird. Alle Daten dürfen sich nur auf den Bereich der Jugendkriminalität beziehen.

Eine Hypothese ist von abhängigen (veränderlichen) und unabhängigen (konstanten) Variablen bestimmt.

Bsp.:
Die Zahl der bekannt gewordenen Straftaten soll untersucht werden (abhängige Variable). Unabhängige Variable wäre die (gleich bleibende) Zahl der Jugendlichen, die in den Jugendhilfeeinrichtungen untergebracht sind.

## 5.2.2   Methodenwahl

### Teilnehmende Beobachtung

Als teilnehmende Beobachtung bezeichnet man die geplante Wahrneh-
mung des Verhaltens von Personen in ihrer natürlichen Umgebung durch
einen Beobachter, der an der Interaktion teilnimmt und von den anderen
Personen als Teil ihres Handlungsfeldes angesehen wird.

Bsp.:
Das Verhalten von untergebrachten Jugendlichen an bestimmten Brennpunkten wird verdeckt
beobachtet.

### Experiment

Unter Experiment versteht man die wiederholbare Beobachtung unter kon-
trollierten Bedingungen mit dem Ziel, eine zugrunde liegende Hypothese zu
überprüfen.

Bsp.:
In einer Tankstelle, die in der Nähe einer Jugendhilfeeinrichtung liegt, werden als Aktion billige
Statussymbole zum Verkauf gebracht.

### Befragung oder Interview

Alle an der Interaktion Verbrechen beteiligten Personen kommen hierzu in
Frage. Dies sind insbesondere Täter, Opfer, Zeugen, Beteiligte, Auskunftspersonen und Angehörige der Strafverfolgungsbehörden. Darüber hinaus
auch Experten oder Bürger.

Bsp.:
Tatverdächtige Jugendliche und Opfer werden zum Ablauf der Taten befragt. Die Bürger werden
zum Sicherheitsgefühl in einer Fragebogenaktion um Stellungnahme gebeten.

### Dokumentenanalyse

Auswertung der Polizeilichen Kriminalstatistik (PKS), polizeilicher Unterlagen, Straf- oder Kriminalakten, Biografien oder sonstiger Unterlagen.

Bsp.:
Vorhandene frühere Ermittlungsakten gegen Jugendliche aus den Jugendhilfeeinrichtungen
werden analysiert.

### Expertengespräch

Durch die Forschungsgruppe werden einschlägige Sachkundige und Experten befragt.

Bsp.:
Die Sozialarbeiter der Jugendhilfeeinrichtungen werden zu ihren Erfahrungen befragt.

### Psychologische Tests

Durch Testverfahren werden die Probanden etwa zu Intelligenz oder Aggressionsbereitschaft untersucht.

Bsp.:
In den Jugendhilfeeinrichtungen werden die Jugendlichen zu ihrer Suchtneigung befragt.

### 5.2.3 Operationalisierung der Variablen

Bevor die einzelnen Untersuchungs- und Erhebungsmethoden zur Anwendung kommen, müssen die einzelnen Variablen eindeutig umrissen und definiert sein. Kommen hierbei neue Merkmale hinzu, die man benötigt, um bestimmte Variablen festzulegen, spricht man von Operationalisierung.

Bsp.:

Um das abweichende Verhalten der untergebrachten Kinder und Jugendlichen unterscheiden zu können, kann das eindeutige Merkmal „Lebensalter" herangezogen werden.

Will man den Anteil der Drogenabhängigen untersuchen, ist zunächst festzulegen und neu zu definieren, welche Drogenabhängigkeit (Betäubungsmittel, Alkohol, Nikotin, Klebstoffe pp.) man meint.

Der Wert einer Untersuchung wird durch den Wert der Operationalisierung bestimmt. Die Brauchbarkeit kann dabei an Treffsicherheit (Validität) und an der Übereinstimmungsgenauigkeit (Reliabilität) festgemacht werden.

Bsp.:

Die Zahl der Raubüberfälle, die die Jugendlichen eingestanden haben, deckt sich mit den angezeigten Fällen. Bei einer späteren erneuten Befragung, wer schon einen Raubüberfall begangen habe, kommt die gleiche Anzahl heraus.

### Auswahl der Stichprobe

Werden nicht alle möglichen Personen in die Untersuchung einbezogen, wird eine Stichprobe gebildet.

Bsp.:

Es wird festgelegt, dass aus jeder Jugendhilfeeinrichtung 50 Personen untersucht werden sollen.

### Durchführung

Im Folgenden wird die Datenerhebung durchgeführt. Dabei ist auf einen engen Kontakt der Forschungsbeteiligten untereinander zu achten.

Bsp.:

Im Rahmen der Untersuchung soll das Verhalten der Jugendlichen in den öffentlichen Schulen erforscht werden. Eine Befragung der Lehrer und Schüler ist sowohl für den Teilbereich der Untersuchung von Bedeutung, der sich auf Drogenkriminalität bezieht, wie auch für den Teilbereich, der Gewaltkriminalität untersucht.

### Auswertung und Ergebnisse

In der Regel erfolgt zunächst eine Grundauswertung, etwa durch Aufbereitung der Daten mit der Datenverarbeitung. Danach ist das Untersuchungsergebnis hinsichtlich der Ausgangshypothese zu überprüfen. Dabei ist einzubeziehen, wie groß die Irrtumswahrscheinlichkeit sein dürfte, um die Signifikanz als Gradmesser der Untersuchung festlegen zu können. Letztlich sind die Faktoren auszuwerten, die eine Bestätigung der Ausgangshypothese ermöglichen. Diese führen dann zu theoretischen und praktischen Schlussfolgerungen.

Bsp.:

Die bekannt gewordenen Straftaten von Jugendlichen in der Kleinstadt werden ausgewertet. Dabei zeigt sich, dass überproportional viele Straftaten durch auswärtige Jugendliche begangen wurden. Durch eine weitere Analyse stellt sich heraus, dass es sich dabei um Freunde und Bekannte von Heimuntergebrachten handelt, die Jugendhilfeeinrichtungen also einen Sogeffekt erzeugten. Dadurch war die größere Jugendkriminalität in der Kleinstadt begründet.

### 5.2.4 Evaluierung der repressiven und präventiven polizeilichen Maßnahmen zur Erfolgskontrolle

Durch methodische Untersuchung soll der Grad der Zielerreichung festgestellt werden. Hierzu dienen einheitliche Methoden, die polizeiintern erstellt wurden.

Bsp.:

Aufgrund des Untersuchungsergebnisses wurden die polizeilichen Maßnahmen vor Ort geändert, z. B. durch Einführung eines Jugendkommissariates. Nach einem Jahr wird eine gleichartige Untersuchung durchgeführt, um den Grad der Wirksamkeit präventiver und repressiver polizeilicher Maßnahmen zu überprüfen.

---

**Merke**

Der Abschnitt Methoden der Kriminologie ist eher für ihre Projekte von Bedeutung. Für Klausuren ist er nebensächlich. Sie sollten jedoch in der Lage sein, mit den – leider – vielen Fremdworten umzugehen. Sie werden Ihnen in anderen Fächern ebenfalls begegnen. Ihnen sollte jetzt verständlich sein, warum es in der Kriminologie keine gesicherten Aussagen gibt und die Forschung nur zu mehr oder weniger wahrscheinlichen Ergebnissen führt.

---

# 6 Klausurbeispiel

Examensklausur, Bearbeitungszeit 4 Stunden, keine Hilfsmittel

### Sachverhalt

Der Ende 2001 emeritierte langjährige Inhaber des Lehrstuhls für Kriminologie an der Ruhr-Universität Bochum, Prof. Dr. Hans-Dieter Schwind, definiert in seinem Lehrbuch Kriminologie wie folgt:

„Unter Kriminologie ist der interdisziplinäre Forschungsbereich zu verstehen, der sich auf alle die empirischen Wissenschaften bezieht, die zum Ziel haben, den Umfang der Kriminalität zu ermitteln und Erfahrungen

– über die Erscheinungsformen und Ursachen der Kriminalität
– über Täter und Opfer
– über die Kontrolle der sozialen Auffälligkeit einschließlich der Behandlungsmöglichkeiten für den Straftäter und der Wirkungen der Strafe (bzw. Maßregel)

zu sammeln.“

## Aufgabe

Erläutern Sie mit praxisorientierten Beispielen diese Definition und gehen Sie insbesondere auf den Gegenstand der Kriminologie, ihren Standort im System der Wissenschaften sowie ihre Teilgebiete ein.

## Lösungshinweise

In der Lösung ist auf die Teilaspekte der Kriminologie, wie sie schon in der Definition von Schwind deutlich werden, einzugehen. Der Schwerpunkt liegt dabei auf den Teilaspekten

- Gegenstand der Kriminologie,
- Standort der Kriminologie im System der Wissenschaften und
- Teilgebiete der Kriminologie.

Neben der theoretischen Lösung der Aufgabe sollten praxisbezogene Beispiele in die Lösung einfließen.

1    Gegenstand der Kriminologie:

Weitgehende Einigkeit herrscht darüber, womit sich die Kriminologie befasst. Diese Aufgabenbeschreibung bezeichnet man auch als Gegenstand der Kriminologie.

Als „Lehre vom Verbrechen" ist das Verbrechen (bei Schwind: Kriminalität) zentraler Punkt kriminologischer Überlegungen. Da eine Handlung eine Interaktion von mehreren Beteiligten ist, wird klar, dass auch der Verbrecher und das Verbrechensopfer im Mittelpunkt kriminologischer Überlegungen stehen. Letztlich sind Verbrechen durch die staatlichen Organe zu verhindern und zu verfolgen. Somit ist die Verbrechenskontrolle ebenso Gegenstand der Kriminologie.

1.1  Verbrechen

In der Lösung sollte auf die aus der einschlägigen Literatur bekannten Verbrechensbegriffe eingegangen werden. Dies sind

- der strafrechtliche Verbrechensbegriff,
- der natürliche Verbrechensbegriff,
- der formelle Verbrechensbegriff,
- der materielle Verbrechensbegriff und
- der funktionale Verbrechensbegriff.

Des Weiteren sollte auf

- das Verbrechen als Einzeltat und Massenerscheinung,
- das Dunkelfeld des Verbrechens,
- das Vorfeld des Verbrechens und
- die Wandelbarkeit des Verbrechens

eingegangen werden.

## 1.2 Verbrecher

Neben der Analyse von Handlungen, die als Verbrechen eingestuft werden, ist die Beschäftigung mit dem Verbrecher für die Kriminologie von Bedeutung. Deshalb wären in der Lösung anzusprechen:

– Einzeltäter und Tätergruppen,
– der Täter in seinen sozialen Bezügen und
– Lebensquerschnitt- und Lebenslängsschnittuntersuchungen zur Prognose

## 1.3 Verbrechensopfer

Ein Verbrechen kommt durch die Interaktion eines Verbrechers und eines Verbrechensopfers zustande. Dabei ist das Verhalten des Opfers oftmals erst tatauslösend. Deshalb wird in der Kriminologie verstärkt untersucht, welchen Einfluss Täter-Opfer-Bezüge auf das Entstehen von Verbrechen haben. Die Viktimologie als Lehre vom Opfer gewinnt zunehmend Bedeutung in der kriminologischen Forschung. Gerade für die Prävention ist das Opfer die erste Adresse. Während eine Resozialisierung eines Täters langwierig ist, kann über das Wissen, wann welche Personen an welchen Orten durch welches Verhalten Opfer von Straftaten werden, gezielt Verbrechensvorbeugung betrieben werden.

## 1.4 Verbrechenskontrolle

Letzter Gegenstand der Kriminologie sind die Tätigkeiten der Kontrollinstanzen, die die Verbrechenskontrolle durchführen. Dabei sind alle Personen und Institutionen der formellen und informellen Sozialkontrolle von Bedeutung. Formelle Sozialkontrolle betreiben neben Polizei und Justiz zunehmend auch die Behörden, die im Rahmen von Ordnungspartnerschaften strafverfolgende Aufgaben wahrnehmen. Die informelle Sozialkontrolle erfolgt im Rahmen der Familie, der Schule oder der Berufsausübung.

Im Zentrum der Untersuchungen stehen dabei Fragen nach der Selektion bestimmter Tätergruppen oder der Stigmatisierung bestimmter Bevölkerungskreise. Auch wird untersucht, welche Verfolgungsschwerpunkte von den Kontrollinstanzen gewählt werden und durch welche Bedingungen dies gestützt wird.

## 2 Standort der Kriminologie im System der Wissenschaften

In der Lösung sollte auf folgende Aspekte eingegangen werden:

– Kriminologie als empirische Wissenschaft,
– Kriminologie als Tatsachenwissenschaft,
– Kriminologie als Sozialwissenschaft,
– Kriminologie als selbstständige Wissenschaft,

- Kriminologie als Kriminalwissenschaft und
- Kriminologie als interdisziplinäre Wissenschaft.

3   Teilgebiete der Kriminologie

In der Lösung sollten folgende Teilgebiete Erwähnung finden:
- Phänomenologie
  - Kriminalstatistik
  - Kriminalgeografie
  - Kriminalprognose
- Ätiologie
  - Soziologie
  - Psychologie
  - Psychiatrie
  - Ethologie
- Viktimologie
- Pönologie
- Kriminalpolitik

# 7   Prüfungsfragen

Typische Aufgaben und Fragen im mündlichen Examen und in Fachgesprächen:
- Definieren Sie den Begriff Kriminologie und erklären Sie, wie die Teildisziplinen der Kriminologie in der Praxis Anwendung finden!
- Erläutern Sie die Ihnen bekannten Verbrechensbegriffe!
- Stellen Sie die Kriminologie im System der Wissenschaften dar!
- Schildern Sie, wie im Rahmen eines Projektstudiums die kriminologische Methodik zur Anwendung kommen kann!
- Der Schulenstreit des 19. Jahrhunderts – erläutern Sie die unterschiedlichen Ansätze zur Kriminalitätserklärung!
- Welche Bedeutung hat die Anlage-Umwelt-Formel in der heutigen Kriminologie?
- Durch welche bedeutenden frühen Vertreter wurde die Kriminologie geprägt und von welchen Annahmen der Kriminalitätserklärung gingen diese aus?

# 8 Weiterführende Literatur

*Niggemeyer, B.*: Kriminologie, Leitfaden für Kriminalbeamte, Schriftenreihe des Bundeskriminalamtes, Wiesbaden 1967

*Clages, H.*: Der rote Faden, 11. Auflage, Kriminalistik Verlag, Heidelberg 2004

*Göppinger, H./Bock, M.*: Kriminologie, 6. Auflage, Verlag C.H. Beck, München 2008

*Groß, H./Geerds, F.*: Handbuch der Kriminalistik, 10. Auflage, J. Schweizer Verlag, Berlin 1977

*Kaiser, G.*: Kriminologie, Ein Lehrbuch, 3. Auflage, C. F. Müller Verlag, Heidelberg 1996

*Lamnek, S.*: Theorien abweichenden Verhaltens, 7. Auflage, UTB Bd. 740, Fink Verlag, München 1999

*Schwind, H.-D.*: Kriminologie, 20. Auflage, Kriminalistik Verlag, Heidelberg 2010

*Kube, E./Störzer, H.-U./Timm, K. J.*: Kriminalistik, Handbuch für Praxis und Wissenschaft, Band 1, Richard Boorberg Verlag, Stuttgart 1992

*Kürzinger, J.*: Kriminologie, 2. Auflage, Richard Boorberg Verlag, Stuttgart 1996

*Sack, F.*: Kritische Kriminologie. In: Kleines kriminologisches Wörterbuch, 3. Auflage, UTB Bd. 1274, C. F. Müller Verlag, Heidelberg 1993

# Kapitel 2
# Kriminalitätstheorien

## 1    Einführung

Kriminalitätstheorien gehören zu den selbstverständlichen Inhalten des Kriminologieunterrichts in der polizeilichen Aus- und Weiterbildung. Unter dem Gesichtspunkt einer praxisorientierten Kriminalitätsbekämpfung haben Kriminalitätstheorien z. B. im Vergleich zur Viktimologie oder zur Phänomenologie der Einzeldelikte allerdings nur eine relativ geringe unmittelbare Praxisrelevanz.

> **Merke**
>
> Für den Studierenden der Polizei ist jedoch die Kenntnis über die zentralen Aussagen der wichtigsten Kriminalitätstheorien eine wesentliche Voraussetzung und notwendige Basis, um die Lerngegenstände der Kriminologie in ihrer Gesamtheit sowie das Verbrechen als gesellschaftlichen Interaktionsprozess erschließen und verstehen zu können. Deshalb sind Fragen nach den hauptsächlichen Kriminalitätstheorien, ihren Begründungen und Aussagen stets wiederkehrende Fragestellungen in Leistungsnachweisen und Prüfungen.

In der kriminologischen Lehre und Literatur existieren verschiedene Modelle, die Kriminalitätstheorien nach Kriterien unterschiedlicher Art ordnen und Kriminalität als Massenerscheinung oder das Verbrechen als Einzelerscheinung erklären wollen. In der Mehrzahl handelt es sich um täterorientierte Kriminalitätstheorien, d. h. negativ sozial abweichendes Verhalten im Sinne krimineller Taten wird als soziales Versagen des Einzelnen verstanden. Dagegen sehen andere Theorieansätze negativ sozial abweichendes Verhalten als Ergebnis von gesellschaftlichen Zuständen oder als Folge von Definitions- und Zuschreibungsprozessen der Instanzen der sozialen Kontrolle. Die Fragestellungen nach den Ursachen der Kriminalität oder den Erklärungen für individuelles kriminelles Verhalten von Menschen sind folglich unterschiedlich. Sie richten sich ganz allgemein nach der wissenschaftlichen Ausrichtung der jeweiligen Betrachter und der damit verbundenen Zielrichtung. So fragt die Psychologie nach den in der Persönlichkeit des Rechtsbrechers begründeten besonderen Merkmalen und deren individueller Entwicklung. Die Sozialwissenschaften befassen sich vorwiegend mit den gesellschaftlichen Einflüssen und Strukturen, die Kriminalität verursachen oder kriminelles Verhalten fördern. Die praktische Sozialwissenschaft sieht die Probleme in den konkreten, individuellen sozio-kulturellen Einflüssen auf die Entstehung delinquenter Verhaltensmuster des Individuums und den Folgen von Strafverfolgung und Strafe.

Das Interesse der Strafverfolgungsbehörden ist auf Faktoren und Merkmale gerichtet, die nach gesicherten erfahrungswissenschaftlichen Erkenntnissen auf kriminelles Verhalten von Personen Einfluss haben. Das können sowohl individuelle Einflüsse auf die Persönlichkeit des Einzelnen als auch Faktoren sein, die in sozial-strukturellen Bedingungen liegen und sich im Sinne des Mehrfaktorenansatzes als kriminogen erwiesen haben. Entsprechend vielfältig sind die von den Kriminologen vertretenen Kriminalitätstheorien. Der Studierende trifft hier auf einen kriminologischen Lerngegenstand, der durch eine Theorien- und Begriffsvielfalt eher verwirrt, als dass er zur Klärung und zum Verständnis von Kriminalitätsursachen beiträgt.

Deshalb kommt den Kriminalitätstheorien und ihrer didaktisch-methodischen Darbietung eine besondere Bedeutung zu. Es ist ein Anliegen dieser Ausarbeitung, Kriminalitätstheorien und ihre zentralen Aussagen für Polizeibeamte möglichst überschaubar zu gestalten, d. h. auf wesentliche Kernbereiche zu reduzieren und Gemeinsamkeiten herauszustellen. Das hat die Beschränkung auf bestimmte, ausgewählte Erklärungsansätze zur Folge, ohne dass dabei der fachpraktisch orientierte Wissenschaftsbezug verloren gehen darf. Weiterhin sind die Theorien auf ihre Anwendbarkeit in der polizeilichen Praxis zu untersuchen. Das Blickfeld sollte jedoch dadurch nicht eingeengt werden. In diesem Kontext sind für den praktizierenden Kriminalisten hauptsächlich folgende Problemstellungen relevant:

– Warum wird ein bestimmter Mensch kriminell?
– Welche Bedeutung für die Entstehung und den Verlauf der Tat haben die realen Umstände zum Zeitpunkt der Tat im Kontext mit der Persönlichkeit des Täters und den Verhaltensweisen des Opfers?
– Welche Einwirkungen haben gesellschaftliche Strukturen und/oder individuelle Sozialisationseinflüsse auf die Entstehung und Verlauf von Kriminalität?
– Welche Wirkungen haben die Instanzen der strafrechtlichen Sozialkontrolle auf Entstehung und Verlauf krimineller Verhaltensauffälligkeiten?
– Warum zeigen bestimmte Bevölkerungsschichten eine höhere Delinquenzbelastung als andere?

# 2 Ziele und Aussagekraft

Mit der Bildung von Kriminalitätstheorien werden die Ziele verfolgt,
– Ursachen und Erklärungen für kriminelles Verhalten zu finden,
– gesellschaftliche und soziale Strukturen aufzudecken, die kriminelles Verhalten entstehen lassen oder fördern,

- Erkenntnisse über die Wirkungsmechanismen der strafrechtlichen Sozialkontrolle auf die Entstehung oder Förderung kriminellen Verhaltens zu erlangen,
- gesellschaftliche und individuelle Auswirkungen von Kriminalität zu erkennen.

Kriminologische Theorien gehen im Wesentlichen von folgenden Erkenntnisgegenständen aus:
- Verbrechen
- Verbrecher
- Verbrechenskontrolle
- Verbrechensopfer

Kriminalitätstheorien sind in ihrer Vielfalt nur schwer überschaubar, sie widersprechen sich zum Teil oder erklären individuelles kriminelles Verhalten oder Kriminalität als Massenerscheinung mehr oder weniger gut. Sie können allenfalls nur einen Teil der Kriminalität erklären.

**Beachte**

Kriminalitätstheorien haben, wie Theorien überhaupt, nur Wahrscheinlichkeitscharakter. Aufgrund ihrer stark relativierten Verbindlichkeit finden wir in der Literatur auch häufig den Begriff der Erklärungsansätze für Kriminalität an Stelle des Begriffs Kriminalitätstheorien. Wegen der Vielfalt von Tätern und Straftaten wird man im konkreten Fall oder für bestimmte Deliktsbereiche bei der Erklärung der Tat auf unterschiedliche Kriminalitätstheorien und deren Verknüpfung zurückgreifen müssen. In diesem Sinne können Ursachen kriminellen Verhaltens mit einiger Sicherheit allenfalls deliktsspezifisch erfolgen.

Die Entwicklung der verschiedenen Kriminalitätstheorien setzte ein im 20. Jahrhundert im Anschluss an den sog. Schulenstreit des 19. Jahrhunderts im Spannungsfeld zwischen einerseits vorwiegend anlageorientierten und andererseits vorwiegend soziologisch orientierten Theorien (siehe auch Kap. 1, Einführung in die Kriminologie, Gliederungsnr. 4.3, Schulenstreit des 19. Jahrhunderts).

Heute stehen neben biologisch-genetischen Kriminalitätstheorien sozialpsychologische und sozial-strukturelle Kriminalitätstheorien sowie so genannte Mehrfaktorenansätze. Eine eindeutige trennscharfe Abgrenzung der einzelnen Theorieansätze zu einzelnen Wissenschaftsdiziplinen ist nur bedingt möglich, da die Erklärungsansätze in ihrer Begriffs- und Theorienvielfalt Überschneidungen bzw. Gemeinsamkeiten aufweisen.

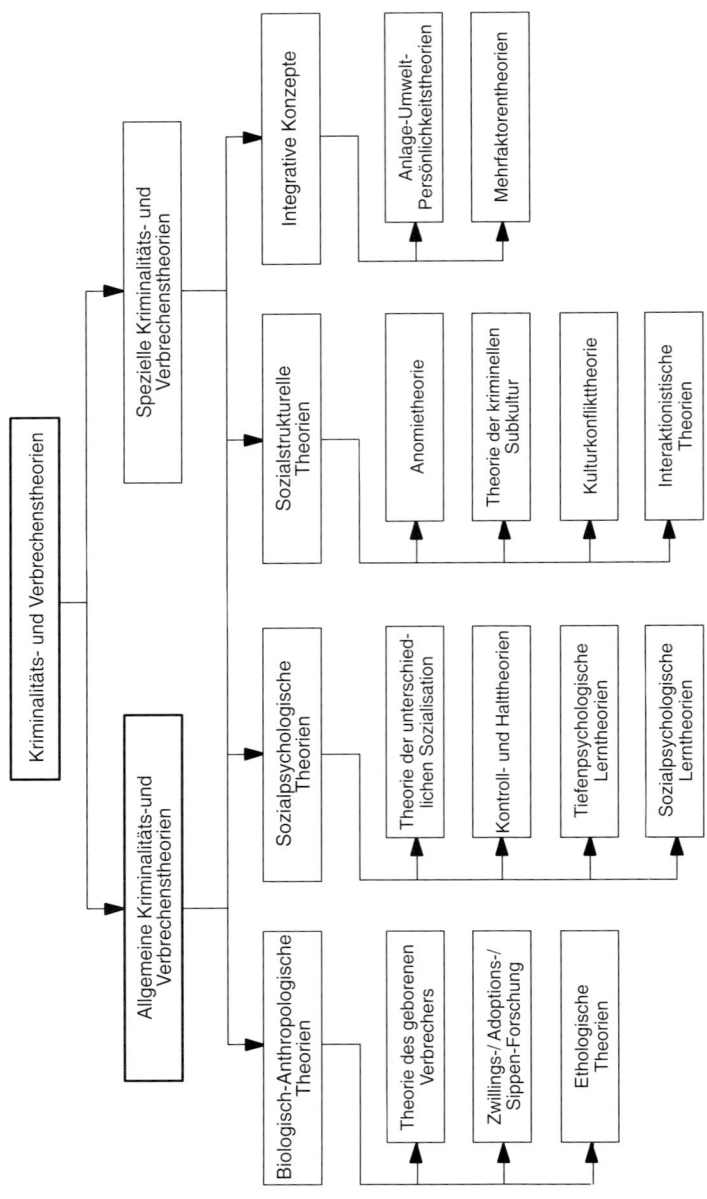

Übersicht: Kriminalitäts- und Verbrechenstheorien

Die vorstehende Abbildung unterscheidet begrifflich zwischen Kriminalitäts- und Verbrechenstheorien. Kriminalitätstheorien beinhalten Erklärungsansätze für die Kriminalität als Massenerscheinung. Dagegen stellen Verbrechenstheorien auf die Erklärung krimineller Taten als Einzelerscheinung ab, d. h. auf die einzelne kriminelle Tat.

Unter Orientierung an *Schmitt*[1] wird ferner zwischen allgemeinen und speziellen Kriminalitätstheorien unterschieden. Sie zielen darauf ab, Erklärungsmodelle für bestimmte kriminelle Phänomene aufzustellen.

Als solche kommen vorwiegend in Betracht:
- Gewaltkriminalität
- Fremdenfeindliche Gewalt
- Ausländerkriminalität
- Organisierte Kriminalität
- Drogenkriminalität
- Kriminalität und Massenmedien
- Kinder- und Jugenddelinquenz.

Wegen der jeweils speziellen multifaktoriellen Betrachtung der Ursachen und Erscheinungsformen werden sie thematisch gesondert abgehandelt.

**Beachte**

Die nachfolgend beschriebenen allgemeinen Kriminalitäts-/Verbrechenstheorien stellen eine Auswahl dar und sollen gleichzeitig einen Überblick vermitteln. Die Auswahl wurde unter dem Aspekt der Praxisrelevanz für die Polizei vorgenommen.

# 3 Biologisch-anthropologische Theorien

Biologisch-anthropologische Theorien wollen kriminelle Verhaltensmuster aus der Sicht der Humangenetik bzw. der genetischen bedingten Prägung des Individuums erklären. Kriminalität als menschliches Verhalten ist danach entweder anthropologisch oder durch die Träger der menschlichen Erbanlagen, die Gene bedingt.

## 3.1 Theorie des geborenen Verbrechers

*Cesare Lombroso* (1835–1909) Professor für Psychiatrie und Kriminalanthropologie an der Universität in Turin, entwickelte während seiner Tätigkeit als Gefängnisarzt in Turin aufgrund von Untersuchungen an Strafgefangenen und an Hand von Leichenöffnungen verstorbener Straftäter das Konzept vom „geborenen Verbrecher". Er verstand darunter einen besonderen Menschentyp, der einen Rückschlag auf eine niedere Entwick-

---

[1]  Schmitt (2008), S. 35

lungsstufe der Menschheit (atavistischer Menschentypus) darstellt und dessen Kriminalität sich vererbt. *Lombroso* veröffentlichte seine Forschungsergebnisse in seinem Hauptwerk: „Der geborene Verbrecher" („L'umo delinquente" – 1876).

Seine Ergebnisse wurden später widerlegt. Sie sind heute allenfalls von wissenschaftlich-historischer Bedeutung.[2]

Weitere Ausführungen zum Wirken Lombrosos siehe Kap. I Nr. 4.3.

## 3.2 Zwillings-, Adoptions- und Sippenforschung[3]

Die **Zwillingsforschung** hat folgenden grundlegenden theoretischen Ansatz: Sie vergleicht das Sozialverhalten genetisch identischer eineiiger Zwillinge mit geschwisterlichen zweieiigen Zwillingen. In Deutschland (*Lange* 1929, *Stumpfl* 1936)[4] wurde versucht, mit der Zwillingsforschung die Erblichkeit bzw. die Anlagebedingtheit der Kriminalität nachzuweisen.

**Thesen:**

1. Ist die erbliche Komponente ohne Relevanz, so darf ein Vergleich zwischen eineiigen und zweieiigen Zwillingen keine Unterschiede in ihrem (negativ) sozialen Verhalten zeigen.

2. Je größer jedoch das übereinstimmende (konkordante) Verhalten ist, desto mehr Bedeutung muss die Erbanlage haben.

Die Ergebnisse der vergleichenden Untersuchungen ergaben, dass die Konkordanzrate bei eineiigen Zwillingen fast viermal so hoch ist wie bei zweieiigen Zwillingspaaren.[5] Daraus wäre zu folgern: Ist ein Zwilling kriminell, besteht unter identischen Zwillingen für den anderen Zwilling die relative Wahrscheinlichkeit, ebenfalls kriminell zu werden. Damit ist jedoch kein Nachweis der erblich bedingten Kriminalität erbracht, da ungeklärt ist, inwieweit Umwelteinflüsse an der Entwicklung beteiligt sind.

Die **Adoptionsforschung** untersucht, ob Adoptierte, deren biologische Väter oder Mütter kriminell waren, eher negativ sozial auffälliges Verhalten zeigen, als jene, deren biologische Eltern (Vater/Mutter) nicht kriminell auffällig geworden sind. Internationale Adoptionsstudien ergaben in den untersuchten Fällen eine deutlich höhere Belastung mit Kriminalität, wenn leibliche Väter/Mütter kriminell auffällig geworden waren. Eine signifikante Belastung wurde festgestellt in Fällen, in denen sowohl der Adoptivvater als auch der leibliche Vater kriminell in Erscheinung getreten waren.

---

2  Kaiser/Schöch (2010), S. 16
3  Zur Vertiefung wird empfohlen Schneider (1987), S. 373 ff.
4  Unter Bezugnahme auf Schneider (1987), S. 370 f.
5  Schwind (2010), S. 104 ff.

Daraus kann geschlossen werden, dass delinquentes Verhalten aus dem Zusammenwirken von genetischen Dispositionen mit negativen Umwelteinflüssen resultiert.

Mit **Sippenuntersuchungen** wurde ebenfalls das Ziel verfolgt, kriminelle Anlagen nachzuweisen. Die Untersuchungen (*Stumpfl* 1935) begründen sich im Wesentlichen auf die Gegenüberstellung von sog. Schwerkriminellen (Rückfallverbrechern) mit sog. Leichtkriminellen (Kriminelle, die erstmals in Erscheinung getreten sind). Verglichen wurden deren Lebensläufe mit einem ausführlichen Aktenstudium der Probanden. Einbezogen in die Untersuchung wurden auch die Verwandten; man befragte ebenfalls Auskunftspersonen.

### Ergebnisse:

Unter den Verwandten von Schwerkriminellen (Rückfallverbrechern) ist der Anteil kriminell auffällig gewordener Personen erheblich größer als bei sog. Leichtkriminellen.

Unter den Rückfallverbrechern ist die Anzahl abnormer Persönlichkeiten (Psychopathen) signifikant hoch.

Aus den Ergebnissen der Untersuchung wurde der Schluss gezogen, dass anlagebedingte negative Charaktereigenschaften und schwere Formen der Delinquenz im Zusammenhang stehen und dass diese Dispositionen an die Nachkommen vererbt werden.

## 3.3   Ethologische Theorien

Gegenstand der Ethologie ist die vergleichende biologische Verhaltensforschung im Tierbereich. Wesentlich geprägt wurde die Ethologie von dem Verhaltensforscher *Konrad Lorenz* (1903–1989).[6] Der Bezug der Verhaltensforschung zur Kriminologie besteht in dem Ansatz, kriminelle Auffälligkeiten durch den Vergleich von tierischem mit menschlichen Verhaltensweisen aus der Trieblehre zu erklären. Nach *Lorenz* sind es vier wesentliche Triebe, die menschliches Verhalten steuern: Furcht, Aggression, Fortpflanzung und Hunger. Dem Trieb liegt ein Drang zu Grunde, der sich sowohl in sozialadäquatem als auch in sozialschädlichem Verhalten, d. h. in kriminellem Verhalten äußern kann. In diesem Sinne sollen u. a. Gewaltdelikte triebgesteuert auf den Aggressionstrieb zurückzuführen sein.

Ob die Erkenntnisse aus der Trieblehre vom Tier auf den Menschen übertragbar sind, ist strittig bzw. ungeklärt.

---

[6]   Ebenda, S. 110 ff.

**Merke**

Gegen biologisch-anthropologische Kriminalitätstheorien bestehen generelle Vorbehalte in Wissenschaft und Literatur. Ein direkter Ursachenzusammenhang zwischen anlagebedingten Eigenschaften und deren Auswirkung auf kriminelles Verhalten ist mit hinreichender Sicherheit nicht nachweisbar.

Nach dem heutigen Erkenntnisstand gibt es jedoch Anhaltspunkte, die auf genetische Dispositionen aggressiven Verhaltens hindeuten. Ein direkter genetischer Einfluss auf die Entstehung und den Verlauf negativ sozial abweichenden Verhaltens ist jedoch bislang nicht geklärt.

# 4 Sozialpsychologische Theorien

Sozialpsychologische Theorien beziehen sich sowohl auf individualpsychologische als auch auf gesellschaftlich orientierte Erklärungsansätze für kriminelles Verhalten. Individualpsychologische Erklärungen sind für sich allein nicht geeignet, die Entstehung negativ sozial abweichender Verhaltensmuster zu erklären. Es ist vielmehr ein Zusammenspiel zwischen psychologischen und gesellschaftlichen (soziologischen) Faktoren, die die Sozialisation des Individuums und die daraus resultierenden Verhaltensmuster bestimmen. Da die hier genannten Theorien individuelle Entwicklungsprozesse beschreiben, zählen sie zu den täterorientierten Kriminalitätstheorien.

## 4.1 Theorie der unterschiedlichen Sozialisation

### 4.1.1 Sozialisationsbegriff

*Kaiser*[7] versteht unter Sozialisation den Prozess, in dem der Mensch die Normen, Werte und Orientierungen der Gruppen, denen er angehört, erlernt.

### 4.1.2 Funktion von Normen

Normen haben die Funktion von Verhaltensrichtlinien mit unterschiedlichen Verbindlichkeitsgraden. Deshalb kann man die Normen auch einteilen in *Kann-, Soll-* und *Muss-Erwartungen,* denen die Kategorien Brauch, Sitte und Recht entsprechen. Dabei wird der Verstoß gegen eine geltende Norm als abweichendes Verhalten definiert. Ist die Norm, gegen die verstoßen wird, eine Strafrechtsnorm, so wird dieses abweichende Verhalten als kriminelles Verhalten bezeichnet. Hinter den Normen stehen Erwartungen, dass sich die Menschen in einer bestimmten Weise verhalten werden. So wird in unserer Gesellschaft erwartet, dass sich z. B. niemand am Eigentum

---

[7] Kaiser (1996), S. 198

des anderen vergreift. Hier wird deutlich, dass Normen bestimmte Werte schützen sollen. So steht hinter der Norm des § 242 StGB der Wert: Privateigentum.

### 4.1.3 Rechtsbewusstsein und Sozialisation

Kriminologisch bedeutsam ist vor allem die Frage, wie im Laufe des Sozialisationsprozesses Rechtsbewusstsein erzeugt werden kann, welches es dem Menschen ermöglicht, aus eigenem Antrieb danach zu handeln. Je besser es dabei gelingt, allgemeingültige Rechtsnormen zu verinnerlichen, desto weniger bedarf es äußerer Kontrollen. Anders ausgedrückt: Je stärker die Gewissensbildung ausgeprägt ist, desto weniger sind nachträgliche Kontrollen und Eingriffe durch die Familie, Freunde oder durch die staatlichen Instanzen notwendig.

Siehe auch die Ausführungen zu den Bindungsdefekten und Sozialisationsmängeln bei *Kaiser* (1996).[8]

### 4.1.4 Kriminalität als Folge unterschiedlicher Sozialisation

Folgt man *Kaiser*[9], so ist Kriminalität die Folge von unterschiedlicher Sozialisation.

Erfolgt der Vermittlungsvorgang – gemessen an den herrschenden Erwartungen – nicht richtig oder unvollständig, so kann der Mangel zu Norm- und Verhaltenskonflikten und damit auch zu Verletzungen der Strafgesetze führen.

*Kaiser* stellt damit zwei Kriterien in den Vordergrund:

### A) Die „falsche" Sozialisation
### B) Die unvollständige (defizitäre) Sozialisation

Bsp. zu A): Die falsche Sozialisation

Die Folgen falscher Sozialisation werden z. B. bei Ausländern und deren Familien, die aus einem anderen Kulturkreis kommen, besonders deutlich. Stimmen die internalisierten Werte und Normen nicht mit den Werten unserer Gesellschaft überein, so kann dies zu Konflikten mit der deutschen Rechtsordnung und folglich zu Kriminalität führen.

Bsp. zu B): Die unvollständige (defizitäre) Sozialisation

Die defizitäre Sozialisation bildet einen Schwerpunkt in der Vielfalt kriminologischer Erklärungsansätze. Hierbei geht es vor allem um die Sozialisationsleistung der Instanzen, die herrschende Werte und Normen vermitteln bzw. vermitteln sollen. Das Augenmerk richte sich insbesondere auf die Instanzen Familie, Schule, Freundeskreis und berufliche Umwelt. Defizitäre Sozialisation ist dann gegeben, wenn es den sog. Sozialisationsmittlern nicht oder nur lückenhaft gelingt, im Rahmen des Sozialisationsprozesses gesellschaftliche Werte und Normen so zu vermitteln, dass sie von dem Menschen, der in der Erziehung und Entwicklung steht, verinnerlicht und anerkannt werden. Je weniger es gelingt, die herrschenden Werte und Normen, vor allem die allgemein gültigen Rechtsnormen, Kindern und Jugendlichen zu vermitteln, desto eher ist mit delinquenten Verhaltensweisen zu rechnen.

---

[8] Ebenda, S. 204
[9] Ebenda, S. 199

## 4.1.5 Kriminovalente Faktoren

Als Indikatoren, Merkmale oder kriminovalente (kriminalitätsfördernde) Faktoren (nicht Ursachen) einer defizitären Sozialisation werden angeführt:

- Die strukturell unvollständige Familie, also das Nichtvorhandensein von Bezugspersonen wie Vater und/oder Mutter.
- Die funktional unvollständige Familie, die sich in einer gestörten Beziehung zwischen Eltern und Kind zeigt.
- Die Berufstätigkeit der Mutter.
- Der Erziehungsstil, der sich besonders auf die Gewissensentwicklung auswirkt.
- Der häufige Wechsel der Bezugspersonen, Heimaufenthalt pp.

Da diese Faktoren schon von der frühen Kindheit an prägen, kann davon ausgegangen werden, dass das Sozialisationskonzept von *Kaiser* eine besondere Erklärungskraft für soziale Randgruppen und Mehrfachtäter besitzt.

**Beachte**

Eine von *Villmow/Kaiser* verfasste Sekundäranalyse[10], die den wissenschaftlichen Erkenntnisstand über kriminalitätsfördernde Faktoren wiedergibt, zeigt die Bedeutung der Sozialisationsvermittlung für die Entstehung sozial abweichenden Verhaltens auf.

Da die genannten Faktoren schon in der frühen Kindheit prägend sind, kann davon ausgegangen werden, dass das Sozialisationskonzept von *Kaiser* eine besondere Bedeutung für die Erklärung jugenddeliquenten Verhaltens hat.

## 4.2 Kontroll- und Halttheorien

Kontroll- und Halttheorien stehen im engen Kontext zur Sozialisationstheorie nach *Kaiser* und ergänzen diese, denn Sozialisation im Sinne innerer Kontrolle allein immunisiert nicht in allen Problemlagen gegen sozial abweichendes Verhalten.

Die von *Reiss*, *Reckless* und *Hirschi* vertretenen Kontrolltheorien[11] fragen im Gegensatz zu den sonstigen Kriminalitätstheorien nicht danach, warum Menschen sich abweichend verhalten, sondern danach, warum Menschen sich konform verhalten. Die Fragestellung lautet also: Warum werden Menschen nicht kriminell, obwohl auch sie kriminogenen Einflüssen ausgesetzt sind? Mit dieser umgekehrten Perspektive soll versucht werden zu erklären,

---

10  Villmow, B./Kaiser, G., Empirisch gesicherte Erkenntnisse über Ursachen der Kriminalität. Eine problemorientierte Sekundäranalyse, Berlin 1974, zitiert nach Kaiser (1996), S. 1218
11  Siehe Kaiser/Schöch (2006), S. 12

wie es kommt, dass viele Menschen nicht straffällig werden, obwohl sie kriminogenen Einflüssen ausgesetzt sind.

Hier scheinen die Thesen von *Reckless* eine Erklärung zu liefern. Er unterscheidet zwischen *innerem Halt,* der durch das Selbstkonzept bestimmt wird und *äußerem Halt,* der durch Partnerschaft, Familie, Gruppen, informelle Institutionen u. ä. sich manifestiert.

– Ist der äußere Halt schwach ausgeprägt, muss der innere Halt entsprechend stärker sein, um kriminellen Anfechtungen widerstehen zu können.

– Ein starker äußerer Halt kann bewirken, ein ungünstiges Selbstkonzept auszugleichen.

– Der Mangel an innerem und äußerem Halt führt zur Straffälligkeit.

Hirschi versucht mit seinen Aussagen zur sog. Bindungstheorie[12] die Einflüsse, die den inneren und den äußeren Halt bestimmen, anschaulich zu machen.

Grundlage seiner Überlegungen ist die These: Menschen begehen von Natur aus Straftaten, wenn sie nicht durch Bindung an gesellschaftliche Konventionen daran gehindert werden.

Die Bindung des Einzelnen an die Gesellschaft wird mit vier Elementen erklärt:

(1) Emotionale Bindung wie Zuneigung zu anderen Menschen, die sich in der Rücksichtnahme auf die Wünsche und Erwartungen der anderen ausdrückt.

(2) Rationale Überlegung, welche Risiken und Nachteile sich aus einer Straftat für die bislang erreichte Stellung des Einzelnen in der Gesellschaft ergeben, z. B. Angst vor Strafe und gesellschaftlichem Ansehensverlust.

(3) Einbindung in normkonforme Tätigkeit, die dem Einzelnen keine Gelegenheit gibt, sich abweichend zu verhalten wie Vereinstätigkeit, Arbeit, sinnvolle Freizeitgestaltung pp. und Mangel an Gelegenheit zur Delinquenz.

(4) Glauben an die moralische Gültigkeit der gesellschaftlichen Regeln, Billigung und Anerkennung des Wertesystems, Internalisierung des Wertekanons.

Fehlt eines oder mehrere dieser Elemente, sind sie bei einem Menschen geschwächt oder gar nicht vorhanden, steigt die Wahrscheinlichkeit, dass der Betreffende eine Straftat begeht. Daraus resultiert sodann die Forderung nach externer Verhaltenskontrolle, um den Menschen zu normenkonformem Verhalten anzuhalten.

---

[12] Ebenda, S. 12

> **Merke**
>
> Je geringer bei einem Individuum die innere Verhaltenskontrolle ausgeprägt ist, desto intensiver muss die externe Verhaltenskontrolle sein, um normenkonformes Verhalten zu bewirken.

## 4.3 Tiefenpsychologische Theorien

Die tiefenpsychologischen Theorien gehen auf das Freud'sche Modell einer Dreiteilung der menschlichen Psyche zurück. Nach dem von *Freud*[13] entwickelten Persönlichkeitsmodell gliedert sich die menschliche Psyche in drei Instanzen:

- Das ES als Sitz des Unbewussten und genetisch geprägt von menschlichen Trieben, Aggressionen und Energien.
- Das ÜBER-ICH ist eine bewusste oder unbewusste Kontrollinstanz; die Verkörperung des Gewissens. Es wird im Wesentlichen bereits in der Kindheit geprägt und enthält sittliche und moralische Wertvorstellungen, Gebote und Verbote (siehe auch die Verbindung zur Sozialisations- und Bindungstheorie).
- Das ICH, welches das Selbstbildnis eines Menschen mit all seinem Denken, seinen Wahrnehmungen, dem Gedächtnis, kurz seiner Persönlichkeit verkörpert. Es wirkt als Vermittlungsinstanz zwischen dem ES und den Ansprüchen des ÜBER-ICHs, in dem es u.a. die Triebsteuerung aus dem ES reguliert.

Nach diesem Persönlichkeitsmodell werden die Entscheidungen des Individuums durch die beschriebenen drei Instanzen beeinflusst und bestimmt.

Die kriminologische Relevanz des psychoanalytischen Persönlichkeitsmodells besteht in der Aussage, dass der Mensch als sozial nicht angepasstes Wesen geboren wird. Erst durch den Prozess der Sozialisation – seiner Erziehung – internalisiert er Wertvorstellungen, lernt, seine Triebe zu beherrschen und bildet seine Persönlichkeit. Misslingt dieser Prozess, entsteht Kriminalität.

### Beachte

Nach *Schneider* (1987) ist Kriminalität kein „Geburtsfehler, sondern ein Erziehungsdefekt".

## 4.4 Sozialpsychologische Lerntheorien

Sozialpsychologische Theorien stellen die Beziehung zwischen den vorstehend beschriebenen individualpsychologischen Ansätzen und den indi-

---

13 Einen Überblick über psychoanalytische Kriminalitätstheorien geben Schneider (1987), S. 473 ff. und Schwind (2010), S. 114 ff.

viduellen soziologischen Rahmenbedingungen, unter denen Delinquenz entsteht, her. Die folgenden Erklärungsansätze befassen sich im Schwerpunkt mit der Übernahme und Verfestigung krimineller Verhaltensmuster im Rahmen von Lernprozessen. Ausgangspunkt ist die Erkenntnis, dass abweichende Verhaltensweisen gleichermaßen erlernt werden wie normgerechtes Verhalten. Unterschiedliche Auffassungen bestehen allerdings darüber, wie Lernprozesse grundsätzlich ablaufen.

Als psychologische Lerntheorien werden in der Literatur hauptsächlich genannt:

– Klassische und operante Konditionierung,
– Frustrations-Aggressions-Hypothese,
– Sozialkognitive Lerntheorie.

Auf die psychologischen Lerntheorien wird hier nicht weiter eingegangen. Einen Überblick bieten u. a. *Kaiser/Schöch*[14] und *Schwind.*[15]

**Theorie der differenziellen Assoziation:**

Ursprung der sozialpsychologischen Lerntheorien ist die von *Sutherland* (1924)[16] entwickelte Theorie der differenziellen Assoziation, die er später (1978) mit *Cressy* weiterentwickelt hat.

*Erwin H. Sutherland,* 1883–1950, amerikanischer Soziologe, ist bekannt geworden auch durch Untersuchungen zur Wirtschaftskriminalität.[17]

*Sutherland* geht davon aus, dass es in einer Gesellschaft Subkulturen gibt, deren Mitglieder sich einerseits normenkonform und andererseits negativ abweichend (kriminell) verhalten.

Das Verbrechen wird als Verhaltenseinstellung verstanden, die im Laufe von Lernprozessen übernommen wird. Kriminalität ist erlerntes Verhalten wie jedes andere Verhalten auch; im Umkehrschluss: Kriminalität ist nicht genetisch bedingt, d. h. nicht vererbt.

Nach *Sutherland* finden deviante Lernprozesse wie folgt statt:

– Kriminelles Verhalten wird in einem Kommunikationsprozess in Interaktion mit anderen Personen gelernt.
– Kriminelles Verhalten wird erlernt, wenn während des Sozialisationsprozesses Kontakte zu kriminellen Gruppen (Subkulturen) bestehen und wenn diese Kontakte häufig von längerer Dauer und intensiv sind. Der Lernprozess findet vorwiegend in Kleingruppen mit engen persönlichen Beziehungen statt.
– Erlernt werden nicht nur

---

[14] Kaiser/Schöch (2006), S. 7
[15] Schwind (2010), S. 121
[16] Ausführlich Kaiser/Schöch (2006), S. 38
[17] Näheres zur Person bei Schneider (1987)

- kriminelle Einstellungen und Motive, sondern auch
- Techniken zur Ausführung von Straftaten sowie
- Neutralisationstechniken.

**Beachte**

Die Thesen treffen nicht auf sämtliche Prozesse zu, die Täter dazu veranlassen, sich sozial abweichend zu verhalten. So lassen sich u. a. Trieb- und Affektverbrechen mit dieser Theorie nicht erklären. Für jugendkriminelles Verhalten haben die Lernprozesse in subkulturellen Gruppen jedoch besondere Relevanz.

### Theorie der differenziellen Identifikation und Verstärkung:

Die Lerntheorie *Sutherlands* wurde später modifiziert zur *Theorie der differenziellen Identifikation* (*Glaser* 1956), mit der die Bedeutung spezieller Identifikationsfiguren (Vorbilder) betont wird. Danach findet eine Identifikation mit negativen Leitbildern aus der Gruppe statt, die in besonderem Maße prägend ist.

Die *Theorie der differenziellen Verstärkung* betont die These, dass kriminelle Verhaltensweisen intensiv gelernt werden, wenn das betreffende Individuum erfolgreich ist.

Bsp.:
Tritt der mit der Tat beabsichtigte Erfolg ein, wird der Täter in seiner Verhaltensweise bestärkt; es tritt ein verstärkter Lernerfolg ein. Der gleiche verstärkende Lerneffekt tritt ein, wenn kriminelle Taten sanktionslos bleiben, d. h. justizielle Sanktionen ausbleiben oder zeitlich verzögert eintreten.

**Merke**

Negative Verstärkungsaffekte haben besondere Bedeutung für die Entstehung und das Fortschreiten jugenddelinquenten Verhaltens im Sinne einer kriminellen Karriere.

### Theorie der differenziellen Gelegenheiten:

Die Theorie der differenziellen Gelegenheiten (*Cloward/Ohlin* 1960)[18] stellt die Verbindung zwischen der Anomietheorie nach *Merton* und der Lerntheorie nach *Sutherland* her. Danach ist kriminelles Verhalten zwar im Kontakt mit kriminellen Subkulturen erlernt; die Ursache des Verhaltens, d. h. der Antrieb, sich negativ sozial abweichend zu verhalten, liegt jedoch darin, dass sozialstrukturelle Bedingungen das Erreichen kultureller bzw. zivilisatorischer Ziele und Wertvorstellungen mit gesetzeskonformen, d. h. legitimen Mitteln, den Angehörigen unterprivilegierter Bevölkerungsschichten erschwert oder versperrt ist. Daraus resultiert für diesen Bevölkerungsteil der Druck, sich kriminellen Gruppierungen anzuschließen bzw. dieses Um-

---

[18] Unter Bezug auf Schwind (2010), S. 146

feld begünstigt die Entstehung krimineller Subkulturen. Es bleibt die Frage offen, warum dieser Mechanismus nicht auf alle Betroffenen in der beschriebenen Weise wirkt. Die Erklärung wird darin gesehen, dass nicht nur die Zugangschancen zu legitimen Mitteln, sondern auch die Zugangsmöglichkeiten zu illegitimen Mitteln unterschiedlich verteilt sind. So fehlt es häufig an Gelegenheit, Zugang zu kriminellen Gruppen zu erlangen.

### Beachte

Die Theorie der differenziellen Gelegenheiten erscheint nach den Alltagserfahrungen der polizeilichen Praxis besonders geeignet, die Diebstahlskriminalität einschließlich des Erlernens der Diebstahlstechniken in unserer Gesellschaft zu erklären.

Die jugendkriminologische Relevanz dieser These liegt in der Erklärungsmöglichkeit der hohen Belastung jugendlicher Straftäter mit Diebstahlsdelikten.

### Theorie der Neutralisationstechniken:

Die Theorie der Neutralisationstechniken, entwickelt von *Sykes/Matza* (1957), steht in engem Zusammenhang mit den Subkulturtheorien, der Lerntheorie nach *Sutherland* und mit tiefenpsychologischen Prozessen der Gewissensbildung. Jugendliche Straftäter erkennen danach zwar grundsätzlich die allgemeinen gesellschaftlichen Werte und Rechtsnormen an, neigen jedoch dazu, die Begehung ihrer Straftaten sich selbst gegenüber zu rechtfertigen. *Matza* beschreibt fünf Typen von Neutralisationstechniken[19]:

– Die Verantwortung für die Tat wird abgelehnt. Die Schuld wird auf das Verhalten anderer Personen oder Situationen übertragen. Rechtfertigung: „Sie – Opfer, Geschädigte – tragen selbst die Schuld an ihrem Opferwerden."

– Das Unrecht der Tat wird verneint. Rechtfertigung: Es sei kein individueller Schaden entstanden oder das Opfer wird entpersonalisiert. Der Geschädigte – der Konzern – holt den Verlust wieder herein.

– Die Tat wird damit entschuldigt, dass die sozialen Verhältnisse – nicht die Person des Täters – für die Begehung der Straftat verantwortlich sei.

– Die Institutionen der strafrechtlichen Sozialkontrolle, Polizei, Staatsanwaltschaft, Gerichte werden verunglimpft, als Instrument der Herrschaft hingestellt.

– Man beruft sich auf sog. „höherwertige Normen und Maßstäbe".

Die kriminologische Relevanz der Neutralisationstechniken ist darin begründet, dass im Besonderen jugendliche Mehrfachtäter sich der Verantwortung ihres Handelns entziehen und dadurch der Verfestigung krimineller

---

[19] Unter Bezug auf Mergen (1995), S. 123 u. Kaiser/Schöch (2006), S. 11

Neigungen Vorschub geleistet wird. Moralische Hemmungen, Schuld- oder Schamgefühle, aufkommende Skrupel werden mit diesen Techniken neutralisiert. Neutralisationstechniken sind häufig zu beobachten bei jugendlichen/heranwachsenden Tätern, die mit Ladendiebstählen, Wohnungseinbrüchen, Straßenraub und fremdenfeindlichen Straftaten wiederholt in Erscheinung treten.

# 5 Sozialstrukturelle Theorien

Unter sozialstrukturellen Theorien werden Erklärungsansätze verstanden, die negativ sozial abweichendes Verhalten hauptsächlich aus der Sozialstruktur einer Gesellschaft herleiten. Anders als psychologische Theorien, die sich in erster Linie auf den einzelnen Menschen beziehen, haben kriminalsoziologische Theorien die Wirkungen von sog. makrosozialen Strukturen der Gesellschaft im Blickpunkt. Die Vertreter dieser Richtung führen „Kriminalität auf sozialstrukturell bedingte Missstände" zurück.[20] Sozialstrukturelle Kriminalitätstheorien gehen vorwiegend auf den franz. Soziologen *Durkheim* (1858–1917) und die von ihm begründete Anomietheorie zurück. Durkheim sah Kriminalität als einen normalen, in die Gesellschaft integrierten Zustand an. Nach seiner Vorstellung ist das Verbrechen erst dann sozialschädlich, wenn es die innere Ordnung eines Gemeinwesens zerstört. Er bezeichnete diesen Zustand als Anomie, einen Zustand sozialer Desintegration, gekennzeichnet durch Regellosigkeit, Normlosigkeit.

## 5.1 Anomietheorie

*Robert K. Merton* (amerikanischer Kriminalsoziologe, 1957) knüpft an die Feststellungen *Durkheims* an, formulierte dessen Ansichten jedoch neu. Er führt die Anomie auf die (nordamerikanische) Gesellschaftsstruktur zurück, und zwar auf die Kluft zwischen kulturell bestimmten Zielen und sozialstrukturellen Mitteln zur Verwirklichung der Ziele.

Seine Frage lautete: Warum üben einige soziale Strukturen auf gewisse Personen einen deutlichen Druck aus, sich eher deviant als konform zu verhalten?

*Merton* formulierte folgende These:

Eine Gesellschaft hat kulturelle und soziale Strukturen.

– Kulturelle Strukturen: anerkannte Erfolgsziele
   Besitz, Reichtum, gesellschaftliches Ansehen usw.
– Soziale Strukturen: legitime Mittel zur Erreichung der Ziele
   Arbeit, Einkommen, Erbschaft usw.

---

[20] Schwind (2010), S. 135 ff.

Die von ihm als anomisch bezeichnete Gesellschaft verordnet allen ihren Mitgliedern wirtschaftlichen Erfolg als „kulturelles Ziel" und sanktioniert die Zielerreichung. Wer wirtschaftlich erfolglos ist, sieht sich sozialen Sanktionen ausgesetzt. Auf der anderen Seite stellt diese Gesellschaft die institutionalisierten Mittel zur Erreichung dieser Ziele wie Bildungschancen und Gleichheit im Einkommen nur selektiv zu Verfügung; sie verteilt die Chancen der Zielerreichung ungleich. Damit steht jeder, der benachteiligt ist, unter Abweichungsdruck.

*Merton* beschreibt fünf Verhaltensmuster als mögliche Reaktion des Individuums auf die anomische Situation:

## Konformität

Gesellschaftliche Ziele und Mittel zur Zielerreichung werden bejaht und ggf. dem sozialen Wandel angepasst.

## Ritualismus

Ziele werden anerkannt, die Zielerreichung erforderlichenfalls heruntergeschraubt oder aufgegeben; die institutionalisierten Mittel werden aber beibehalten (z. B. routinemäßige Mehrarbeit).

## Rückzug (Apathie)

Ablehnung kultureller Ziele und institutioneller Mittel (Außenseiter der Gesellschaft, z. B. Landstreicher, Alkoholiker, Süchtige).

## Rebellion

Ziele und Mittel werden bekämpft, Veränderung der Strukturen durch Umsturz (z. B. politisch motivierte Kriminalität mit dem Ziel der Veränderung der Gesellschaft).

## Innovation

Ziele werden akzeptiert, aber mit illegalen Mitteln angestrebt, z. B. durch die Begehung von Straftaten.

Thesen:
– Je stärker bestimmte Erfolgsziele betont werden und
– je geringer die tatsächlichen Möglichkeiten zur legitimen Zielerreichung sind und
– je niedriger der soziale Status von Gesellschaftsmitgliedern ist,
– desto größer ist die Wahrscheinlichkeit, dass sich diese zur Zielerreichung illegitimer Mittel bedienen.

*Cloward/Ohlin* haben die Anomietheorie ergänzt. Ihr Ausgangspunkt ist die Tatsache, dass der Zugang zu legitimen Mitteln schichtenspezifisch eröffnet ist. Daraus ist das Entstehen einer Subkultur vor allem bei Jugendlichen zu erwarten, die eigene Normen, eigene Erfolgsziele und von der Mittelstandsnorm abweichende Handlungsmuster begründet und durchsetzt.

**Beachte**

Kritisch äußert sich *Schneider*[21] zur Brauchbarkeit der Anomietheorie. Ein differenziertes Bild zeigen kriminalistische Alltagserfahrungen. Danach bietet sich die Anomietheorie (ergänzt durch die von *Cloward/ Ohlin* entwickelten Gedanken) mit Blick auf die Jugendkriminalität sehr wohl als Erklärung für bestimmte Erscheinungsformen der Kriminalität in unserer Gesellschaft an, z. B. für Diebstahlsdelikte, besondere Begehungsformen des Raubes, aber auch für Betrug, Wirtschaftdelikte, Korruption und vergleichbar motivierte Straftaten. Sie gibt jedoch keine Antwort darauf, warum bestimmte Personen sich kriminell bereichern, obwohl sie in der Lage wären, die Güter legal zu erwerben.

**Merke**

Häufig werden in Fachgesprächen, Klausuren oder im Rahmen von Prüfungen Fragen nach der Bedeutung der Anomietheorie für die Entstehung von Kriminalität bzw. individuellen kriminellen Verhaltens gestellt.

Die Anomietheorie gibt hierfür in Grenzen Erklärungsansätze i. S. der vorstehenden Ausführungen. Sie ist nicht geeignet, Gewaltkriminalität, sexuell motivierte Kriminalität u. ä. Straftaten zu erklären, da hier andere Mechanismen als die beschriebenen kriminalitätsauslösend sind.

## 5.2 Theorie der kriminellen Subkultur

Die Theorie der kriminellen Subkultur geht auf Untersuchungen in nordamerikanischen Großstädten, in denen die Abhängigkeit von Kriminalität und Wohnbereich erforscht werden sollte (sog. ökologische Schule), zurück. Nach den Ergebnissen von Studien fördern negative wirtschaftliche und soziale Strukturen bestimmter Stadtteile oder Wohngebiete die Entstehung krimineller Subkulturen vornehmlich bei der jugendlichen Bevölkerung. In diesen sozialen Problembereichen entwickeln sich subkulturelle Gruppierungen, die das Wertesystem und die Ziele der Mittelschicht ablehnen. Es entstehen eigene (kriminelle) Normen- und Wertesysteme.

Die Theorie der kriminellen Subkultur beinhaltet sowohl lerntheoretische als auch anomische Betrachtungsweisen und Aspekte der Kulturkonfliktstheorie.

**Beachte**

Wenn auch die Subkulturtheorie auf nordamerikanischen sozialen Strukturen und Untersuchungen basiert und sich in den ursprünglichen Aussagen auf hiesige Verhältnisse nicht übertragen lässt, sind doch vergleichbare Entwicklungen auch in unserer Gesellschaft festzustellen.

---

[21] Schneider (1987), S. 434

Ihre kriminologische Relevanz ist vor allem in der Entstehung und dem Vorhandensein subkultureller delinquenter Jugendgruppen und Jugendbanden in sozialen Brennpunkten der Großstädte zu sehen.[22]

## 5.3 Kulturkonflikttheorie

Nach dieser Theorie entsteht Kriminalität bei Ausländern durch den Widerspruch zwischen dem Werte- und Normensystem ihres Heimatlandes und dem Land, in das sie eingewandert sind oder in dem sie sich auf Dauer aufhalten. Je ausgeprägter die Werte- und Normensysteme, je größer die Unterschiede in den Kulturen sind, desto eher kann Kriminalität entstehen.

Bezogen auf deutsche Verhältnisse hat sich nach einhelliger Literaturmeinung die Kulturkonfliktstheorie bei der ersten Generation der Gastarbeiter nicht bestätigt, anders bei der zweiten und dritten Generation, die eine überproportionale Kriminalitätsbelastung aufweisen.

Bsp.:
Erklärt wird dies u. a. durch sog. Innenkonflikte, die auf den Ausländerkindern lasten. Sie entstehen einerseits durch widersprechenden Sozialisationsdruck des Elternhauses durch Brauchtum, Sitte und Normen des Heimatlandes und anderseits durch die gesellschaftlichen Einflüsse des Gastlandes. Die Folgen sind Orientierungslosigkeit, Neigung zu delinquenten Gruppen und Übernahme von kriminellen Verhaltensmustern.

Daneben stehen auch Verhaltensmuster, die in den Traditionen und der kulturellen Andersartigkeit des Herkunftslandes wurzeln und die Ursachen krimineller Taten sind wie z. B. Blutrache, Verletzung des Ehrgefühls u. ä.

## 5.4 Interaktionistische Theorien

Im Gegensatz zu den bisher dargestellten Kriminalitätstheorien bewerten die interaktionistischen Ansätze die Kriminalität nicht als ein Produkt von personengebundenen Verhaltensmerkmalen des Menschen, sondern als eine Folge von Stigmatisierungs- und Etikettierungsprozessen.

Verbrechen ist danach das Ergebnis eines Interaktionsprozesses zwischen dem Individuum (Mensch) einerseits und den Instanzen der strafrechtlichen Sozialkontrolle (im Wesentlichen Polizei und Justiz) andererseits.

Im Mittelpunkt steht die soziale Reaktion auf negativ-soziale Abweichung sowie die mit der sozialen Reaktion verbundene Auswirkung auf das Selbstverständnis des Abweichenden.

**Merke**

Bedeutsame interaktionistische Kriminalisierungstheorien sind die **Theorie der Kriminellen Karriere** und die **Labeling-Approach-Theorie.**

---

[22] Siehe dazu die Ausführungen bei Schwind (2010), S. 585 ff. zum Problem der Jugendbanden in Deutschland

**Theorie der kriminellen Karriere:**

Diese Theorie erklärt in ihren wesentlichen Aussagen die Entstehung und den Verlauf krimineller Karrieren im Bereich der Jugendkriminalität.

These:

Kriminelle Rollen junger Menschen werden hauptsächlich beeinflusst (verursacht, gefördert) von

– der Zugehörigkeit zur sozialen Schicht,
– dem Ergebnis ihrer Sozialisation,
– der Reaktion formeller und informeller Instanzen der sozialen Kontrollen auf abweichendes Verhalten, Bestrafung oder Nichtbestrafung,
– der Reaktion der sozialen Umwelt auf Stigmatisierung durch Bestrafung.

Kernaussagen:

Delinquentes Verhalten Jugendlicher ist stets der Versuch, ein Problem zu lösen.

Kriminalität entsteht, wenn das ursprüngliche Problem ungelöst bleibt und wenn zwischen dem Jugendlichen und den Instanzen der Sozialkontrolle ein sich wechselseitig „hochschaukelnder" Interaktionsprozess stattfindet. Wiederholte Bestrafung führt zur Verstärkung der Stigmatisierung und zur Übernahme der Rolle des Kriminellen.

– Je stärker Sozialisationsbelastung und Sozialisationsdefizite des Jugendlichen sind (Unterschichtszugehörigkeit, Familiendesintegration, Schul- und Berufsversagen pp.),
– je früher der Prozess der kriminellen Karriere beginnt (Einstieg in Delinquenz und Wiederholung),
– je später des Problem des Jugendlichen erkannt und fehlgeschlagene Reaktionen auf den aktuellen Konflikt vorliegen,
– je stärker sekundäre Erfolgsmotivationen zu einer Verfestigung der delinquenten Techniken führen (erfolgreiche Begehung der Straftat/en und vermeintliche positive Problemlösung) und
– je verständnisloser die Sanktionen der sozialen Kontrollinstanzen ausgefallen sind,

desto schneller schreitet der Kriminalisierungsprozess voran.

> **Merke**
>
> Die Erkenntnisse aus den Stigmatisierungs- und Etikettierungsansätzen haben zur Konzeption und zur Einführung des Diversionsverfahrens im Jugendstrafverfahren (JGG) beigetragen.

## Labeling-Approach-Theorie:

Die Labeling-Approach-Theorie hat ihren Ursprung in der nordamerikanischen Kriminalsoziologie. In Deutschland wird die Theorie in „radikal soziologischer Version" hauptsächlich von *Sack* (*Kaiser/Schöch*) vertreten.[23]

Thesen:

- Strafrechtsnormen spiegeln die Herrschaftsstrukturen einer Gesellschaft wider. Kriminalität ist ein negatives Gut, das entsprechend den positiven Gütern in der Gesellschaft verteilt wird. Unterprivilegierte tragen prinzipiell ein höheres strafrechtliches Risiko als die zur privilegierten Schicht gehörenden Mitglieder.
- Es gibt eine schichtenspezifische Ungleichbehandlung bei der Strafverfolgung. Angehörigen der Unterschicht wird eher die Eigenschaft „kriminell" zugeschrieben als Angehörigen der Mittelschicht. Dafür spricht die hohe registrierte Kriminalitätsbelastung von Unterschichtsangehörigen. Ausgehend von der Hypothese, dass Kriminalität **ubiquitär** sei, müssten jedoch alle Gesellschaftsschichten gleichermaßen mit Kriminalität belastet sein.
- Die Zuschreibung der Eigenschaft „kriminell" ist den Instanzen der strafrechtlichen Sozialkontrollen: Polizei, Staatsanwaltschaft, Gericht vorbehalten; folglich selektieren diese Instanzen schichtenspezifisch zum Nachteil der Unterschicht.

Ubiquitär = überall verbreitet, im Sinne Durkheims: normal und überall gleichermaßen verbreitet. Nach *Schöch* ist die Ubiquitätsthese durch zahlreiche Dunkelfelduntersuchungen widerlegt.

Es ist zwar richtig, dass der einmalige Verstoß gegen Strafnormen offenbar weit verbreitet ist. Diese Feststellung trifft allerdings vorwiegend auf jugenddelinquentes Verhalten zu. Jedoch ist festzustellen, dass dies nicht generell zutreffend ist, insbesondere nicht für den wiederholten bzw. schweren Rechtsbruch.

### Merke

Die Labeling-Approach-Theorie lässt die Ursachen normabweichenden Verhaltens völlig außer Acht. Das Verdienst der Labeling-Approach-Theorie ist darin zu sehen, dass sie Gesetzgebung und Strafverfolgung kritisch in den kriminologischen Fokus gerückt hat und die Aufmerksamkeit auf den Prozess von Stigmatisierung und Etikettierung richtet.

---

[23] In diesem Sinne Kaiser/Schöch (2010), S. 18

# 6 Integrative Konzepte

## 6.1 Anlage-Umwelt-Persönlichkeitstheorie

Der Erklärungsansatz geht ursprünglich auf die Vereinigungstheorie, die bikausale Betrachtungsweise krimineller Ursachen der Marburger Schule zurück (siehe Kap. I, Einführung in die Kriminologie). In der Weiterentwicklung dieses Ansatzes kam man zu der Erkenntnis, dass neben biologischen und soziologischen Faktoren die Persönlichkeit des Individuums eine bedeutende Rolle in Bezug auf Verhaltensauffälligkeiten spielt. In Deutschland ist vor allem *Exner* (1949)[24] mit Veröffentlichungen zur Anlage-Umwelt-Persönlichkeitshypothese in Erscheinung getreten. Diese multikausale Betrachtungsweise verknüpfte erstmals biologische und soziologische Faktoren mit Aspekten der Persönlichkeitspsychologie.

Nach *Exner* bilden Anlage und Umwelt die Persönlichkeit. Was aus der Anlage wird, hängt – innerhalb des von ihr gegebenen Spielraums – von der Umwelt ab.

Welche Umwelt und wie diese Umwelt auf den Menschen wirkt, hängt – innerhalb des durch den äußeren Sachverhalt gegebenen Spielraumes – von der Anlage ab. Im Sinne dieser Aussage wird die Anlage als erblich bedingte Disposition verstanden, die im Rahmen des Sozialisationsprozesses (Umwelt) ein bedeutsamer Faktor für die Ausprägung der individuellen Persönlichkeit darstellt.

Kernaussage:

Nach *Exner* ist die kriminelle Tat stets ein Produkt aus

- persönlichkeitsbegründenden Tatsachen. Es werden darunter die erblich bedingten Dispositionen (Anlage) des Täters verstanden.
- persönlichkeitsentfaltenden Tatsachen. Sie bezeichnen den Entwicklungsstand des Täters zum Zeitpunkt X, z. B. im Reifestadium zum Zeitpunkt der Tat als Jugendlicher, Heranwachsender, Erwachsener oder im Alter.
- persönlichkeitsgestaltenden Tatsachen. Sie bezeichnen den Prozess der Sozialisation, die Einwirkung der Umwelteinflüsse auf den Täter.
- tatgestaltender Umwelt. Es werden darunter die äußeren Einflüsse zum Zeitpunkt der Tat beschrieben. Es sind die situativen Bedingungen, die die Entstehung und den Verlauf der Tat bestimmen bzw. fördern.

Später wurde dieser Ansatz um viktimologische Betrachtungsweisen der Opferdisposition und des Opferverhaltens im Prozess der Tatentstehung und des Tatverlaufs erweitert.

Verkürzt kann gesagt werden:

Die kriminelle Tat ist das Produkt aus

- der tatzeitlichen Persönlichkeit,

---

[24] Exner (1949)

- der tatzeitlichen Umwelt und
- der Disposition und dem Verhalten des Opfers.

**Beachte**

Die Verneinung der Veranlagung zum Verbrechen besagt nicht, dass ausschließlich soziologische oder sozialstrukturelle Bedingungen für die Erklärung abweichenden Verhaltens heranzuziehen sind. Der derzeitige Diskussionsstand geht davon aus, dass bestimmte erbliche Elemente in gewissen Fällen die kriminelle Entwicklung eines Menschen beeinflussen können, jedoch nicht in dem Sinn, dass sie zum Verbrechen prädestinieren, sondern die soziale Anpassungsfähigkeit beeinträchtigen und somit die Basis für negativ abweichendes Verhalten bilden.

**Merke**

Die Anlage-Umwelt-Persönlichkeitstheorie versteht sich als multifaktorieller Erklärungsansatz, da sie versucht, unterschiedliche Faktoren in ein theoretisches Konzept zu integrieren. Sie bezieht, je nach den besonderen Bedingungen der Tat und des Täters, Daten aus dem Lebenslängsschnitt des Täters, seiner Persönlichkeit sowie seiner sozialen Herkunft in die Betrachtung des Ursachenzusammenhanges ein.

## 6.2 Mehrfaktorentheorien

Mehrfaktorentheorien betrachten die Erklärung kriminellen Verhaltens nicht aus dem Blickwinkel einer bestimmten Wissenschaftsdisziplin, sondern versuchen, Kriminalität aus der Vereinigung verschiedener Teilaspekte (multifaktoriell) zu erklären. Nach dieser Vorstellung ist kriminelles Verhalten ein Ergebnis vielfältiger Faktoren und Einflüsse mit unterschiedlichen Gewichtungen. Sie tragen der Erkenntnis Rechnung, dass spezielle Kriminalitätstheorien nur einen mehr oder weniger engen Ausschnitt möglicher Verbrechensursachen beschreiben. Durch die Kombination differenzierter Hypothesen soll das Blickfeld erweitert werden, um die Erklärungskraft kriminologischer Aussagen zu verbessern.

Die multifaktoriellen Erklärungen stützen sich hauptsächlich auf empirisch gewonnene Ergebnisse aus Vergleichs- und Langzeituntersuchungen von Vergleichsgruppen.

Umfassende Untersuchungen führte das amerikanische Ehepaar *Eleanor* und *Sheldon Glueck* durch. Der 1950 veröffentlichte Forschungsbericht basierte auf langjähriger Forschungsarbeit an 500 delinquenten und nicht-delinquenten Jungen. Untersucht wurden 402 Merkmale aus dem persönlichen Bereich der Probanden.

In Deutschland vertritt vor allem *Göppinger* mit dem Konzept des „Täters in seinen sozialen Bezügen" einen ähnlichen Ansatz.[25]

Die Vergleichsuntersuchungen werden mit dem Ziel geführt festzustellen, ob und inwieweit die untersuchten Personen in einer signifikanten Vielzahl von körperlichen, psychischen und sozialen Faktoren voneinander abweichen. Aus den Ergebnissen der Untersuchungen wird sodann gefolgert, welche Faktoren kriminalitätsfördernd (kriminogen) und welche kriminalitätshemmend (kriminoresistent) wirken.

Zwar konnten die eindeutige Determinierung der erhobenen Faktoren für Kriminalität und der Grad ihrer Gewichtung bislang nicht nachgewiesen werden, jedoch wächst mit der Häufung der Merkmale „die diagnostische und prognostische Aussagekraft" (*Kaiser* 1996). Die empirisch gewonnenen potenziellen Kriminalitätsfaktoren und deren Identifizierung als Ursache, Wirkung oder Symptom für kriminelles Verhalten sind allerdings individuell zu bewerten. Sie stellen stets eine mehr oder weniger zutreffende Wahrscheinlichkeitsaussage dar.

# 7 Abschließende Betrachtung

Ergebnisse von empirischen kriminologischen Untersuchungen sowie kriminalistisch-kriminologischen Erfahrungen im Umgang mit Kriminellen zeigen, dass es eine monokausale Erklärung für Kriminalität nicht gibt. Die gleiche Ansicht wird überwiegend in der kriminologischen Literatur und Wissenschaft vertreten. Negativ abweichendes Verhalten ist regelmäßig auf ein Zusammenwirken verschiedener Einflüsse zurückzuführen. Eine eindimensionale Kausalwirkung wird verneint. Inwieweit die Addition kriminogener Faktoren zu sicheren Aussagen führt, ist ebenfalls wegen der Komplexität der Entstehung von Kriminalität bzw. sozial abweichendem Verhalten nicht eindeutig erwiesen. Gleiches trifft auf die prognostische Aussage zukünftiger Legalbewährung (Prognose) von Straftätern zu.

**Merke**

In der kriminologischen Praxis ist mit einiger Sicherheit die Kriminalität als Massenerscheinung bzw. das Verbrechen als Einzeltat stets nur deliktsspezifisch und multifaktoriell erklärbar.

# 8 Klausurbeispiel

### Sachverhalt

Bei einer nächtlichen Verkehrskontrolle werden von der Polizei in X-Stadt Peter Sch, 18 Jahre alt, Achmed Ü, ebenfalls 18 Jahre alt und der neun-

---

[25] Göppinger (2008), S. 209 ff.

zehnjährige Thomas B in einem gestohlenen Pkw, Golf GTI, angetroffen und vorläufig festgenommen. Fahrer des Pkw war Thomas B, ohne im Besitz einer Fahrerlaubnis zu sein. Bei Thomas B wurde eine durchgeladene Pistole Kal. 7,65 mm mit sechs Schuss Munition gefunden.

Der Pkw war in der vorausgegangenen Nacht in der benachbarten Kleinstadt Y gestohlen worden. Bei der Durchsuchung des Pkw wurden von den Beamten im Kofferraum des Wagens drei Mobiltelefonanlagen und fünfzehn hochwertige Autoradios verschiedener Fabrikate sowie diverse Scheck- und Kreditkarten gefunden. Nach dem ersten Augenschein handelte es sich um Diebesgut.

Nach anfänglich hartnäckigem Leugnen gaben die Verdächtigen zu, den Pkw gemeinsam entwendet zu haben. Man wollte eine Spritztour machen. Darüber hinaus waren sie zunächst nicht bereit auszusagen.

Im Laufe der weiteren Ermittlungen stellte sich heraus, dass die Mobiltelefonanlagen aus einem Büroeinbruch, die Autoradios und die Scheck- und Kreditkarten aus Pkw-Aufbrüchen stammten, die in der gleichen Nacht in X-Stadt begangen worden waren. Das Trio gestand sodann nach Vorlage von Beweismaterial, in den zurückliegenden Monaten im Großraum X-Stadt gemeinsam etwa 200 Pkw-Aufbrüche und etwa 70 Büro- und Geschäftseinbrüche begangen zu haben. Diebesgut waren stets hochwertige Autoradios, Mobiltelefon- oder Autotelefonanlagen sowie Scheck- und Kreditkarten, Bargeld und Büromaschinen (Computer, Schreibmaschinen pp.) und „alles, was sich so zu Kohle machen ließ".

Um das Diebesgut absetzen zu können, hatte man in X-Stadt einen Hehler zur Hand.

Zu ihrem Freizeitverhalten befragt, gaben die Tatverdächtigen an, sich hauptsächlich in Spielotheken aufzuhalten, wo sie regelmäßig, offenbar aufgrund einer bereits verfestigten Spielsucht, an Geldautomaten hohe Geldsummen verspielen. An Wochenenden „ziehen sie sich zunächst einmal, bevor es richtig rund geht, mehrere Videos rein" und jeder einige Flaschen Bier. Bevorzugt werden sog. Gewaltvideos.

Die drei Tatverdächtigen sind in den vergangenen Jahren bereits als Mehrfachtäter polizeilich auffällig geworden und waren wiederholt als jugendliche Intensivtäter registriert worden. Sie suchten regelmäßig den Kontakt mit älteren delinquenten Jugendlichen, die ihnen Vorbild waren. Schon im spätkindlichen Alter schlossen sie sich einer delinquenten Gruppe von Jugendlichen und Heranwachsenden an, aus der heraus sie gemeinschaftlich vorwiegend Diebstähle und Wohnungseinbrüche begingen. Im Alter von 16 bzw. 17 Jahren wurden sie, gemeinschaftlich handelnd, als Täter einer Serie von Handtaschenraubüberfällen ermittelt. Gegenüber ihren Opfern, Rentnern und anderen Passanten, waren sie äußerst rücksichtslos vorgegangen.

Peter Sch und Thomas B stammen aus sozialen Problemfamilien mit Alkoholismus bei den Elternteilen. Beide Elternteile sind wegen Ladendiebstahls im Rückfall, Körperverletzungsdelikten und Betrugs straffällig geworden. Peter und Thomas wurden schon als Kinder negativ sozial auffällig und sind als Streuner von der Polizei wiederholt aufgegriffen worden. „Wenn wir zu Hause nicht parierten, setzte es Hiebe. Dann sind wir eben abgehauen."

Ihr Lernverhalten in der Schule war negativ, was sich auch in den schlechten schulischen Leistungen zeigte. Diese Haltung setzte sich später fort. Von ihren Eltern erhielten sie nie Unterstützung oder Hilfestellung bei ihren schulischen Problemen. Beide sind ohne Berufsausbildung. Nach dem Schulabgang arbeiteten sie zunächst gelegentlich, was sie dann aber recht bald aufgaben.

Achmed Ü ist türkischer Staatsangehöriger, in der Bundesrepublik geboren. Seine Eltern sind vor etwa 20 Jahren aus Ostanatolien in die Bundesrepublik gekommen. Beide Elternteile sind ganztägig berufstätig, die Mutter als Reinigungskraft, der Vater als Stahlarbeiter. Schon als Kind war Achmed tagsüber sich selbst überlassen. Peter Sch, Thomas B und Achmed Ü sind als Nachbarskinder gemeinsam aufgewachsen. Sie sind, ihren eigenen Angaben nach, Freunde.

Achmed orientierte sich aufgrund mangelnder Aufsicht an seinen beiden Freunden, mit denen er schon als Kind kleinere Diebstähle beging, auch um sich in der Gruppe zu beweisen. Alle drei waren aufgrund ihrer Delinquenz schon wiederholt justiziell auffällig geworden. Erziehungsmaßregeln und Zuchtmittel nach dem JGG waren ohne Erfolg geblieben. Der Vater des Achmed Ü reagierte daraufhin zunächst mit aller Härte, jedoch ohne durchgreifende Wirkung auf seinen Sohn.

Als Achmed Ü gemeinsam mit seinen Freunden wegen einer Reihe von Straftaten zu einem Freizeitarrest verurteilt wurde, verstieß ihn seine Familie. Seitdem durfte er die elterliche Wohnung nicht mehr betreten. Peter Sch, Thomas B und Achmed Ü sind Sozialhilfebezieher. Sie wohnen in einer Unterkunft des Sozialamtes in X-Stadt.

## Aufgaben

1. Nehmen Sie in kurz gefasster Ausführung zu dem Erklärungswert von Kriminalitätstheorien Stellung.
2. Erklären Sie aus den Ihnen bekannten Kriminalitätstheorien das Delinquenzverhalten der Tatverdächtigen Peter Sch, Thomas B und Achmed Ü.

## Lösungshinweise

Zu Aufgabe 1:    Nehmen Sie in kurz gefasster Ausführung zu dem Erklärungswert von Kriminalitätstheorien Stellung.

Die Kriminologie kennt eine Vielzahl von Theorien, die mit unterschiedlich orientierten wissenschaftlichen Erklärungsansätzen versuchen, Kriminalität als Massenerscheinung und Verbrechen als den einzelnen Normverstoß zu erklären. Aufgrund der Komplexität der Entstehungsprozesse krimineller Handlungen und gesellschaftlicher Einflüsse auf normabweichendes Verhalten liegt es auf der Hand, dass Kriminalitätstheorien in ihrem Erklärungswert stets nur bestimmte Kriminalitäts- und/oder Verbrechensphänomene hinreichend erklären können. *Merton* (zitiert nach *Göppinger* (1997), S. 101) spricht in diesem Zusammenhang von „Theorien mittlerer Reichweite". *Göppinger* (a. a. O.) stellt deshalb auch fest: „Eine umfassende Theorie, die die gesamte Wirklichkeit des Verbrechens und des Verbrechers zu erklären vermag, ist ohnehin kaum denkbar."

Zu Aufgabe 2:  Erklären Sie aus den Ihnen bekannten Kriminalitätstheorien das Deliquenzverhalten der Tatverdächtigen Peter Sch, Thomas B und Achmed Ü.

Es bietet sich an, folgende Theorieansätze zunächst im Einzelnen und dann in der Gesamtschau auf ihre kriminologische Relevanz zu prüfen.

2.1  Kriminalität als Folge defizitärer Sozialisation?

Alle drei Tatverdächtigen zeigen Sozialisationsdefizite, die sowohl in der Primärsozialisation (in der Familie) als auch in der Sekundärsozialisation (Schule, Beruf, soziale Gruppe) begründet sein dürften.

Offenbar liegen bei allen drei Tätern erhebliche Mängel in der Wertevermittlung durch das Elternhaus vor, sodass im Laufe des primären Sozialisationsprozesses in der Familie allgemeine Rechtsnormen nicht verinnerlicht werden konnten, was schon frühzeitig zu Norm- und Verhaltenskonflikten führte. Der gewaltorientierte Erziehungsstil im Elternhaus verstärkte eher diese Entwicklung. In diesem Zusammenhang liegt es nahe, dass die Neigung zur Anwendung von Gewalt als Problemlösungsreaktion besonders bei Peter Sch und Thomas B von deren Eltern als Handlungsmuster übernommen worden ist. Auch in der Phase der sekundären Sozialisation setzte sich diese Entfaltung fort, die durch frühkindliche Defizite wesentlich negativ geprägt und beeinflusst war.

Es sind folgende Faktoren sichtbar, die für die Entstehung und Verfestigung von Sozialisationsdefiziten bedeutsam erscheinen:

Personale Aspekte bei Peter Sch und Thomas B
- Prädelinquente Verhaltensweisen:
  - wiederholtes Weglaufen, Neigung zu kindlichem Streunern
  - Verwahrlosung: Zeichen für individuelle soziale Fehlanpassung und Fehlentwicklung; als negativ soziale Abweichung delinquenzfördernd
- Frühkindliche Delinquenz mit Rückfallneigung

- Negatives Lern- und Leistungsverhalten:

  Schlechte schulische Leistungen, fehlende Berufsausbildung, Ablehnung geregelter Arbeit sind Merkmale, die gehäuft bei Mehrfachtätern
  auftreten. Sie sind Zeichen fehlender Leistungs- und Anstrengungsbereitschaft aufgrund sozialer Fehlanpassung, begründen sich häufig auf
  bereits vorschulische Sozialisationsmängel und schichtenspezifische
  Wertordnung (Hinweis auch auf die Theorie der kriminellen Subkultur
  nach *Cohen*). Daraus resultiert wiederum eine Reduzierung der Startchancen für ein sozial angepasstes Verhalten.
- Spielsucht, negatives Freizeitverhalten:

  Spielothek, Gewaltvideos sind ebenfalls Zeichen für soziale Fehlanpassung und Symptom für kriminelle Verwahrlosung. Diese Feststellung trifft auch auf Achmed Ü zu.

Inwieweit sich die Delinquenzbelastung der Eltern von Peter und Thomas
auf deren Persönlichkeitsentwicklung ausgewirkt haben, ist interpre-
tierungsbedürftig. Einerseits kann aus den Ergebnissen der Sippenfor-
schung auf genetisch bedingte Defekte geschlossen werden, die im Sinne
einer Prädisposition zu negativ sozialen Persönlichkeitsstrukturen geführt
haben. Eher ist jedoch davon auszugehen, dass die negativen Vorbild-
funktionen der Eltern sich im Rahmen der Sozialisation auf die beiden Täter
nachteilig ausgewirkt haben.

Personale Aspekte bei Achmed Ü

Erkennbar sind folgende Aspekte:

- Unzureichende Hinwendung und Aufsicht des Kindes/Jugendlichen im
  Rahmen der Erziehung aufgrund der Berufstätigkeit der Eltern.

  Folgen: Defizite in der Ausprägung von Bindungsmustern und innerem
  Halt, Erziehungsmängel, fehlende Kontrolle der Eltern (war sich tags-
  über selbst überlassen), individuelle soziale Fehlanpassung, reduzierte
  Startchancen für sozial angepasstes Verhalten.
- Offenbar lagen Probleme in der Vermittlung des hiesigen Werte- und
  Normensystems durch die aus Ostanatolien stammenden Eltern vor.
  Dies gilt auch als Hinweis auf Kulturkonfliktprozesse. Sie entstehen
  einerseits durch widersprechenden Sozialisationsdruck des El-
  ternhauses durch Brauchtum, Sitte und Normen des Heimatlandes und
  anderseits durch die hiesigen gesellschaftlichen Einflüsse. Die Folgen
  sind bei Achmed Ü Orientierungslosigkeit, Neigung zu delinquenten
  Gruppen und Übernahme von kriminellen Verhaltensmustern.

Situative Bedingungen

2.2  Lerntheoretische Erklärung (Theorie der differenziellen Assoziation)

Einen ergänzenden Erklärungsansatz für die kriminelle Entwicklung der
Tatverdächtigen bietet die „Theorie der differenziellen Assoziation" von
*Sutherland.*

Danach ist kriminelles Verhalten erlerntes Verhalten, das im Laufe des Sozialisationsprozesses durch Kontakte mit kriminellen Gruppen übernommen wird.

In Anwendung dieses Kriminalitätserklärungsansatzes kann geschlussfolgert werden, dass die drei Tatverdächtigen durch regelmäßigen Kontakt
mit delinquenten Jugendlichen und durch deren Vorbildfunktion

− negativ sozial abweichende Verhaltensmuster,
− kriminelle Einstellungen und Motive sowie
− Tatbegehungstechniken, aber auch
− Techniken der Neutralisation

in einem Lernprozess übernommen haben.

Mit zunehmender Dauer und Intensität haben sich diese Verhaltensmuster
bei ihnen verstärkt.

Diese Feststellung trifft insbesondere auch auf Achmed Ü zu.

Die Überreaktion der Eltern und der Verstoß aus der Familie wirkten als Ver-
stärker und förderten sein Delinquenzverhalten durch ausschließliche Orientierung an seinen Mittätern.

2.3   Interaktionistische Erklärung i. S. des Modells der kriminellen Karriere

Alle drei Tatverdächtigen zeigen zum Zeitpunkt der Tat gleichermaßen
Symptome eines in der Entstehung und Ausprägung begriffenen
kriminellen Selbstbildes und Rollenverständnisses, besonders ausgeprägt
bei Peter und Thomas.

Nach *Quensel* steht ein solches Ergebnis am Ende der Entwicklung einer
kriminellen Karriere nach fehlgeschlagener Interaktion zwischen jungen
Menschen und den Instanzen der sozialen Kontrolle.

Folgende Faktoren sprechen für die Entwicklung krimineller Karrieren im
Sinne dieses Modells:

− Ausgangssituation
  − Verwahrlosung, individuelle Fehlanpassung, Schul- und Berufsver-
    sagen
  − frühe negative soziale Auffälligkeit und Devianz bei gleichzeitigem
    Ausbleiben positiv wirkender Reaktionen der Kontrollinstanzen:
    kleine Diebstähle im Kindesalter
− Wiederholte Straffälligkeit mit einer Steigerung der kriminellen Kapazität und kriminellen Energie
− Registrierung als jugendliche Intensivtäter
− Begehung von Serienstraftaten, gezielte Beuteauswahl, gewerbsmäßige Beuteverwertung, hartnäckiges Leugnen, Mitführen einer ge-
  ladenen Schusswaffe durch Sch

- Wiederholte kriminelle Auffälligkeit, Erziehungsmaßregeln und Zuchtmittel nach dem JGG blieben ohne Erfolg
- Sekundäre Erfolgsmotivation bei/nach der Begehung von Straftaten und als Folge Verstärkung sozial abweichender Handlungs- und Verhaltensmuster sowie Verfestigung krimineller Techniken
- Verfestigung des kriminellen Selbstbildnisses und Rollenverständnisses

*Quensel* beschreibt die Entwicklung einer kriminellen Karriere in einer Acht-Stufen-Folge, in der eine Stufe auf der anderen, vorausgegangenen Entwicklungsstufe aufbaut und sich verstärkt.

### 2.4 Erklärung an Hand der Anomietheorie

Eine weitere ergänzende Erklärungsmöglichkeit für das Verhalten der Tatverdächtigen dürfte in der Anomietheorie nach *Merton* liegen. Unter Anomie versteht *Merton* einen Zustand mangelnder sozialer Ordnung, in deren Folge Druck zu abweichendem Verhalten entsteht. Der Druck lastet insbesondere auf Angehörigen der Unterschicht. (Auf eine weitere Darstellung der Anomietheorie wird hier verzichtet.)

Im vorliegenden Sachverhalt bedeutet es, dass alle drei Tatverdächtigen ihr Geltungsstreben und ihre Konsumwünsche mangels eigener Einkünfte legal nicht befriedigen konnten und deshalb zur delinquenten Lösungen, d. h. zu kriminellen Handlungen gegriffen haben. Begünstigt wurde ihre Verhaltenseinstellung und ihre Neigung zu kriminellen Handlungen durch Mängel in der Sozialisation und das Fehlen eines positiven Selbstbildnisses und der Selbstkontrolle. Die negative Entwicklung verstärkte sich im Laufe ihrer kriminellen Karrieren.

Fazit:

Wie die Betrachtungen zum Lebenslängsschnitt und zur Delinquenz der drei Täter zeigen, wäre die Beschränkung der Kriminalitätserklärung auf nur eine Theorie unbefriedigend. An den vorliegenden Ausführungen wird beispielhaft der interdisziplinäre Ansatz im Sinne einer integrativen Kriminalitätstheorie und das multifaktorielle Vorgehen dargestellt.

Nicht eine der angeführten Kriminalitätserklärungstheorien allein kann das kriminelle Verhalten der drei Tatverdächtigen hinreichend erklären. Letztlich erklärt sich ihre Delinquenz aus einer Vielzahl unterschiedlicher Faktoren im Sinne eines prozesshaften multifaktoriellen Ansatzes.

# 9 Prüfungsfragen

1. Was wird unter dem Begriff „Kriminalitätstheorien" verstanden?
2. Welche Ziele werden mit der Aufstellung von Kriminalitätstheorien verfolgt, wie ist deren Aussagekraft?

3. Nennen Sie die Ihnen wichtig erscheinenden Kriminalitätstheorien!
4. Welche Bedeutung haben biologisch orientierte Kriminalitätstheorien?
5. Was sagt Ihnen der Name Cesare Lombroso?
6. Nehmen Sie Stellung zu der Aussage: „Jede Gesellschaft hat die Verbrecher, die sie verdient"!
7. Was beinhaltet der Begriff „Mehrfaktorentheorie"?
8. Was wird unter den Begriffen „kriminogene Faktoren" und „krimino-resistente Faktoren" verstanden?
9. Welche Bedeutung hat die sog. Lerntheorie für jugendkriminelles Verhalten?
10. Warum ist die Kenntnis über Kriminalitätstheorien für den Polizeidienst bedeutsam?

# 10    Weiterführende Literatur

*Exner, F.:* Kriminologie, 3. Auflage, Springer-Verlag, Berlin, Göttingen, Heidelberg 1949

*Göppinger, H./Bock, M.:* Kriminologie, 6. Auflage, Verlag C. H. Beck, München 2008

*Kaiser, G.:* Kriminologie, 3. Auflage, C. F. Müller Verlag, Heidelberg 1996

*Kaiser, G.:* Kriminologie, UTB Bd. 594, 9. Auflage, C. F. Müller Verlag, Heidelberg 1993

*Kaiser, G./Schöch, H.:* Kriminologie, Jugendstrafrecht, Strafvollzug, 7. Auflage, Verlag C. H. Beck, München 2010

*Meier, B.-D.:* Kriminologie, 3. Auflage, Verlag C. H. Beck, München 2007

*Schmitt, B.:* Kriminologie, Jugendstrafrecht, Strafvollzug, 5. Auflage, Alpmann u. Schmidt, Juristische Lehrgänge, Münster 2008

*Schneider, H. J.:* Kriminologie, Lehrbuch, de Gruyter, Berlin, New York 1987

*Schneider, H. J.:* Kriminologie, Prüfe Dein Wissen, 3. Auflage, Verlag C. H. Beck, München 1992

*Schwind, H.-D.:* Kriminologie, 20. Auflage, Kriminalistik Verlag, Heidelberg 2010

### Zeitschriften

*Schneider, H. J.:* Kriminologische Ursachentheorien. In: Kriminalistik 5/97, S. 306–318

# Kapitel 3
# Beurteilung der Täterpersönlichkeit

## 1　Einleitung

Generelle Merkmale, die den Durchschnittstypen eines Verbrechers im Sinne einer einzigartigen verbrecherischen Persönlichkeit beschreiben, sind nach bisherigen empirischen Untersuchungen nicht nachweisbar.[1]

Täterpersönlichkeiten sind stets individuell nach ihren charakteristischen Merkmalen zu beurteilen.

Die Erfahrungen zeigen allerdings, dass eine – wenn auch begrenzte – typologische Orientierung von Tätern nach den von ihnen bevorzugten Straftaten, Begehungsweisen, Motiven und Verhaltensauffälligkeiten möglich ist. Werden diese Merkmale um kriminologisch relevante Beurteilungskriterien ergänzt, die sich aus der Analyse des Sozialverhaltens im Lebenslängsschnitt des Probanden ergeben, sind regelmäßig auch relativ sichere kriminalprognostische Aussagen möglich.

*Göppinger* beschreibt das methodische Vorgehen der Erhebung und Analyse von Beurteilungskriterien und gibt eine umfassende Darstellung idealtypischer Merkmale, die im Lebenslängsschnitt des Probanden für dessen negativ soziale Auffälligkeit relevant sind.[2] Siehe dazu auch die folgenden Ausführungen zur Idealtypischen Einzelfallanalyse unter 4.4.

Kriminalistisch ist die Erkenntnis von Bedeutung, dass in Fällen, in denen sich in der Tatbegehung individuelle Tatbegehungsmerkmale abbilden, mit einiger Sicherheit auf die noch unbekannte Täterpersönlichkeit geschlossen werden kann.

### Beachte

Täter i. S. des formellen Strafverfahrens ist die Person, die rechtskräftig verurteilt worden ist. Dagegen sind im Ermittlungsverfahren Personen, gegen die sich das Verfahren richtet, Tatverdächtige bzw. Beschuldigte. Diese formalrechtliche Abgrenzung ist jedoch für Zwecke der kriminologischen Beurteilung der Täterpersönlichkeit ungeeignet. Deshalb wird hier u. a. der Begriff des Täters verwendet, ohne Berücksichtigung des formalrechtlichen Status im Strafverfahren.

In der polizeilichen Ermittlungspraxis steht der Kriminalist aus kriminaltaktischen Erwägungen stets vor der Notwendigkeit, die Person des Tatverdächtigen unter tätertypologischen und kriminalprognostischen Aspek-

---

[1] Schneider (1987), S. 384
[2] Göppinger (2008), S. 299 ff.

ten zu beurteilen. Mit der Einschätzung von Täterpersönlichkeiten werden Zwecke

- der vorbeugenden Verbrechenskontrolle,
- kriminaltaktische Ziele der Täterermittlung,
- der Tataufklärung und der Beweisführung von Tat- und Täterschaft

verfolgt.

Die Umsetzung erfolgt durch

- tätertypologische Zuordnungen von ermittelten bzw. überführten Tatverdächtigen,
- tätertypologische Einschätzungen des Täterverhaltens unbekannter Täter,
- tätertypologische Beurteilungen des bekannten und/oder unbekannten Täters unter Gefährlichkeitsaspekten,
- Beurteilungen der Täterpersönlichkeiten unter kriminalprognostischen Aspekten.

In den Beurteilungsprozess fließen sowohl kriminologisch relevante Daten des Lebenslängsschnitts wie Erkenntnisse über zurückliegende negativ soziale Auffälligkeiten und begangene Straftaten, phänomenologische Feststellungen zur aktuellen Tat und dem Tathandeln des Täters sowie Einschätzungen zum Grad der in der Persönlichkeit des Betroffen verfestigten Verhaltensmuster ein. Aus ihnen ergeben sich sodann die tätertypologische Einschätzung und die prognostische Beurteilung. Das Ergebnis ist stets ein Produkt aus der Kombination von Erkenntnissen aus vordeliktischem Handeln, phänomenologischen und persönlichkeitsbezogenen Aspekten der aktuellen Tat und kriminalistisch-kriminologischen Praxiserkenntnissen.

# 2 Kriminologische Typenlehre

## 2.1 Begriffe

### 2.1.1 Typologie

Typologien sind gekennzeichnet durch das Beschreiben und Zuordnen bestimmter Merkmale und Merkmalskombinationen zu Typen. Typologien sind vielfältig. Die nachfolgenden Ausführungen befassen sich thematisch mit kriminologischen Typologien. Eine Übersicht gibt die einschlägige kriminologische Literatur.

Beispielskatalog für kriminologische Typisierungen:

- biologische
- soziologische
- psychologische

- psychopathologische
- normative
- phänomenologische
- nach der Gefährlichkeit

Kriminologische Typologien können verschiedenen Zwecken dienen. In der theoretisch ausgerichteten Kriminologie, die vorwiegend im Hochschulbereich angesiedelt ist, stehen im Mittelpunkt des Interesses kriminalpolitische Ziele sowie die grundsätzliche wissenschaftliche Auseinandersetzung mit den Möglichkeiten und Grenzen der Typisierung von Individuen überhaupt.

Die angewandte Kriminologie beschäftigt sich hauptsächlich mit Problemen der individuellen Tätertypisierung im Straf- und Strafprozessrecht und mit sanktionsrechtlichen und präventiven Perspektiven.

### 2.1.2 Typologische Einteilungen

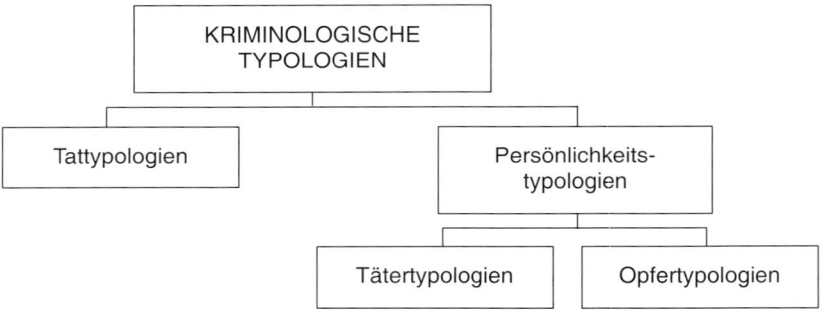

Übersicht: Kriminologische Typologien

### 2.1.2.1 Tattypologien

Tattypologien werden grob unterschieden nach

- phänomenologischen Kriterien. Es werden Delikte und Deliktsgruppen der realen Verbrechenswirklichkeit nach kriminalistisch-kriminologischen Merkmalen des Tatgeschehens und der Tatsituation typisiert.
- kausalen Kriterien. Die Beschreibung und Typisierung von Delikten und Deliktsgruppen erfolgt nach den hauptsächlichen Ursachen und Motiven.
- normativen Kriterien. Delikte und Deliktsgruppen werden nach strafrechtlichen Ordnungssystemen gegliedert.

Tattypologien werden im Zusammenhang mit kriminologischen Deliktsanalysen näher erörtert. Opfertypologien werden in der Viktimologie dargestellt.

## 2.1.2.2 Persönlichkeitstypologien

Täter- und Opfertypologien sind Persönlichkeitstypologien.

Begriff: Persönlichkeitstyp

Unter Typ im Sinne der Persönlichkeitstypologie wird ein durch bestehende gemeinsame Merkmale geprägtes Persönlichkeits- oder Erscheinungsbild verstanden, das auf eine Gruppe von Menschen in vergleichbarer Weise zutrifft.

In ihr kann ein einzelnes Individuum mehreren Typen gleichzeitig angehören. Diese Definition gilt gleichermaßen für Täter- und für Opfertypologien.

**Merke**

Das Kernproblem der Persönlichkeitstypologien wird bestimmt durch eine unendliche Variabilität menschlicher Persönlichkeiten. Ferner wird die Erforschung von Merkmalskorrelationen zum Zwecke einer Typisierung vom wissenschaftlichen Anliegen und von unterschiedlichen theoretischen Denkansätzen beeinflusst.

Die Kriminologie kann sich nicht auf spezielle, eingeschränkte Einzelbereiche bei der Aufstellung von Typologien beschränken, sondern muss das gesamte Spektrum der menschlichen Persönlichkeit und die sozio-kulturelle Umwelt mit einbeziehen.

Die typologische Zuordnung eines Straftäters zu einem bestimmten Tätertyp kann deshalb stets nur eine Orientierung – ein Hilfsmittel – sein, deren Wahrscheinlichkeit mehr oder auch weniger zutrifft.

## 2.2 Tätertypologien

Tätertypen werden gebildet durch die Beschreibung bestimmter Merkmale, Merkmalshäufungen oder Merkmalskombinationen, die einem Tätertyp eigenartig sind. Die verschiedenen, so definierten Tätertypen sind nach Typologien geordnet.

Die Kriminologie kennt eine Vielzahl unterschiedlicher Tätertypologien. Allen Tätertypologien ist gemeinsam, dass es sich um zweckgerichtete Typologien handelt. Sie orientieren sich bei der Beschreibung und Zusammenstellung bestimmter Merkmale an ihrem speziellen Zweck, der mit der Definition einzelner Tätertypen verfolgt wird. Erst dadurch wird deutlich, welche praktische Bedeutung tätertypologische Zuordnungen haben.

### 2.2.1 Tätertypologien im Überblick

Einen Überblick über die in der historischen Betrachtung der Kriminologie aufgestellten Tätertypologien bietet *Mergen*.[3]

---

[3] Mergen (1995), S. 160 ff.

Die nachstehende Zusammenfassung ausgewählter Typologien soll die Übersicht erleichtern.

| | |
|---|---|
| **Lombroso**, Verbrecher unterscheiden sich von rechtstreuen Bürgern durch körperliche und seelische Stigmata; wesentliche Aussage: die Ursachen sind in der individuellen verbrecherischen Anlage begründet | Geborener Verbrecher, spätere Ergänzung: irre Verbrecher, Leidenschaftsverbrecher |
| **Ferri**, Schüler Lombrosos, ging ebenfalls von einer verbrecherischen Anlage aus | – verbrecherische Irre<br>– geborene Verbrecher<br>– Verbrecher aus erworbener Gewohnheit<br>– Gewohnheitsverbrecher<br>– Leidenschaftsverbrecher |
| **v. Liszt** ordnete Verbrecher nach kriminalpolitischen Aspekten; teilte Straftäter in Kategorien ein | – Augenblicksverbrecher: Abschreckung<br>– besserungsfähiger Zustandsverbrecher: Maßnahmen der Besserung<br>– Unverbesserlicher Verbrecher: Sicherung |
| **Aschaffenburg** ging von sog. psychologischen Grundtypen aus | – widerstandsfähige Verbrecher, auch Überzeugungstäter<br>– Affekt- und Triebverbrecher<br>– entgleisungsbereite haltlose Täter<br>– aktive, d. h. Vorsatzverbrecher |
| **Gruhle** typisierte ebenfalls aus psychologischer Perspektive; er lehnte jede Orientierung am verbrecherischen Verhalten ab | – Verbrecher aus Neigung<br>– Verbrecher aus Schwäche<br>– Verbrecher aus Leidenschaft<br>– Verbrecher aus Ehre und Überzeugung |

| | |
|---|---|
| **Seelig** vereint in der Täterbeschreibung Merkmale des Tatgeschehens, der Tatsituation mit persönlichen Merkmalen des Täters | – arbeitsscheuer Berufsverbrecher<br>– Vermögensverbrecher aus geringer Widerstandskraft<br>– Verbrecher aus Angriffslust<br>– Verbrecher aus sexueller Unbeherrschtheit<br>– Krisenverbrecher (auf einer persönlichen Lebenskrise basierend)<br>– primitiv reagierende Verbrecher (z. B. Rache, Brandlegung, Hass)<br>– Überzeugungsverbrecher<br>– Verbrecher aus Mangel an Gemeinschaftsdisziplin (z. B. Fahrlässigkeitstaten pp.) |
| **Exner** nimmt eine Gruppierung von Typen nach bestimmten Leitgedanken vor | nach<br>– der charakterlichen Einstellung zum Verbrechen<br>– der Eigenart des verbrecherischen Lebenslaufs<br>– den Beweggründen des Verbrechens<br>– den anlagemäßigen Verbrechensvoraussetzungen<br>– der entsprechenden Behandlungsart<br>– der Einteilung der Verbrecher nach dem Strafrecht |
| **Mezger** unterscheidet Täter nach der Bereitschaft zum Verbrechen | Situationstäter<br>– Konflikttäter<br>– Entwicklungstäter<br>– Gelegenheitstäter<br>Charaktertäter<br>– Neigungstäter<br>– Hangtäter<br>– Zustandsverbrecher |
| **Mergen** unterscheidet nach der kriminellen Kapazität und der sozialen Angepasstheit bzw. der Anpassungsfähigkeit | – starke kriminelle Kapazität und starke Anpassungsfähigkeit<br>– starke kriminelle Kapazität und schwache Anpassungsfähigkeit<br>– schwache kriminelle Kapazität und schwache Anpassungsfähigkeit<br>– schwache kriminelle Kapazität und starke Anpassungsfähigkeit |

Übersicht: Tätertypologien

## 2.2.2 Tätertypen im Straf- und Strafprozessrecht

Tätertypen im Straf- und Strafprozessrecht orientieren sich
- am Prinzip des Schuldstrafrechts,
- an den Regeln der Sozialbewährung,
- an den Grundsätzen der Gefährlichkeitsprognose,
- an der prozessrechtlichen Stellung im Strafprozess und
- den eingriffsrechtlichen Konsequenzen.

Beispiele für Tätertypen im Straf- und Strafprozessrecht:

Affekttäter, Konflikttäter, Gesinnungstäter, Gewissens- und Überzeugungstäter, Triebtäter, Täter nach dem Maß der aufgewendeten kriminellen Energie, Rückfalltäter, Hangtäter, Rückfalltäter bei Wiederholungsgefahr.

Die tätertypologische Beurteilung im Strafprozess ist u. a. bestimmend für die Frage der Schuldunfähigkeit, der verminderten Schuldfähigkeit, dem Strafmaß nach Art und Dauer, der Anordnung von Sicherungsverwahrung.

## 2.2.3 Tätertypen aus forensisch-psychologischer Sicht

Die forensische Psychologie betrachtet Tätertypen unter dem Aspekt der „abnormen Persönlichkeit". Sie stellt eine vom Durchschnitt abweichende extreme Variation menschlichen Verhaltens dar. Abnorme Persönlichkeiten zeigen sich in überdauernden Persönlichkeitsstörungen mit erheblichen sozialen Fehlanpassungen.[4]

## 2.2.4 Tätertypen in der Verbrechenswirklichkeit

In der täterorientierten Kriminologie wird davon ausgegangen, dass bestimmte Verhaltensdispositionen i. S. von Persönlichkeitsmerkmalen die Begehung bestimmter Straftaten begünstigen. Jedoch ist strittig, ob sich daraus klar erkennbare Tätertypen ableiten lassen.

Nach kriminologischen Praxiserfahrungen weisen qualifizierte Straftäter vermehrt die Ausprägung folgender Persönlichkeitsmerkmale auf:
- Emotionale Labilität
- Impulsivität ihres Handelns
- Spontane und reaktive Aggressivität
- Unduldsamkeit und Ängstlichkeit
- Risikobereitschaft
- Negatives Selbstwertgefühl
- Ausprägung von Neutralisationstechniken.

Bei Neigungs- und Rückfalltätern sollen hauptsächlich psychopathologische und psychiatrische Kriterien auffällig sein.

---

[4]  Fröhlich (2002), S. 331

Die bisherigen Befunde zu den Sozialprofilen von Tätern sind nicht geeignet, eine eindeutige Klassifikation von Tätertypen aufzustellen. Unter praxisorientierten Aspekten lassen sich in der Verbrechensrealität allenfalls Tätertypen in der Kombination von phänomenologischen Aspekten der Tat und persönlichkeitsorientierten Verhaltensmustern bilden, die sich in wiederkehrenden Tat-/Tätermerkmalen abbilden. Einheitliche Definitionen der gebräuchlichen Tätertypen bestehen nicht.

Beispiele für phänomenologische bedeutsame Typisierungskriterien:

Phänomenologisch scheinen folgende Kriterien für die Tätertypisierung und die Wahrscheinlichkeitsbeurteilung des Rückfalls nach Art und Häufigkeit Bedeutung zu haben:

- Art der begangenen Tat/Taten: Sexualdelikte, gewaltorientierte Taten, Betrug, Raub, pp.
- Tatortwahl: örtlich, überörtlich pp.
- Tatplanung und Tatvorbereitung: geplant, ungeplant, Ausspähung des Objekts, Planung des Tatablaufs, Bereitstellung von Tatmitteln, Vorbereitung gegen Verdeckung, Absatzsicherung der Tatbeute, des Tatertrags pp.
- Tatbegehungsmerkmale: Maß der aufgewendeten kriminellen Energie, Spezialisierung, Vermeidung von Spuren bei der Tat bzw. deren systematische Beseitigung, gezielte Auswahl der Tatbeute, Alleintäter, Täter einer Bande, Ausmaß der Gewalt gegen Personen, Rücksichtslosigkeit in der Verfolgung des Tatziels pp.

Die Aufzählung ist nicht abschließend.

## 2.2.5 Kriminalistisch-kriminologische Kriterien der Tätertypisierung

In der Praxis der Verbrechensbekämpfung sind vorwiegend kriminaltaktische Ziele leitend für die Typisierung von Tätern. Im Mittelpunkt der typisierenden Betrachtung steht die effiziente polizeiliche präventive und repressive Verbrechenskontrolle. Dabei bedient sie sich typologischer Erkenntnisse der Kriminologie und der Psychiatrie, so u. a. bei der Erstellung eines Täterprofils für Ermittlungs- und Aufklärungszwecke. Gegenstand der folgenden Darstellungen ist die Beschreibung von Kriterien, nach denen hauptsächlich die Typisierung von Tätern unter dem Aspekt der polizeipraktischen Anwendung vorgenommen wird.

Kriminologisch-kriminalistische Typisierungskriterien:

(1) Typisierung nach dem Grad
- der individuellen Gefährlichkeit und kriminellen Energie von Straftätern

    Bsp.: gefährliche Intensivtäter

- der kriminellen Aktivität
  Bsp.: Serientäter, Mehrfachtäter
- der Ausprägung der in der Persönlichkeit des Täters liegenden Wiederholungsgefahr
  Bsp.: potenzielle Wiederholungstäter
- der Ausprägung der in der Persönlichkeit des Täters liegenden Bereitschaft zur Gewaltanwendung
  Bsp.: psychopathologische Gewalttäter
- der Ausprägung des in der Persönlichkeit des Täters begründeten Hanges, Straftaten zu begehen
  Bsp.: Hangtäter
- der in der Persönlichkeit des Täters verfestigten Bereitschaft zur Begehung von Straftaten
  Bsp.: Entwicklungstäter, Gelegenheitstäter, Neigungstäter
- ihrer kriminellen Kapazität und der damit verbundenen Gefährlichkeit für die Gesellschaft
  Bsp.: kriminelle Persönlichkeiten

Es handelt sich vorwiegend um Merkmale, die in der Persönlichkeit des Täters begründet sind.

(2) Typisierung nach den von Tätern bevorzugt begangenen Straftaten
Bsp.:
Räuber, Einbrecher, Betrüger, Ladendieb u. ä. Hier handelt es sich primär um phänomenologische Typisierungsmerkmale. Wenn auch zu beobachten ist, dass Straftäter bei ihrer Tatauswahl teils bestimmte Delikte bevorzugen, sind keine generellen Merkmale nachweisbar, die z. B. den „typischen Räuber, Mörder, Betrüger pp." kennzeichnen.

(3) Nach den ihren Straftaten primär zugrunde liegenden Motiven
Bsp: Triebtäter, Konflikttäter, Gewalttäter, Bereicherungstäter

(4) Typisierung nach der Ausprägung der kriminellen Spezialisierung und Professionalität von Straftätern
Bsp.:
Professionelle Intensivtäter, „Berufs"verbrecher, Täter aus dem Bereich der Organisierten Kriminalität

(5) Typisierung nach ihrem kriminellen Beharrungsvermögen im Bevorzugen bestimmter Straftaten und Begehungsweisen
Bsp.: perseverante Täter nach Delikt und/oder Modus Operandi.

Die Aufzählung ist nicht abschließend.

# 3 Kriminalprognose

## 3.1 Begriff und Prognosearten

Unter Prognose wird die Vorhersage zukünftiger Ereignisse, Vorkommnisse, Erscheinungen oder Verhaltensweisen aufgrund objektivierbarer

Sachverhalte verstanden. Kriminalprognosen sind Wahrscheinlichkeitsvoraussagen über zukünftige kriminelle Ereignisse und das Legalverhalten von Personen. Sie werden unterschieden nach

– den Prognoseebenen,
– den Prognosemethoden und
– den Prognosezwecken.

Bezüglich der Prognoseebenen wird nach Makroebene und Mikroebene differenziert. Auf der Makroebene werden Prognosen zur Entwicklung der Kriminalität als Massenerscheinung, zu Deliktsgruppen und Einzeldelikten erarbeitet.

Auf der Mikroebene handelt es sich um Wahrscheinlichkeitsaussagen über das zukünftige Legalverhalten von einzelnen Personen. Diese Art von Prognosen werden als individuelle Kriminalprognosen bezeichnet, die Gegenstand der nachfolgenden Ausführungen sind.

Hinsichtlich der Methoden bei der Erstellung individueller Kriminalprognosen sind hauptsächlich folgende Prognoseverfahren üblich:

– Intuitive Prognose
– Statistische Prognose
– Klinische Individualprognose
– Methode der idealtypischen vergleichenden Einzelfallanalyse (MIVEA)

## 3.2 Prognoseverfahren

### 3.2.1 Intuitive Prognose

Bei der intuitiven Prognose handelt es sich um eine Methode, bei der vorwiegend nach subjektiv geprägter Menschenkenntnis und aufgrund von beruflich erworbenem Erfahrungswissen die prognostische Beurteilung der Täterpersönlichkeit erfolgt.[5]

In der polizeilichen Praxis findet eine Kombination von intuitiver Prognose und statistischer Individualprognose Anwendung. Die prognostische Einschätzung der Person beruht auf persönlicher Menschenkenntnis, spezifischen Erfahrungen, die sich die Polizeibeamten im Laufe ihres Berufslebens im Umgang mit Straftätern angeeignet haben und erworbenem speziellen Fachwissen über die Bedeutung und Wirkung von Risikofaktoren für die individuelle Rückfallwahrscheinlichkeit.

Häufig geht der prognostischen Bewertung eine typologische Einordnungen der Täterpersönlichkeit voraus, womit in bestimmten Fällen die prognostische Beurteilung schon vorher bestimmt ist. So wird z. B. die typologische Einordnung eines Täters als Hangtäter regelmäßig eine negative prognostische Aussage nach sich ziehen.

---

5    In diesem Sinn auch Kaiser / Schöch (2010), S. 87

Bsp.:
Der häufig bereits kriminell rückfällig gewordene Räuber mit kürzer werdenden Intervallen seiner Rückfälligkeit bei gleichzeitig erkennbar gesteigerter krimineller Energie und rücksichtsloser Gewalt, die er bei der Begehung seiner Taten einsetzt, lässt allein aufgrund kriminalistischer Berufserfahrung den Schluss zu, dass diese Person erneut straffällig werden wird, d. h. die Prognose ist ungünstig.

### 3.2.2 Statistische Individualprognose

Bei der statistischen Individualprognose werden Prognosetafeln verwendet. Sie enthalten Merkmale, deren Bedeutung für negativ sozial abweichendes Verhalten auf vergleichende Untersuchungen von Lebensläufen straffällig bzw. nichtstraffällig gewordener Personen beruhen.

Nähere Informationen mit weiteren Quellen bei *Kaiser/Schöch*.[6]

Das Vorhandensein einer Vielzahl von Risikofaktoren, die als „Schlechtpunkte" bezeichnet werden, soll dabei eine negative Prognose ermöglichen, während bei Abwesenheit dieser Merkmale bzw. bei Vorliegen von Faktoren, die als positiv gelten, eine günstige Prognose erstellt werden kann.

Methodisch werden statistische Prognosen unterschieden:

a) Einfaches Punktverfahren

Jedes Merkmal wird gleichermaßen mit einem Punkt gewertet.

b) Punktwerteverfahren

Die Wertung der Risikofaktoren erfolgt nach ihrer Bedeutung für den Rückfall. Grundlage sind Prognosetafeln, in denen die für eine Sozialprognose bedeutsamen Faktoren nach ihren individuellen Merkmalsausprägungen gewertet werden.

c) Strukturierte Punktwerteverfahren

Der Wertung sind sog. Strukturprognosetafeln zu Grunde gelegt. Einzelne Risikofaktoren werden zueinander in Beziehung gesetzt und zu typenartigen Merkmalskombinationen mit unterschiedlicher prognostischer Wahrscheinlichkeit zusammengestellt. Diese Methode enthält Elemente typologischer Täterbeurteilung und prognostischer Aussagen.

### 3.2.3 Klinische Individualprognose

Die klinische Individualprognose stützt sich auf das Studium der Lebensläufe der Probanden und deren Familienverhältnisse. Dazu erfolgen gezielte Explorationen und psychodiagnostische Verfahren. Die prognostische Bewertung der Einzelbefunde setzt sowohl Erfahrungen mit Straffälligen als auch spezielles kriminologisches Wissen voraus.

---

[6]  Ebenda, S. 88

> **Merke**
>
> Neuerdings wird in der einschlägigen Literatur über die Kombination von klinischen und statistischen Methoden der Prognoseerstellung berichtet. Weiterführende Informationen sind bei *Kaiser/Schöch*[7] enthalten.

### 3.2.4 Idealtypisch vergleichende Einzelfallanalyse (MIVEA)

Die „Methode der idealtypisch vergleichenden Einzelfallanalyse" (MIVEA) verfolgt den Zweck, auf erfahrungswissenschaftlich abgesicherter Grundlage kriminalprognostische Aussagen zum künftigen Legalverhalten von Tätern zu machen.

Die Methode umfasst die Erhebung von Daten und die Beurteilung des Probanden unter Einbeziehung kriminologisch relevanter Aspekte aus dem Lebenslängsschnitt (Anamnese), und zwar in Bezug auf das Sozialverhalten allgemein und seine bisherige Delinquenz. Empirische Basis sind die Ergebnisse der Tübinger Jungtäter-Vergleichsuntersuchung (*Göppinger*, 1997).[8]

Die MIVEA erfolgt in folgenden methodischen Schritten:
- Erhebung der kriminologischen Daten
- Analyse der einzelnen Lebensbereiche nach kriminologischen Gesichtspunkten
- Kriminologische Diagnose
- Kriminologische Prognose

Die Datenanalyse wird vorgenommen nach sog. K-idealtypischen und nach D-idealtypischen Kriterien. Dabei stehen „K" für Kriminalität und „D" für Durchschnitt.

Eine ausführliche Beschreibung der Methode und der Analysekriterien ist bei *Göppinger*, Teil 4. Angewandte Kriminologie S. 248–336 und im Internet unter www.mivea-digital.de nachzulesen.

## 3.3 Anwendungsbereiche

Anwendungsbereiche sind u. a.:
- Urteilsprognosen
- Bewährungsprognosen
- Entlassungsprognosen
- Rückfallprognosen
- Gefährlichkeitsprognosen

---

[7] Ebenda, S. 89
[8] Göppinger (1997), Der Täter in seinen sozialen Beziehungen, S. 210 ff.

Im Jugendstrafrecht sind Prognosen erforderlich bei:
- der Diversionsentscheidung im Jugendrecht und
- der Entscheidung über die jugendrechtliche Sanktion nach Art und Dauer.

In der juristischen Praxis finden Prognoseverfahren hauptsächlich als Urteilsprognosen durch das erkennende Gericht Anwendung. Sie sind bedeutsame Grundlage für Art der strafrechtlichen Sanktion und Dauer der Strafe, wie z. B. Entscheidungen über Freiheitsstrafe oder Geldstrafe und Strafaussetzung zur Bewährung. Entlassungsprognosen spielen eine Rolle bei der Entscheidung über Entlassung auf Bewährung aus dem Strafvollzug. Gefährlichkeitsprognosen werden erstellt bei der gerichtlichen Entscheidung über Maßregeln der Besserung und Sicherung, so bei Sicherungsverwahrung nach Verbüßen der Strafe.

Im Jugendrecht werden prognostische Einschätzungen durch den Jugendstaatsanwalt und durch den Jugendrichter im Hinblick auf die Erziehungsbedürftigkeit bzw. die Sanktionsbedürftigkeit jugendlicher und heranwachsender Straftäter im Besonderen im Diversionsverfahren vorgenommen.

In der polizeilichen Prognosepraxis werden vorwiegend prognostische Beurteilungen von Tätern nach der Wahrscheinlichkeit ihres Rückfalls nach Delikt und Tatbegehung erstellt. Sie sind Grundlage für die Speicherung personenbezogener Daten und dienen der Aufklärungsunterstützung zukünftiger Straftaten. Ausgangsüberlegung ist die Hypothese,
- dass der Täter aufgrund seiner individuellen Disposition und der gezeigten Tatbegehung auch in Zukunft wieder einschlägig strafrechtlich in Erscheinung treten wird und
- die von ihm gespeicherten Daten eine wesentliche Ermittlungs- und Aufklärungshilfe darstellen.

Daneben stehen Gefährlichkeitsprognosen von Tätern, die hauptsächlich präventiv-polizeilichen Zwecken dienen.

# 4 Kriminologische Relevanz

Bei der tätertypologischen Einordnung von Straftätern nach bestimmten Typisierungskriterien zu Tätertypen ist zu berücksichtigen, dass nicht selten eindeutige Zuordnungen mit trennscharfen Abgrenzungen aus systemimmanenten Gründen auf Schwierigkeiten stoßen. Eindeutige Merkmalskorrelationen, die einen bestimmten Tätertyp ausmachen, sind nur bedingt nachweisbar und zuverlässig. Der Mensch entspricht bestimmten nach Merkmalshäufungen oder -kombinationen definierten persönlichkeitsorientierten Tätertypen nie idealtypisch, sondern stets nur mehr oder weniger. In diesen Feststellungen liegt auch die Relativität der Brauchbarkeit von tätertypologischen Zuordnungen in der Praxis. Die Aussage gewinnt besonders dann an Bedeutung, wenn mit der tätertypologischen Einordnung von Personen prognostische Aussagen über die Wahrscheinlichkeit und Richtung ihrer zukünftigen Straffälligkeit verbunden sind.

Anwendungsbeispiele aus der kriminalistischen Praxis:

– Bei der Entscheidung über die Aufbewahrung von ed-Material einer straffällig gewordenen Person für in Zukunft liegende Zwecke des Erkennungsdienstes (§ 81b StPO, 2. Alt.) ist nach tätertypologischen Aspekten der Rückfallprognose zu prüfen und zu begründen, ob die Person als Wiederholungstäter zu typisieren ist, d. h. mit welcher begründeten Wahrscheinlichkeit die Person wieder straffällig werden wird. Gleiches gilt bei der Entscheidung über die Aufnahme des Lichtbildes eines Straffälligen in Lichtbilddateien für zukünftige Zwecke des Strafverfahrens. Eine vergleichbare Entscheidung ist zu treffen bei der Speicherung von DNA-Daten in der zentralen DNA-Datei des BKA. Die Entscheidung steht unter Richtervorbehalt.

– Tätertypologische und prognostische Einordnungen sind auch vorzunehmen bei der Prüfung des Haftgrundes der Wiederholungsgefahr nach § 112a StPO.

  Ob die Person tatsächlich wieder in Erscheinung treten wird, d. h. die tätertypologische Einordnung als Wiederholungstäter sich später bestätigen wird, bleibt im Einzelfall letztlich offen.

– Ermittlungstaktisch leisten tätertypologische Einordnungen Hilfestellung bei der Aufklärung von Serienstraftaten durch die Tat-/Täterzuordnung bzw. die Täter-/Tatzuordnung bei Tätertypen, die nach Delikt und Tatbegehung sich perseverant verhalten. Sie sind geeignet, auch in Einzelfällen verdachtsleitend den Kreis der Tatverdächtigen einzuengen und wichtige Ermittlungsunterstützung bei der Aufklärung von Straftaten zu leisten.

– Art und Ausmaß der polizeilichen Reaktion sind abhängig von der Einschätzung der Gefährlichkeit eines Täters, d. h. der tätertypologischen Beurteilungen im Hinblick auf die kriminelle Kapazität des Täters im Einzelfall.

**Merke**

Tätertypologische Einordnungen und individuelle prognostische Beurteilungen können nur Orientierungshilfen sein, auf die in der kriminalistischen Praxis einerseits nicht verzichtet werden kann, deren Relativität und Unsicherheit andererseits aber bedacht werden muss, denn „wissenschaftliche kriminologische Diagnosen sind sie nicht"[9].

---

9 Mergen (1995), S. 171

**Beachte**

– Je größer das Informationspotenzial,
– je gesicherter die Einzelinformationen über die zu beurteilende Täterpersönlichkeit,
– je systematischer das methodische Vorgehen,
– desto sicherer ist das Ergebnis der Beurteilung der Täterpersönlichkeit.

# 5 Klausurbeispiel

**Sachverhalt**

In der Zeit von Oktober 2005 bis Mai 2009 führten die 29-jährige Irene M und die 33-jährige Gertrud K in Nordrhein-Westfalen gemeinsam ca. 100 Gelddiebstähle durch, von denen ihnen 60 Taten mit einer erbeuteten Gesamtsumme von ca. 16.000 Euro beweiskräftig nachgewiesen werden konnten. Die Zeitabstände, die zwischen den einzelnen Taten lagen, wurden mit zunehmendem Zeitablauf immer kürzer. Die überörtliche Tatortwahl war von den Täterinnen bewusst gewählt, um die polizeilichen Ermittlungen zu erschweren.

In allen Fällen suchten sie ihre Opfer vorher sorgfältig und mit Raffinesse aus. Bei ihren Taten gingen sie folgendermaßen vor: Stets wenige Tage nach den monatlichen Rentenzahlungen schellten sie an beliebigen Haustüren. Den öffnenden Personen erklärten sie wahrheitswidrig, von einer karitativen kirchlichen Organisation zu kommen. Sie gaben vor, in der Nachbarschaft nach allein stehenden älteren und gebrechlichen Menschen zu suchen, die hilfsbedürftig seien. Beide Frauen hatten ihr Äußeres und die Art ihres Auftretens ihrer Legende angepasst. In der Regel erhielten sie von den Befragten bereitwillig Auskünfte über Namen und Adressen der Hilfsbedürftigen. Häufig noch am gleichen Tage suchten beide Frauen unter Mitnahme des zweijährigen Sohnes der Irene M ihre ausgewählten Opfer auf. Den die Wohnungstüren öffnenden älteren Leuten gab Gertrud K sodann vor, ihre Begleiterin habe aufgrund einer Schwangerschaft, die sie geschickt auch im äußeren Erscheinungsbild von Gertrud K vortäuschten, einen Schwächefall erlitten und sie bitte deshalb um ein Glas Wasser. Beide Frauen verstanden es, einen glaubhaften Eindruck zu machen. Sie wurden in der Mehrzahl der Fälle in die Wohnung eingelassen.

Waren die Opfer, bei denen es sich sowohl um Frauen als auch im Einzelfall um Männer handelte, allein, lenkte eine der Mittäterinnen sie ab, während die andere Schränke und Behältnisse in der Wohnung nach Bargeld durchsuchte. Sobald sie Geld gefunden hatten, was meistens der Fall war, verschwanden sie unter einem Vorwand, ohne dass die Opfer die Diebstähle sofort entdeckten. Wichtige Hinweise für das Erkennen und die Aufklärung der Seriendiebstähle und für die Überführung der Täterinnen lieferten Ergebnisse einer gezielten überörtlichen Nachrichtensammlung und -auswertung und der Informationsaustausch zwischen den Sachbearbeitern der betroffenen Polizeibehörden.

Beide Täterinnen waren bereits als Jugendliche wegen wiederholter Ladendiebstähle in Erscheinung getreten. In den darauf folgenden Jahren gingen sie der Prostitution nach. Sie sind wegen Beischlafdiebstahls in mehreren Fällen und wegen wiederholten Zechanschlussraubes vorbestraft.

**Aufgaben**

1.  Analysieren Sie die Tatbegehungsweisen der Täterinnen und deren Perseveranz.
2.  Nehmen Sie eine Typisierung der beiden Täterinnen vor und geben Sie eine kriminalprognostische Beurteilung ab.

**Lösungshinweise**

Vorbemerkungen

Die Beurteilung der Täterpersönlichkeiten sowie die Abgabe einer kriminalprognostischen Wahrscheinlichkeitsaussage erfordern die Analyse und Charakterisierung der aktuellen Taten und die Diagnose ihres Sozial- und Delinquenzverhaltens im Lebenslängsschnitt. Das methodische Vorgehen im vorliegenden Fall ist dadurch bestimmt, dass zunächst als Aufgabe 1 eine Analyse der Tatbegehungsmerkmale vorgenommen wird. Daran schließt sich sodann klausurtechnisch die tätertypologische Beurteilung und die kriminalprognostische Aussage (Aufgabe 2) an, die das Ergebnis aus den aktuellen Taten, dem Sozial- und Delinquenzverhalten im Lebenslängsschnitt und dem Stand der Persönlichkeitsentwicklung darstellt.

Zu Aufgabe 1:    Analyse der Tatbegehungsmerkmale der Täterinnen

1.1  Tatvorbereitung

Die Auswahl der Opfer erfolgte sorgfältig und gezielt. Durch Vortäuschung, gepaart mit Raffinesse, im Auftrage einer karitativen Organisation tätig zu sein, gelang es ihnen, ihre Opfer ausfindig zu machen.

1.2  Tatorte

Die Taten wurden überörtlich begangen. Dies erschwerte kriminalistisch das Erkennen des Tatzusammenhangs der Serientaten und begünstigte den Erfolg der Täterinnen. Tatorte waren jeweils die Wohnungen der Geschädigten, die für Taten dieser Art typisch sind. Die Opfer sind isoliert, die beiden Täterinnen zahlenmäßig in der Übermacht.

1.3  Tatzeiten

Die Tatzeiten lagen unmittelbar nach den monatlichen Rentenzahlungsterminen. Sie waren mit Bedacht in der Erwartung ausgewählt worden, dass die Opfer verhaltenstypisch zu diesen Zeiten größere Bargeldsummen in ihren Wohnungen aufbewahren.

## 1.4 Opfer

Opfer waren ältere, hilfsbedürftige, allein stehende und isoliert lebende Menschen, die für Straftaten dieser Art eine gewisse Opferanfälligkeit im Sinne prädisponierter Opfer aufweisen.

## 1.5 Tathandlungen

Unter Ausnutzung des Mitleidseffekts und der Hilfsbereitschaft der Opfer gelang es ihnen, Zutritt zu den Wohnungen zu bekommen. Vorsicht und Aufkommen von Skepsis bei den Geschädigten verhinderten sie von vornherein geschickt durch die Mitnahme eines Kleinkindes und eine vorgetäuschte Schwangerschaft.

Die Täterinnen gingen sodann arbeitsteilig vor. Während eine der Täterinnen die Opfer ablenkte, durchsuchte die andere Schränke und Behältnisse nach Bargeld und setzte sich in Besitz der Diebesbeute.

Bei der Wahl des Modus Operandi nutzten die Täterinnen bei der Vorbereitung ihrer Taten die Erkenntnis, dass die Vortäuschung, im Auftrag einer karitativen kirchlichen Organisation hilfsbedürftige Menschen zu suchen, in der Regel auf Wohlwollen und Auskunftsbereitschaft der Befragten trifft. Sie machten sich bei der Begehung ihrer Straftaten die viktimologische Erkenntnis zu Nutze, dass ältere, hilfsbedürftige und allein stehende Menschen als Opfer für Straftaten dieser Art besonders anfällig sind.

---

**Exkurs:**
Jedoch nicht die Tatsache allein, dass es sich bei den Opfern um ältere, hilfsbedürftige Menschen handelt, zeichnet diese soziale Gruppe bereits als besonders opferanfällig aus, sondern individuelle, näher zu beschreibende Sozialprozesse führen nach den Erkenntnissen der Opferlehre zur Viktimisierung, wie in diesem Fall, bei dem es sich um allein stehende, ältere Menschen handelte, die zurückgezogen, sozial isoliert bzw. in selbst gewählter Isolation lebten und deshalb für bestimmte Straftaten eine besondere Opferanfälligkeit aufweisen.

---

## 1.6 Perseveranzverhalten

Wie die Auswertung der Tatbegehungsmerkmale zeigt, verhielten sich die Täterinnen bei der Begehung der vorliegenden Straftatenserie nach Delikt und Modus Operandi wie folgt perseverant:

Sie zeigten deliktische Perseveranz

- bei der Wahl der von ihnen begangenen Straftaten. Es handelte sich ausschließlich um Trickdiebstähle.

Perseverantes Verhalten im Modus Operandi zeigten die Täterinnen
- in der Vortatphase bei der Auswahl und Feststellung ihrer Opfer,
- bei der Tatbegehung in der Hauptatphase,
- bei der Tatort- und Tatzeitwahl,
- bei der von ihnen bevorzugten Beute.

Das beharrliche Festhalten an der Deliktswahl und der Tatbegehung wurde wesentlich bestimmt durch
- den Taterfolg und
- die durch Übung erworbene Professionalisierung der Tatbegehung.

Zu Aufgabe 2:    Typisierung und Prognose der beiden Täterinnen

Typisierung und Prognose haben einen engen inhaltlichen Bezug. So ist in der Regel mit der typologischen Zuordnung einer Person auch gleichzeitig eine Aussage zur Wahrscheinlichkeit der zukünftigen Straffälligkeit verbunden.

Nach den verschiedenen Zweckorientierungen lassen sich die beiden Täterinnen wie folgt typisieren:
- Es handelt sich bei beiden Frauen um hartnäckige Rückfalltäterinnen. Diese Aussage hat ihre Begründung in der häufigen Rückfälligkeit und in den Rückfallintervallen der Täterinnen.
- Ihr bisheriges Sozialverhalten und die aktuellen Taten lassen mit hoher Wahrscheinlichkeit erwarten, dass sie auch zukünftig strafrechtlich in Erscheinung treten werden. Insoweit sind sie potenzielle Wiederholungstäterinnen.
- Aufgrund der hohen Anzahl der von ihnen begangenen Straftaten in Serien sind sie als Serientäterinnen zu typisieren.
- Die von ihnen entwickelte kriminelle Energie, gepaart mit wiederholter und häufiger Begehung von Straftaten, lässt sie als Intensivtäterinnen erscheinen.

---

**Exkurs:**
Über die begriffliche Beschreibung der Typisierungsmerkmale des Intensivtäters besteht in Praxis und Theorie kein Konsens. Soweit Intensivtäter systematisch polizeilich erfasst werden, gehen die Länder von unterschiedlichen Kriterien aus.

---

- Beide Täterinnen haben im Laufe ihrer bereits im jugendlichen Alter begonnenen kriminellen Karriere offenbar eine ausgeprägte delinquente Neigung entwickelt, die sich in ihrer Persönlichkeit zu einem Hang zur Begehung von Straftaten verfestigt hat. Das begründet die Typisierung als Hangtäterinnen nach § 66 StGB.

– Bei der Begehung der hier zu beurteilenden Straftatenserie zeigten sie in der Wahl ihrer Delikte, der Opfer und des Modus Operandi beharrliche Verhaltensweisen. Insoweit sind sie i. S. des KPMD als perseverante Täterinnen zu typisieren.

Zusammenfassend ist festzustellen, dass die beiden Täterinnen trotz ihres noch relativ jungen Lebensalters bereits eine ausgeprägte kriminelle Energie zeigten und die delinquenten Verhaltensmuster im Verlauf ihrer kriminellen Karriere fester Bestandteil ihrer Persönlichkeit geworden sind.

Die Prognose ihrer zukünftigen Sozial- bzw. Legalbewährung dürfte mit hoher Wahrscheinlichkeit negativ sein. Es ist zu erwarten, dass die beiden Täterinnen auch in Zukunft wieder in gleicher Weise kriminell in Erscheinung treten werden. Hierfür sprechen auch die Spezialität und Professionalisierung der Tathandlungen, die Erfolgswahrscheinlichkeit der Tatbegehung und die in ihrer Persönlichkeit verfestigten kriminellen Verhaltensweisen.

# 6    Prüfungsfragen

1. Erläutern Sie den Begriff „Typ" und stellen Sie die Probleme von Typisierungen dar!

2. Stellen Sie die Ihrer Ansicht nach grundsätzlichen Typisierungsmöglichkeiten dar!

3. Nennen Sie die bedeutenden „kriminologischen" Typisierungsversuche und deren Typisierungskriterien!

4. Nennen Sie einige Tätertypen aus dem Straf- und Strafprozessrecht!

5. Welche kriminologischen Typisierungen eignen sich für die polizeiliche Verbrechensbekämpfung? Begründen Sie Ihre Aussage!

6. Welche konkreten Anwendungsbeispiele für Typologien können Sie nennen
   – in der polizeilichen Praxis,
   – in der Kriminalpolitik?

7. Welchen Aussagewert haben Tätertypisierungen?

8. Beschreiben Sie den Begriff „Kriminalprognose"!

9. Nennen Sie die gebräuchlichsten Prognosearten!

10. Welche polizeipraktische Bedeutung haben prognostische Aussagen zum zukünftigen Täterverhalten?

# 7 Weiterführende Literatur

*Häcker, H. O./Stapf, K.-H. (Hrsg):* Dorsch Psychologisches Wörterbuch, 15. Auflage, Verlag Hans Huber, Bern 2009

*Fröhlich, W. D.:* Wörterbuch Psychologie, dtv, 25. Auflage, Verlag C. H. Beck, München 2005

*Göppinger, H./Bock, M.:* Kriminologie, 6. Auflage, Verlag C. H. Beck, München 2008

*Kaiser, G./Kerner, H.-J./Sack, F./Schellhoss, H. (Hrsg.):* Kleines Kriminologisches Wörterbuch, 3. Auflage, UTB Bd. 1274, H., C. F. Müller Verlag, Heidelberg 1993

*Kaiser, G./Schöch, H.:* Kriminologie, Jugendstrafrecht, Strafvollzug, 7. Auflage, Verlag C. H. Beck, München 2010

*Mergen, A.:* Kriminologie, Eine systematische Darstellung, 3. Auflage, Verlag Vahlen, München 1995

*Schmitt, B.:* Kriminologie, Jugendstrafrecht, Strafvollzug, 5. Auflage, Alpmann u. Schmidt. Juristische Lehrgänge, Münster 2008

# Kapitel 4
# Statistische Erfassung der Kriminalität

## 1 Grundlagen der Statistik

### 1.1 Definition und Methodik

Statistik ist die Lehre von Methoden zum Umgang mit quantitativen Informationen (Daten). Sie ist eine Möglichkeit, eine systematische Verbindung zwischen Erfahrung (Empirie) und Theorie herzustellen.[1] Sie ist damit unter anderem die Zusammenfassung bestimmter Methoden, um empirische Daten zu analysieren.[2]

Allgemein kann man Statistik als Methodik definieren, die der

– Sammlung
– Aufbereitung
– Analyse und
– Interpretation

numerischer Daten dient, um Strukturen von Massenerscheinungen zu erkennen.

Bsp.:
Zum Erstellen einer persönlichen CD-Statistik werden zunächst alle CDs gezählt (Sammlung). Es wird festgelegt, in welcher Weise die CDs kategorisiert werden sollen (Aufbereitung). So wäre eine Unterteilung in Musikrichtungen denkbar. Die CDs werden entsprechend sortiert und gestapelt. Somit ist es möglich, anhand der Anzahl der einzelnen Stapel eine Analyse der CD-Sammlung vorzunehmen, etwa 40 % englische Titel, 40 % deutsche Schlager und 20 % Volksmusik. Jetzt wäre eine Interpretation möglich, etwa hoher Anteil von Volksmusik = rechtsradikale Tendenz??

## 1.2 Grafische Umsetzung

Statistiken werden gerne grafische umgesetzt, um sie anschaulicher zu machen. Dabei kann man in statische und dynamische Betrachtungsweisen unterscheiden.

### Statische Betrachtung

Bei der statischen Betrachtung wird ein Phänomen zu einem bestimmten festgelegten Zeitpunkt untersucht. Dies dient der momentanen Festlegung von Daten.

Bsp.:
Das Statistische Bundesamt untersucht die durchschnittlichen Trinkgewohnheiten der Deutschen. Einmal jährlich wird veröffentlicht, wie hoch der Anteil der jeweiligen Getränke ist. Solche Statistiken werden regelmäßig in Kreisdiagrammen dargestellt.

---

[1] Rinne (1997), S. 1
[2] So die allgemeine Definition bei WIKIPEDIA

Getränke-Statistik 2008 (fiktiv): Alkohol: 25 %, Wasser: 40 %,
Kaffee/Tee: 25 %, Sonstiges: 10 %

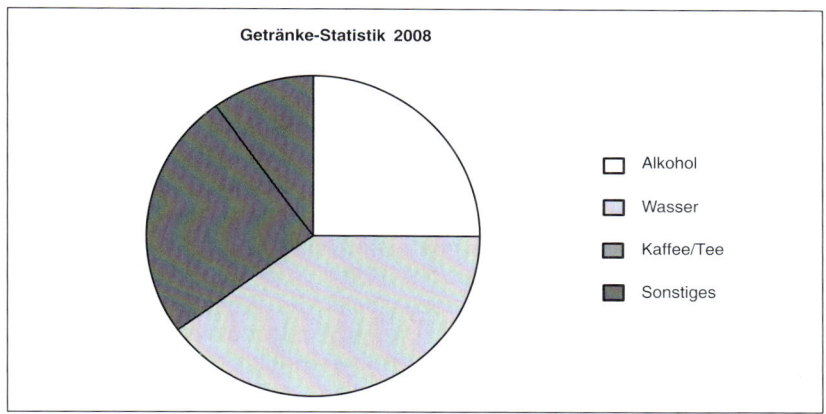

Übersicht: Getränke-Statistik 2008

## Dynamische Betrachtung

Bei der dynamischen Betrachtung wird die Entwicklung eines Phänomens
beobachtet.

Bsp.:

Die Trinkgewohnheiten der Deutschen haben sich in den letzten Jahren verändert. So ist der Alkoholkonsum deutlich geringer geworden. Solche Statistiken werden in Liniendiagrammen, auch
in Säulen- oder Balkendiagrammen dargestellt.

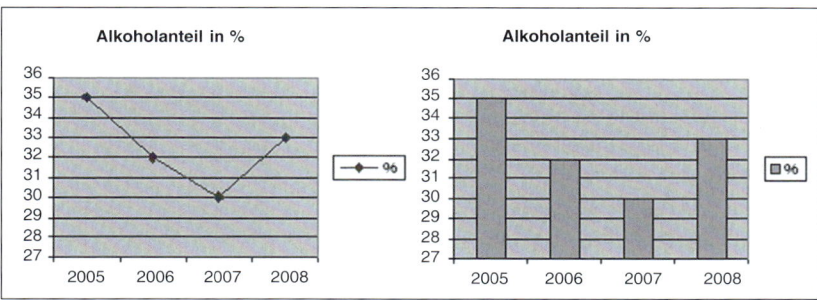

**Merke**

Die grundsätzliche Methodik der Statistik zur Erfassung von Massenda-
ten sollte bekannt sein. Ebenso sollten die unterschiedlichen Möglichkeiten der grafischen Darstellung beherrscht werden.

## 2　Polizeiliche Kriminalstatistik (PKS)

### 2.1　Allgemeines

Nach Kerner u. a. umfasst „der Begriff Kriminalstatistik alle diejenigen amtlichen Veröffentlichungen, in denen Ergebnisse staatlicher Ermittlungs- und Strafverfolgungstätigkeit nachgewiesen werden"[3].

Die von der Polizei geführte Kriminalstatistik heißt Polizeiliche Kriminalstatistik (PKS).

Daneben gibt es weitere Kriminalstatistiken, die durch die Justizbehörden, aber auch von Versicherungen geführt werden.

Mit der Reichskriminalstatistik wurde erstmals im Jahr 1882 eine einheitliche Kriminalstatistik für das Deutsche Reich veröffentlicht (Göppinger).[4] Nach dem 2. Weltkrieg wurden zunächst durch die einzelnen Bundesländer separate Kriminalstatistiken geführt. Die PKS in der heutigen Form existiert seit dem 1. Januar 1953. Sie wurde seit ihrer Einführung mehrfach modifiziert.

Seit 1971 wird sie als Ausgangsstatistik geführt, d. h. die Angaben zu Straftaten und den ermittelten Tatverdächtigen werden beim Abschluss der polizeilichen Ermittlungen vor Abgabe des Ermittlungsvorgangs an die Staatsanwaltschaft erfasst.

Nach der Wiedervereinigung wurden auch Straftaten aus den Neuen Bundesländern in die PKS integriert. Seit 1993 ist eine bundesweite Vergleichbarkeit gegeben.

### 2.2　Aufgabe und Zielsetzung der PKS

Nach den seit 1.1.1971 geltenden und zuletzt zum 1.1.2008 geänderten bundeseinheitlichen Richtlinien ist die Polizeiliche Kriminalstatistik „eine Zusammenstellung aller der Polizei bekannt gewordenen strafrechtlichen Sachverhalte unter Beschränkung auf ihre erfassbaren wesentlichen Inhalte. Sie soll damit im Interesse einer wirksamen Kriminalitätsbekämpfung zu einem überschaubaren und möglichst verzerrungsfreien Bild der angezeigten Kriminalität führen" (PKS-Richtlinien).

Ihr Ziel ist die Beobachtung

- der Kriminalität und einzelner Deliktsarten,
- des Umfangs und der Zusammensetzung des Tatverdächtigenkreises und
- der Veränderung von Kriminalitätsquotienten.

---

3　Kaiser/Kerner/Sack/Schellhoss (1993), S. 294

4　Göppinger (2008), S. 466

Bsp.:

Über die Tabellen der PKS ist es nicht nur möglich, die Entwicklung der Gesamtkriminalität zu beobachten, es sind auch Tendenzen bei einzelnen Delikten (Diebstahl, Einbruchsdiebstahl, Wohnungseinbruch, Tageswohnungseinbruch) und bei Deliktsgruppen, die unter einem Summenschlüssel zusammengefasst sind (Gewaltkriminalität, Rauschgiftkriminalität), ablesbar.

Über die Angaben zu den ermittelten Tatverdächtigen ist z. B. eine Unterscheidung in Männer und Frauen, Erwachsene und Jugendliche, Deutsche und Nichtdeutsche möglich. Darüber hinaus sind weitere Differenzierungen interpretierbar, z. B. jugendliche Ladendiebe, die Asylbewerber sind oder erwachsene Straßenräuber, die eine Schusswaffe mitführten und bereits polizeilich bekannt geworden sind.

Sie dient der Erlangung von Erkenntnissen

– für die vorbeugende und verfolgende Verbrechensbekämpfung,

– für organisatorische Planungen und Entscheidungen,

– kriminologisch-soziologische Forschungen und

– kriminalpolitische Maßnahmen.

Bsp.:

Weil eine Auswertung der PKS ergeben hat, dass Handtaschenraube in der Vorweihnachtszeit ansteigen, wird eine zivile Bankenstreife eingerichtet.

In den Kaufhäusern wird in der Vorweihnachtszeit nach Absprache mit der Polizei vor Taschendieben gewarnt.

Da der Anteil der ermittelten tatverdächtigen Jugendlichen ständig steigt, wird umorganisiert und es werden Jugendkommissariate eingerichtet.

Die PKS liefert im Bereich der kriminologischen Forschung das Grundlagenmaterial für alle Deliktsbereiche, da sie das Hellfeld noch am exaktesten abbildet.

**Merke**

Aufgabe und Bedeutung der PKS sind gern gestellte Prüfungsfragen. Dabei ist es wichtig unterscheiden zu können, welche Zielsetzung die PKS hat und für welche Anwendungsgebiete sie dient.

## 2.3  Inhalt der PKS

Nach den Richtlinien zur Führung der Polizeilichen Kriminalstatistik werden die von der Polizei bearbeiteten rechtswidrigen (Straf-)Taten einschließlich der mit Strafe bedrohten Versuche registriert. Einbezogen sind auch die vom Zoll bearbeiteten Rauschgiftdelikte.

Nicht enthalten sind Ordnungswidrigkeiten, Staatsschutz- und Verkehrsdelikte (wohl aber die §§ 315, 315b StGB und § 22a StVG, die nicht als Verkehrsdelikte im Sinne der Richtlinien gelten).

Ferner werden Taten, die außerhalb der Bundesrepublik Deutschland begangen wurden, und auch Verstöße gegen strafrechtliche Landesgesetze der einzelnen Länder, Datenschutzgesetze der Länder ausgenommen, nicht berücksichtigt.

Um ein möglichst vollständiges Bild der erfassbaren Sicherheitslage zu erhalten, werden in die Erfassung zur PKS aber auch von strafunmündigen Kindern oder von schuldunfähigen psychisch Kranken begangene Taten einbezogen. Über die Schuldfrage hat die Justiz und nicht die Polizei zu befinden. Zudem sind bei unaufgeklärten Fällen Alter und Schuldfähigkeit der Täter in der Regel ohnehin nicht bekannt.

Der Erfassung liegt ein unter teils strafrechtlichen, teils kriminologischen Aspekten aufgebauter Straftatenkatalog zugrunde.

Bundeseinheitlich wird seit dem 1.1.1971 eine „Ausgangsstatistik" geführt, d. h. die bekannt gewordenen Straftaten werden erst nach Abschluss der polizeilichen Ermittlungen vor Aktenabgabe an Staatsanwaltschaft oder Gericht erfasst. Das Zahlenmaterial wird von den Kreispolizeibehörden und vom Landeskriminalamt mit dem Vordruck PKS online 2 erfasst, von den Landeskriminalämtern in tabellarischer (aggregierte Daten) und damit bereits festgelegter Form dem Bundeskriminalamt übermittelt und hier zur Polizeilichen Kriminalstatistik für die Bundesrepublik Deutschland zusammengefasst.[5]

Zum 1. Januar 2008 wurde die PKS von einem bundeseinheitlichen vierstelligen auf einen sechsstelligen Straftatenschlüssel sowie auf die so genannte Einzeldatensatzanlieferung umgestellt. Die Umstellung des Datenaustausches auf den Einzelsatz erfolgte im Parallelbetrieb, das heißt, die Länder konnten 2008 die PKS-Standardtabellen auch noch in aggregierter Form anliefern. Acht Länder übermittelten die PKS-Daten bereits als Einzeldatensätze. Ab dem Berichtsjahr 2009 werden von allen Ländern nur noch Einzeldatensätze an das BKA übermittelt.

Über die PKS wären u. a. Aussagen zu den folgenden Problemfeldern zu erlangen:

– Übersicht zur Kriminalität und ihrer Bewegung insgesamt;
– Bekannt gewordene Fälle, dargestellt in Einzeldelikten oder Deliktsgruppen (z. B. Gewalt-, Wirtschafts-, Computer-, Straßenkriminalität);
– ermittelte Tatverdächtige, ausgewiesen nach Alter, Geschlecht, gesonderte Erfassung nichtdeutscher Tatverdächtiger mit dem Grund ihres Aufenthalts;
– Daten zur räumlichen Verteilung der Kriminalität;
– Angaben zu den Opfern, soweit es sich um natürliche Personen handelt, gegen die sich die mit Strafe bedrohte Handlung unmittelbar richtete, und zu den Opfer-Tatverdächtigen-Beziehungen;
– Angaben zu Schäden in Geldwert bei Eigentums- und Vermögensdelikten;
– Darstellung der Kriminalitätsquotienten.

---

[5] BKA (2008), S. 8 ff.

## 2.3.1  Kriminalitätsquotienten

Um eine Vergleichbarkeit von Trends der Kriminalitätsentwicklung in Räumen oder Zeiträumen zu ermöglichen, wurden Kriminalitätsquotienten eingeführt, die sich aus den absoluten Zahlen errechnen.

Die **Häufigkeitszahl** ist die Zahl der bekannt gewordenen Fälle insgesamt oder innerhalb einzelner Deliktsarten, errechnet auf 100 000 Einwohner.

$$HZ = \frac{erfasste\ Fälle\ x\ 100\ 000}{Einwohnerzahl}$$

Bsp.: (alle Zahlenangaben fiktiv)
In einem Streitgespräch wird diskutiert, ob die Rauschgiftkriminalität in Duisburg (500 000 Einwohner) oder Moers (100 000 Einwohner) größer sei. In Duisburg wurden 2 000 Fälle bekannt, in Moers 500. Absolut sind in Duisburg 1 500 Fälle mehr bekannt geworden. Berechnet man die Häufigkeitszahlen, ergibt sich folgendes Bild:
Duisburg: 2 000 x 100 000 / 500 000 = 400
Moers: 500 x 100 000 / 100 000 = 500
Moers ist somit bemessen an der Einwohnerzahl stärker mit Rauschgiftkriminalität belastet.

Die **Tatverdächtigenbelastungszahl** ist die Zahl der ermittelten Tatverdächtigen, errechnet auf 100 000 Einwohner des entsprechenden Bevölkerungsanteils, jeweils ohne Kinder unter 8 Jahren.

$$TVBZ = \frac{Tatverdächtige\ ab\ 8\ Jahren\ x\ 1\ 000\ 000}{Einwohnerzahl\ ab\ 8\ Jahren}$$

Die **Aufklärungsquote** bezeichnet das prozentuale Verhältnis von aufgeklärten zu bekannt gewordenen Fällen im Berichtszeitraum. Eine Aufklärungsquote über 100 kann z. B. zustande kommen, wenn im Berichtszeitraum noch Fälle aus den Vorjahren nachträglich aufgeklärt werden.

$$AQ = \frac{aufgeklärte\ Fälle\ x\ 100}{bekanntgewordene\ Fälle}$$

Die **Kriminalitätsdichtezahl** ist die Zahl der bekannt gewordenen Fälle insgesamt oder innerhalb einzelner Deliktsarten errechnet auf 1 km$^2$.

Neben diesen in den Richtlinien zur Führung der PKS aufgeführten Kriminalitätsquotienten spielen auch noch die Opfergefährdungszahl und die Steigerungsrate in der Literatur und bei konkreten Auswertungen eine Rolle.

Als **Opfergefährdungszahl** bezeichnet man die Anzahl der Opfer pro 100 000 Einwohner bezogen auf die jeweilige Altersklasse.

Die **Steigerungsrate** gibt die prozentuale Veränderung von z. B. Fällen oder Häufigkeitszahlen für die Gesamtkriminalität oder einzelner Straftaten zwischen verschiedenen Berichtszeiträumen an. Eine positive Steigerungsrate bedeutet einen Zuwachs, eine negative Steigerungsrate eine Abnahme bei z. B. Fällen bzw. Häufigkeitszahlen.

$$SR = \frac{(Berichtsjahr - Vorjahr) \times 100}{Vorjahr}$$

**Merke**

Die Fakten zum Inhalt der PKS sind absolutes Basiswissen, ebenso die Kriminalitätsquotienten. Darüber hinaus sollten die Auswertungsmöglichkeiten bekannt sein. Die Definitionen im Rahmen der PKS sollten mit eigenen Worten erläutert werden können. Auch die vorhandenen Tabellen sollten bearbeitet werden können.

## 2.4 Aussagekraft der PKS

Die Aussagekraft der PKS unterliegt verschiedenen Einflussfaktoren, die bei der Bewertung und Interpretation von Kriminalitätsdaten zu berücksichtigen sind. Größter Einflussfaktor ist der Umstand, dass der Polizei der größte Teil der tatsächlich begangenen Straftaten nicht bekannt wird.

### 2.4.1 Hellfeld/Dunkelfeld

Der Umfang dieses Dunkelfeldes, das für alle Deliktsbereiche vorhanden ist, hängt vom jeweiligen Delikt und anderen variablen Einflussgrößen ab.

Bsp.:

Ein großes Dunkelfeld besteht u. a. bei Rauschgiftdelikten, Nötigung, Kindesmisshandlung oder Ladendiebstahl. Ein mittleres Dunkelfeld wird im Bereich der Sexualdelikte angenommen. Ein geringes Dunkelfeld ist bei verschiedenen Raubdelikten, z. B. Bankraub, aber auch bei Tötungsdelikten und bestimmten Diebstahlsformen (Apotheken, Banken) anzunehmen.

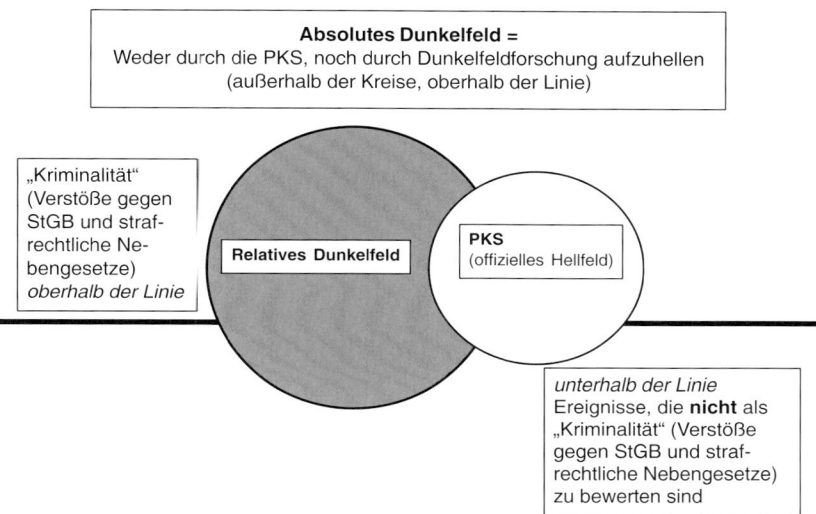

Übersicht: Hellfeld/Dunkelfeld
(Quelle: Polizeiliche Kriminalstatistik, Bundesrepublik Deutschland 2008, BKA Wiesbaden)

Aus der obigen Grafik wird deutlich, dass nur ein geringer Teil der tatsächlich begangenen Straftaten bekannt wird. Bei Massendelikten geht man von einer Relation von 1 zu 3 aus.

Durch die Dunkelfeldforschung ist ein Teil des absoluten Dunkelfeld erhellbar, da es sich um Taten handelt, die die Geschädigten erfahren, aber nicht angezeigt haben, oder um solche Taten, die in anonymen Befragungen eingestanden wurden. Diesen Bereich bezeichnet man als relatives Dunkelfeld.

Man erkennt, dass Deliktsbereiche in großen Teilen entfallen können. Dies gilt insbesondere für Deliktsfelder wie die Organisierte Kriminalität oder die Wirtschaftskriminalität.

## 2.4.2  Bewertung in der öffentlichen Diskussion

Wie bei anderen Statistiken auch wird mit den Daten aus PKS oftmals unkritisch umgegangen. Dies kann dazu führen, dass es zu einer Überbewertung in der öffentlichen Diskussion kommt. Gleiche Zahlen werden genutzt, um je nach Ausrichtung und Bedürfnis die eigenen Anschauungen zu belegen.

Bsp.:
Ein ehemaliger CDU-Innensenator von Berlin hat mit Zahlen zur Ausländerkriminalität nach-weisen wollen, dass der jugendliche Ausländer deutlich häufiger als Tatverdächtiger in Erschei-nung treten würde.
Die gleichen Zahlen wertete das Kriminologische Institut Niedersachsen aus. Man war allerdings der Meinung, dass der jugendliche Ausländer auf Grund der Sprachprobleme und Integrations-schwierigkeiten nicht mit dem jugendlichen Deutschen allgemein, sondern allenfalls mit dem jugendlichen deutschen Haupt- oder Sonderschüler verglichen werden könnte. Dies führte im Er-gebnis dazu, dass der ausländische Jugendliche als Tatverdächtiger unterrepräsentiert war.

Oft wird bei der Interpretation statistischer Daten vernachlässigt, dass es sich um Zahlenmaterial aus dem Gesamtsystem Gesellschaft handelt. Die Gesellschaft ist jedoch ein komplexes Gebilde, welches sich wandelt. Gerade auch bei Aussagen zum Kriminalitätsgeschehen sollte deshalb immer berücksichtigt werden, dass mit diesen eigene politische Ziele umge-setzt werden sollen.

### 2.4.3   Interpretationsprobleme

Daten aus der PKS können statisch und dynamisch betrachtet werden, sie sind anwendbar auf generelle Zahlen, Deliktsfelder (z. B. Gewaltkriminali-tät) und auf einzelne Delikte.

Durch die nachfolgenden Einflussfaktoren kommt es dabei zu besonderen Problemen:

### Gesetzesänderungen

Im System Gesellschaft kommt es immer wieder zu Veränderungen in der Einstellung oder der Normenakzeptanz. Diese Veränderungen werden oft durch einen starken Mediendruck bewirkt. Dies führt dazu, dass Gesetze geändert werden. Damit sind aber Zeitreihen zur PKS nur noch bedingt ver-gleichbar, da neue Tatbestände aufgenommen werden, alte vielleicht abge-schafft werden.

Bsp.:
Computerkriminalität ist ein Phänomen der auslaufenden 90er-Jahre geworden, vorher war diese Deliktsart nicht bekannt.
Im Rahmen eines liberaleren Umgangs mit der Sexualität wurde der Tatbestand der Kuppelei abgeschafft.
Die Umweltdelikte wurden erst in den 80er-Jahren in das Strafgesetzbuch aufgenommen.

### Erfassungsmodalitäten

Da die PKS im Laufe der Jahre immer wieder modifiziert wurde, sind Richt-linienänderungen bei der Dateninterpretation zu berücksichtigen.

Bsp.:
Mit der Einführungen der Echttäterzählung gingen die Zahlen der ermittelten Tatverdächtigen deutlich herunter, da Mehrfach- und Serientäter nur noch einmal als Tatverdächtige erfasst wurden.

Ebenso ist zu berücksichtigen, dass es zu Ungenauigkeiten kommen kann, wenn Delikte nicht exakt oder unehrlich erfasst werden.

Bsp.:

Bei Serientaten werden die Regeln für den Fortsetzungszusammenhang nicht beachtet. So werden die eingestandenen Ladendiebstähle z. B. eines Kaufhauses nicht als 1 Fall, sondern als 10 Fälle erfasst.

Ein geklärtes Tötungsdelikt wird eher als Mord bewertet, der unaufgeklärte Fall als Totschlag, der ungeklärte Versuch als Körperverletzung.

## Änderung im Definitionsverhalten

Da sich Einstellungen ändern, steigt oder sinkt auch die Bereitschaft des Anzeigenerstatters, eine Straftat bekannt zu machen. Die Bereitschaft zur Anzeige ist dabei von unterschiedlichen Faktoren abhängig. So sind etwa die persönliche Betroffenheit, die Pflicht zur Anzeige durch die Versicherung, die eingeschätzte Erfolgsaussicht, der persönliche Aufwand, aber auch die persönliche Scham Einflussfaktoren, warum eine Anzeige erstattet wird oder nicht.

Darüber hinaus ist ein Trend erkennbar, dass kleinere Delikte nicht mehr wie früher informell geregelt werden, sondern zunehmend der Ruf nach der Polizei erfolgt. Das System der außerpolizeilichen Kriminalitätskontrolle, aber auch die Rechtsschutzversicherungen, haben diesen Trend unterstützt.

Bsp.:

Die Zahl der angezeigten Diebstähle an und aus Pkw würde drastisch sinken, wenn die Versicherungen auf eine Strafanzeige bei der Polizei verzichteten.

Daneben sind auch Änderungen im Definitionsverhalten bei der Polizei feststellbar. Ausgelöst werden diese etwa durch Organisationsveränderungen, aber auch durch Änderungen der Rechtssprechung.

Bsp.:

In der Vernehmung einer Geschädigten eines Handtaschenraubes wird nachgefragt, ob diese auch gegen den Angriff des Räubers Widerstand geleistet habe. Antwortet die Geschädigte damit, dass „doch alles ganz schnell ging", geht der Polizist von einem Diebstahl aus.

Als eine Geschädigte auf der Kriminalwache anzeigen will, dass sich ein Betrunkener ihr an das Gesäß gefasst habe, ihr dabei das Angebot gemacht habe, doch mit ihm ins Bett zu gehen, und ihr dann bei ihrer Gegenwehr auch noch beinahe den Riemen der Handtasche abgerissen habe, wird unter den Beamten diskutiert, ob es sich um eine versuchte Vergewaltigung, eine versuchte sexuelle Nötigung, einen versuchten Handtaschenraub oder um eine Beleidigung auf sexueller Grundlage gehandelt habe.

### 2.4.4 Polizeiliche Verfolgungsintensität

Nicht zuletzt durch die Herausgabe von Landeszielen wird die Intensität polizeilicher Strafverfolgung bestimmt. Dies gilt im besonderen Maße für die Delikte, die vor allem durch polizeiliche Kontrollen bekannt werden. Typische Beispiele hierfür wären die Rauschgiftkriminalität, die Umwelt- und Wirtschaftskriminalität und die Organisierte Kriminalität. Je stärker hier polizeiliche Kontrollen greifen, umso größer ist der Teil dieser Delikte, die aus dem Dunkel- ins Hellfeld übergeführt werden.

Bsp.:

Der Polizeipräsident in A-Stadt verdoppelt die Anzahl seiner Rauschgiftsachbearbeiter. Daraufhin werden nach verstärkten Kontrollen die doppelte Anzahl von Rauschgiftdelikten wie im Vorjahr bekannt. Der Polizeipräsident in B-Stadt halbiert die Zahl seiner Rauschgiftsachbearbeiter. Daraufhin werden auch nur noch die Hälfte der Taten wie im Vorjahr bekannt.

Die Politiker in A-Stadt werfen dem Polizeipräsidenten vor, die Rauschgiftkriminalität nicht im Griff zu haben und raten ihm, sich doch einmal die Verhältnisse in B-Stadt als Vorbild anzusehen.

### 2.4.5 Veränderung der Tatgelegenheitsstruktur

Die Zahl der bekannt gewordenen Straftaten hängt unmittelbar mit der Tatgelegenheitsstruktur zusammen. Hierunter versteht man das Vorhandensein, die Wahrnehmbarkeit und Attraktivität von Tatgelegenheiten im Zusammenspiel mit dem Entdeckungsrisiko des Täters. Dadurch, dass Tatgelegenheiten neu geschaffen werden oder wegfallen, vergrößert oder verringert sich die Zahl der begangenen Straftaten.

Im gleichen Zusammenhang ist das Opferverhalten zu bewerten, da Taten auch vom Opfer ausgelöst werden können.

Bsp.:

Das Kriminalitätsgeschehen in Hannover ist während der Dauer der EXPO deutlich größer als normal. Dies liegt an der Vergrößerung der Tatgelegenheiten.

Nachdem vor dem Trampen gewarnt wurde, verringerte sich die Zahl der Übergriffe auf Tramper, da die Zahl der Tramper deutlich zurückgegangen war.

### 2.4.6 Demografische Daten

Weitgehend abhängig ist eine Interpretation der PKS von den demografischen Daten. Die Altersstruktur, die Randgruppenstruktur, aber auch örtliche Besonderheiten bedingen Einflussgrößen bei der Interpretation der PKS.

Bsp.:

Die Alterspyramide der ausländischen Bevölkerung unterscheidet sich deutlich von der deutschen, weil die nichtdeutsche Bevölkerung deutlich jünger ist. Da das kriminell aktive Alter zwischen 12 und 25 Jahren liegt, hat dies Auswirkungen auf den Anteil der ermittelten Tatverdächtigen.

In den deutschen Ballungszentren, etwa Berlin oder Hamburg, ist eine deutlich größere Randgruppenstruktur festzustellen, da diese Zonen offenbar eine große Sogwirkung erzeugen.

Beim Bau des CentrO in Oberhausen wohnten mehrere Tausend Bauarbeiter zusätzlich im Stadtgebiet, was zu einer größeren Kriminalität führte.

**Merke**

Der kritische Umgang mit Aussagen zur PKS sollte beherrscht werden. Dabei sollten vor allem die möglichen Einflussgrößen bei der Interpretation bekannt sein und angewandt werden können.

Es sollte bedacht werden, dass Statistiken auch ein Mittel der Machtausübung sind und zu diesem Zweck eingesetzt werden.

## 2.5 Prognose durch Statistik

### 2.5.1 Prognosemethodik

Will man über Datenmaterial aus der PKS eine Prognose über Art und Umfang zukünftiger Kriminalität versuchen, ist ein erster Einstieg über vorhandene Zeitreihen denkbar. Dabei ist neben den o. a. Interpretationsproblemen aber zu bedenken, dass solche Vorausschauen oftmals intuitiv erfolgen. Die Fehlerquellen liegen schon dort, wo die Zahlen zustande kommen. Ebenso sind gesellschaftliche Zusammenhänge und Entwicklungen nur schwer vorhersehbar. Deshalb sind vorhandenen Prognosen mehr oder weniger genau.

Hauptziel einer Prognose muss es sein, Antworten auf die Frage zu finden, wann welche Änderungen sicherheitsrelevanter Faktoren mit welchen Auswirkungen in welchen Sicherheitsbereichen bzw. in welchen Kriminalitätsfeldern zu erwarten sind.

Diese Antworten hätten einen großen Wert für die zukünftige Kriminalpolitik, die Strategie der Kriminalitätskontrolle, aber auch für die Organisation oder Stellenplanung.

### 2.5.2 Prognoseproblematik

Da bei Kriminalitätsprognosen mit den Mitteln der Wahrscheinlichkeitstheorie gearbeitet werden muss, sind lediglich Annäherungswerte zu erwarten. Dies liegt zum einen schon an den Mängeln der demografischen Daten, zum anderen aber an der Komplexität der Kriminalität, der kaum möglichen Messbarkeit von kriminogenen Einflüssen oder Grundeinstellungen und der besonderen Aussagekraft sozioökonomischer Daten, die schnell zu suggerierten Ergebnissen und Scheinkorrelationen führen können.

Als Fazit bleibt festzustellen, dass die Polizeiliche Kriminalstatistik eine je nach Deliktsart mehr oder weniger starke Annäherung an die Realität bietet. Sie ist für Legislative, Exekutive und Wissenschaft jedoch das Hilfsmittel, welches Erkenntnisse über die Häufigkeit der erfassten Fälle sowie über Formen und Entwicklungstendenzen der Kriminalität für die oben beschriebenen Zielsetzungen noch am ehesten abzubilden vermag, da die anderen Kriminalitätsstatistiken deutlich ungenauer erscheinen.

# 3 Strafverfolgungsstatistik

Die Strafverfolgungsstatistik (StVStat) ist eine Tätigkeitsstatistik der Gerichte (*Schwind*)[6]. Sie ist eine reine Personenstatistik. Sie wird durch das Statistische Bundesamt veröffentlicht. Sie gibt Auskunft über die (End)Entscheidungen der ordentlichen Strafgerichte – und deren Grundlagen –, die

---

6    Schwind (2010), S. 23

gegenüber Personen ergangen sind, gegen die ein Strafverfahren (Hauptverfahren) eröffnet oder ein Strafbefehl erlassen wurde (*Göppinger*)[7].

Erhebungsgegenstand sind Abgeurteilte und Verurteilte.

Abgeurteilte sind alle diejenigen strafmündigen Personen (Angeklagte), gegen die Strafbefehle erlassen wurden bzw. deren Strafverfahren nach Eröffnung des Hauptverfahrens durch Urteil oder Einstellungsbeschluss rechtskräftig abgeschlossen worden sind. Ihre Zahl setzt sich zusammen aus Verurteilten und aus Personen, gegen die andere Entscheidungen getroffen wurden.

Andere Entscheidungen wären der Freispruch, die Einstellung des Strafverfahrens durch das Gericht, das Absehen von Strafe, die Anordnung von Maßregeln der Besserung und Sicherung und die Überweisung an den Vormundschaftsrichter.

Verurteilte sind straffällig gewordene Personen, gegen die entweder nach allgemeinem Strafrecht Freiheitsstrafe, Strafarrest oder Geldstrafe verhängt worden ist, oder deren Straftat nach Jugendstrafrecht mit Jugendstrafe, Zuchtmittel oder Erziehungsmaßregeln geahndet wurde (*Göppinger*).[8]

Während in der PKS Daten zu Taten und Tatverdächtigen zusammengestellt werden, handelt es sich bei der Strafverfolgungsstatistik um eine Statistik zu den Rechtsfolgen, die gegen Personen ausgesprochen wurden. Sie ist deshalb deutlich ungenauer als die PKS und nicht mit dieser vergleichbar. So wird bei Tateinheit oder Tatmehrheit nur das schwerste Delikt eines Urteils gezählt. Da es mitunter Monate dauert, bis es zu einer Aburteilung kommt, ist die PKS tatzeitnäher. Auch können über die Strafverfolgungsstatistik keine Angaben zum Tatort oder Modus Operandi getroffen werden. Die PKS weist somit das kleinere Dunkelfeld auf und ist für Praxis und Forschung relevanter.

**Merke**

Die grundsätzlichen Unterschiede zwischen der PKS und der Strafverfolgungsstatistik müssen bekannt sein. Nur über die PKS sind Aussagen zu Taten und Tatverdächtigen möglich. Bei der Strafverfolgungsstatistik handelt es sich um eine Statistik über Rechtsfolgen, die für die Praxis wenig relevant sind.

Die Unterschiede zwischen den Statistiken werden gerne in schriftlichen und mündlichen Prüfungen zum Thema gemacht.

---

[7] Göppinger (2008), S. 472
[8] Ebenda, S. 473

# 4 Andere relevante Statistiken

## 4.1 Regionalstatistiken

Da die PKS eine Ausgangsstatistik ist, hat sie den entscheidenden Nachteil, dass ihre Daten nur mit deutlichem Zeitnachlauf zur Verfügung stehen. Da zur schnellen (polizeilichen) Reaktion aber Grunddaten vorhanden sein müssen, werden durch die Behörden Eingangsstatistiken geführt. Diese beziehen sich in der Regel auf Taten der Straßenkriminalität und stehen den interessierten Organisationseinheiten arbeitstäglich zur Verfügung. Es handelt sich dabei um Grundangaben zu Taten, die im Rahmen der länderspezifischen Vorgangserhebungsdateien bekannt geworden sind. In einigen Bundesländern werden hierzu elektronische Systeme genutzt. Oft sind Täterangaben beim Eingang einer Strafanzeige noch nicht vorhanden. Ebenso ist noch nicht überprüft, ob die Straftat beispielsweise vorgetäuscht wurde.

Die Eingangsstatistik hat trotz ihrer zeitlichen Nähe den Nachteil ungenau zu sein. Sie wird zur schnellen operativen Strafverfolgung jedoch benötigt.

## 4.2 Staatsanwaltschaftsstatistik

Die Staatsanwaltschaftsstatistik ist eine reine Zählkartenstatistik, die sich auf die Zahl der bearbeiteten Verfahren bezieht. Sie macht keine Angaben zu Delikten oder Tatverdächtigen. Sie ist zur Erstellung eines Kriminalitätslagebildes oder für die Kriminalitätskontrolle kaum brauchbar.

## 4.3 Strafvollzugsstatistik

Die Strafvollzugsstatistik wird seit 1961 vom Statistischen Bundesamt veröffentlicht. Sie enthält den jährlichen Nachweis über Zahl und Art der Justizvollzugs- und Verwahrungsanstalten sowie über deren Belegungsfähigkeit und tatsächlichen Belegung, Aufnahmen und Entlassungen der Gefangenen und Verwahrten.

Der Generalbundesanwalt gibt für die Dauer von fünf Jahren aus den Daten des Bundeszentralregisters eine Rückfallstatistik heraus. Bei dieser Personenstatistik wird die erneute Verurteilung zu Geld- oder Freiheitsstrafen (auch Jugendstrafen) sowie deren Anzahl in den auf die Erledigung einer früheren Jugend- oder Freiheitsstrafe folgenden fünf Jahren registriert (*Göppinger*)[9].

## 4.4 Bewährungshilfestatistik

Die Bewährungshilfestatistik wird seit 1963 vom Statistischen Bundesamt veröffentlicht und gibt Auskunft über Unterstellungen und Beendigungen

---

9    Göppinger (2008), S. 477

der Bewährungsaufsichten nach dem Alter der Unterstellten und nach Unterstellungs- und Beendigungsgründen. Die Zahl der hauptamtlichen Bewährungshelfer ist ebenfalls verzeichnet (*Nisse*)[10].

## 4.5 Andere Statistiken

Neben den o. a. Statistiken werden weitere sicherheitsrelevante Statistiken geführt. Die wären z. B. die Verkehrsunfallstatistik, die Staatsschutzstatistik, die Statistik zum Verkehrszentralregister oder die Statistik zur Öffentlichen Jugendhilfe. Letztlich sind für die kriminologische Forschung auch die Daten der Arbeitslosenstatistik relevant.

## 4.6 Vergleichbarkeit der Statistiken

Die Statistiken sind jeweils nur eingeschränkt vergleichbar, da sie sich zum Teil auf sehr unterschiedliches Datenmaterial beziehen.

Bei der Bewertung der einzelnen Statistiken fällt auf, dass alle nur einen kleinen Teil der tatsächlichen Kriminalität abbilden. Geht man von der Gesamtmenge der begangenen Straftaten aus, werden die Handlungen nicht erfasst, die nicht entdeckt oder nicht angezeigt werden. Die verbleibenden Straftaten bilden das offizielle Hellfeld der in der PKS veröffentlichten Straftaten. Da etwa die Hälfte der Taten nicht aufgeklärt werden können oder der Nachweis der Täterschaft nicht erbracht werden kann, verringert sich die Zahl der Taten und Tatverdächtigen bei der Abgabe des Ermittlungsvorgangs an die Staatsanwaltschaft beträchtlich.

Bedenkt man, dass eine erhebliche Anzahl von Verfahren durch die Staatsanwaltschaft ohne Hauptverhandlung erledigt werden kann, so verringert sich die Zahl der Taten erneut. Dabei spielt auch der Umstand eine Rolle, dass z. B. die Staatsanwaltschaften in NRW bereits 1985 durch den Justizminister aufgefordert wurden, von Möglichkeiten der §§ 153, 153a Strafprozessordnung (Verfahrenseinstellung wegen Geringfügigkeit, Auflagen und Weisungen, z. B. Geldbuße) verstärkt Gebrauch zu machen, „um den durch Anklageerhebung und Hauptverhandlung entstehenden Verfahrensaufwand zu vermeiden".

Da es bei den Entscheidungen der Gerichte ebenfalls zu Freisprüchen und anderen Entscheidungen kommt, bleibt nur noch eine erneut kleinere Zahl von Verurteilten übrig, gegen die eine Freiheitsstrafe ausgesprochen wird. Da viele Strafen zur Bewährung ausgesetzt werden, ist letztlich die Zahl der Strafgefangenen noch geringer.

Die Systematik des Ausfilterungsprozesses ist in der nachfolgenden Grafik dargestellt.

---

[10]  Nisse (2002), KL 4, S. 4

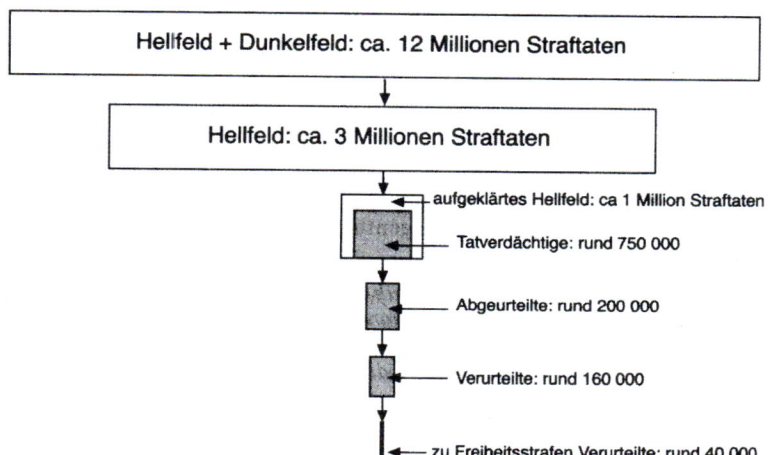

Übersicht: Ausfilterungsprozess
(Quelle: Schwindt, H.-D., Kriminologie, 20. Auflage, Heidelberg 2010, S. 55)

Bsp.:
Im Rahmen einer Diskussion im Kriminalpräventiven Rates werden von den Diskussionsteil-nehmern Daten aus unterschiedlichen Statistiken als Argumentationshilfen angeführt. Der teil-nehmende Polizeibeamte sollte in der Lage sein, die unterschiedlichen Inhalte und Aussagen zu erläutern, um zu verdeutlichen, dass die Daten nicht vergleichbar sind. Dabei kann argumentativ auf das Trichtermodell eingegangen werden.

## Merke

Häufiges Thema in schriftlichen und mündlichen Prüfungen ist die Frage nach der Vergleichbarkeit von Kriminalstatistiken. Diese sollte bekannt sein und beschrieben werden können. Es sollte erklärt werden können, warum die Statistiken nicht ohne Weiteres vergleichbar sind. Das Trich-termodell sollte erläutert werden können.

# 5 Dunkelfeldforschung

## 5.1 Begriff des Dunkelfeldes

Unter dem Dunkelfeld der Kriminalität wird die Summe der Straftaten verstanden, die den Strafverfolgungsbehörden (Polizei und Justiz) nicht be-kannt geworden sind und deshalb in der PKS auch gar nicht erscheinen. Nicht bekannt werden vor allem solche Straftaten, die von den Opfern oder anderen nicht angezeigt werden; denn nur 2–5 % aller registrierten Delikte werden Polizei und Justiz von Amts wegen bekannt (*Schwind*). Dieser An-teil ist jedoch sehr stark deliktsabhängig.

In der älteren Literatur taucht auch der Begriff der Dunkelziffer auf. Da die exakte Größe des Dunkelfeldes jedoch nicht festzulegen ist, hat sich der Begriff des Dunkelfeldes durchgesetzt.

Der Begriff Dunkelzifferrelation definiert das Verhältnis der Anzahl der bei der Polizei bekannt gewordenen Delikte zur vermuteten Anzahl der nicht bekannt gewordenen Straftaten. Eine Dunkelzifferrelation von 1:10 bedeutet demnach, dass auf jede bei der Polizei angezeigte Straftat 10 weitere unerkannt bleiben.

Im Rahmen des erläuterten Trichtereffektes wurde zudem der Begriff des relativen Dunkelfeldes erläutert. Darunter wird der Teil des Dunkelfeldes verstanden, der den Opfern zwar bekannt, von diesen aber nicht angezeigt wird. Durch wissenschaftliche Methoden kann dieser Teil des Dunkelfeldes partiell aufgehellt werden.

## 5.2 Umfang des Dunkelfeldes

In der Vergangenheit wurden zahlreiche Untersuchungen zum Ausmaß und zur Struktur des Dunkelfeldes durchgeführt, die eine Fülle von Datenmaterial erbracht haben. Die Ergebnisse der einzelnen Forschungsprojekte stimmen in beachtlichem Maße überein (*Kaiser*)[11].

Übereinstimmende Ergebnisse liegen für folgende Aussagen vor:

Das Dunkelfeld ist größer als das Hellfeld, die PKS zeigt nur die Spitze des Eisberges. Die Größe des Dunkelfeldes variiert von Delikt zu Delikt. Bei den Delikten der leichten und mittleren Kriminalität ist das Dunkelfeld überproportional groß. Empirische Untersuchungen weisen Dunkelzifferrelationen für den einfachen Diebstahl von teilweise 1:15, für Sachbeschädigungen von 1:30, dagegen beim schweren Diebstahl von 1:2 auf (*Schwind*).

Ein besonders großes Dunkelfeld besteht im Bereich der Delinquenz von Kindern und Jugendlichen. Nach amerikanischen Forschungsergebnissen haben nahezu alle Kinder und Jugendliche, unabhängig von ihrer Schichtzugehörigkeit, schon einmal Straftaten begangen. Man spricht in diesem Zusammenhang von der Ubiquität der Jugendkriminalität

Die Ergebnisse von Dunkelfeldforschungen sind jedoch in den Grenzen der Erhebungsmöglichkeiten zu betrachten. Die Methoden der empirischen Sozialforschung greifen überwiegend für Delikte der Massenkriminalität. Kaum Aussagen können zu den so genannten opferlosen Straftaten erlangt werden. Das trifft z. B. auf Rauschgiftdelikte und Wirtschaftskriminalität zu.

Bei Gewalt- und Sexualdelikten im familiären Bereich spielt die Abhängigkeit des Opfers vom Täter eine Rolle. Die Familie gilt immer noch als Tabuzone, man mischt sich nicht ein. Darüber hinaus halten Scham- und Schuldgefühle die Opfer von Sexualdelikten von der Anzeigenerstattung ab.

---

[11]   Kaiser (1996), S. 392

Dunkelzifferrelationen relativieren die Daten des Hellfeldes und müssen deshalb bei der polizeilichen Ermittlungstätigkeit Berücksichtigung finden. Die Einschätzung der Sicherheitslage und die Einschätzung des Sicherheitsgefühls der Bürger hängen weitgehend vom Umfang des Dunkelfeldes ab (*Nisse*)[12].

## 5.3 Methoden der Dunkelfeldforschung

Als Methoden für die Dunkelfeldforschung kommen die bereits o. a. Möglichkeiten des Experimentes, der teilnehmenden Beobachtung und der Befragung in Betracht. Diese Methoden können bei Geschädigten/Opfern und Tätern durchgeführt werden. Darüber hinaus sind in der Literatur Informantenbefragungen, aber auch kombinierte Befragungen der erwähnten Teilnehmer vorhanden.

Vor allem bei Befragungen, ob schriftlich, persönlich oder telefonisch, kann es zu zahlreichen Ungenauigkeiten kommen. So fehlt etwa die Erinnerung an Taten, es kommt zu Übertreibungen (Prahlerei), es fehlt die Aufrichtigkeit oder die Fragen werden falsch verstanden. Daneben kann die Stichprobe nicht repräsentativ sein oder es fehlt bei Opferbefragungen an unmittelbaren Opfern (Ladendiebstahl).

In den U.S.A. und in den Niederlanden wurden umfangreiche Untersuchungen durch Befragungen von Tausenden von Haushalten in Crime Surveys durchgeführt. Solche teilweise flächendeckenden Methoden werden in Deutschland immer wieder gefordert, um gesichertere Aussagen zu Art und Umfang der hiesigen Kriminalität zu bekommen. Die bisherigen Forschungsergebnisse sind nämlich weitgehend dadurch gekennzeichnet, dass lediglich zu den ermittelten jugendlichen Straftätern ausreichendes Zahlenmaterial vorliegt.

**Merke**

Die Definitionen von absolutem und relativem Dunkelfeld gehören zum Standardwissen. Ergebnisse aus Forschungen zum Umfang des Dunkelfeldes sollten bekannt sein. Dies gilt vor allem für den Bereich der Jugendkriminalität.

Die Methoden der Dunkelfeldforschung sollten benannt werden können.

---

[12] Nisse (2002), KL 4.2, S. 12 ff.

# 6 Klausurbeispiel

Examensklausur, Teilaufgabe, keine Hilfsmittel

## Sachverhalt

In einer nordrhein-westfälischen Mittelstadt (110 000 Einwohner) wurde ein Kriminalpräventiver Rat gegründet. In diesem sind neben Stadtverwaltung, Justiz und Polizei auch die gesellschaftlich relevanten Gruppen der Stadt, die Parteien und die Medien vertreten. Bei der Gründungsversammlung wurden folgende Punkte beschlossen:

Auszug aus dem Protokoll der Gründungsversammlung:

„1. ...

  2. ...

  3. ...

Die Beteiligten waren sich einig in der Auffassung, dass zur Aufgabenwahrnehmung ein aktuelles örtliches Lagebild notwendig sei. Die vorliegenden Daten aus den unterschiedlichen Behördenstatistiken seien nicht weitreichend genug. Außerdem seien viele der Statistiken zueinander nicht abgestimmt. Deshalb soll noch in diesem Jahr ein aktuelles Lagebild der Stadt erstellt werden. Dazu soll das Instrument der Kriminologischen Regionalanalyse genutzt werden.

  4. ...

  5.

Kontrovers wurde die Frage diskutiert, welche statistischen Daten bei Verlautbarungen des Kriminalpräventiven Rates Anwendung finden sollen. Während der Leiter des Amtsgerichts und der Vertreter von Bündnis 90/Die Grünen vorschlugen, die Daten der Strafverfolgungsstatistik zu nutzen, wies der Landrat als Vorsitzender des Kriminalpräventiven Rates darauf hin, dass die Zahlen der Polizeilichen Kriminalstatistik aussagekräftiger seien. Zwar gäbe es grundsätzliche Probleme, diese für ein aktuelles Lagebild zu nutzen, doch seien diese Daten für die Nutzung im Sinne der Kriminalitätsvorbeugung gehaltvoller."

Aufgabe:

1. Erläutern Sie Aufgabe und Inhalt einer Kriminologischen Regionalanalyse und zeigen Sie auf, wie diese für eine aktuelle Lagebilderstellung genutzt werden kann.

2. Nehmen Sie zu der Frage Stellung, welche der genannten Statistiken zur Aufgabenbewältigung im Kriminalpräventiven Rat eher geeignet ist und gehen Sie dabei auf Aufgabe, Ziele und Umfang der Polizeilichen Kriminalstatistik ein.

## Lösungshinweise

Zu Aufgabe 1: (Kapitel: Kriminalgeografie)

In der Lösung der Aufgabe soll deutlich werden, dass eine Kriminologische Regionalanalyse (KRA) ein Instrument der Kriminalgeografie ist, mit welchem es möglich ist, über die Aussagekraft von Kriminalstatistiken und Dunkelfeldforschungen hinaus Aussagen zur Tatgenese zu treffen. Die KRA dient damit der Schaffung einer Informationsgrundlage für Lagebeurteilungen im regionalen Bereich, mit deren Hilfe sich auch die Zusammenarbeit mit anderen Institutionen und Behörden im Bereich der Kriminalprävention initiieren und organisieren lässt.

Für die Durchführung einer KRA ist es deshalb unerlässlich, neben den Daten zur

Kriminalität

– registrierte Kriminalität, PKS, Tatverdächtige, Opfer, spezielle Analysen, Bürgerbefragungen, Dunkelfeld

auch Daten zur

Untersuchungsregion

– regionale Gliederung, Bebauung, Gebietsfunktion, Verkehrsstruktur, sicherheitsrelevante Einrichtungen, sozioökonomische Faktoren, Behördenstruktur, Bevölkerungsdaten pp.

und zur

Kriminalitätskontrolle

– Zielsystem, Polizei, andere Behörden und Organisationen mit Sicherheitsaufgaben, Zusammenarbeit mit Instanzen der formellen und informellen sozialen Kontrolle, Medien, Öffentlichkeitsarbeit

zu erfassen.

Zu Aufgabe 2:

In der Lösung soll zum Ausdruck kommen, dass Ziel der Polizeilichen Kriminalstatistik (PKS) die Beobachtung von Kriminalität, einzelnen Deliktsarten, Umfang und Zusammensetzung des Tatverdächtigenkreises und Veränderung von Kriminalitätsquotienten ist, um Erkenntnisse für Prävention und Repression, Forschung, Organisation und Kriminalpolitik zu gewinnen.

In der Lösung soll herausgestellt werden, dass die Ergebnisse der PKS nur eingeschränkt aussagefähig sind. Argumentativ sollen dabei folgende Punkte Erwähnung finden:

– Dunkelfeldproblematik
– Interpretationsprobleme
  – durch Gesetzesänderungen,
  – Änderung des Anzeigeverhaltens,

- Änderung der Erfassungsmodalitäten,
- polizeiliche Verfolgungsintensität,
- Veränderung der Tatgelegenheitsstruktur
- und demografische Aspekte
- Überbewertung in der öffentlichen Diskussion, auch durch unkritischen Datenumgang
- Schlechte Vergleichbarkeit mit anderen Statistiken

Dabei sollte auf die Aussagekraft der unterschiedlichen Kriminalstatistiken eingegangen werden und das „Trichtermodell" (nach *Meyer, Wolf*: Kriminalistisches Lehrbuch der Polizei) zur Ausfilterung der öffentlich wahrgenommenen Kriminalität Anwendung finden.

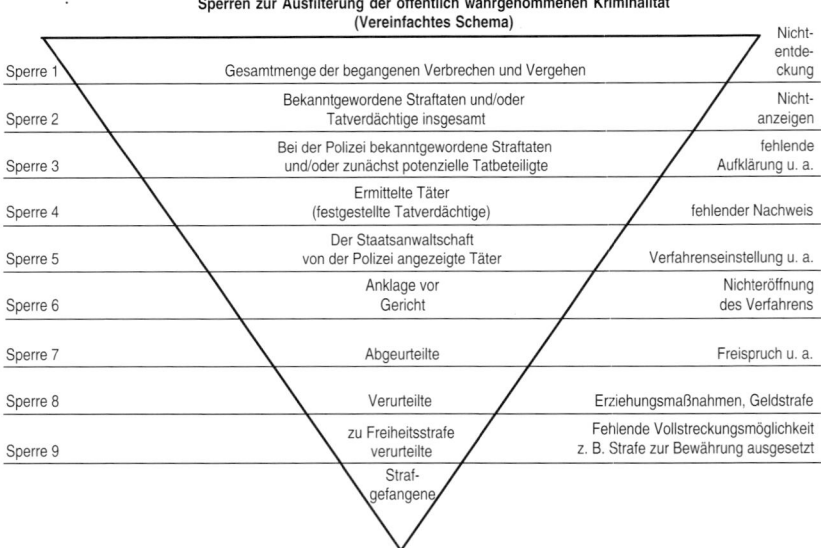

Sperren zur Ausfilterung der öffentlich wahrgenommenen Kriminalität
(Vereinfachtes Schema)

| Sperre | | |
|---|---|---|
| Sperre 1 | Gesamtmenge der begangenen Verbrechen und Vergehen | Nicht-entdeckung |
| Sperre 2 | Bekanntgewordene Straftaten und/oder Tatverdächtige insgesamt | Nicht-anzeigen |
| Sperre 3 | Bei der Polizei bekanntgewordene Straftaten und/oder zunächst potenzielle Tatbeteiligte | fehlende Aufklärung u. a. |
| Sperre 4 | Ermittelte Täter (festgestellte Tatverdächtige) | fehlender Nachweis |
| Sperre 5 | Der Staatsanwaltschaft von der Polizei angezeigte Täter | Verfahrenseinstellung u. a. |
| Sperre 6 | Anklage vor Gericht | Nichteröffnung des Verfahrens |
| Sperre 7 | Abgeurteilte | Freispruch u. a. |
| Sperre 8 | Verurteilte | Erziehungsmaßnahmen, Geldstrafe |
| Sperre 9 | zu Freiheitsstrafe verurteilte | Fehlende Vollstreckungsmöglichkeit z. B. Strafe zur Bewährung ausgesetzt |
| | Straf-gefangene | |

Übersicht: Trichtermodell
(Quelle: Meyer, Wolf Kriminalistisches Lehrbuch der Polizei, 4. Auflage, Verlag Deutsche Polizeiliteratur, Hilden 1994)

Bewertend sollte die Lösung zu dem Ergebnis kommen, dass die PKS von allen Kriminalstatistiken für die Aufgabenwahrnehmung im Kriminalpräventiven Rat noch am geeignetsten erscheint.

# 7 Prüfungsfragen

Typische Aufgaben und Fragen im mündlichen Examen und in Fachgesprächen:

1. Erläutern Sie Aufgaben und Ziel der Polizeilichen Kriminalstatistik.
2. Geben Sie Beispiele dafür, welche Daten in der Polizeilichen Kriminalstatistik erfasst werden und begründen Sie, welche Aussagen mit diesen Daten zu treffen sind.
3. Nehmen Sie zu der Aussage Stellung, dass die Strafverfolgungsstatistik eine „reine Rechtsfolgenstatistik" ist und somit keine Aufschluss über die bekannt gewordenen Straftaten gibt.
4. Welche Inhalte werden in der Polizeilichen Kriminalstatistik erfasst?
5. Nennen Sie typische Interpretationsprobleme, durch welche die Polizeiliche Kriminalstatistik verfälscht werden kann.
6. Erläutern Sie Ihnen bekannte Kriminalitätsquotienten.
7. Legen Sie dar, durch welche Methoden das Dunkelfeld erhellt werden kann.

# 8 Weiterführende Literatur

Bundeskriminalamt, Polizeiliche Kriminalstatistik 2008, Bundesrepublik Deutschland, Wiesbaden 2009

*Göppinger, H., Bock, M.:* Kriminologie, 5. Auflage, Verlag C. H. Beck, München 1997

*Kaiser, G.:* Kriminologie. Ein Lehrbuch, 3. Auflage, C. F. Müller Verlag, Heidelberg 1996

*Kaiser, G., Kerner, H.-J., Sack, F., Schellhoss, H. (Hrsg.):* Kleines kriminologisches Wörterbuch, 3. Auflage, UTB Bd. 1274, C. F. Müller Verlag, Heidelberg 1993

*Nisse, R.:* Kriminalisten-Fachbuch (KFB), Kriminalistische Kompetenz, 2. Auflage, Schmidt-Römhild, Lübeck 2002, KL

*Rinne, H.:* Taschenbuch der Statistik, 2. Auflage, Harri Deutsch Verlag, Frankfurt am Main 2008

*Schwind, H.-D.:* Kriminologie, 20. Auflage, Kriminalistik Verlag, Heidelberg 2010

**Internet-Fundstelle**

www.bka.de/polizeiliche Kriminalstatistik/

# Kapitel 5
# Jugendkriminalität

## 1 Begriff und Charakterisierung

### 1.1 Begriff

Das mit Strafe bedrohte Verhalten junger Menschen wird in der kriminologischen Literatur vielfach als *Jugenddelinquenz* bezeichnet. Der Begriff „Kriminalität" wird von der Jugendkriminologie oft abgelehnt. Es werden dafür Begriffe wie soziale Auffälligkeit, negativ sozial abweichendes Verhalten, Dissozialität, Delinquenz verwendet. Damit soll zum Ausdruck gebracht werden, dass die Normverletzung durch junge Menschen in der Hauptsache entwicklungsbedingtes negativ sozial abweichendes Verhalten und nicht kriminelles Handeln darstellt. Der Begriff Jugenddelinquenz lehnt an das angelsächsische Konzept der „juvenile delinquency" an. Unter Delinquenz ist in Anlehnung an *Eleanor und Sheldon Glueck* „das Verhalten, Tun oder Unterlassen eines Kindes oder Jugendlichen im Alter zwischen 8 und 18 Jahren zu verstehen, das als Kriminalität bezeichnet werden müsste, wenn es von Erwachsenen begangen worden wäre".[1]

Ein davon abweichendes Verständnis von Delinquenz im Sinne von „delinquency" wird im US-amerikanischen Jugendrecht angewandt. Hierunter werden allgemeine Verwahrlosungserscheinungen sowie negativ soziale Auffälligkeiten unterhalb der Schwelle der Strafbarkeit verstanden.

Andererseits wird für das strafbare Verhalten junger Menschen in der Altersgruppe der Jugendlichen und der Heranwachsenden in Literatur und Praxis der Begriff „Jugendkriminalität" verwandt.[2]

Unter rechtlicher Betrachtung mit Blick auf das Strafrecht und das Jugendgerichtgesetz wird für die Delinquenz von Kindern nachfolgend der Begriff **Kinderdelinquenz** gebraucht, da Kinder nach dem Gesetz strafunmündig sind (§ 19 StGB). Sie können nach geltendem Rechtsverständnis aufgrund ihres Entwicklungsstandes die strafrechtliche Relevanz ihres normabweichenden Verhaltens nicht abschätzen. Für die Begehung von Straftaten von Jugendlichen und Heranwachsenden findet der Begriff **Jugendkriminalität** Anwendung. Als Jugendkriminalität wird die Gesamtheit des mit Strafe bedrohten Verhaltens junger Menschen im Alter von 14 bis 21 Jahren bezeichnet, ohne Berücksichtigung der Ausprägung ihrer strafrechtlichen Verantwortung.

---

[1]   Clages / Nisse (1999), S. 150
[2]   Hellmer (1978), S. 2

Sie umfasst die Deliktizität von
- Jugendlichen und
- Heranwachsenden

Jugendlicher ist, wer zur Zeit der Tat 14, aber noch nicht 18 Jahre alt ist, Heranwachsender ist, wer zur Zeit der Tat 18, aber noch nicht 21 Jahre alt ist (§ 1 Abs. 2 JGG).

**Jungerwachsener:**

Die Altersgruppe der 21- bis 25-jährigen Tatverdächtigen wird als „Jung-erwachsene" bezeichnet. Jungerwachsene werden unter bestimmten Aspekten in die Untersuchungen zur Jugendkriminalität mit einbezogen, da sie in ihrer Persönlichkeitsentwicklung und in ihrer Delinquenz häufig noch charakteristische Merkmale von Heranwachsenden zeigen.

## 1.2    Charakterisierung

Unter wissenschaftlichen Aspekten kann der Begriff „Jugend" sozialpsy-cholgisch, biologisch und rechtlich definiert werden.

Unter sozial-psychologischen Aspekten handelt es sich um eine demografische Gruppe in einem Altersbereich zwischen Kindheit und Erwachsen-sein, ohne dass innerhalb der Altersgruppe starre Grenzen bestehen. Mit Jugend wird der problematische Abschnitt zwischen der Kindheit und der Übernahme einer Erwachsenenrolle bezeichnet. In ihm muss der junge Mensch ein eindeutiges Verhältnis zu sich und zu seiner  Umwelt gewinnen. Er muss seine Identität finden und lernen, konfliktfähig zu werden.

Jugend ist eine gesellschaftlich definierte Zeit zur Selbstfindung. Es voll-zieht sich in diesem Zeitraum der Übergang von der Fremdbestimmung zur Selbstfindung und -steuerung. Biologisch wird das Jugendalter bestimmt von der körperlichen Entwicklung vom Kind zum Erwachsenen. Die Ado-leszenz (Reifezeit) ist gekennzeichnet durch den biologischen Schub des Körpers wie Größenwachstum, Geschlechtsreifung und die dadurch be-dingte innere seelische Auseinandersetzung des Jugendlichen mit diesen Veränderungen.

Jugend ist wesentlich von folgenden Merkmalen geprägt:
- wirtschaftliche Abhängigkeit von den Eltern
- bevorzugte Zuwendung zu Gleichaltrigen
- wachsende Eigenständigkeit, Ablösungsprozess aus der Familie
- kritische Bewertung der Erwachsenenwelt
- Ablehnung der etablierten gesellschaftlichen Werte, Denken und Be-werten in gegensätzlichen Wertvorstellungen
- mangelnde soziale Erfahrung
- Streben nach eigenständiger Verantwortungswahrnahme

- Persönlichkeitsreifung
- Geschlechtsreifung, Pubertät, Akzeleration und Retardierung.

Der Reifungs- und Entwicklungsprozess bei jungen Menschen ist keineswegs einheitlich. Es sind große Unterschiede im Entwicklungsverlauf hinsichtlich des altersmäßigen Auftretens bestimmter Entwicklungsschritte festzustellen. Jugendliche sind folglich hinsichtlich ihrer Persönlichkeitsentwicklung und ihres Sozialverhaltens keine homogene Gruppe von Menschen mit einheitlicher persönlicher Reife und Rollenverständnis.

Darüber hinaus ist die Altersgruppe der jungen Menschen durch vielfältige Anschauungen, Sehnsüchte, Werte und Gefühle charakterisiert. Jugendliche sind auch häufig in unterschiedlichen Subkulturen integriert.

Die sozialpsychologischen und biologischen Besonderheiten junger Menschen werden unter strafrechtlichen Aspekten im § 19 StGB, Schuldunfähigkeit des Kindes, und im § 10 StGB durch die Verweisung auf das JGG berücksichtigt. Als rechtliche Konsequenz auf den ubiquitären und phasenbedingten Charakter der Jugenddelinquenz gilt für Delikte junger Menschen das Jugendgerichtsgesetz, das sowohl hinsichtlich der Rechtsanwendung als auch der Rechtsfolgen als Spezialgesetz den allgemeinen Straf- und strafprozessualen Gesetzen vorgeht und den Erziehungsgedanken in den Mittelpunkt der Rechtsanwendung stellt.

**Merke**

Reifung und Entwicklung sind bei jungen Menschen keineswegs einheitlich. Es sind große Unterschiede festzustellen. Dies wirkt sich sowohl auf die von ihnen begangenen Taten als auch auf die Verantwortlichkeit für ihr Tun aus.

# 2 Wesentliche Merkmale der Jugendkriminalität

Jugenddelinquenz ist ubiquitär, d. h. allgegenwärtig, unabhängig von der Zugehörigkeit zu einer bestimmten sozialen Schicht oder der Vorbildung Jugendlicher. Jedoch sind Jugendliche, die aus der sozialen Unterschicht kommen, und jugendliche mit Migrationshintergrund bei den polizeilich ermittelten Tatverdächtigen (TV) überrepräsentiert. Die Jugendkriminologie führt dies im Wesentlichen auf die selektive Benachteiligung dieser Gruppen bei den polizeilichen Ermittlungen und den justiziellen Reaktionen sowie auf die größere soziale Auffälligkeit von Jugendlichen zurück. Bei Jugendlichen/Heranwachsenden mit Migrationshintergrund verstärken Mängel in der sozialen Integration deren negativ soziale Auffälligkeit zusätzlich.

## Beachte

Sind diese Jugendlichen bereits straffällig geworden, unterliegen sie einem zusätzlich verstärkten Verfolgungsdruck von Polizei und Justiz. Dies führt zusätzlich zu der hohen kriminellen statistischen Belastung.

Jeder Jugendliche verhält sich mehr oder weniger sozial abweichend. Negativ sozial abweichendes Verhalten bzw. Delinquenz Jugendlicher ist, soweit es sich in Grenzen hält, normal. Es ist, wie bereits festgestellt, Ausdruck persönlicher Unsicherheit im Reife- und Entwicklungsprozess zum Erwachsenen.

Jugendkriminelles Verhalten ist überwiegend episodenhaft, ein vorübergehender Zustand in der Phase zum Erwachsenen. Ein steiler Anstieg der kriminellen Belastung bei der Altersgruppe der Jugendlichen kennzeichnet die Kriminalitätsbelastungskurve, die dann etwa ab dem 25. Lebensjahr wieder steil abfällt. Bei dem weitaus überwiegenden Teil der jungen Täter endet die Deliktizität mit dem Eintritt in das Erwachsenenalter.

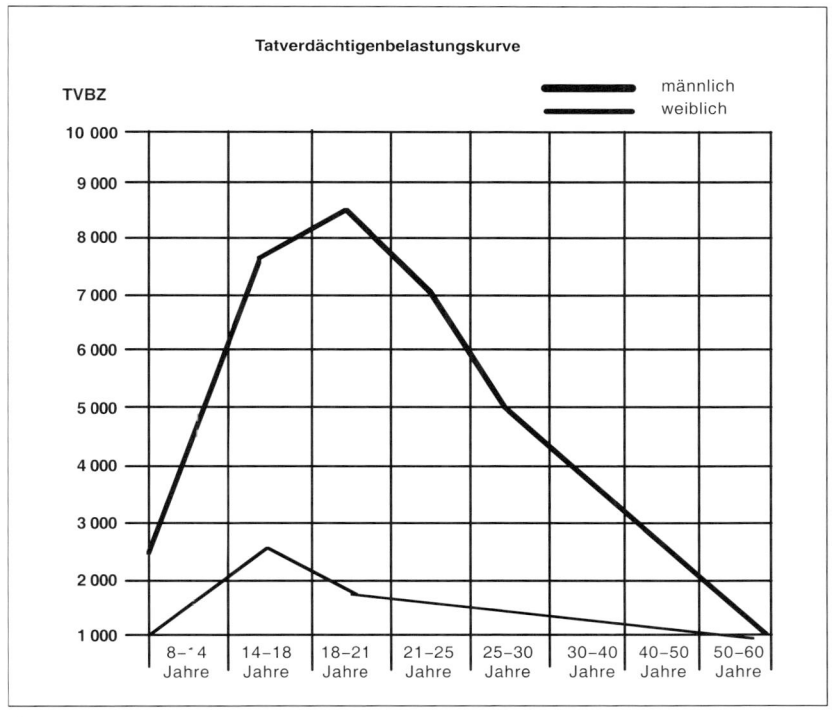

Übersicht: Tatverdächtigenbelastungskurve nach Alter und Geschlecht
(Quelle: Polizeiliche Kriminalstatistik NRW, LKA NRW, Düsseldorf)

Nur eine kleine Gruppe von Jugendlichen ist kriminell äußerst aktiv, sog. jugendliche Intensivtäter. Langjährige Untersuchungen zeigen, dass nur etwa 10 % der ermittelten tatverdächtigen Jugendlichen etwa 50 % der von dieser Altersgruppe begangenen Straftaten verüben.

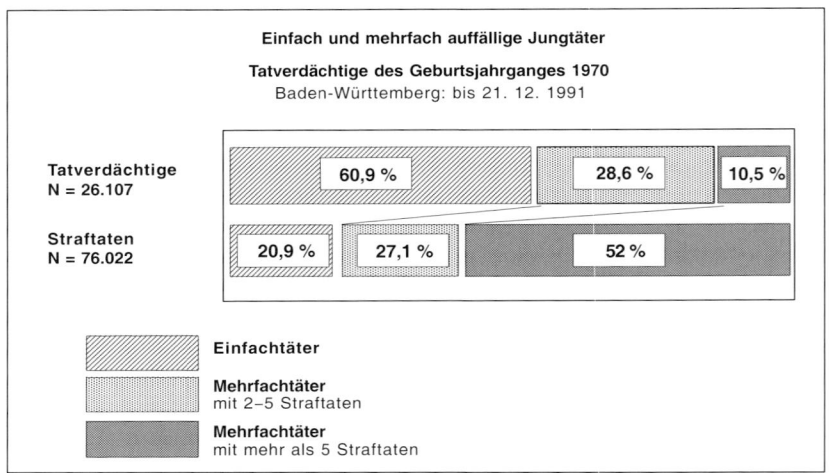

Übersicht: Einfach und mehrfach auffällige Jungtäter
(Quelle: Kaiser, G.: Kriminologie, C. F. Müller, Heidelberg 1993)

Die Sozialprofile dieser jugendlichen Rechtsbrecher weisen gehäuft bestimmte Verhaltensmuster auf, die als Symptome individueller verfestigter persönlicher Fehlentwicklung gelten können. Der Personenkreis zeigt frühzeitig begründete und gesetzte Sozialisationsmängel i. S. defizitärer Sozialisation und einen erheblichen Mangel an innerer Verhaltenskontrolle. Diese Jugendlichen stehen am Beginn einer kriminellen Karriere und sind hochgradig gefährdet, kriminelle Verhaltensmuster auf Dauer zu übernehmen und gänzlich in die Kriminalität abzugleiten.

Bsp.:

Als Ursachen für die Verfestigung krimineller Verhaltensmuster und der Gefahr des dauerhaften Abgleitens in Kriminalität haben sich besonders erwiesen:

– Defizite in der Sozialisation des Einzelnen,
– Individuelle Fehlentwicklung der Persönlichkeit, gepaart mit Bindungsdefiziten im Sinne des Bindungskonzepts,
– Defizitäres bzw. fehlendes Selbstkonzept, Mangel an Selbstkontrolle,
– Ergebnisse negativer Lernprozesse.

### Orientierungshilfen

Als wesentlich für das Erkennen und Beurteilen von Symptomen (Anzeichen) individueller, dauerhafter Fehlentwicklung gelten:

- Allgemeine Verwahrlosungserscheinungen wie Weglaufen, Streunen, Schulschwänzen in jungen Jahren.
- Unstetes Lern- und Arbeitsverhalten in Schule und Beruf, mangelhafte Leistungsbereitschaft, häufiger Abbruch von Ausbildungs- oder Arbeitsverhältnissen.
- Wiederholte Delinquenz bereits im Kindesalter, Mehrfachtäterschaft, Rückfallhäufigkeit, gesteigerte Rückfallgeschwindigkeit.
- Alleintäterschaft im Wiederholungsfall, nicht jugendgerechte Begehung von Straftaten.
- Mitglied oder Anführer von delinquenten Gruppen.
- Typisierung als Intensivtäter oder als Serientäter; Steigerung der kriminellen Energie bei der Tatbegehung.
- Fehlende positive erzieherische Reaktion auf jugendrechtliche Maßnahmen oder Sanktionen.

Eine eindeutige Abgrenzung zwischen Episodenkriminalität und symptomatischer Kriminalität ist problematisch. Der Übergang ist fließend. Die Tatsache allein, dass ein Jugendlicher polizeilich mehrfach auffällig geworden ist, kann nicht als sicheres Zeichen für ein dauerhaftes Abgleiten in Kriminalität gewertet werden.

Obwohl die Bewertung schwierig und nicht mathematisierbar ist, erfordert die polizeiliche Praxis dennoch tendenziell eine Unterscheidung der Delinquenz nach Episode oder Symptom, denn dies ist für die Art und Weise der polizeilichen Reaktion gegenüber straffällig gewordenen Jugendlichen handlungsleitend, u. a. im Zusammenhang mit der Empfehlung der Durchführung eines Diversionsverfahrens oder beim Täter-Opfer-Ausgleich.

**Merke**

Jugendkriminalität ist eine Episode in der Entwicklung zum Erwachsensein. Nur bei einer kleinen Anzahl der jugendlichen oder heranwachsenden Täter besteht die Gefahr, dass sie auf Dauer in Kriminalität abgleiten.

# 3 Phänomenologie der Jugendkriminalität

## 3.1 Umfang der Jugendkriminalität

Die nachstehende Übersicht zeigt im 10-Jahresvergleich die Entwicklung der absoluten Anzahl der ermittelten Tatverdächtigen nach Altersgruppen am Beispiel des Landes Nordrhein-Westfalen.[3]

---

[3] Quelle: Jugendkriminalität und Jugendgefährdung in Nordrhein-Westfalen-Lagebild 2008

| Ermittelte Tatverdächtige nach Altersgruppen im 10-Jahresvergleich am Beispiel des Landes Nordrhein-Westfalen | | | | |
|---|---|---|---|---|
| Jahr | unter 14 Jahren | 14 bis unter 18 Jahren | 18 bis unter 21 Jahren | unter 21 Jahren | ab 21 Jahren |
| 1999 | 33 219 | 58 763 | 47 202 | 139 184 | 297 856 |
| 2000 | 33 573 | 60 234 | 50 107 | 143 914 | 310 700 |
| 2001 | 32 069 | 62 484 | 50 740 | 145 293 | 308 309 |
| 2002 | 31 082 | 62 706 | 49 313 | 143 101 | 319 112 |
| 2003 | 27 069 | 62 282 | 50 854 | 140 205 | 338 202 |
| 2004 | 26 499 | 62 736 | 50 784 | 140 019 | 345 840 |
| 2005 | 24 269 | 61 043 | 50 612 | 135 924 | 337 017 |
| 2006 | 23 329 | 60 907 | 50 053 | 134 289 | 334 664 |
| 2007 | 23 638 | 62 678 | 51 063 | 137 379 | 341 978 |
| 2008 | 24 425 | 63 432 | 52 281 | 140 138 | 356 034 |

Übersicht: Ermittelte Tatverdächtige nach Altersgruppen im 10-Jahresvergleich am Beispiel des Landes NRW
Quelle: Polizeiliche Kriminalstatistik des Landes NRW 2008, LKA NRW, Düsseldorf 2009

Bei der Beurteilung des Zahlenmaterials ist festzustellen, dass – gemessen an den ermittelten Tatverdächtigen unter 21 Jahren – die statistische Sichtbarkeit der Jugendkriminalität im Rahmen einer natürlichen statistischen Schwankungsbreite sich im Wesentlichen gleichbleibend darstellt.

Die Kriminalitätsbelastung der Bevölkerung insgesamt sowie bestimmter Bevölkerungsanteile lässt sich nur bedingt an der Entwicklung der Fall- und Tatverdächtigendaten nachweisen. Bei Untersuchungen dieser Art sind vor allem die demografische Lage und Entwicklung zu berücksichtigen. Beträchtliche Abnahmen oder Zuwächse absoluter Fall- und Tatverdächtigendaten relativieren sich regelmäßig, wenn sie in Beziehung zu Umfang und Entwicklung der Bevölkerungsdaten gesetzt werden (siehe die Grafiken auf Seite 131).

Gradmesser für den Umfang der Jugendkriminalität sind einerseits die absoluten Zahlen der in den Altersgruppen ermittelten Tatverdächtigen sowie die sog. Tatverdächtigenbelastungszahl (TVBZ), ein Kriminalitätsquotient der PKS.

$$TVBZ = \frac{\text{Tatverdächtige ab 8 Jahren x 100 000}}{\text{Einwohnerzahl ab 8 Jahren}}$$

Die TVBZ weist die Relation der ermittelten Tatverdächtigen einer bestimmten Bevölkerungsgruppe zu ihrem Anteil an der Bevölkerung aus, errechnet auf 100 000 Einwohner, jeweils ohne Kinder unter 8 Jahren. Bei dem in der PKS ausgewiesenen Zahlenmaterial zur Jugenddelinquenz handelt es sich ausschließlich um Ergebnisse des sog. Tatverdächtigenhellfeldes, d. h. der Umfang und die Struktur der sichtbaren Jugenddelinquenz wird anhand der ermittelten Tatverdächtigen und der Ergebnisse der aufgeklärten Straftaten beurteilt. Das Tatverdächtigendunkelfeld bleibt dabei zunächst unberücksichtigt.

Die folgende Statistik zeigt die Entwicklung der Tatverdächtigenbelastungszahlen am exemplarischen Beispiel des Landes Nordrhein-Westfalen.

| | Kinder 8 bis unter 14 Jahren | Jugendliche 14 bis unter 18 Jahren | Heran- wachsende 18 bis unter 21 Jahren | 8 bis unter 21 Jahren | Erwachsene ab 21 Jahren |
|---|---|---|---|---|---|
| **Entwicklung der Tatverdächtigenbelastungszahlen im 10-Jahresvergleich am Beispiel des Landes Nordrhein-Westfalen** | | | | | |
| 1999 | 2 624 | 7 784 | 8 401 | 5 450 | 2 141 |
| 2000 | 2 589 | 7 976 | 8 686 | 5 544 | 2 232 |
| 2001 | 2 471 | 8 181 | 8 598 | 5 544 | 2 214 |
| 2002 | 2 395 | 7 995 | 8 367 | 5 472 | 2 283 |
| 2003 | 2 160 | 7 680 | 8 661 | 5 323 | 2 413 |
| 2004 | 2 099 | 7 551 | 8 697 | 5 299 | 2 462 |
| 2005 | 1 949 | 7 216 | 8 491 | 5 133 | 2 396 |
| 2006 | 1 912 | 7 174 | 8 162 | 5 071 | 2 374 |
| 2007 | 1 970 | 7 456 | 8 069 | 5 206 | 2 425 |
| 2008 | 2 080 | 7 632 | 8 181 | 5 363 | 2 521 |

Übersicht: Entwicklung der Tatverdächtigenbelastungszahlen im 10-Jahresvergleich am Beispiel des Landes NRW
Quelle: Polizeiliche Kriminalstatistik des Landes NRW 2008, LKA NRW, Düsseldorf 2009

Gemessen an den Tatverdächtigenbelastungszahlen sind Jugendliche und Heranwachsende deutlich höher mit Kriminalität belastet als vergleichbar die Gruppe der Erwachsenen.

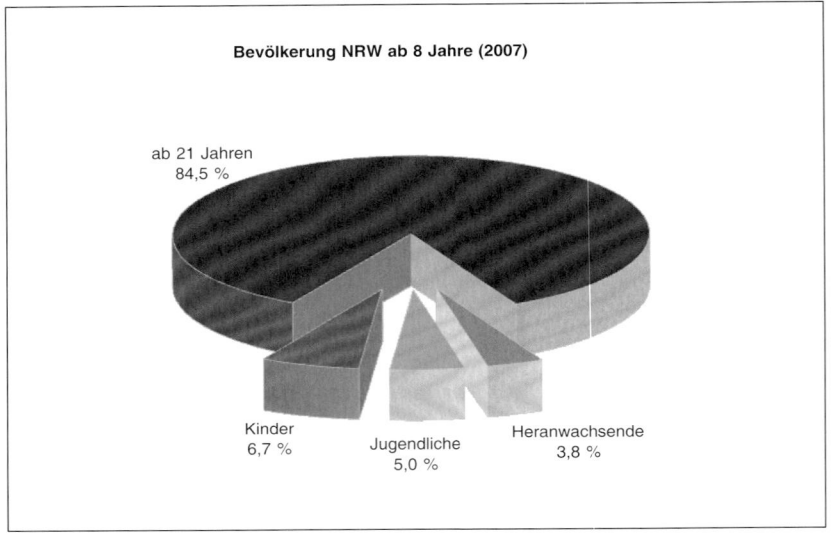

Übersicht: Bevölkerung NRW ab 8 Jahre
Quelle: Polizeiliche Kriminalstatistik NRW 2008, LKA NRW, Düsseldorf 2008

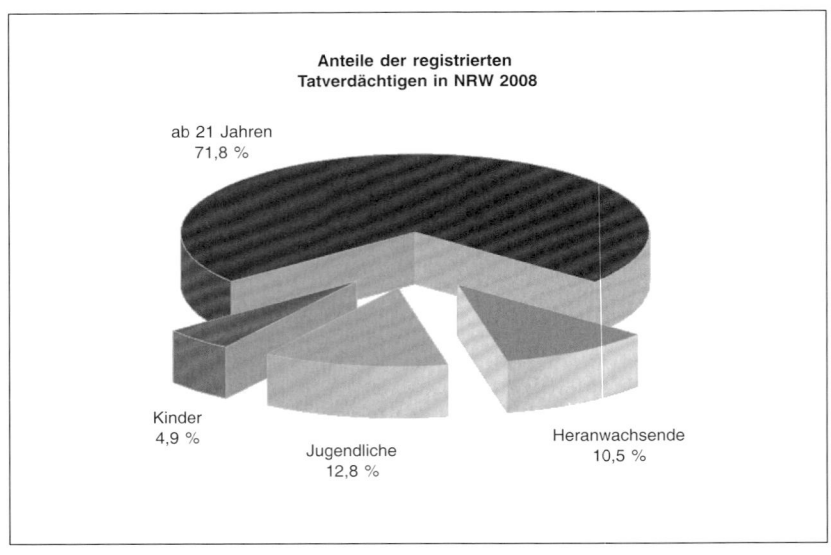

Übersicht: Anteile der registrierten TV in NRW 2008
Quelle: Polizeiliche Kriminalstatistik NRW 2008, LKA NRW, Düsseldorf 2008

Jugendliche liegen mit 12,8 %, Heranwachsende mit 10,5 % der ermittelten Tatverdächtigen deutlich über dem vergleichbaren Anteil ihrer Bevölkerungsgruppe (Jugendliche 5 %, Heranwachsende 3,8 %).[4] Jugendkriminalität ist zudem eine Domäne junger Männer. Dies zeigt sich im Vergleich der TVBZ der männlichen und weiblichen Bevölkerung; TVBZ der männlichen Bevölkerung im Altersbereich von 8 bis unter 21 Jahren: 7 758 , der weiblichen Bevölkerung im gleichen Altersbereich: 2 850.[5]

Die hohe Kriminalitätsbelastung junger Menschen wird u. a. dadurch erklärt, dass die von ihnen begangenen Straftaten vorwiegend im öffentlichen Raum stattfinden. Es sind hauptsächlich Delikte der Straßenkriminalität. Damit sind jugendliche Straftäter vermehrt im Focus polizeilicher Kontrollmaßnahmen und einem erhöhten Entdeckungsrisiko ausgesetzt. Dunkelfeldforschungen im Bereich der Jugendkriminologie zeigen jedoch, dass die Deliktiziät junger Menschen ein noch sehr viel umfassenderes Problem ist, als es sich an Hand der Zahlen der PKS zeigt.

## 3.2 Struktur der Jugendkriminalität

Von Jungtätern bevorzugt begangene Straftaten werden als jungendtypische Straftaten bezeichnet, die Art und Weise der Tatbegehung sowie die ihr zugrunde liegenden Motive als jugendtypische Tatbegehung.

**Jugendtypische Straftaten** sind solche, bei denen Jungtäter mit signifikant hohen Fallzahlen in Erscheinung treten. Der durchschnittliche Anteil der Jugendlichen und Heranwachsenden beträgt ca. 25 % aller ermittelten Tatverdächtigen.

Jugenddelinquenz tritt hauptsächlich bei den Delikten der Massenkriminalität auf. Häufig sind es Delikte der Bagatellkriminalität. So genannte jugendtypische Straftaten sind vor allem Ladendiebstähle, Diebstähle von und aus Kfz, Körperverletzungen, Raubdelikte und Sachbeschädigungen.

Bei den sog. „schweren Diebstählen" ist jeder zweite ermittelte Tatverdächtige ein Jugendlicher. Besonders hohe Tatverdächtigenanteile sind bei den Delikten „rund um das Kfz" zu registrieren (ca. 60 %); gleiche Tatverdächtigenanteile liegen bei den Fahrraddiebstählen vor.

Bei der Gewaltkriminalität sind junge Menschen hauptsächlich im Bereich des Straßenraubes (Handtaschenraub und sonstige Fälle des Straßenraubes) mit etwa 70 % der ermittelten Tatverdächtigen und mit Delikten der gefährlichen und schweren Körperverletzung mit ca. 40 %, im öffentlichen Straßenraum mit ca. 53 % kriminell auffällig. Damit wird die Gewaltkriminalität quantitativ von jugendlichen und heranwachsenden Straftätern dominiert.

---

[4]  Der Vergleich unterschiedlicher Jahreszahlen 2007 : 2008 ist in diesem Zusammenhang unbeachtlich.

[5]  Daten NRW 2008, Quelle: Jugendkriminalität und Jugendgefährdung in Nordrhein-Westfalen – Lagebild 2008.

Die von Jugendlichen bevorzugt begangenen Straftaten zeigen, dass das Tatmotiv junger Menschen, auch in der Raubkriminalität, primär die Bereicherung ist. Hierbei spielt das altersgruppenspezifische „Abzocken" eine bedeutsame Rolle. Die Jugendkriminologie führt die Tatmotivation der Bereicherung hauptsächlich auf die Wirkung, die eine konsum- und prestigeorientierte Gesellschaft auf den jungen Menschen ausübt, zurück. Ein anderes Phänomen jugendlicher Delinquenz sind Aggressions- und Gewaltdelikte, die sowohl auf gesellschaftliche Einflüsse als auch auf persönliche Fehlentwicklungen der Täter zurückgeführt werden.

**Jugendtypische Tatbegehung** wird charakterisiert durch folgende Merkmale:

- Spontane, vorwiegend nicht geplante, unüberlegte Begehung der Tat.
- Tatentschluss und Tatdurchführung werden durch sich bietende günstige Gelegenheiten bestimmt.
- Die Tatbegehung erfolgt häufig aus der Gruppe heraus.
- Nicht selten sind Mutproben oder die Anerkennung der delinquenten Gruppe tatauslösende bzw. tatfördernde Elemente.
- Es handelt sich in der Gesamtheit vorwiegend um Straftaten geringer Bedeutung mit relativ niedriger Tatbeute.

## 3.3 Besondere Erscheinungsformen

### Beachte

Der nachfolgend verwandte Gewaltbegriff entspricht nicht dem Summenschlüssel „892000" Gewaltkriminalität nach den Richtlinien für die Polizeiliche Kriminalstatistik. Gewalt und Aggression werden in der Kriminologie häufig sinngleich gebraucht.[6] Die nachstehenden Ausführungen zur Jugendgewalt beziehen sowohl Aggressionshandlungen, also z. B. Sachbeschädigungen pp., als auch Gewaltdelikte im engeren Sinne ein.

### 3.3.1 Gewalt an Schulen

Untersuchungen zur Aggression und Delinquenz unter Jugendlichen haben zu folgenden Ergebnissen geführt:[7]

- Schulische Gewalt tritt überwiegend in leichter Form physischer und verbaler Aggression auf. Etwa 5 % der Schüler zeigen regelmäßige physische Aggressionshandlungen. Von den nach der PKS Bund registrierten Tatverdächtigen sind ca. 40 % Kinder und Jugendliche. Erfahrungen zeigen, dass ein Großteil der Sachbeschädigungen im schulischen Bereich oder im Umfeld der Schule geschieht. Es handelt sich

---

[6]   Kaiser (1996), S. 697
[7]   Beilage BKA-Bl. 237 v. 17.12.2003

um: Demolierung von Schulanlagen und Einrichtungsgegenständen, Beschädigung oder Zerstörung fremder Sachen, gemeinschaftliches Legen von Feuer. Raub- und Erpressungsdelikte, wie das Erpressen von Schutzgeldern, sog. „Abzocke", wurden von ca. 13 % der befragten Schüler eingeräumt, in ca. 8 % der Fälle wurden die Opfer mit Waffen bedroht.

- Mädchen sind weniger aggressiv als Jungen. Sie werden auch in geringerem Maße Opfer von Aggressionshandlungen.
- Unterschiede zwischen deutschen und nichtdeutschen Schülern sind gering.
- Das Aggressionspotenzial von Hauptschülern ist höher als von Schülern anderer Schulformen. Jugendgewalt lässt sich besonders bei Jugendlichen mit geringem Bildungsgrad und mangelnder sozialer Integration beobachten. Offenbar liegen die Ursachen in der familiären Situation bei niederem sozialen Status und dem erlebten Erziehungsverhalten in der Familie.

### 3.3.2 Aggression in Form von Bullying

Eine besondere Erscheinungsform jugendlicher Gewalt zeigt sich seit einiger Zeit an dem Phänomen des sog. „Bullying". Darunter versteht man gezielte, systematische und wiederholte Schikanen physisch und psychisch stärkerer Schüler gegenüber Schwächeren. Die Täter, die „Bullies", isolieren und attackieren bei diesem Gruppenphänomen einen oder ein paar wenige hilflose Schüler aus dem Klassenverband. Von verbalen Attacken und Demütigungen, Hänseleien bis hin zu immer wiederkehrenden körperlichen Angriffen reicht das Instrumentarium der Quälereien, dessen sich die „Bullies" bedienen.[8] Dieser aggressive Tätertyp begeht erfahrungsgemäß auch außerhalb der Schule Gewalthandlungen.

### 3.3.3 Jugendgruppenkriminalität

Im Streben nach Eigenständigkeit und Selbstverwirklichung neigen Jugendliche dazu, sich bevorzugt Gruppen Gleichaltriger mit gleichartigem sozialen Status und denselben Interessen anzuschließen. Neben gesellschaftlich integrierten Jugendgruppen bestehen informelle subkulturelle Gruppierungen mit delinquenter Grundtendenz oder Zusammenschlüsse auf der Grundlage gemeinsamer ethnischer Herkunft und gesellschaftlicher Tradition. Die häufigste Form der Gruppenbildung ist der lose Zusammenschluss von Jugendlichen und Heranwachsenden, sog. Peergroups. Die Bandbreite kann aber reichen bis hin zu strukturierten dauerhaften Zusammenschlüssen.

---

[8] Quelle: Programm Polizeiliche Kriminalprävention, Juli 2004, http://www.polizei-beratung.de

> „Peergroups ist ein aus der amerikanischen Jugendsoziologie stammender Begriff zur Bezeichnung von Gleichaltrigengruppen, informellen Spiel- und Freizeitgruppen etwa gleichaltriger Kinder und Jugendlicher. Die Bandbreite reicht dabei von spontanen, oft nur für bestimmte Anlässe entstandenen Gruppen bis zu festen sozialen Gefügen wie Cliquen oder Jugendbanden mit Mitgliedschafts- und Ausschlussregeln. Diese meist gleichgeschlechtlich zusammengesetzten Gruppen werden für Jugendliche umso wichtiger, je mehr sie sich psychisch und sozial von den Eltern ablösen. Oft grenzen sich denn auch Gleichaltrigengruppen bewusst von spezifischen Wertvorstellungen und Erwartungen Erwachsener ab. Sie treffen sich außerhalb des Einzugsbereichs von Schule und Familie und verstehen sich ausdrücklich nicht als von Erwachsenen initiiert oder kontrolliert".[9]

Jugendkriminalität ist in hohem Maße gruppenorientierte Delinquenz.[9]

Ein typisches Merkmal der Jugendkriminalität ist die Tatbegehung aus der Gruppe heraus. Straftaten aus der Gruppe heraus werden überwiegend spontan, häufig unter Alkoholeinfluss, begangen. Diese Feststellung trifft besonders auf Gewaltdelikte zu. Mitglieder von Spontangruppen kennen sich vor der gemeinschaftlichen Tatbegehung oft nur flüchtig, Gelegenheitsgruppen bestehen dagegen schon vor der Tatbegehung, zu deren Tatentschluss es jedoch im Regelfall auch spontan kommt.

Es handelt sich überwiegend um männliche Tätergemeinschaften. Der Anteil der weiblichen Jugendlichen liegt weit unter jenem der Männer.

Gruppenstrukturen mit einem festen Stamm von Gruppenmitgliedern und einer hierarchischen Über- und Unterordnung sind eher selten. Diese werden als Jugendbanden bezeichnet.

Eine ausführliche Darstellung zur Bandenkriminalität und zur Struktur von Jugendbanden gibt *Schwind*.[10]

### Beachte

Bedeutung krimineller Gruppen für Jugenddelinquenz:

- Kriminelle Gruppen fördern jugenddelinquentes Verhalten.
- Sie vermitteln und verstärken delinquente Verhaltensmuster.
- Sie stimulieren sich gegenseitig zu delinquentem Handeln.
- Sie geben den Mitgliedern ein „Wir-Gefühl" i. S. einer delinquenten Subkultur.

---

[9] Wörterbuch der Sozialpolitik, http://www.Socialinfo.ch/cgi-bin/dicopossode/show.cfm?id=452
[10] Schwind (2010), S. 70
[11] Ebenda, S. 585 ff.

Soziale Merkmale von Mitgliedern krimineller Gruppen:

Vergleichsuntersuchungen von jugendlichen Mitgliedern krimineller Gruppen mit nicht kriminell auffällig gewordenen jungen Menschen haben folgende soziale Auffälligkeiten ergeben:
Mitglieder krimineller Gruppen

- sind eher sozial benachteiligt, neigen zu sozial abweichendem Verhalten,
- kommen häufiger aus unvollständigen Familien oder wuchsen in Heimen auf,
- sind häufiger ohne Berufsausbildung oder haben eine Berufsausbildung begonnen, jedoch abgebrochen,
- weisen einen höheren Anteil an Arbeitslosigkeit und Rückfalltäterschaft auf.

Fazit: Jugendliche, die soziale Benachteiligungen erfahren, neigen zu kriminellem Verhalten, wobei sie sich zu subkulturellen Gruppen zusammenschließen und sich wechselseitig stimulieren.

**Merke**

Jugendkriminalität ist in hohem Maße Gruppenkriminalität. Von Jugendlichen und Heranwachsenden vorwiegend begangene Straftaten sind Delikte der Diebstahlskriminalität, Gewaltkriminalität und Aggressionsstraftaten.

# 4 Erklärung für Jugendkriminalität

## 4.1 Allgemeine Erklärungsansätze

Jugendkriminalität ist ein spezifisches Phänomen der Kriminalität. Entstehung, Ursachen und Erscheinungsformen sind mit herkömmlichen Kriminalitätstheorien nicht hinreichend erklärbar. Eine allgemeingültige, eindeutige Begründung jugendkriminellen Verhaltens gibt es nicht. Kriminalität und damit ein bestimmter Bereich menschlicher Verhaltensweisen ist stets ein prozesshaftes, komplexes Geschehen, innerhalb dessen die Einflussgrößen von Täter zu Täter und von Delikt zu Delikt unterschiedlich sind. Diese Feststellung trifft insbesondere auf jugendkriminelle Verhaltensweisen zu.

Jugendkriminalität ist generell ein soziales und ein gesellschaftliches Problem. Sie ist das Ergebnis des Einflusses bestimmter sozialer und gesellschaftlicher Strukturen auf den einzelnen jungen Menschen. Soziale Strukturen in einer Gesellschaft können einerseits die Entstehung kriminellen Verhaltens fördern oder auch hemmen. Bedeutsamen Einfluss hat in diesem Zusammenhang der Sozialisationsprozess, den der einzelne junge

Mensch erlebt, der seine Persönlichkeit sowie seine Einstellung zur Rechtsordnung und zur Normenakzeptanz prägt.

Umfang und Struktur der Jugendkriminalität werden wesentlich dadurch bestimmt, welche sozialen und kulturellen Werte in einer Gesellschaft einen besonderen Stellenwert haben. Sind dies materielle Werte, so ist Jugendkriminalität im Wesentlichen Bereicherungskriminalität, d. h. die Motivation zur Begehung von Straftaten ist vorwiegend materielle Begehrlichkeit, gepaart mit der Geringschätzung fremden Eigentums.

Gesellschaftliche Perspektivlosigkeit kann aggressive Verhaltenseinstellungen bei jungen Menschen verursachen und erlebte Gewalt in Form wahrgenommener Konfliktlösungsmechanismen als Handlungsmuster in ihrer Persönlichkeit verankern.

Erhöhtes Medienkonsumverhalten gewaltverherrlichender Darstellungen fördert die Neigung zur Gewaltanwendung und die Begehung von Aggressions- bzw. Gewalttaten.

Darüber hinaus wird Jugendkriminalität erklärt aus häufigen Kontakten junger Menschen mit delinquenten Gruppen. Kriminelle Verhaltensweisen werden vielfach durch Identifikation mit negativen Vorbildern übernommen, Tatbegehungsweisen werden erlernt und verstärkt, Neutralisationstechniken übernommen. Ein Jugendlicher wird dann kriminell, wenn er in bestimmten Situationen kriminelles Verhalten positiver bewertet als die von der Gesellschaft allgemein anerkannten Werte.

Junge Menschen, die bereits aufgrund mangelhafter Sozialisation bestimmte Fehlentwicklungen in ihrer Persönlichkeit aufweisen, sind gegenüber negativen Einflüssen aus delinquenten Gruppen besonders anfällig.

Die Abwesenheit fehlender informeller Verhaltenskontrolle und/oder das Versagen formeller strafrechtlicher Sozialkontrolle, das Ausbleiben angemessener staatlicher Reaktion auf strafrechtliches Verhalten verstärken die Prozesse der Verinnerlichung krimineller Verhaltensmuster.

Gefördert wird Jugendkriminalität weiterhin durch die von sog. Tatgelegenheitsstrukturen ausgehenden Tatanreize, d. h. Straftaten aufgrund günstiger Gelegenheiten, geringem Entdeckungsrisiko und folglich geringem Risiko der Bestrafung zu begehen.

**Merke**

Jugendkriminalität ist ein spezifisches Phänomen der Kriminalität. Entstehung von Jugendkriminalität, ihre Ursachen und Erscheinungsformen sind mit den herkömmlichen Kriminalitätstheorien nicht hinreichend erklärt.

## 4.2 Kriminogene Faktoren

Als Einflüsse auf die Entstehung und Verfestigung von Jugenddelinquenz haben sich aufgrund empirischer Untersuchungen folgende Prozesse und Faktoren erwiesen:

### Defizitäre Sozialisation und Kriminalität

Ein wichtiger Faktor für die Sozialisation des jungen Menschen ist die Familie. Folgt man *Kaiser*, so ist Kriminalität die Folge unvollständiger (defizitärer) Sozialisation. Besonders in der primären Sozialisationsphase in der Familie erfolgten die Identifikation und das Lernen von sozialem Verhalten sowie die Vermittlung von innerem Halt und innerer Kontrolle.

Kriminologisch bedeutsam ist vor allem die Frage, wie im Laufe des Sozialisationsprozesses Rechtsbewusstsein erzeugt wird. Die intakte Familie überträgt sozial gebilligte Werte und Normen und schützt im positiven Fall vor der Übernahme abweichender Normen. Je besser der Jugendliche in der Familie integriert ist, desto eher gelingt die Abwehr antisozialer Einflüsse von außen. Mängel in der Struktur und der Funktion der Familie begünstigen die Entstehung von Sozialisationsmängeln.

Nach empirischen Untersuchungen kommt ein hoher Anteil krimineller oder dissozialer Jugendlicher aus unvollständigen Familien. Besonders auffällig ist der Anteil bei jugendlichen Mehrfachtätern.

Starke kriminelle Belastungen weisen Jugendliche bei folgender Kombination auf:
– Unehelichkeit,
– Aufwachsen in Heimen, häufiger Wechsel von Beziehungspersonen,
– ständig wechselnde Pflegestellen,
– fehlender Schulabschluss,
– abgebrochene Berufsausbildung.

Als Indikatoren, Merkmale oder kriminovalente Faktoren (nicht Ursachen) defizitärer Sozialisation werden in der Literatur u. a. angeführt:
– Die strukturell unvollständige Familie, also das Nichtvorhandensein einzelner Bezugspersonen wie Vater und/oder Mutter.
– Die funktional unvollständige Familie, die sich in einer gestörten Beziehung zwischen Eltern und Kind zeigt.
– Der Erziehungsstil, der sich besonders auf die Persönlichkeitsentwicklung auswirkt.
– Der häufige Wechsel der Bezugspersonen, Heimaufenthalt.

### Beachte

Da diese Faktoren schon von der frühen Kindheit an prägen, kann davon ausgegangen werden, dass das Sozialisationskonzept von *Kaiser* eine besondere Erklärungskraft für soziale Randgruppen und Mehrfachtäter besitzt.

## Schulische Leistung und Kriminalität

Das Bildungsniveau jugendlicher Rechtsbrecher ist erheblich niedriger als bei nichtdelinquenten Vergleichsgruppen. Ursache für ihre Delinquenz sind jedoch nicht primär schlechte schulische Leistungen, sondern vorschulische Sozialisationsdefizite, schichtenspezifische Wertordnung und schulische Misserfolge, die miteinander korrespondieren, fortgesetzt und verstärkt werden.

## Beruf und Kriminalität

Auffallend hoch ist der Anteil Ungelernter oder junger Menschen mit abgebrochener Berufsausbildung. Sie zeigen Merkmale negativer Arbeitseinstellung bei geringer Anstrengungsbereitschaft.

Häufig fallen zusammen: soziale Auffälligkeit in der Familie, im schulischen Bereich und im Arbeitsleben.

## Wohnumwelt und Kriminalität

Stadtjugend ist erheblich höher mit Kriminalität belastet als Landjugend. Dieses Phänomen tritt speziell in Ballungsgebieten auf. Die höhere Belastung wird erklärt durch verdichtete Wohnbebauung, Anonymität, inhumane Umwelt, fehlende Freizeitmöglichkeiten, personale Fluktuation.

## Freizeit und Kriminalität

Die meisten Jugenddelikte werden in der Freizeit begangen, und zwar vorwiegend an Wochenenden.

Nachgewiesen wurde ein innerer Zusammenhang zwischen Freizeitverhalten und Jugenddelinquenz. Kriminelle Jugendliche verbringen ihre Freizeit zumeist außerhalb der Familie. Sie haben nur selten Hobbys und sind ausnahmsweise Angehörige von Sportvereinen. Oft ist bei ihnen in dem Alter, in dem selbst gestaltetes Freizeitverhalten stattfindet, der Identifikationsprozess schon gestört. Dadurch wird die vorhandene latente dissoziale Gefährdung durch die Art des Freizeitverhaltens akut. Hinzu tritt vermehrt Kinder- und Jugendalkoholismus. Frühzeitiger Alkoholmissbrauch und Dissozialität fallen regelmäßig zusammen. Sie sind Symptom für das Abgleiten Jugendlicher in Delinquenz und Drogenmissbrauch.

# 5 Klausurbeispiel

## Sachverhalt

Auszüge aus Aufsätzen junger Strafgefangener (Jugendstrafe)

1.1 Werner, 19 Jahre alt:

„An meine Eltern denke ich nicht gerne. Mein Vater war früher auf dem Bau tätig. Gearbeitet hat er nur hin und wieder. Hauptsächlich hat er herumgesoffen, gespielt und krumme Sachen gemacht. Wenn er dann nach Hause kam, gab es meistens furchtbaren Krach und Hiebe; Gründe fand er immer in seinem Suff. Ich bekam häufig Schläge und das fünf Jahre lang. Auch meine Mutter hat er immer geschlagen und das vor uns Kindern!

Mein Vater war der Familienboss, der uns alle beherrschte wie Sklaven. Mit 12 Jahren kam ich dann zum ersten Mal in ein Heim, weil ich von zu Hause immer häufiger ausriss. Ich hielt es einfach nicht mehr länger aus.

Im Heim blieb ich ungefähr ein Jahr. Auch da gab es schon mal Ohrfeigen. Ich haute mit meinem Freund nach einiger Zeit ab. Wir stiegen in der Nacht an der Dachrinne aus dem 2. Stock herunter und fuhren per Autostop nach Hause. Zwei Wochen später wurden wir dann von den Bullen wieder aufgegriffen und in das Heim zurückgebracht. Dort wurden wir, wie erwartet, von den anderen Jungs richtig verprügelt. Das war so üblich und geschah auf Veranlassung der Heimleitung. Aber das hat auch nichts geholfen. Denn ich war ja Prügel gewöhnt.

Bei jeder Gelegenheit, die ich hatte, fing ich nun zu klauen an. Dann, wenn die anderen Jungs Besuche, Urlaub oder Pakete bekamen, war ich nie dabei. Ich ging immer leer aus. Da stieg in mir immer mehr Hass auf, sodass ich auch den anderen aus Rache alles stahl. Wenn es herauskam, musste ich stundenlang Strafestehen in einer Ecke, bis ich nicht mehr konnte. Danach bin ich noch 3- bis 4-mal abgehauen. Als sich meine Erzieher nicht mehr zu helfen wussten, kam ich in ein anderes Heim. Dort aber ging ich gleich nach meiner Ankunft auf Reisen. Ich machte meinen ersten Einbruch in einer Lagerhalle, wie viele es danach waren, weiß ich gar nicht mehr genau. Es war auch noch ein Raubüberfall auf eine Bank dabei.

Als mich die Polizei erwischte und ich zu Jugendarrest verurteilt wurde, ließ mich das kalt, weil ich ja gar nicht wusste, was Freiheit überhaupt ist.

Kaum aus dem Knast entlassen, machte ich meinen nächsten Einbruch. Mehrere schwere Sachen folgten. Mit der Zeit fand ich richtig Gefallen daran, irgendwo einzusteigen und alles auszuräumen. Da konnte ich zeigen, dass ich ein Kerl bin! Auch schloss ich mich einer Rockerclique an. Die dachten und fühlten in allem so wie ich. Da habe ich mich irgendwie wohl gefühlt. Wir haben uns gegenseitig immer mehr zu krummen Dingern animiert. Dass ich einen älteren Wachmann bei einem Einbruch mit einem Baseballschläger halb totgeschlagen habe, wollte ich eigentlich gar nicht. Zu meinen Eltern ging ich gar nicht mehr, denn es hatte ja gar keinen Sinn. Seitdem ich nun wieder im Knast bin, habe ich überhaupt keinen Kontakt mehr zu ihnen. Manchmal habe ich einen solchen Hass und eine ohnmächtige Wut gegen alle, dass ich mir schwöre, sie alle umzulegen, die mein Leben versaut haben.

Wenn ich rauskomme, werde ich es vielleicht mal mit ehrlicher Arbeit versuchen."

1.2  Bernd, 17 Jahre alt:

„Ich bin im Knast, weil ich an mehreren Raubüberfällen auf Passanten in einer Jugendbande teilgenommen habe. Im letzten Fall hat sich ein Junge gewehrt. Da bin ich ausgerastet und habe ihn mit mehreren Messerstichen schwer verletzt.

Man kann bei mir sicher nicht einfach sagen, mit ordentlicher Erziehung wäre es nicht so weit mit mir gekommen. Aber zum Teil doch!

Meine Eltern hätten sich mehr um mich kümmern sollen, nicht bloß immer arbeiten, immer Geld verdienen. Zeit, Aufmerksamkeit oder Liebe haben sie mir nicht gegeben. Immer bloß Geld! Damit haben sie sich von mir losgekauft, damit ich ihnen ihre Ruhe ließ. Wenn ich ihnen mehr bedeutet hätte, wäre aus mir nicht so ein in sich zusammengesunkener Mensch geworden, wie ich es heute bin. Nur so kam es zu Depressionen. Sie haben mich, ohne es zu wollen, zum Hass erzogen! Als ich verurteilt worden bin, haben sich meine Eltern von mir zurückgezogen: ‚mit einem Verbrecher wollen wir nichts zu tun haben.‘ Heute hasse ich alle, denen es gut geht, die jemanden haben, der sie gern hat!

Vor einiger Zeit haben wir im Knast einen Film mit Marlon Brando gesehen von Tennesee Williams: ‚Der Mann in der Schlangenhaut‘. In diesem Film sagt Brando: ‚Wir alle sind zu lebenslänglicher Einzelhaft in unserer eigenen, einsamen Haut verurteilt‘. Ja, so ist mein Leben auch. Einzelhaft in meiner Haut. Meinen Kindern würde ich aus diesen Erfahrungen heraus nicht nur Vater (das ist für mich kein gutes Wort, kein Vorbild), sondern vielmehr Freund sein. Es sollte keine Geheimnisse zwischen uns geben. Wir würden alle Probleme gemeinsam lösen. Ich würde versuchen, mich in mein Kind hineinzufühlen. Ich brauche ja nur in meine eigene Kindheit und Jugend zurückdenken. Alles, was ich damals gebraucht hätte, aber nicht bekommen habe, das würde ich meinen Kindern geben: Liebe, Verständnis, Nachsicht. Vertrauen ist alles! Würde mein Kind einmal straffällig werden, dann würde ich nicht den Stab brechen. Man muss doch bedenken, dass kein Straftäter etwas tun würde, ohne einen Grund zu haben. Würde ich mein Kind dann verstoßen, wäre ich eine echte Ratte! Denn gerade dann braucht es einen ja am notwendigsten.“

1.3  Auszüge aus einem psychiatrischen Gutachten über Gerd, 20 Jahre, angeklagt wegen Körperverletzung mit Todesfolge und Verstoßes gegen das BtMG wegen gewerbsmäßigen Handelns mit Rauschgift:

„Der Angeklagte stand zur Tatzeit seiner sittlichen und geistigen Entwicklung nach einem Jugendlichen gleich. Aus seinem bisherigen Werdegang und seinen persönlichen Verhältnissen ist zu ersehen, dass er noch nicht altersgemäß gereift ist.

Der Entwicklungsprozess des Angeklagten wurde erheblich retardiert durch die bis zu seiner Verhaftung andauernde übergroße Mutterbindung. Bis zum Eintritt in die Oberschule wurden ihm die Merkmale eines Mädchens aufgezwungen. Später verbot ihm die stark erotisierte Atmosphäre, die zwischen Mutter und Sohn herrschte, eine Sicherheit in seiner Geschlechtsrolle zu finden. Weiter wirkte sich negativ auf seine Sozialisation die Uneinigkeit in Erziehungsfragen zwischen Mutter und Großmutter aus. Diese verhinderte, dass sich der Angeklagte an eine einheitliche Ordnung und an ein Wertesystem binden konnte. Er lernte es vielmehr, immer zu seinen Gunsten zwischen den beiden Positionen hin und her zu pendeln.

Er ist in seiner Realitätsbewältigung durch eine rein an der Vergangenheit orientierten Erziehung stark gehemmt. Er neigt zu Tagträumen, unrealistischen Kompensationen seiner persönlichen Defizite und zum Weglaufen vor seinen Problemen.

Seine massiven Minderwertigkeitsgefühle (uneheliche Geburt, abgebrochene Schul- und Berufsausbildung) versuchte er schließlich durch seine Position als Großdealer im Rauschgiftgeschäft zu überwinden. Das Rauschgift wirkte auf seine ungefestigte Persönlichkeit einen morbiden Reiz aus. Der Großdealer, der sich jeden Luxus leisten kann, erschien ihm als nachahmenswertes Rollenmodell. Eine vernünftige Lebensplanung konnte der Angeklagte bisher noch nicht verwirklichen. Er ist in seinen sittlichen Wertvorstellungen äußerst unsicher. Recht und Unrecht sind für ihn völlig manipulierbare Begriffe. Eine anhaltende Ordnung ist ihm unbegreiflich."

## Aufgaben

1. Prüfen und erläutern Sie, ob und inwieweit in den drei Sachverhalten wesentliche Ursachen der Jugendkriminalität sichtbar werden!
2. Erörtern Sie, ob und inwieweit jugendkriminologische Kenntnisse im polizeilichen Alltag bedeutsam sind. Beziehen Sie bei Ihren Ausführungen die in der PDV 382, Bearbeitung von Jugendsachen, aufgestellten Verhaltensregeln im Umgang mit Jugendlichen, mit ein!

## Lösungshinweise

Zu Aufgabe 1:

Die Lösung erfordert einige Vorbemerkungen:

– Jugendkriminalität ist ein sehr viel umfassenderes Phänomen als in diesen Berichten zum Ausdruck kommt. Dunkelfeldforschungen haben belegt, dass nahezu jeder männliche Jugendliche im Laufe seiner Entwicklung eine oder mehrere Straftaten begeht.

– Jugendkriminalität ist auch vorwiegend Massenkriminalität, d. h. sie zeigt sich nicht nur bei problematischen, sich fehlentwickelnden jungen Menschen, sondern ist ein weit verbreitetes Phänomen; sie ist im Bagatellbereich normal, nicht jedoch bei qualifizierten Delikten und bei Mehr-fachtäterschaft. Jugendkriminalität ist auch Ausdruck veränderter Sozi-alkontrolle. Es wird häufiger angezeigt. Delikte der Jugendkriminalität finden im Fokus der Öffentlichkeit statt, sodass das Entdeckungsrisiko deutlich höher ist als bei anderen Straftaten.

- Die im Sachverhalt vorgestellten Jugendlichen haben einen viel-schichtigen Selektionsprozess durchlaufen.
- Die Frage, ob die in den Sachverhalten deutlich werdenden Sozialpro-bleme auch Selektionskriterien für ihre negative Auffälligkeit waren, ist nicht mit Sicherheit zu beantworten, aber wahrscheinlich.
- Weiterhin ist zu fragen, ob und inwieweit die in den Darstellungen er-kennbaren kriminogenen Faktoren verallgemeinerungsfähig sind.
- Jugendgerichte ordnen nur in schwer wiegenden Fällen oder bei hartnä-ckigen Wiederholungstätern Jugendstrafe an. Auf Jugendstrafe (§ 17 JGG) wird in ca. 12 % aller Urteile erkannt, davon werden ca. 50 % zur Bewährung ausgesetzt.

---

**Exkurs:**

Voraussetzungen nach § 17 Abs. 2 JGG:
- der Jugendliche zeigt schädliche Neigungen, die in der Tat hervorge-treten sind und Erziehungsmaßregeln (§§ 9 bis 12 JGG) oder Zucht-mittel (§§ 13 bis 16 JGG) reichen als Erziehungsmittel nicht aus oder
- wenn die Schwere der Schuld Strafe erfordert.

---

**Methodischer Hinweis:**

Dem Verfasser steht es frei, die Sachverhalte nacheinander zu prüfen und die ihm relevant erscheinenden Merkmale herauszuarbeiten. Zweckmä-ßiger ist es, die in diesem Zusammenhang interessanten jugendkriminolo-gischen Theorien darzulegen und dann die Sachverhalte auf bestätigende Merkmale hin zu überprüfen.

1.1 Entwicklungspsychologische Erklärung

In den vergangenen Jahrzehnten dominierten entwicklungspsychologische Erklärungen, das JGG ist von diesen Vorstellungen geprägt.

- Gerd, 20 Jahre, Heranwachsender, gemäß § 105 JGG noch einem Jugendlichen gleichzustellen; bei ihm zeigen sich Hinweise auf Re-tardierung, u. a. nicht mehr altersgemäße Mutterbindung.

---

**Exkurs:**

Akzeleration: Vorauseilung der körperlichen Entwicklung
Retardierung: Zurückbleiben, Verlangsamung der Persönlichkeits-(Intelligenz-)entwicklung

---

– Alterstypisch sind Statusunsicherheit, Minderwertigkeitsgefühle, Identifikation mit der Rolle des Großdealers im Falle Gerd.

– Schwierigkeiten, die männliche Rolle zu finden, bei Gerd.

## 1.2 Sozialisationstheoretische Erklärung

Viele Strafgefangene weisen erhebliche Sozialisationsmängel auf. Bei
jungen Strafgefangenen ist dies besonders deutlich.

Alle 3 Fälle bieten dafür Anhaltspunkte:

– Gestörte Familie im Fall Gerd, Werner, aber auch bei Bernd (bei ca.
70 % aller jungen Strafgefangenen feststellbar).

– Übereinstimmend ist das negative Vaterbild (auch Vorbild) oder der
Ausfall des Vaters. Der Vater ist in der frühen Kindheit für den Jungen
ein wichtiges Identifikationsmodell.

– Mangelnde emotionale Zuwendung, deutlich im Fall Bernd, auch bei
Werner.

– Sozialisationsmängel (Sozialisation: Verinnerlichung von Werten, der
Rechtsordnung pp.) sind in allen drei Fällen offenkundig.

– Frühe Heimerziehung, im Fall Bernd; Fürsorgeerziehung ist Indiz für
Fehlentwicklung.

---

**Exkurs:**

Nach dem Jugendwohlfahrtsgesetz (JWG) v. 06.08.1970 konnte in
schwerwiegenden Fällen Fürsorgeerziehung (FE) angeordnet werden.
Fürsorgeerziehung steht für die heutigen Begriffe der Jugendhilfe bzw.
der Hilfe zu Erziehung nach dem SGB VIII-Kinder und Jugendhilfe
i. d. Fassung v. 14.12.2006, zuletzt geändert 17.12.2008.

---

– Nach einer älteren Untersuchung war fast jeder 2. jugendliche Strafgefangene (Jugendstrafe) Fürsorgezögling, 75 % der FE- Zöglinge sind
kriminell rückfällig geworden (spricht nicht für eine positive Wirkung der
FE, sondern eher dagegen).

– Heimausbruch: Werner
Entweichung verringert die Chancen der Legalbewährung, da zwangs-
läufige Folge ist, sein Leben durch Straftaten zu fristen und in negative
Kontaktgruppen zu flüchten.

– Wechselhafter Erziehungsstil: soll nach kriminologischen Untersuchungen Sozialisation, Wertorientierung und Gewissensbildung
erschweren.
Vielfach beobachteter kriminogener Faktor; im Fall Gerd eindeutig.

– Anschluss (oder Zusammenschluss) an Delinquenz fördernde Jugendgruppen, Jugendbanden, an negative Subkulturen, delinquente
Freunde:

Bei Werner und Gerd zutreffend. Die Jugendbande ist oft die emotional stärkste Gruppe, der ein Jugendlicher angehören kann. Idealer Rückzugsort für gestörte Jugendliche; sie verstärkt Persönlichkeitsdefekte, setzt soziale Fähigkeiten weiter herab.

– Schul- und Leistungsversagen sind wesentliche Faktoren, die die Entstehung kriminogener Verhaltensweisen fördern. Sie sind deutlich bei Werner festzustellen, bei Gerd bestehen Indizien dafür.

### 1.3 Interaktionistische Betrachtung

Die interaktionistische Betrachtung rückt die „kriminelle Karriere" in den Mittelpunkt. Am deutlichsten ist dieser Prozess festzustellen im Fall Werner.

---

**Exkurs:**

Kernaussagen

Eine „kriminelle Karriere" entwickelt und steigert sich in der Interaktion zwischen dem Jugendlichen und den Kontrollinstanzen (Polizei, StA, Jugendamt). Am Anfang stehen Sozialisationsmängel oder kriminelle Handlung als Problemlösung. Zunehmend verfestigt sich die Haltung, verstärkt durch Kontakte zu Delinquenten durch Ablehnung und Einengung der Lebenschancen von außen. Der junge Mensch entwickelt eine „kriminelle Identität", erlebt sich als „Krimineller".

Der Kriminalisierungsprozess schreitet umso eher voran,

– desto stärker Sozialisationsbelastung und Sozialisationsdefizite wie Unterschichtszugehörigkeit, Desintegration der Familie, Schul- und Berufsversagen sind,

– desto früher der Prozess der kriminellen Karriere beginnt,

– desto später das Problem des Jugendlichen erkannt wird und fehlgeschlagene Reaktionen auf den aktuellen Konflikt entstehen,

– desto stärker sekundäre Erfolgsmotivationen zu einer Verfestigung der delinquenten Techniken geführt haben (erfolgreiche Begehung der Straftat(en) und vermeintliche positive Problemlösung) und

– desto verständnisloser die Sanktionen der sozialen Kontrollinstanzen ausgefallen sind.

Quelle: *Quensel* in: *Kerscher*, Sozialwissenschaftliche Kriminalitätstheorien, S. 59 ff., Beltz 1978

---

### 1.4 Zeitkritische und kulturkritische Erklärungen

Zeitkritische und kulturkritische Erklärungen verweisen auf die Verschärfung der Entwicklungsprobleme durch die mangelnde Glaubwürdigkeit der Erwachsenengeneration, das sich rasch ändernde Wertegefüge, die Auflösung der Familie und die einseitige Ausrichtung an Besitz und Konsum.

Dies ist typisch für den Fall Bernd.

Zu Aufgabe 2:

2.1  Verfasser/-in sollte herausarbeiten oder erkennen lassen:

Kenntnisse über Umfang und Art der Jugendkriminalität bestimmen die polizeilichen Verdachts- und Handlungsstrategien bei der Bekämpfung der Straßenkriminalität und von anderen jugendtypischen Deliktsarten sowohl in präventiver als auch in repressiver Hinsicht.

Daneben ist es notwendig, dass der/die Polizeibeamte/-beamtin auch über ein bestimmtes Wissen über Hintergründe der Jugendkriminalität verfügt. Andernfalls können präventive Gesichtspunkte nicht hinreichend zum Tragen kommen oder die Art des polizeilich falschen Einschreitens selbst wirkt sich bei dem Jugendlichen delinquenzfördernd aus (kriminelle Karriere). Solange den Beamten/-innen differenziertere Einsichten fehlen, lassen sie sich unbewusst und ungewollt von Alltagstheorien und Vorurteilen leiten.

2.2  Nachfolgende Tätigkeiten und Verhaltensweisen sollen unter jugendkriminologischen Aspekten durchdacht und berücksichtigt werden:

– Streifentätigkeit: welche Personen sind zu überprüfen, welche Orte zu überwachen, in welcher Art und Weise?

– Serienstraftaten sind jugendtypisch, dies ist im Rahmen von Ermittlungen und Vernehmungen zu berücksichtigen.

– Jugendliche werden besonders häufig in Gruppen tätig, sodass sich jeweils die Frage nach Mittätern bzw. nach dem Kontaktkreis des Tatverdächtigen stellt.

– Welche Gruppenmitglieder bilden den „Kern" einer delinquenten Gruppe? Gründliche Ermittlungen führen auf diesem Wege zur Inhaftierung der „gefährlichsten" und gefährdeten Jugendlichen und damit oft zur Auflösung der Gruppe.

– Es sollte versucht werden, auch die individuelle Problematik des Jugendlichen zu erkennen, um sich auf ihn einstellen zu können.

– Die erste Begegnung mit der Polizei kann nachhaltige positive oder negative Eindrücke hinterlassen, der Beamte verkörpert zwar die Staatsautorität – jedoch das „Wie" ist entscheidend.

---

**Exkurs:**

Die Bedeutung des Erstkontaktes delinquenter Jugendlicher mit der Polizei:

Die Polizei ist im Allgemeinen diejenige staatliche Institution, auf die der Jugendliche direkt nach der Tat oder in zeitlicher Nähe zur Tat trifft. Dies geschieht im Regelfall im Rahmen von Fahndungsmaßnahmen nach Tatverdächtigen, Personenüberprüfungen, vorläufigen Festnahmen oder polizeilichen Vernehmungen. Mit den anderen Institutionen (Jugendamt, Staatsanwaltschaft, Jugendrichter) wird der Jugendliche häufig erst nach relativ langer Zeit konfrontiert.

Der Erstkontakt des Jugendlichen nach seiner Tat mit den Instanzen der Sozialkontrolle ist erfahrungsgemäß oft von prägender Bedeutung für das zukünftige Sozialverhalten des Jugendlichen.

Die Interaktion zwischen der Polizei und dem Jugendlichen hat grundsätzlich eine deutlich stärkere Wirkung auf seine Verhaltensweise als dies möglicherweise spätere Sanktionen der Staatsanwaltschaft oder des Gerichts vermögen.

Mit Blick auf den kriminalpolitischen Grundsatz des Jugendstrafrechts, dass Erziehung vor Strafe geht, muss die Polizei im Rahmen des polizeilichen Jugendschutzes bemüht sein, den Jugendlichen nicht mehr als unabdingbar notwendig in das deliktische Geschehen zu verstricken und zu verhindern, dass durch frühzeitige Stigmatisierung und Abstempelung ein negatives Selbstbild beim Jugendlichen selbst entsteht und kriminelle Karrieren gefördert werden.

– Jugendliche mit erheblichen Sozialisationsmängeln sollten wegen ihrer oft gravierenden Straftaten nicht mit dem Feindbild des „rohen Verbrechers" abgestempelt werden. Zudem verfälschen Trotzreaktionen dieser Tatverdächtigen oft das Täterbild. Festigkeit und Zuwendung schließen sich nicht aus.

– Andererseits können Nachlässigkeit oder Oberflächlichkeit bei Durchsuchungen und Vernehmung Ansporn zu neuen Taten sein.

– Grundsätze der PDV 282, Bearbeitung von Jugendsachen, insbesondere Nr. 3 der Vorschrift, Ermittlungen im Strafverfahren, sind zu beachten.

– Verächtliche Herablassung, Bloßstellung am Arbeitsplatz, in der Schule sind zu vermeiden; sie können stigmatisierend wirken und durch Herabsetzung des ohnehin geschädigten Selbstgefühls des Jugendlichen die kriminelle Entwicklung weiter fördern.

– Wenn möglich, ist das Fehlverhalten nach außen (Schule, Arbeitsplatz, Nachbarschaft) abzuschirmen. Je mehr die Sozialkontakte gestört werden, umso geringer ist die Chance einer positiven Entwicklung.

– Der/die Beamte/Beamtin sollte prüfen, ob ein Gespräch mit den Eltern hilfreich sein kann. Evtl. sind die Eltern auf Möglichkeiten der Jugendhilfe durch das Jugendamt oder durch freie Träger der Jugendhilfe beratend und helfend hinzuweisen.

– Auch die Vernehmungen zur Person und Sache sollten sorgfältig und umfassend erfolgen; in der Vernehmung sind die persönlichen Verhältnisse des Jugendlichen zu erfragen: Entwicklung, Elternhaus, Schul- und Berufssituation, Lebenssituation.

– Bei der Vernehmung zur Sache ist auf Motivation und tatauslösende Faktoren einzugehen.

- Jugendamt (Jugendgerichtshilfe) unverzüglich verständigen, wenn erkennbar ist, dass mit Erlass eines Haftbefehls zu rechnen ist.
- Spätestens bei Abschluss der Ermittlungen ist ein Jugendamtsbericht zu fertigen.

# 6  Prüfungsfragen

1. Erläutern Sie die Begriffe Delinquenz und Kriminalität!
   Wenden Sie die Begriffe auf das normabweichende Verhalten junger Mensch an.
2. Welche Altersgruppen zählen zur Jugendkriminalität?
3. Beschreiben Sie die charakteristischen Merkmale junger Menschen und deren Auswirkung auf jugendkriminelles Verhalten!
4. Was bedeutet hat der Begriff „Episode" für jugendkriminelles Verhalten? Welche Auswirkungen hat die Erkenntnis der Episodenhaftigkeit der Jugendkriminalität auf deren gesellschaftliche Bedeutung?
5. Was wird unter den Begriffen „jugendtypische Delikte" und „jugendtypische Tatbegehung" verstanden?
6. Nennen Sie einige „jugendtypische Delikte" und erläutern Sie diese unter jugendkriminologischen Aspekten!
7. Beschreiben Sie einige Erklärungsansätze für Jugendkriminalität!
8. Erläutern Sie den Begriff der Diversion im Jugendstrafrecht!
9. Was wird unter dem Begriff „jugendlicher Intensivtäter" verstanden?
10. Erläutern Sie das Phänomen: Gewalt an Schulen!

# 7  Weiterführende Literatur

*Clages, H./Nisse, R.:* Bearbeitung von Jugendsachen, VDP, Hilden 2009

*Clages, H./Nisse, R.:* Musterklausuren Kriminologie, VDP, Hilden 1999

*Deidenhofer, A.:* Jugendrecht, 30. Auflage, Verlag C. H. Beck, München 2009

*Diemer, H./Schoreit, A./Sonnen, B.-R.:* Jugendgerichtsgesetz, 5. Auflage, C. F. Müller Verlag, Heidelberg 2008

*Hellmer, J.:* Jugendkriminalität, 4. Auflage, Luchterhand Verlag, Neuwied, Darmstadt 1978

*Kaiser, G.:* Kriminologie, 9. Auflage, UTB Bd. 594, C. F. Müller Verlag, Heidelberg 1993

*Kaiser, G./Kerner, H. J./ Sack, F./Schellhoss, H.* (Hrsg.): Kleines Kriminologisches Wörterbuch, 3. Auflage, UTB Bd. 1274, C. F. Müller Verlag, Heidelberg 1993

*Kerner, H. J.* (Hrsg.): Kriminologie Lexikon, Kriminalistik Verlag, Heidelberg 1991

*Schwind, H.-D.:* Kriminologie, 20. Auflage, Kriminalistik Verlag, Heidelberg 2010

*Walter, M.:* Jugendkriminalität, 2. Auflage, Boorberg Verlag, Stuttgart 2001

**Internet-Fundstellen**

Programm Polizeiliche Kriminalprävention, http://www.polizei-beratung.de

Wörterbuch der Sozialpolitik, http://www.socialinfo.ch

# Kapitel 6
# Kriminalgeografie

## 1 Begriff, Entwicklung

Der Begriff Kriminalgeografie wird nach Inhalt und Zielsetzung nicht einheitlich gebraucht, denn in Wissenschaft und Praxis werden mit dem kriminalgeografischen Ansatz unterschiedliche Zwecke verfolgt.

Wesentliche Hauptrichtungen sind:

- Kriminalgeografie wird u. a. als Kriminalökonomie im Sinne eines soziologisch orientierten Forschungsansatzes verstanden. Es wird untersucht, warum abweichendes Verhalten in bestimmten geografisch definierten Gebieten unterschiedlich verteilt ist.[1]
- *Herold*[2] definiert Kriminalgeografie wie folgt: „...die Wissenschaft von den Beziehungen, die zwischen der spezifischen Struktur eines Raumes und der in ihm örtlich und zeitlich anfallenden Kriminalität bestehen".
- Nach *Schwind*[3] ist die Kriminalgeografie „ein Zweig der kriminologisch-kriminalistischen Forschung, der kriminelles Verhalten in seiner raumzeitlichen Verteilung erfasst und durch spezifische raumzeitliche Verbreitungs- und Verknüpfungsmuster demografischer, wirtschaftlicher, sozialer, psychischer und kultureller Einflussgrößen zu erklären versucht".

Erste kriminalgeografische Untersuchungen werden auf den Franzosen *Guerry* und den Belgier *Quetelet* zurückgeführt. Die von ihnen Anfang des 19. Jahrhunderts veröffentlichten Ergebnisse zur räumlichen Verbreitung der Kriminalität und der Kriminalitätshäufung stellten sie in Abhängigkeit zur sozialen und wirtschaftlichen Struktur der Bevölkerung und der Täter.[4]

Anfang bis Mitte des 20. Jahrhunderts wurden die kriminalgeografischen Ansätze in den USA aus kriminalökologischer Sicht aufgegriffen. *MacKay*, *Shaw* und *Trasher* befassten sich mit der systematischen soziologischen Erforschung der Beziehungen zwischen der Sozialstruktur des Raumes und der Entstehung von Kriminalität. Der Untersuchungsansatz ist unter der Bezeichnung Chicago-Schule in die kriminologische Literatur eingegangen. Die Ergebnisse auch in anderen Städten der USA führten zu dem Schluss, dass Kriminalität eine Folge von negativen Wohnverhältnissen,

---

[1]   Albrecht (1993), S. 226
[2]   Herold (1977), S. 290
[3]   Schwind (2010), S. 312
[4]   Weitere Ausführungen sind nachzulesen bei: Schwind (2010), S. 100 und bei Hofmann (1991), S. 181 ff.

Armut und sozialer Desintegration ist.[5] Die in den zurückliegenden Jahren unter Orientierung an der Regionalstruktur entwickelten Präventionsprogramme basieren auf diesen ökologischen Erkenntnissen.

In der Bundesrepublik haben besonders *Hellmer* (1972) mit der Veröffentlichung eines Kriminalitätsatlas auf der Grundlage statistischer Daten der Polizeilichen Kriminalstatistik, *Herold* (1977) mit dem von ihm als Polizeipräsident von Nürnberg entwickelten polizeitaktischen Ansatz einer Kriminalgeografie als reine Zweckwissenschaft und *Schwind* (1978) mit einer kriminalgeografisch umfassenden Untersuchung unter Einbeziehung sozio-demografischer Daten der Stadt Bochum die Entwicklung der Kriminalgeografie wesentlich beeinflusst.

# 2 Inhalt und Ziele

## 2.1 Inhalt

Nach Inhalt und Richtung wird die Kriminalgeografie wie folgt unterschieden:

- Deskriptive Kriminalgeografie
- Ätiologische Kriminalgeografie
- Kriminalistische Kriminalgeografie

### Deskriptive Kriminalgeografie

Die deskriptive Kriminalgeografie versteht sich als Kriminalitätsverteilungslehre. Sie zählt die kriminellen Taten insgesamt und nach Delikten, die ermittelten Tatverdächtigen sowie deren Verteilung innerhalb bestimmter Gebietseinheiten, nach Tatzeiten und nach Täterwohnsitzen. Die Darstellung der Ergebnisse erfolgt in Kartografien und Tabellen.

Als klassische Beispiele gelten die Aufarbeitungen der mit der Polizeilichen Kriminalstatistik (PKS) erhobenen Kriminalitätsdaten nach räumlichen und zeitlichen Kriterien und die in geografischen Erfassungs- und Auswertungssystemen der Polizei aufbereiteten aktuellen Einsatzdaten zur Erkennung von Kriminalitätsbrennpunkten. Die PKS weist hauptsächlich die mit der räumlichen Verteilung der Kriminalität verursachte Gefährdung durch die aufgrund der statistischen Daten errechnete Häufigkeitszahl (HZ) aus.

### Häufigkeitszahl (HZ)

Die Häufigkeitszahl ist ein Kriminalitätsquotient nach den Richtlinien für die Polizeiliche Kriminalstatistik. Sie ist die Zahl der bekannt gewordenen Fälle insgesamt oder innerhalb einzelner Deliktsarten, errechnet auf 100 000 Einwohner (Stichtag ist der 01.01. des Berichtsjahres, ersatzweise der zuletzt verfügbare Tag, der dann besonders benannt ist). Die Aussagekraft der Häu-

---

[5]   Janssen (1991), S. 181

figkeitszahl wird dadurch beeinträchtigt, dass nur ein Teil der begangenen Straftaten der Polizei bekannt wird, und dass u. a. Stationierungsstreitkräfte, ausländische Durchreisende, Touristen, Besucher und grenzüberschreitende Berufspendler sowie Nichtdeutsche, die sich illegal im Bundesgebiet aufhalten, in der Einwohnerzahl der Bundesrepublik Deutschland nicht enthalten sind. Straftaten, die von diesem Personenkreis begangen wurden, werden aber in der Polizeilichen Kriminalstatistik gezählt.[6]

## Ätiologische Kriminalgeografie

Die ätiologische Kriminalgeografie setzt die sozialen, wirtschaftlichen und kulturellen Bedingungen des Raumes, d. h. die sozio-ökonomische Raumstruktur – soweit sie die Kriminalität beeinflusst – in Beziehung zu den sozialen und wirtschaftlichen Bedingungen der Tatverdächtigen wie Schichtzugehörigkeit, Arbeitslosigkeit, Wohndichte und Baustruktur.

Aus den Ergebnissen wird die These abgeleitet: Nicht der Raum, sondern die sozialen Bedingungen des Raumes produzieren delinquentes Verhalten. Die kriminalpolitische Forderung besteht in der Beseitigung der erkannten delinquenzfördernden Ursachen.

## Kriminalistische Kriminalgeografie

Die Kriminalgeografie wird als kriminalistische Zweckwissenschaft zur effizienten polizeilichen Bekämpfung der Kriminalität in einem bestimmten geografischen Raum verstanden. Gegenstand der Kriminalgeografie ist die Feststellung und Untersuchung der örtlichen und zeitlichen Belastung bestimmter Gebiete mit raumbezogener Kriminalität, d. h. der Straßenkriminalität im weiteren Sinn. Die kriminelle Attraktivität des Raumes wird durch die ihr eigenen Tatgelegenheitsstrukturen bestimmt, d. h. durch Strukturen, die sich kriminalitätsfördernd auswirken. Weitere Untersuchungsgegenstände sind Feststellungen von Tatverdächtigenwohnsitzen und Tatverdächtigenmobilitäten.

Die Ergebnisse werden in Kriminalitätslagebildern zusammengefasst und ausgewertet. Sie sind Grundlage polizeilicher Einsatztaktik und Strategie der praktischen Kriminalitätskontrolle.

Dieses Verständnis von Kriminalgeografie zielt im Schwerpunkt nicht auf die Ursachenbeseitigung im Sinne der ätiologischen Kriminalgeografie, sondern auf den pragmatischen Ansatz einer gezielten Kriminalitätsbekämpfung durch präventive und repressive Maßnahmen der Polizei ab.

## 2.2 Ziele

Unter Aspekten der Kriminaltaktik und -strategie werden mit dem kriminalgeografischen Ansatz (im Sinne der angewandten Kriminalgeografie) nachstehende Ziele verfolgt:

---

6   Polizeiliche Kriminalstatistik, Bundeskriminalamt, Wiesbaden 2009

Die Gewinnung von Erkenntnissen über:
- Verteilung der Kriminalität nach Raum und Zeit
- Regionale Kriminalitätsbelastung
- Raumbezogene Gefährdung durch Kriminalität
- Tatgelegenheitsstrukturen
- Ökologische Strukturen mit Kriminalitätsbezug
- Tätermobilitäten, Beziehungen zwischen Täterwohnsitzen und Sozialstruktur
- Wirksamkeit von Maßnahmen der Kriminalitätskontrolle

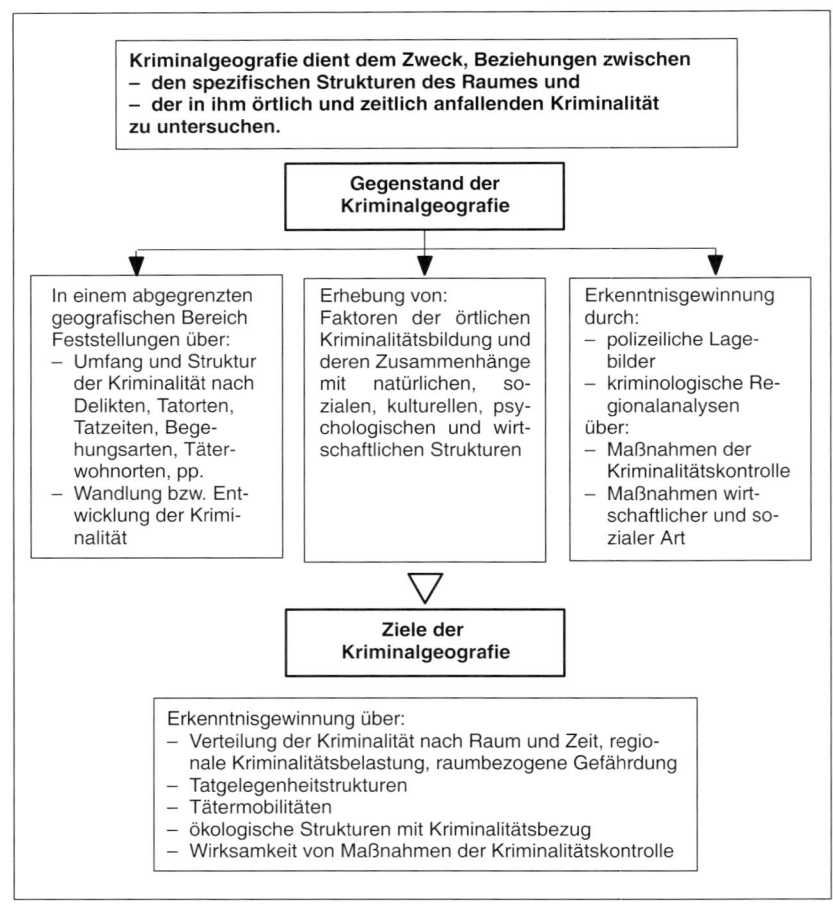

Übersicht: System der Kriminalgeografie

### Tatgelegenheitsstrukturen

Tatgelegenheitsstrukturen sind Tatanreize oder Tathemmnisse, die für den Tatentschluss des Täters bewusst oder unbewusst von Bedeutung sind. Sie können als objektive Bedingungen oder subjektiv wahrgenommene Chancen für kriminelles Verhalten angesehen werden.

**Merke**

Der für die Polizei bedeutsame kriminalstrategische Ansatz liegt in der angewandten Kriminalgeografie begründet.

## 3 Methoden und Mittel der Erkenntnisgewinnung

Als Methoden und Mittel der Erkenntnisgewinnung kommen Datenerhebungen und Auswertungen durch strategische und operative Kriminalitätslagebilder und nach Kriminologischen Regionalanalysen in Betracht.

### 3.1 Kriminalitätslagebilder

Die Erstellung von Lagebildern und die Anwendung der daraus resultierenden Erkenntnisse sind Teile von polizeilichen Planungs- und Entscheidungsprozessen. Lagebilder sind Produkte **systematischer** und **organisierter** Prozesse der Informationserhebung, der Informationsauswahl, der Bewertung und der Aufbereitung von Informationen für die zielgerichtete polizeiliche Aufgabenwahrnehmung. Aussagekraft und Effizienz von Lagebildern sind weitestgehend abhängig vom Organisationsgrad und der Qualität der Informationsverarbeitung.

Polizeiliche Lagebilder sollen Informationen über die Entwicklung polizeilich relevanter Lagefelder bereitstellen und das systematische Erkennen von polizeilichen Brennpunkten in räumlicher, zeitlicher und deliktischer Hinsicht ermöglichen. Damit bieten sie u. a. die Grundlage für zeitnahes, anlassorientiertes polizeiliches Handeln. Darüber hinaus sollen Informationen für die Beurteilung der Sicherheitslage innerhalb eines Raumes für bestimmte Zeiträume bereitgestellt werden.

**Merke**

Kriminalitätslagebilder sind die Grundlage für aufgabenorientiertes, anlassbezogenes und gezieltes polizeiliches Handeln.

**Kriminalitätslagebilder sind Teil eines übergeordneten Systems von Kriminalitäts- und Verbrechensanalysen.** Einen Überblick gibt die folgende Übersicht, die nach Analysefeldern, Analysemethoden und Analysezielen unterscheidet.

| Analysefelder | Strategische Analysen | Operative Analysen |
|---|---|---|
| Straftaten | Phänomenologische Straftatenanalysen Erkennen von Tatbegehungsmustern<br><br>Verteilung der Kriminalität nach Raum und Zeit Erkennen kriminalitätsfördernder Strukturen | Kriminalistische Einzelfall-Analysen<br><br>Operative Kriminalitäts-Analysen |
| Strafttäter | Allgemeine Profilanalysen von Straftätern-Tätertypen Analyse der Tätermobilitäten und von Täterwohnsitzstrukturen | Analyse von Kriminellen Täterstrukturen Bandenbildung<br><br>Spezifische Profilanalysen („Profiling") |
| Verbrechenskontrolle | Kontrollmethoden Analysen | Ermittlungsanalysen Erfolgskontrolle |

Übersicht: Kriminalitäts- und Verbrechensanalysen

## 3.2 Kriminologische Regionalanalyse

Die Kriminologische Regionalanalyse ist ein um sozio-demografische, wirtschaftliche und kulturelle Daten angereichertes mehrdimensionales Sicherheitslagebild auf regionaler Ebene.

Sie stellt die Fortschreibung der kriminalistisch-kriminologischen Dokumentation über

- eine bestimmte regelmäßig eng begrenzte Region,
- die in ihr begangene Kriminalität unter Berücksichtigung von Untersuchungsergebnissen des kriminellen Dunkelfeldes,
- Entstehungszusammenhänge und Tatgelegenheitsstrukturen,
- die Prognose der Kriminalitätsentwicklung sowie
- Maßnahmen der Kriminalitätskontrolle und deren Wirksamkeit

dar.

Sie ist konzeptionell eine Methode der Zusammenzuführung von

- Kriminalgeografie,
- Regionalwissenschaft,
- angewandter Kriminologie
- und Kriminalistik mit Raumbezug.

Untersuchungsbereiche der Kriminologischen Regionalanalyse sowie die im Einzelnen bedeutsamen Kriterien ergeben sich aus der nachstehenden Übersicht.

**Kriminologische Regionalanalyse**
**Übersicht der Untersuchungsbereiche**

| Geografischer Untersuchungsbereich | Untersuchungsbereich Kriminalität | Untersuchungsbereich Kriminalitätskontrolle |
|---|---|---|
| **Regionale Gliederung**<br><br>Bebauung und Nutzung<br>– Gebiets- und Verkehrsstruktur<br><br>Organisationen mit Sicherheitsrelevanz<br><br>Sozio-ökonomische Faktoren<br><br>Sonstige zuständige Behörden<br><br>Bevölkerung<br>– Einwohner<br>– Bevölkerungsdichte und -struktur<br>– Bevölkerungsentwicklung<br><br>Spezielle Indikatoren | **Registrierte Kriminalität**<br>– Umfang nach Raum und Zeit<br>– Struktur nach Delikten, Tatzeiten<br>– Erscheinungsformen nach Objekten, Tatbegehung<br><br>Tatverdächtige<br>– Anzahl erm. Tatverdächtiger<br>– Altersgruppen, Mehrfach-/ Wiederholungstäter Nationalitäten, Problemgruppen<br>– Tätergemeinschaften<br>– Täterwohnsitze, Tätermobilitäten<br><br>Dunkelfeldaufhellung<br><br>Opfer<br><br>Sonstige Untersuchungen | **Überregionale und regionale Zielvorgaben der Kriminalitätskontrolle**<br><br>Polizeiliche Organisationsstruktur<br>– regionale Gliederung<br>– Aufbau-, Ablauforganisation<br>– Personalausstattung<br>– Schwerpunkte der Aufgabenwahrnehmung nach Einsatz, Strafverfolgung, Prävention<br>– Informations- und Kommunikation<br>– techn. Standard<br><br>Zusammenarbeit mit anderen Behörden<br><br>Medien, Öffentlichkeitsarbeit |

Übersicht: Kriminologische Regionalanalyse
(Quelle: Unter Orientierung an Koch, K.-F., Kriminalitätslagebilder, BKA-Forschungsreihe, Sonderband, Wiesbaden 1992)

# 4 Erkenntnisse der Kriminalgeografie

## 4.1 Zusammenhänge zwischen Raum und Delinquenzbelastung

Bei der Untersuchung der räumlichen Verteilung der Kriminalität zeigt sich durchgehend eine hohe Belastung der Großstädte und Ballungsgebiete mit Kriminalität. Dagegen sind ländlich strukturierte Gebiete und Kleinstädte gering belastet.

Die PKS unterscheidet bei der räumlichen Erfassung der Kriminalität nach Gemeindegrößenklassen (Tatortgruppen). Ein Bild über die räumliche Belastung zeigen nachstehende Übersichten:

| Erfassung der Kriminalität nach Gemeindegrößenklassen am Beispiel des Landes Nordrhein-Westfalen 2008* | | | | | |
|---|---|---|---|---|---|
| Gemeindegrößen (Einwohner) | Einwohner 01.12.2007 | | Registrierte Fälle 2008 | | Häufig-keits-zahl |
| | Anzahl | % | Anzahl | % | |
| Großstädte ab 500 000 | 3 242 233 | 18,0 | 392 238 | 27,0 | 12 098 |
| Großstädte von 100 000–500 000 | 4 894 488 | 27,2 | 437 041 | 30,1 | 8 929 |
| Städte von 20 000–100 000 | 7 577 070 | 42,1 | 506 205 | 34,8 | 6 681 |
| Gemeinden unter 20 000 | 2 282 830 | 12,7 | 94 053 | 6,5 | 4 120 |
| Unbekannt | | | 23 666 | 1,8 | |
| Insgesamt | 17 996 621 | 100,0 | 1 453 203 | 100 | 8 075 |
| * Datenmaterial für das gesamte Bundesgebiet steht nicht zur Verfügung | | | | | |

Übersicht: Erfassung der Kriminalität
Quelle: Polizeiliche Kriminalstatistik Nordrhein-Westfalen 2008, LKA Düsseldorf 2009

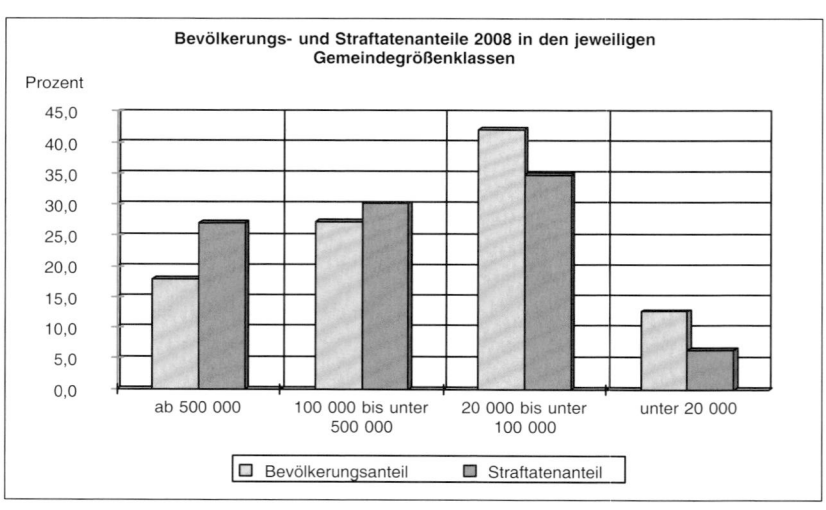

Übersicht: Bevölkerungs- und Strafanteile
Quelle: Polizeiliche Kriminalstatistik Nordrhein-Westfalen 2008, LKA Düsseldorf 2009

Die Häufigkeit der nach der PKS registrierten Fälle wächst bei der Mehrzahl der Straftaten mit der Einwohnerzahl der Gemeindegrößenklassen. Dies zeigt sich bei der Verteilung der Einzeldelikte nach Tatortgruppen. Hohe Belastungen weisen Großstädte von 100 000 bis über 500 000 Einwohner mit Gewalt- und allgemeinen Aggressionsdelikten, Diebstahl, Betrug und Rauschgiftdelikten auf.

Allgemein hohe Belastungen mit Kriminalität weisen z. B. auf:
— Verdichtete Wohngebiete mit hoher Isolation des einzelnen städtischen Ballungsgebietes,
— Vorhandensein von unzureichender informeller und formeller sozialer Kontrolle, gekoppelt mit sozialer Desintegration,
— Metropolen, Großstädte und Ballungsgebiete,
— Konzentration von bestimmten Tatgelegenheitsstrukturen.

Geringe Kriminalitätsbelastung weisen auf:
— kleine Gemeinschaften mit guter informeller Sozialkontrolle,
— Gemeinschaften mit gut ausgeprägtem Zusammenhörigkeitsgefühl,
— gut überschaubare Gebietseinheiten.

**These:**
Die Raumbelastung mit Kriminalität nach ihrer Häufigkeit sowie nach der Art und Schwere der Straftaten steht in Abhängigkeit von der demografischen Struktur des Raumes. Einwohneranzahl, Einwohnerdichte sowie Wirtschafts-Sozialstrukturen beeinflussen signifikant die raumbezogene Kriminalität.

## 4.2  Bereiche mit hoher krimineller Zugkraft

Dies sind:
— Stadtzentren, Wohngebiete mit verdichteter Hochhausbebauung für Raub, Einbruchsdiebstahl, Sachbeschädigung, Betrug,
— Vergnügungsviertel, insbesondere Rotlichtdistrikte mit OK-Strukturen und Gewaltdelikten,
— Villenviertel für Einbruchsdiebstähle und Kfz-Delikte mit hohem Sachwert,
— Stadtviertel mit Vergnügungsparks, gelegentlich auch Fußballstadien für diverse Delikte der Straßenkriminalität.

## 4.3  Zusammenhänge zwischen Kriminalität und sozialen Faktoren

Diese bestehen ferner:
— bei hohem Anteil sozial-strukturell gestörter Familien,
— in Bereichen mit sozial fortgeschrittener Desintegration und Slumbildung,

- bei einem hohen Anteil nicht integrierter Bürger mit Migrationshintergrund bei subkultureller Gruppenbildung,
- bei verdichteter Bebauung mit hoher Wohndichte sozialer Problemfamilien,
- bei hohem Bevölkerungsanteil von Kindern und Jugendlichen bei
  gleichzeitiger mangelhafter Betreuung und fehlenden Freizeiteinrich-
  tungen.

## 4.4 Städtebau und Kriminalität

Als gesicherte Erkenntnis gilt die Beziehung zwischen verdichteter Bebauung mit Hochhäusern und der Entstehung von Jugendkriminalität.

Als Ursachen gelten vor allem:

- psycho-soziale Gründe wie die Entstehung von Aggression gegen Personen und Sachen, die sich in Gewalt und Vandalismus zeigen,
- sozial-strukturelle Bedingungen wie überproportional hohe Anteile sozial schwacher Bevölkerungsgruppen,
- hohe Anteile von Jugendarbeitslosigkeit, geringes Bildungsniveau und
  Perspektivlosigkeit und
- mangelhafte soziale Kontrolle.

## 4.5 Tätermobilität

Die Kriminalgeografie unterscheidet zwischen Orten, die dem Täter für die
Tatbegehung und den Taterfolg bei geringem Entdeckungsrisiko besonders attraktiv erscheinen, d. h. kriminelle Zugkraft aufweisen, und Gebieten, in denen die Täter wohnen, d. h. den Tatverdächtigenwohnorten.
Wohngebiete mit sozial Unterprivilegierten weisen eine hohe Tatverdächtigenbelastung auf.[7]

Die in der City wohnenden Straftäter begehen ihre Straftaten vorwiegend
in der City, während auf die im übrigen Stadtgebiet wohnenden Täter die City
die fast gleiche Anziehungskraft ausübt. Untersuchungsergebnisse zeigen,
dass die Tätermobilität in Deutschland bei der Mehrzahl der Straftaten gering
ist; ca. 60 bis 70 % der Tatverdächtigen begehen ihre Taten am Wohnsitz.
Besonders Gewalt- und Sexualtäter begehen ihre Taten in unmittelbarer
Nähe des Wohnortes. Unbeachtet bei diesen Untersuchungen bleibt
allerdings das sog. Tatverdächtigendunkelfeld, d. h. die nicht ermittelten
Tatverdächtigen, über deren Tätermobilität allenfalls geschlussfolgert werden kann. Besonders bei qualifizierten Straftaten ist die Anzahl der nicht aufgeklärten Straftaten teils besonders hoch. Hier fehlen Erkenntnisse über die
Täter und deren Mobilität. Es kann nicht ausgeschlossen werden, dass gerade bei diesen Delikten die Tätermobilität besonders hoch ist und dadurch
die Aufklärungswahrscheinlichkeit der Taten gemindert wird.

---

[7]  Schwind (2010), S. 318

Bsp.:
Überörtlich tätige Einbrecherbanden, die mit hoher Professionalität vorgehen, professionelle Taschendiebe, reisende Trickbetrüger, Tätergruppierungen aus der organisierten Kriminalität.

# 5 Praxisrelevanz

Die Lagebilderstellung, ergänzt durch Untersuchungsergebnisse mittels Kriminologischer Regionalanalyse, stellt ein wichtiges Instrument zur Schaffung einer umfassenden Informationsgrundlage für aussagekräftige Lagebeurteilungen im regionalen Bereich dar.

Die Aufhellung des örtlichen Straftatendunkelfeldes im Rahmen Kriminologischer Kriminalitätsanalysen führt u. a.

– zur Gewinnung von Erkenntnissen
  – über Hell-Dunkelfeld-Relationen und über
  – regional- und sozialbedingtes Anzeigenverhalten von Opfern und Opfergruppierungen.
– zum Erkennen von
  – örtlichen, deliktischen und zeitlichen Kriminalitätsbrennpunkten,
  – Bereichen mit hoher krimineller Zugkraft und deren Ursachen,
  – Zusammenhängen zwischen Täterwohnort, Sozialstruktur und Tätermobilität auf regionaler Ebene.

Die um die Kriminologische Regionalanalyse angereicherte Kriminalgeografie ist somit Planungsgrundlage für operative und strategische Entscheidungen der Polizei und für kommunale Maßnahmen in sicherheitspolitischen Bereichen. Die Ergebnisse liefern bedeutsame Hinweise für

– Zielbildungsprozesse auf örtlicher Ebene,
– gezielte Einsatzplanungen der Polizei und Schwerpunktbildung in der regionalen Verbrechensbekämpfung und
– Strukturmaßnahmen der kommunalen Kriminalprävention.

# 6 Klausurbeispiel[8]

## Sachverhalt

In einer nordrhein-westfälischen Mittelstadt (110 000 Einwohner) wurde ein Kriminalpräventiver Rat gegründet. In diesem sind neben Stadtverwaltung, Justiz und Polizei auch die gesellschaftlich relevanten Gruppen der Stadt, die Parteien und die Medien vertreten. Bei der Gründungsversammlung wurden folgende Punkte beschlossen:

---

[8] Siehe auch das Klausurbeispiel in Kap. 4, S. 116 ff., zum Thema: Statistische Erfassung der Kriminalität.
Die Lösungshinweise weichen bei gleichem Sachverhalt und gleichen Aufgaben im Detail – je nach Themenschwerpunkt – voneinander ab.

Auszug aus dem Protokoll der Gründungsversammlung:

„1. ...

2. ...

3. Die Beteiligten waren sich einig in der Auffassung, dass zur Aufgaben-wahrnehmung ein aktuelles örtliches Lagebild notwendig sei. Die vor-liegenden Daten aus den unterschiedlichen Behördenstatistiken seien nicht weitreichend genug. Außerdem seien viele der Statistiken aufein-ander nicht abgestimmt. Deshalb soll noch in diesem Jahr ein aktuelles Lagebild der Stadt erstellt werden. Dazu soll das Instrument der Krimi-nologischen Regionalanalyse genutzt werden.

4. ...

5. Kontrovers wurde die Frage diskutiert, welche statistischen Daten bei Verlautbarungen des Kriminalpräventiven Rates Anwendung finden sollen. Während der Leiter des Amtsgerichts und der Vertreter von Bündnis 90/Die Grünen vorschlugen, die Daten der Strafverfolgungs-statistik zu nutzen, wies die Landrätin als Vorsitzende des Kriminal-präventiven Rates darauf hin, dass die Zahlen der polizeilichen Krimi-nalstatistik aussagekräftiger seien. Zwar gäbe es grundsätzliche Probleme, diese für ein aktuelles Lagebild zu nutzen, doch seien diese Daten für die Nutzung im Sinne der Kriminalitätsvorbeugung gehalt-voller."

**Aufgaben**

1. Erläutern Sie Aufgabe und Inhalt einer Kriminologischen Regional-analyse und zeigen Sie auf, wie diese für eine aktuelle Lagebilderstel-lung genutzt werden kann!

2. Nehmen Sie zu der Frage Stellung, welche der genannten Statistiken zur Aufgabenbewältigung im Kriminalpräventiven Rat eher geeignet ist und gehen Sie dabei auf Aufgabe, Ziele und Umfang der Polizeilichen Kriminalstatistik ein!

**Lösungshinweise**

Vorbemerkung:

Die Lösung ist als Lösungsskizze konzipiert, in der die wesentlichen zu be-arbeitenden Inhalte in Kurzform dargestellt werden. Der/Die Klausurbe-arbeiter/-bearbeiterin ist aufgefordert, die Inhalte durch eigene ergänzende Ausführungen auszufüllen und zu formulieren.

Zu Aufgabe 1: Erläutern Sie Aufgabe und Inhalt einer Kriminologischen Regionalanalyse und zeigen Sie auf, wie diese für eine ak-tuelle Lagebilderstellung genutzt werden kann.

In der Lösung der Aufgabe soll deutlich werden, dass eine Kriminologische Regionalanalyse (KRA) ein Instrument der Kriminalgeografie ist, mit wel-chem es möglich ist, über die Aussagekraft von Kriminalstatistiken und

Dunkelfeldforschungen hinaus Aussagen zur Tatgenese zu treffen. Die KRA dient damit der Schaffung einer Informationsgrundlage für Lagebeurteilungen im regionalen Bereich, mit deren Hilfe sich auch die Zusammenarbeit mit anderen Institutionen und Behörden im Bereich der Kriminalprävention initiieren und organisieren lässt.

Für die Durchführung einer KRA ist es deshalb unerlässlich, folgende Daten zu erheben:

Kriminalität

Erfassung der registrierten Kriminalität nach der Polizeilichen Kriminalstatistik (PKS) und nach eingangsstatischen Kriminalitätsdaten, Daten von Tatverdächtigen, Opfern, Erstellung spezieller Kriminalitätsanalysen, Durchführung von Bürgerbefragungen, Dunkelfelderhebungen.

Untersuchungsregion

Zu untersuchen sind: regionale Gliederung, Bebauung, Gebietsfunktion, Verkehrsstruktur, sicherheitsrelevante Einrichtungen, sozio-ökonomische Faktoren, Behördenstruktur, Bevölkerungsdaten pp.

Kriminalitätskontrolle

Erhebungen sind vorzunehmen zu Zielsystemen, der Polizei, anderen Behörden und Organisationen mit Sicherheitsaufgaben, Zusammenarbeit mit Instanzen der formellen und informellen sozialen Kontrolle, Medien, Öffentlichkeitsarbeit.

Zu Aufgabe 2:    Nehmen Sie zur der Frage Stellung, welche der genannten Statistiken zur Aufgabenbewältigung im Kriminalpräventiven Rat eher geeignet ist und gehen Sie dabei auf Aufgaben, Ziele und Umfang der Polizeilichen Kriminalstatistik ein.

In der Lösung soll zum Ausdruck kommen, dass Ziel der Polizeilichen Kriminalstatistik die Beobachtung von Kriminalität, einzelner Deliktsarten, Umfang und Zusammensetzung des Tatverdächtigenkreises und Veränderung von Kriminalitätsquotienten ist, um Erkenntnisse für Prävention und Repression, Forschung, Organisation und Kriminalpolitik zu gewinnen.

In der Lösung soll herausgestellt werden, dass die Ergebnisse der PKS nur eingeschränkt aussagefähig sind. Argumentativ sollen dabei folgende Punkte Erwähnung finden:

— Dunkelfeldproblematik,
— Interpretationsprobleme
   — durch Gesetzesänderungen,
   — Änderung des Anzeigeverhaltens,
   — Änderung der Erfassungsmodalitäten,
   — polizeiliche Verfolgungsintensität,

- Veränderung der Tatgelegenheitsstruktur und
- demografische Aspekte,
- Überbewertung der Daten in der öffentlichen Diskussion, auch durch unkritischen Datenumgang,
- schlechte Vergleichbarkeit mit anderen Statistiken.

Dabei sollte auf die Aussagekraft der unterschiedlichen Kriminalstatistiken eingegangen werden (siehe S. 114 ff.) und das „Trichtermodell" (vgl. Abb. S. 121) zur Ausfilterung der öffentlich wahrgenommenen Kriminalität Anwendung finden.

Bewertend sollte die Lösung zu dem Ergebnis kommen, dass die PKS von allen Kriminalstatistiken für die Aufgabenwahrnehmung im Kriminalpräventiven Rat nach Anreicherung der Daten, insbesondere durch Dunkelfelderhebungen, am besten geeignet ist.

# 7 Prüfungsfragen

1. Beschreiben Sie den Begriff „Kriminalgeografie"!
2. Welche Anwendungsbereiche sind Inhalt der Kriminalgeografie?
3. Was wird unter dem Begriff „Kriminalitätslagebild" verstanden?
4. Welche Bedeutung haben die Erkenntnisse der Kriminalgeografie für die Erstellung von polizeilichen und außerpolizeilichen Lagebildern?
5. Erläutern Sie Begriff, Inhalt und Bedeutung der Häufigkeitszahl!
6. Nennen Sie beispielhaft Erkenntnisse der Kriminalgeografie und deren Anwendungsmöglichkeiten für die polizeiliche Praxis!
7. Erläutern Sie die wesentlichen Zielsetzungen der Kriminologischen Regionalanalyse!
8. Was ist unter „Tätermobilität" zu verstehen? Welche polizeipraktische Bedeutung haben die Erkenntnisse?
9. Warum sind Großstädte und Ballungsgebiete besonders hoch mit Kriminalität belastet?
10. In welcher Beziehung stehen Städtebau, Wohnhausarchitektur und Kriminalität?

# 8 Weiterführende Literatur

*Albrecht, G.*: Kriminalgeographie, Städtebau und Kriminalität. In: Kaiser, G./Kerner, H.-J./Sack, F./Schellhoss, H. (Hrsg.): Kleines Kriminologisches Wörterbuch, 3. Auflage, UTB Bd. 1274, C. F. Müller Verlag, Heidelberg 1993

*Hellmer, J.*: Kriminalitätsatlas der Bundesrepublik Deutschland und West-Berlins – ein Beitrag zur Kriminalgeographie –, BKA-Schriftenreihe, Wiesbaden 1972

*Hofmann, F.*: Kriminalgeographie. In: Kerner, H.-J. (Hrsg.), Kriminologie Lexikon, 4. Auflage, Kriminalistik Verlag, Heidelberg 1991

*Janssen, H.*: Chicago-Schule, In: Kerner, H.-J. (Hrsg.), Kriminologie Lexikon, 4. Auflage, Kriminalistik Verlag, Heidelberg 1991

*Schwind, H.-D.*: Kriminologie, 20. Auflage, Kriminalistik Verlag, Heidelberg 2010

*Schwind, H.-D./Ahlborn, W./Weiß, R.*: Dunkelfeldforschung in Bochum 1986/87, BKA-Forschungsreihe, Bd. 21, Wiesbaden 1989

## Zeitschriften

*Herold, H.*: Die Bedeutung der Kriminalgeografie für die polizeiliche Praxis. In: Kriminalistik 7/77, S. 289–296

*Nommer, J.-V.*: Das geografische Muster der Kriminalität. Eine GIS-Analyse zur Identifizierung kriminogener Faktoren. In: GIS/Geobit 10/2001, S. 29–31

*Schwind, H.-D./Steinhilper, G.*: Einige Ergebnisse der Bochumer kriminalgeographischen Untersuchungen – Kriminalitätsatlas Bochum –. In: Kriminalistik 10/78, Kriminalistik Verlag, Heidelberg 1978

## Internet-Fundstellen

http://www.kriminologie.uni-hamburg.de

http://www.krimlex.de

# Kapitel 7
# Kriminalprävention

## 1 Begriff und Struktur

### 1.1 Begriff

Unter Prävention allgemein wird die Verhinderung einer Handlung, eines angestrebten Zieles oder von prognostizierten Folgen verstanden.

Kriminalwissenschaftlich wird mit der Prävention die Verhinderung bzw. die Vorbeugung von Straftaten im Sinne von Kriminalprävention verfolgt.

Ursprünglich bedeutete Kriminalprävention Abschreckung von Straftätern durch Strafandrohung, Strafverfolgung und Bestrafung.

Kriminalprävention ist nach allgemeinem Verständnis ein Zweckbegriff, der unter kriminalpolitischen Aspekten verschiedenen Disziplinen der Gesellschaftspolitik sowie den Strafrechtswissenschaften, der Kriminologie und der Kriminalistik zugeordnet wird.

Nach heutigem Verständnis umfasst Kriminalprävention alle Maßnahmen und Vorkehrungen, die seitens des Staates und von privater Seite eingeleitet und realisiert werden, um das Ausmaß und die Schwere der Kriminalität zu vermindern.

Die Kriminalprävention zielt darauf ab

- Kriminalitätsursachen,
- Kriminalitätsanreize und die
- Bereitschaft zu kriminellem Verhalten zu beseitigen oder positiv zu beeinflussen,
- Straftaten bzw. deren Erfolg zu verhindern oder wenigstens zu erschweren.

**Definition nach der PDV 100:**

Die PDV 100, Nr. 2.1.1.1 definiert die polizeiliche Prävention wie folgt: „Prävention umfasst die Gesamtheit aller staatlichen und privaten Bemühungen, Programme und Maßnahmen, welche die Kriminalität und die Verkehrsunfälle als gesellschaftliche Phänomene oder individuelle Ereignisse verhüten, mindern oder in ihren Folgen gering halten. Zu solchen negativen Folgen zählen physische, psychische und materielle Schäden sowie Kriminalitätsangst, insbesondere die Furcht, Opfer zu werden."

### 1.2 Struktur der Kriminalprävention

#### 1.2.1 Kriminalpolitische Zielsetzung

Nach kriminalpolitischer Zielsetzung wird unterschieden zwischen:

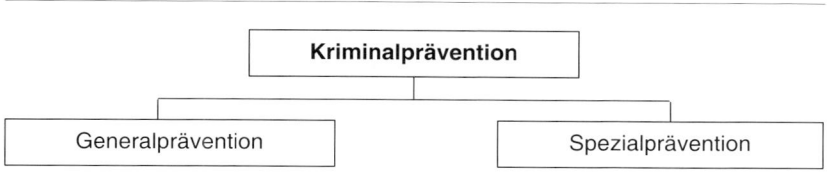

Übersicht: Systematisierung der Prävention

Die **Generalprävention** richtet sich an potenzielle Straftäter mit dem Ziel der Abschreckung durch Strafandrohung und Strafverfolgung. Sie wird auch als sog. negative Generalprävention bezeichnet, die von der positiven Generalprävention abzugrenzen ist, die der Stärkung und Erhaltung der Rechtstreue dienen soll.[1]

Die **Spezialprävention** zielt auf die Verhütung künftiger Straftaten durch die unmittelbare Einwirkung auf den Täter mit den Mitteln der Strafe und den Maßregeln der Besserung und Sicherung ab. Ihr Augenmerk ist besonders auf die Verhütung der Rückfälligkeit bereits straffällig gewordener Personen gerichtet. Zielobjekt ist also der individuelle Rechtsbrecher. Auch hier wird unterschieden zwischen positiver und negativer Spezialprävention. Die positive Spezialprävention bezweckt die Resozialisierung durch Erziehung, Besserung und Wiedergutmachung des Täters. Der Wiedergutmachungs- und Erziehungsgedanke kommt u. a. im Täter-Opfer-Ausgleich zum Tragen. Die negative Spezialprävention ist auf die Abschreckung des individuellen Täters gerichtet. Sie wird u. a. realisiert mit dem Verfolgungs- und Entdeckungsrisiko, dem der Täter bei Tatbegehung ausgesetzt wird.

## 1.2.2  Kriminologische Zielsetzung

Die grundlegende kriminologische Zielsetzung unterscheidet nach primärer, sekundärer und tertiärer Kriminalprävention.

| Primäre Kriminalprävention | Sekundäre Kriminalprävention | Tertiäre Kriminalprävention |
|---|---|---|
| Merkmale: <br> – Entwicklung und Stärkung des Rechtsbewusstseins <br> – Verinnerlichung der geltenden Rechtsnormen <br> – Beseitigung von Sozialisationsmängeln und <br> – sozial-strukturellen gesellschaftlichen Nachteilen <br> – Belohnungssysteme für rechtskonforme Handlungen | Merkmale: <br> Kriminalitätskontrolle durch <br> – Veränderung der Tatanreize <br> – Erhöhung des Täterrisikos bei der Tatbegehung <br> – Erhöhung des Schwellenwertes zur Erreichung des Taterfolgs <br> – Reduzierung des Tatertrags <br> – Stützung sozialadäquaten Verhaltens | Merkmale: <br> Sanktionierung, Behandlung und Wiedereingliederung des Täters durch <br> – Verzicht auf förmliches Verfahren, z. B. Diversion, Täter-Opfer-Ausgleich <br> – sozialtherapeutische Behandlung <br> – Bewährungsauflagen <br> – Resozialisierungsmaßnahmen |

Übersicht: Ziele der Kriminalprävention

---

[1]  Kube/Koch (1992), S. 8

Die **primäre Kriminalprävention** zielt mit gesellschaftspolitischen Mitteln insbesondere auf die Normenverdeutlichung und die Stabilisierung des Rechtsbewusstseins in der Gesellschaft i. S. der positiven Generalprävention ab. Sie soll die eigentlichen, in den gesellschaftlichen und sozialen Umständen liegenden Ursachen, die für die Entstehung krimineller Verhaltensmuster maßgeblich sind, beseitigen.

Mit der **sekundären Kriminalprävention** wird angestrebt, die in der realen Wirklichkeit vorhandenen tatfördernden Strukturen zu beseitigen bzw. zu reduzieren, die Tatbegehungschwelle zu erhöhen und den Taterfolg zu minimieren. Täterbezogen sollen tatbereite Personen durch Veränderung der Tatgelegenheitsstrukturen von ihren beabsichtigten Taten abgehalten werden. Dies kann geschehen durch

– raumbezogene Verringerung erkannter krimineller Zielobjekte,

– Erhöhung des Schwellenwertes für die Tatbegehung bzw. Erschwerung der Zugänglichkeit zu bevorzugten Tatobjekten,

– Risikoverstärkung für den potenziellen Täter durch Erhöhung der Tataufklärung bzw. Täterüberführung,

– Entziehung des Tatertrages.

Weiterhin sollen potenzielle Täter durch Stützungsmaßnahmen zu sozialadäquatem Verhalten veranlasst werden.

Opferbezogen verfolgt die sekundäre Kriminalprävention die Verminderung des Opferrisikos.

**Tatgelegenheitsstrukturen:**

Als Tatgelegenheitsstrukturen kann man solche Umweltzustände und deren Verknüpfungen bezeichnen, die als Tatanreize bzw. als Tathemmnisse für den Tatentschluss des mehr oder weniger rational handelnden Täters relevant sind.

Tatgelegenheiten können als objektive Bedingungen und als subjektiv wahrgenommene Chancen für kriminelles Verhalten angesehen werden.

**Strukturelemente der Tatgelegenheiten:**

– Zielobjekte

Potenzielle Opfer sollen aus dem Zugriffsbereich des potenziellen Täters herausgehalten werden. Dies kann rein physisch, aber auch durch Beratung und Aufklärung erfolgen.

– Zugänglichkeit, Schwellenerhöhung

Es soll die Erhöhung der Schwelle der für die Tatbegehung notwendigen kriminellen Energie erfolgen.

Bsp.:
Hierzu zählen u. a. der Einsatz von Sicherungstechnik oder Überwachungskameras.

- Misserfolgsrisiko

  Das Misserfolgsrisiko zielt auf eine Abschreckung von potenziellen Straftätern ab, weil diese annehmen müssen, dass sie ermittelt und überführt werden. Dadurch verwirklichen sie nicht ihr mit der Straftat angestrebtes Ziel.

  Bsp.:
  - Erhöhung des Misserfolgsrisikos durch neue Verfahren zur Aufklärung eines Sachverhalts (z. B. DNA-Analyse) oder
  - Erhöhung des Ermittlungsrisikos für den Täter generell durch hohe Aufklärungsleistung.

- Minderung des Tatertrags

  Ziel ist es, den illegalen Tatertrag den Tätern zu entziehen oder ihn zunichte zu machen.

  Bsp.:
  - Gewinnabschöpfung bei Rauschgiftdelikten,
  - Weiterentwicklung der Vermögensbeschlagnahme,
  - strafbefreiende Selbstanzeige bei Steuerhinterziehung.

Das Gebiet der sekundären Prävention ist Haupttätigkeitsgebiet präventiver polizeilicher Arbeit.

Die **tertiäre Kriminalprävention** zielt darauf ab, den bereits auffällig gewordenen Straftäter vor Rückfälligkeit zu bewahren bzw. ein dauerhaftes Abgleiten in Kriminalität zu vermeiden.

Bei der tertiären Prävention stehen im Vordergrund die
- Sanktionierung,
- Behandlung,
- Wiedereingliederung des Täters.

Formen der tertiären Prävention sind u. a.:
- die Diversion im Jugendstrafrecht als Alternative zur Strafe, Resozialisierungs- und Strafmöglichkeiten,
- der Täter-Opfer-Ausgleich,
- ambulante Resozialisierungsmaßnahmen wie soziale Trainingskurse,
- Geldstrafe, Bewährungshilfe, Verwahrvollzug in Heim, betreutes Wohnen,
- Straffälligenhilfe,
- Resozialisierungsfonds.

**Beachte**

Kriminalprävention ist eine gesamtgesellschaftliche Aufgabe, nicht nur Aufgabe eines bestimmten staatlichen Bereichs oder ausgewählter Institutionen, sondern Aufgabe
- des Staates und seiner Einrichtungen,
- privatrechtlicher Institutionen und Einrichtungen,
- jedes einzelnen Bürgers.

## 2 Aktuelle Aspekte der Kriminalprävention

Kriminalpräventive Konzepte bestehen sowohl auf nationaler als auch auf internationaler Ebene.

### Beachte

Einen kurzen Abriss der Entwicklung und des derzeitigen Standes der Kriminalprävention in Europa und Deutschland enthält der 2. Periodische Sicherheitsbericht 2006 des BKA unter Ziff. 7 kriminalprävention.[2] Als interdisziplinäre Einrichtung besteht in Deutschland die „Stiftung Deutsches Forum für Kriminalprävention", gegründet im Mai 2001. Die Stiftung verfolgt unter Orientierung an gesamtgesellschaftlichen und individuellen Ursachen von Kriminalität im Besonderen den Zweck, alle kriminalpräventiven Aktivitäten zu vernetzen.[3] In den Bundesländern bestehen Landespräventionsgremien, in denen möglichst umfassend die gesellschaftlich relevanten Kräfte in die Kriminalprävention eingebunden sind. Eine gleiche Entwicklung hat auf lokaler und regionaler Ebene stattgefunden. Den Stand der internationalen kriminalpräventiven Bemühungen stellt der Bericht des BMJ über den Kongress der Vereinten Nationen v. 10.–17.04.2000 in Wien unter dem Titel: „Verbrechensverhütung und Behandlung Straffälliger" dar.[4]

In früherer Zeit war es üblich, Kriminalprävention und verbrechensvorbeugende Maßnahmen als polizeiliche Aufgabe der Gefahrenabwehr zu sehen. Aktuelle Präventionsansätze gehen von interdisziplinären, ressortübergreifenden Strategien aus. Diesem strategischen Ansatz folgt die kommunale Kriminalprävention, um bei der Polizei, kommunalen Einrichtungen und Bürgern auf örtlicher Ebene gemeinsame Aktivitäten zur Kriminalitätseindämmung zu entwickeln. Grundlage des koordinierten Handelns ist die Erkenntnis, dass Kriminalität hauptsächlich ein Problem der Großstädte und Ballungsgebiete ist (siehe Kriminalgeografie) und die Ursachen in lokalen Bedingungen liegen, die effektiv auf örtlicher Ebene beeinflusst werden können. Die Gründe liegen im Wesentlichen in den vorhandenen Tatgelegenheitsstrukturen (siehe dort) und in den allgemeinen sozialen Verhältnissen der Städte, die kriminelles Verhalten in seiner Entstehung fördern.

Der Polizei kommt in der Kommunalen Kriminalprävention eine bedeutende Rolle zu, denn sie ist diejenige staatliche Institution, die über umfangreiche Erkenntnisse der Kriminalitätslage verfügt, die durch umfassende Kriminologische Regionalanalysen zu ergänzen sind.

---

[2]  Abzurufen unter http:// www.bka.de

[3]  Abzurufen unter http://www.polizei-beratung.de

[4]  Siehe www.bmj.de/enid/Kriminalpraevention/Verbrechensverhütung_und_Behandlung_Strafaelliger_5j.html

# 3 Polizeiliche Kriminalprävention

## 3.1 Ziele

Generelle Ziele der polizeilichen Kriminalprävention nennt die PDV 100, Ziff. 2.1.2.1. Die Ziele werden wesentlich bestimmt und begrenzt durch den gesetzlichen Auftrag der Polizei und die ihr zur Verfügung stehenden realen kriminalpräventiven Einflussmöglichkeiten und Mittel. Sie werden realisiert durch polizeiliche Präventionsstrategien, in deren Mittelpunkt

- die Reduzierung der Kriminalität,
- die Verhinderung von Straftaten und
- die Vermeidung des Opferwerdens

stehen.

Feinziele polizeilicher Kriminalprävention sind vorwiegend:

- Reduzierung präventabler Delikte der Straßenkriminalität, der Gewaltkriminalität und der Verkehrskriminalität,
- Zurückdrängen der Kinder- und Jugenddelinquenz; Minderung krimineller Verhaltensmuster sowie Verhinderung des dauerhaften Abgleitens von jungen Menschen in Kriminalität,
- Einflussnahme und Reduzierung von erkannten kriminalitätsfördernden Strukturen,
- Verhinderung des Entstehens delinquenzfördernder Faktoren,
- Sensibilisierung der Bürger für Gefahren, die von der Kriminalität allgemein und von bestimmten Straftaten ausgehen,
- Stärkung des Selbstschutzgedankens und des sicherheitsorientierten Verhaltens der Bürger; Förderung des Verantwortungsbewusstseins und des Gemeinsinns der Bürger für ihr soziales Umfeld,
- Abbau übermäßiger Kriminalitätsangst.

## 3.2 Erkenntnisgrundlagen

Präventionslagebilder sind Grundlagen für alle präventiv-polizeilichen Tätigkeiten auf den unterschiedlichen Organisationsebenen. Zu diesem Zweck werden die zur Verfügung stehenden sicherheitsrelevanten Informationen unter Präventionsgesichtspunkten bewertet und in Präventionslagebildern als Erkenntnis-, Entscheidungs- und Handlungsgrundlage bereitgestellt und zielgruppenorientiert in geeignete Präventionsmaßnahmen umgesetzt.

Als Erkenntnisquellen für das (operative) Präventionslagebild sind die im Untersuchungsbereich (Inspektion, Direktion, Präsidialbereich) erhobenen und in den sonstigen polizeilichen Lagebildern verarbeiteten Informationen und Erkenntnisse zu nutzen, soweit sie Hinweise auf präventable rechtswidrige Handlungen, Zustände oder Entwicklungen geben.

In der Hauptsache kommen dafür folgende Daten in Frage (die Aufzählung ist nicht abschließend):

- Daten aus dem aktuellen Kriminalitätslagebild und dem Verkehrslagebild,
- Kriminalitätsdaten aus der Polizeilichen Kriminalstatistik unter Auswertung geeigneter PKS-Tabellen,
- statistische Sammlungen zur Verkehrsdelinquenz und zur Verkehrsunfallsituation,
- Erkenntnisse zur subjektiven Einschätzung der Sicherheit durch die Bürger in ihren Gemeinden (subjektive Sicherheitslage),
- Strukturdaten des Raumes, Objekte und Personen mit Sicherheitsbezug, potenzielle Gefahrenquellen,
- kriminalgeografische Daten des jeweiligen Organisationsbereichs wie Erkenntnisse über kriminogene Örtlichkeiten, kriminalitätsfördernde soziale Strukturen und Brennpunkte, vorhandene Tatgelegenheitsstrukturen, Kriminalitätsbelastung, Täterwohnsitze u. a. m.,
- Sammlung von Erkenntnissen über jugendliche Mehrfachtäter und Intensivtäter,
- Daten aus der Erfassung polizeilich relevanter jugendlicher Tätergruppen,
- internes Wissen von Mitarbeitern,
- polizeiliche Maßnahmen mit Präventionscharakter.

Aus der Zusammenführung, Bewertung und Verdichtung der Daten können präventionsrelevante Erkenntnisse gewonnen werden im Hinblick auf

- vorhandene oder sich entwickelnde Konfliktstrukturen,
- Gefahrenbrennpunkte und Störungen der öffentlichen Sicherheit und Ordnung,
- Häufung bestimmter Straftaten und Erscheinungsformen, räumliche und zeitliche Brennpunkte der Kriminalität,
- die Tatverdächtigenstrukturen und Tatverdächtigenbelastungen nach Alter, Geschlecht und bevorzugten Delikten,
- Häufung bestimmter Verkehrsdelikte und Verkehrsunfallursachen,
- gefährdete Opfer nach Alter, Geschlecht, sozialer Stellung,
- das Vorhandensein oder die Entwicklung von Opferräumen und Opferzeiten.

## 3.3 Schwerpunkte polizeilicher Kriminalprävention

Die Schwerpunkte polizeilicher Kriminalprävention werden in den Bundesländern unterschiedlich gesetzt.

Von Bund und Ländern gemeinsam wird das „Programm Polizeiliche Kriminalprävention" realisiert. Mit dem Programm wird das Ziel verfolgt, die

Bürger, Medien, die institutionellen Träger von Kriminalprävention über Erscheinungsformen von Kriminalität und deren Verhinderungsmöglichkeiten aufzuklären. Dies geschieht u. a. durch Entwicklung von Konzepten, Empfehlung von Maßnahmen und vielfältiger Unterstützung. Die Durchführung liegt in den Händen der Kommission Polizeiliche Kriminalprävention, einem Bund-Länder-Gremium.

Auf Landesebene handelt es sich vorwiegend um zielgruppen- oder deliktsorientierte mittel- und langfristig angelegte polizeiliche Präventionskonzepte.

Im Besonderen stehen Drogen- und Suchtprävention, Prävention von Gewalt an Schulen und in Familien, delikts- oder deliktsgruppenorientierte Präventionsprojekte wie sicherungstechnische oder Verhaltensempfehlungen zur Verminderung des Opferrisikos im Mittelpunkt. Täterzentrierte Präventionskonzepte richten sich vor allem an gefährdete Jugendliche mit dem Ziel, gesetzeskonforme Verhaltensweisen zu stabilisieren bzw. ein Abgleiten in Kriminalität zu verhindern.

Die Umsetzung der Präventionskonzepte findet auf lokaler Ebene durch die Behörden des Polizeivollzugsdienstes statt. Neben der verhaltensorientierten und sicherheitstechnischen Beratung der Bürger liegen die Schwerpunkte polizeilicher Kriminalprävention in geeigneten anlassorientierten operativen Maßnahmen, wie gezielte Erhöhung polizeilicher Präsenz, verstärkter Streifentätigkeit, Überwachung kriminalitätsgefährdeter Räume, Durchführung ereignisunabhängiger Einsatzmaßnahmen mit Präventionscharakter. Daneben stehen Bemühungen zur Reduzierung von erkannten Tatgelegenheiten und die tatzeitnahe Betreuung von Kriminalitätsopfern. Weitere Aktivitäten liegen in der Zusammenarbeit mit kommunalen und privaten Institutionen im Rahmen von Ordnungspartnerschaften, der Abgabe von Stellungnahmen zu städteplanerischen Vorhaben als Träger öffentlicher Belange und der Kooperation zwischen Bürgern und Polizei zur Stärkung des Sicherheitsgefühls der Bürger.

**Merke**

Die praxisorientierte Kriminalprävention auf lokaler Ebene ist neben der Repression, der Verfolgung von Straftaten, ein wichtiger Aufgabenzweig polizeilicher Tätigkeit im Rahmen der Verbrechenskontrolle und der opferorierten Polizeiarbeit.

## 4 Klausurbeispiel

**Sachverhalt**

Vor zwei Tagen (angenommene Tatzeit: Dezembermonat) wurde die 68-jährige Rentnerin Frau M nach Verlassen der Sparkasse in A-Stadt gegen 17.30 Uhr im Stadtpark (Innenstadtbereich) überfallen und beraubt; Beute: 500 Euro Bargeld.

Frau Müller hatte am Tattage von der Sparkasse in A-Stadt ihre Rente für den Monat Dezember abgeholt. Etwa gegen 17.20 Uhr verließ sie die Sparkasse. Das Bargeld bewahrte sie in ihrer Handtasche auf. Um den Nachhauseweg abzukürzen, es war bereits dunkel, ging sie durch den nahen Stadtpark, der zu dieser Zeit noch von vielen Passanten benutzt wird. Plötzlich kam ein jünger Mann ihr entgegen, der sie anrempelte und ihr die Tasche mit dem Geld aus der Hand riss. Dabei stieß er sie zu Boden. Infolge des Sturzes zog sich Frau Müller einen Oberarmbruch zu.

Infolge der Tat und der erlittenen Verletzung hat Frau M einen Schock erlitten.

Die Geschädigte beschrieb den Täter als ca. 20 Jahre alt mit auffallend langem bis auf die Schulter fallendem Haar. Er habe einen verwahrlosten Eindruck gemacht. Eine weitergehende Beschreibung konnte die Geschädigte nicht abgeben. Die geraubte Handtasche wurde kurz nach der Tat bei der polizeilichen Absuche des mutmaßlichen Fluchtwegs des Täters ohne Inhalt in Tatortnähe gefunden. Raubüberfälle nach ähnlichem Tatmuster waren in den zurückliegenden Wochen wiederholt im Innenstadtbereich von A-Stadt geschehen. Die Taten blieben bis jetzt unaufgeklärt. Die von den Geschädigten abgegebenen Täterbeschreibungen stimmen nicht in allen Merkmalen mit der von Frau M abgegebenen Beschreibung überein.

In mehreren anderen Fällen hatten Jugendliche, die in Kleingruppen agierten, in der Innenstadt von A-Stadt in den späten Nachtstunden Einzelpersonen angegriffen und unter Drohung mit Stichwaffen die Herausgabe von Bargeld und Handys erzwungen.

Überproportional zugenommen haben auch Tageswohnungseinbrüche, vorwiegend in den Randbereichen der Stadt. Tatobjekte sind einzeln stehende Villen und Einfamilienhäuser. Die Bewohner waren zur Tatzeit abwesend. Modus Operandi: Aufhebeln von Terrassentüren, Fenstern in Erdgeschoss. Diebesgut: Bargeld, hochwertiger Schmuck. Die Bürger dieses Stadtviertels sind in hohem Maße verunsichert und fordern den Einsatz von privaten Sicherheitsunternehmen, da die Polizei offensichtlich machtlos sei.

Die örtliche Presse hatte die Fälle aufgegriffen und wiederholt darüber berichtet.

Sie nahm den neuerlichen Raubüberfall auf die Rentnerin M zum Anlass, um darüber zu berichten und öffentlich die Frage zu stellen, ob denn „die Polizei untätig" bliebe und „die Sicherheit der Bürger nicht gewährleisten" könne.

## Aufgaben

1. Beschreiben Sie Begriff und Inhalt und allgemeine polizeiliche Ziele der sekundären Kriminalprävention!
2. Welche polizeilichen Maßnahmen der sekundären Kriminalprävention wären zu veranlassen? Formulieren Sie Ihre Lösung als Maßnahmenkatalog!

## Lösungshinweise

Zu Aufgabe 1: Beschreiben Sie Begriff, Inhalt und allgemeine polizeiliche Ziele der sekundären Kriminalprävention!

### 1.1 Begriff und Inhalt

Kriminalprävention wird unterschieden nach primärer, sekundärer und tertiärer Kriminalprävention.

Polizeiliche Präventionsmaßnahmen sind hauptsächlich im Bereich der sekundären Kriminalprävention angesiedelt.

Mit der **sekundären Kriminalprävention** wird angestrebt, die vorhandenen tatfördernden Strukturen und Anreize zu beseitigen bzw. zu reduzieren, die Tatbegehungsschwelle zu erhöhen und den Taterfolg zu minimieren. Täterbezogen sollen tatbereite Personen durch Veränderung der Tatgelegenheitsstrukturen von ihren beabsichtigten Taten abgehalten werden. Dies kann geschehen durch

– raumbezogene Verringerung erkannter krimineller Zielobjekte,
– Erhöhung des Schwellenwertes für die Tatbegehung bzw. Erschwerung des Zuganges zu bevorzugten Tatobjekten,
– Risikoverstärkung für den potenziellen Täter durch Erhöhung der Tataufklärung bzw. Täterüberführung,
– Entziehung des Tatertrages.

Weiterhin sollen potenzielle Täter durch Stützungsmaßnahmen zu sozialadäquatem Verhalten veranlasst werden.

Zudem zielt die sekundäre Kriminalprävention durch verhaltensorientierte Beratung auf die Stärkung potenziell gefährdeter Bürger und jener Personen ab, die bereits Opfer von Straftaten geworden sind, damit sich diese zukünftig besser gegen Straftaten durch Verhaltensänderungen schützen können. Denn Täter suchen ihre Opfer bei der Mehrzahl der Delikte bewusst und gezielt aus. Hierbei spielt das Verhalten des Opfers eine nicht unerhebliche Rolle für die Entscheidung des Täters zur Tatbegehung.

Die Polizei kann aufgrund ihrer unmittelbaren Erkenntnisse über Tatbegehungsweisen, Täterverhalten und aus ihrem Wissen über Opferräume und -zeiten im Zusammenhang mit opfergeneigten Verhaltensweisen kompetent beraten und durch operative Maßnahmen vor weiteren Straftaten schützen.

## 1.2 Polizeiliche Ziele

Ziele polizeilicher Kriminalprävention sind vorwiegend:

– Reduzierung präventabler Delikte der Straßenkriminalität, der Gewaltkriminalität und der Verkehrskriminalität,

– Zurückdrängen der Kinder- und Jugenddelinquenz; Minderung krimineller Verhaltensmuster sowie Verhinderung des dauerhaften Abgleitens von jungen Menschen in Kriminalität,

– Einflussnahme und Reduzierung von erkannten kriminalitätsfördernden Strukturen,

– Verhinderung des Entstehens delinquenzfördernder Faktoren,

– Sensibilisierung der Bürger für Gefahren, die von der Kriminalität allgemein und von bestimmten Straftaten ausgehen,

– Stärkung des Selbstschutzgedankens und des sicherheitsorientierten Verhaltens der Bürger; Förderung des Verantwortungsbewusstseins und des Gemeinsinns der Bürger für ihr soziales Umfeld,

– Abbau übermäßiger Kriminalitätsangst.

Zu Aufgabe 2: Welche polizeilichen Präventionsmaßnahmen wären vordringlich zu veranlassen?

Polizeiliche Maßnahmen der Kriminalprävention erstrecken sich im Schwerpunkt auf folgende taktische Ansätze:

– operative Einsatz- und Ermittlungsmaßnahmen mit Präventionscharakter,

– Belehrung der Betroffenen über Opferrechte, ggf. Opferbetreuung,

– gezielte Beratung über Maßnahmen der technischen Eigensicherung und verhaltensorientierte Beratung.

**Maßnahmenkatalog**

1. Nachtatbegleitende polizeiliche Opferbetreuung vor allem in den Fällen der Handtaschenraubüberfälle. Opfer sind ältere Menschen, vor allem Frauen, die aufgrund ihres Alters und ihrer Gebrechlichkeit ein hohes Opferrisiko tragen und die häufig auch noch opfergeneigte Verhaltensweisen zeigen.

2. Beratung über Opferrechte nach der StPO[5].

---

5 Die Opferrechte von Verletzten und Zeugen im Strafverfahren wurden durch das 2. Opferrechtsreformgesetz vom 29.07.2009 neu gefasst, veröffentlicht im BGBl. I S. 2280, in Kraft getreten mit Wirkung vom 01.10.2009.

3. Veranlassung der Opferbetreuung durch Organisationen, die speziell Kriminalitätsopfer betreuen, insbesondere im Fall des Handtaschenraubüberfalles mit materiellen, körperlichen und seelischen Opferschäden und unter dem Aspekt, dass es sich bei den Raubüberfällen um Gewalttaten handelt.

4. Veröffentlichung von Warnhinweisen in öffentlichen Medien an die Zielgruppen potenziell gefährdeter Personen.

5. Verhaltensorientierte Beratung von ausgewählten Zielgruppen mit dem Schwerpunkt der Seniorenberatung.

6. Technische Sicherheitsberatung mit dem Ziel der Intensivierung der Eigensicherung sowie der Verminderung von Tatgelegenheitsstrukturen.

7. Verstärkte anlassorientierte polizeiliche Präsenz unter Schwerpunktbildung an örtlichen und zeitlichen Kriminalitätsbrennpunkten.

8. Ermittlung und Überführung der Täter; Ziel: Abschreckung tatbereiter Personen durch Erhöhung der Gefährdungsschwelle.

9. Aktuelle, anlassbezogene Zusammenarbeit mit kommunalen Dienststellen und Bürgervereinen und Bürgergruppen i. S. gemeinsamer gezielter Kriminalprävention in den kriminalitätsgefährdeten Bereichen.

# 5 Prüfungsfragen

1. Was ist unter den Begriffen „Generalprävention", „Spezialprävention" und „Kriminalprävention" zu verstehen?

2. Welche Ziele werden mit der Kriminalprävention verfolgt?

3. Erläutern Sie die Begriffe „primäre, sekundäre und tertiäre Kriminalprävention"!

4. Was ist unter „Tatgelegenheitsstrukturen" zu verstehen? Nennen Sie einige Tatgelegenheitsstrukturen und deren polizeipraktische Bedeutung für die Prävention!

5. Nennen Sie einige Beispiele praktischer Kriminalprävention!

6. Welche Bedeutung kommt dem Opfer im System der Kriminalprävention zu?

7. Nennen Sie täterorientierte Möglichkeiten der Kriminalprävention!

8. Was versteht man unter „Opferräumen" und „Opferzeiten"? Welche Bedeutung haben entsprechende Erkenntnisse für die Entschließung zu präventivpolizeilichen Maßnahmen?

9 Umschreiben Sie den Begriff „technische Präventionsmaßnahmen" und benennen Sie Beispiele!

10. Umschreiben Sie den Begriff „verhaltensorientierte Präventionsmaßnahmen" und benennen Sie Beispiele!

## 6 Weiterführende Literatur

*Ammer, A.*: Kommunale Kriminalprophylaxe, Weisser Ring, Gemeinnützige Verlags-GmbH, Mainz 2000

*Göbel, R./Wallraf-Unzicker, F.*: Kriminalprävention, Eine Auswahlbiographie, BKA-Forschungsreihe, Bd. 45, Bundeskriminalamt, Wiesbaden 1997

*Kube, E./Koch, K.-F.*: Kriminalprävention, Lehr- und Studienbriefe Kriminologie, Band 3, VDP, Hilden 1992

*Schwind, H.-D.*: Kriminologie, 20. Auflage, Kriminalistik Verlag, Heidelberg 2010

Bundeskriminalamt (Hrsg.): Kriminalprävention in Deutschland, Länder-Bund-Projektsammlung, Wiesbaden 1999

**Internet-Fundstellen**

http://www.bka.de

http://www.bmj.de

http://www.polizei-nrw.de/lka/kriminalprävention

http://www.polizei-beratung.de

# Kapitel 8
# Viktimologie

## 1    Grundlagen der Viktimologie

### 1.1    Opferrolle in Kriminalistik und Kriminologie

Der Begriff Viktimologie stammt vom lateinischen Wort „victima" (das Opfer) und dem griechischen Wort „logos" (die Lehre). Viktimologie ist danach in der engen Auslegung die Lehre vom Opfer. Heute bevorzugt man eine weitere Auslegung der Viktimologie. Danach ist Viktimologie die Lehre vom Opfer, der Opferwerdung und der sozialen Reaktion auf Opfer; überwiegend wird die Perspektive des Verbrechensopfers zur Geltung gebracht.

Die Lehre von der Viktimologie ist relativ neu. Früher spielte im Interaktionsprozess der Straftat der Täter die herausragende Rolle, ging es den Kriminologen doch darum festzustellen, welche Ursachen die Kriminalität des Täters bedingten. Erst nach dem 2. Weltkrieg begann eine neue Strömung in der Kriminologie, weil man erkannte, welchen mitentscheidenden Einfluss die persönliche Rolle des Opfers beim Entstehen einer Tat, der Gestaltung der Tatgelegenheit und im Rahmen der Sozialkontrolle hat. Das Opfer ist damit erste Adresse im Rahmen der Prävention. Das Verhalten potenzieller Opfer ist kurzfristig veränderbar, während es lange dauert, einen Täter zu resozialisieren.

In der Kriminalistik war das Opfer immer von großem Interesse. So sind Geschädigte und Opfer Träger des Personalbeweises. Sie setzen durch ihre Strafanzeige die Strafverfolgung in Gang, stellen den Strafantrag, sind Zeugen oder Auskunftspersonen. Opfer sind häufig auch Spurenträger. Nicht erst in Zeiten moderner Kriminaltechnik war das Opfer für die naturwissenschaftliche Kriminalistik von enormer Bedeutung. Zudem dienen die Angaben des Opfers zur Rekonstruktion des Tatgeschehens und zur Feststellung der Tätermotivation. Deshalb sind für den Kriminalisten Opferangaben auch erste Adresse im Rahmen der Erstellung eines Täterprofils.

### 1.2    Opferbegriffe

In der Literatur, aber auch im polizeilichen Sprachgebrauch, sind sehr unterschiedliche Opferbegriffe üblich. So verbindet der Praktiker das Opfer eines Diebstahls eher mit dem Begriff eines Geschädigten und spricht vom Opfer erst dann, wenn es zu einem unmittelbaren Kontakt zwischen Täter und Opfer kommt. Nach den Richtlinien für die Führung der Polizeilichen Kriminalstatistik sind Opfer natürliche Personen, gegen die sich die mit Strafe bedrohte Handlung unmittelbar richtete.

Dieser sehr enge Opferbegriff verkennt, dass es auch weitere Personen gibt, die im Umfeld einer Straftat Opfer werden. Nicht zuletzt forderte die Gesellschaft, etwa über Institutionen wie der „Weiße Ring", mehr Beschäftigung mit dem Opfer und damit einen erweiterten Opferbegriff. So ist nach *Paasch* „Opfer diejenige natürliche und juristische Person, die in einem von der Rechtsordnung geschützten Rechtsgut verletzt wird"[1]. Die weiteste Auslegung bietet die Definition nach *Schneider*: „Opfer kann eine Person, Organisation, die Gesellschaft, der Staat oder die internationale Ordnung sein, die durch Kriminalität gefährdet, geschädigt oder zerstört werden. Verbrechensopfer können auch die Familienmitglieder eines Getöteten oder Personen sein, die bei der Verbrechensverhütung oder als Hilfspersonen der Polizei bei der Verbrechensbekämpfung geschädigt worden sind".[2]

In der Viktimologie konzentriert man sich jedoch auf die Opfer von Straftaten. Zu Recht kritisiert *Göppinger*, dass „ein weiterer Opferbegriff im Sinne von Opfern von Unfällen, Ungleichbehandlung, Schädigung jeglicher Art eine Ausweitung der Disziplin ins Uferlose bedeuten"[3] würde.

## 1.3    Aufgaben der Viktimologie

Die Aufgaben der Viktimologie sind in den letzten Jahren deutlich erweitert worden, was auch darin begründet sein dürfte, dass das gesellschaftliche Interesse an Opferschutz und Opferhilfe deutlich gestiegen ist.

Kernaufgabe der Viktimologie ist die Erforschung der Voraussetzungen und Bedingungen, die das Opfer zur Entstehung einer Straftat setzt. Diese bestehen in der jeweiligen Disposition und im Verhalten des Opfers, durch welche die Art und die Intensität der Tat entscheidend beeinflusst werden. Dies gilt vor allem für Beziehungsdelikte. Untersuchungen zur Opferdisposition ermöglichen es dem Kriminologen, konkrete Strategien zum Opferschutz zu entwickeln, die auf eine Vielzahl von Personen Anwendung finden können.

Bsp.:
Informationen zur Gefährlichkeit des Trampens oder von Geschäften an der Haustür.

Die Zahl der bekannt gewordenen Straftaten hängt entscheidend davon ab, ob und wann ein Opfer bereit ist, wegen einer erlittenen Handlung eine Strafanzeige zu erstatten. Die Anzeigenbereitschaft des Opfers bestimmt damit, wie realitätsnah kriminologische Lagebilder sind. Durch diese oft sehr subjektiven Entscheidungen der Opfer sind darüber hinaus viktimologische Forschungsansätze zur Diskrepanz zwischen Opferfurcht und Opferwerdung gegeben. Das Sicherheitsgefühl des Bürgers prägt damit ganz entscheidend gesellschaftliches Verhalten und kriminalpolitische Maßnahmen.

Bsp.:
Forderung nach mehr Polizei und schärferen Gesetzen nach Terroranschlägen.

---

[1]    Paasch, Fr. R.: Grundprobleme der Viktimologie, Diss. jur, Münster 1965; in: Nisse (2002), KL 9.2, S. 4 ff.

[2]    Schneider (1987), S. 754 ff.

[3]    Göppinger/Bock (2008), S. 165 ff.

Daneben erforscht die Viktimologie, welche Rolle das Opfer bei der Strafzumessung spielt. Hierbei sind das Opferverhalten in der gemeinsamen Interaktion, die Minimierung von Opferrisiken, aber auch Möglichkeiten und Grenzen der Schadenswiedergutmachung und Opferhilfe Schwerpunkte der viktimologischen Forschung.

Letztlich ist für die Viktimologie aber auch interessant, wie der Täter versucht, seine Tat durch die Technik der Neutralisation zu rechtfertigen, indem er dem Opfer die eigentliche Schuld an der Tat zuweist. Somit wird deutlich, dass das Ineinandergreifen von Täter- und Opferverhalten die eigentliche Tat auslöst und im Gesamtgefüge des Rechts und der Rechtspflege eingebunden ist.

> **Merke**
>
> Zum Grundwissen gehört die Rolle der Viktimologie in der Kriminologie und der Kriminalistik. Es sollte mindestens ein Opferbegriff bekannt sein und erläutert werden können. Die unterschiedlichen Aufgaben der Viktimologie sollten beschrieben werden können, wobei herausgestellt werden sollte, welchen Stellenwert die Viktimologie für eine praxisnahe Aufgabenwahrnehmung hat.

# 2 Die Straftat – eine Interaktion zwischen Täter und Opfer

## 2.1 Opferdisposition

Ähnlich wie für Taten und Täter sind auch für Opfer Typologien entwickelt worden. Dabei ist man sich mittlerweile darüber einig, dass es im Rahmen von Typisierungen sehr darauf ankommt, welche Rolle das Opfer beim bestimmten Delikt spielte und welche speziellen Motive und Verhaltensweisen des Opfers vorherrschten. Von daher betrachten Kriminologen ältere Opfertypologien, die sehr stark verallgemeinern, heute kritisch, da solche Typisierungen sehr unterschiedlich interpretationsfähig sind.

### 2.1.1 Opfertypologie nach *Fattah*[4]

*Fattah* entwickelte in den 60er-Jahren eine Opfertypologie, die eine sehr praxisnahe Typenbildung ermöglichte, da sie überwiegend auf den Tatbeitrag des Opfers abstellte. Er gliederte die Opfer in 5 Kategorien.

#### Nicht mitwirkendes Opfer

*Fattah* unterscheidet in ein passiv und ein aktiv nicht mitwirkendes Opfer. Passiv bedeutet für ihn, dass das Opfer ahnungslos oder machtlos ist, während das aktiv nicht mitwirkende Opfer Widerstand leistet.

---

4    Fattah (1967), S. 97 ff.

Bsp.:
Beim sexuellen Missbrauch von Kindern innerhalb der Familie erkennt das Opfer den Missbrauch nicht und hält es für Zärtlichkeit.
Fußballfans wehren sich aktiv gegen Angriffe von Hooligans.

## Latente oder prädisponierte Opfer

Nach *Fattah* konnte die Prädisposition in der Veranlagung und der erlernten inneren Bereitschaft zu einem bestimmten Verhalten liegen. So unterschied er noch in biophysiologische, soziale und psychologische Prädispositionen. Ältere oder gebrechliche Menschen waren für ihn biophysiologisch prädisponiert, der Beruf oder die soziale Stellung in der Gesellschaft stellten die soziale Prädisposition dar. Habgier, Gewinnsucht, Bestechlichkeit oder Leichtgläubigkeit waren letztlich psychologische Prädispositionen, die *Fattah* beschrieb.

Bsp.:
Ältere Frauen werden Opfer von Handtaschenrauben.
Vermögende Personen und Politiker werden Opfer von Anschlägen und Entführungen, Polizisten Opfer von Widerstandshandlungen.
Korruption von Politikern und Behördenbediensteten bei der Vergabe öffentlicher Aufträge.

## Provozierende Opfer

Auch bei diesem Opfertyp unterschied *Fattah* noch einmal, und zwar in passiv und aktiv provozierende Opfer. Das passiv provozierende Opfer ist unvorsichtig oder nachlässig, während das aktiv provozierende Opfer herausfordernd, ja sogar angreifend ist.

Bsp.:
Autofahrer lässt wertvolle Gegenstände offen im Auto liegen.
Fußballfans reizen Anhänger der gegnerischen Mannschaft durch gezielte Parolen.

## Mitwirkende Opfer

Bei dieser Opferkategorie zeigen sich deutliche Überschneidungen zur Gruppe der nicht mitwirkenden Opfer, was auch einen Kritikpunkt an der Opfertypologie nach *Fattah* darstellt. Das passiv mitwirkende Opfer reagiert unterwürfig oder resignierend auf eine Handlung, das aktiv mitwirkende Opfer hilft wissentlich oder unwissentlich bei der Tatausführung.

Bsp.:
Beim wiederholten sexuellen Missbrauch fügen sich Opfer in ihr Schicksal.
Beim Trickdiebstahl bei Juwelieren handeln Opfer aktiv mit, indem sie Schmuckstücke oder Uhren vorlegen, um diese verkaufen zu können.

## Falsche Opfer

Diese Opferkategorie besteht aus scheinbaren Opfern und solchen, die eine Straftat vorgetäuscht haben.

Bsp.:
Ein E-Bay-Kunde glaubt, betrogen worden zu sein.
Ein defektes Autoradio wird als gestohlen gemeldet.

## 2.1.2 Opfertypologie nach *von Hentig*[5]

*Hans von Hentig* entwickelte seine Typologie aufgrund persönlicher Merkmale der Opfer und stellte verschiedene Risikogruppen heraus.

### Opfer aufgrund besonderer biologischer Konstitution

Bsp.:
Ein Betrunkener wird beraubt (Zechanschlussraub). Handtaschenraub zum Nachteil älterer Frauen.

### Opfer aufgrund räumlich-zeitlicher Dimension

Bsp.:
Vergewaltigung einer Frau anlässlich ihres Kegelausflugs. Pkw-Aufbrüche auf Großparkplätzen bei Sportveranstaltungen. Diebstahl von Motorradteilen bei Motorrad-Messen.

### Opfer aufgrund familiärer Stellung

Bsp.:
Tötung des neugeborenen Kindes. Sexueller Missbrauch von Kindern in der eigenen Familie.

### Opfer aufgrund der beruflichen Stellung

Bsp.:
Mord an Taxifahrern. Überfälle auf Geldtransporter. Widerstand gegen Polizeibeamte.

### Opfer aufgrund eigenen aggressiven Verhaltens

Bsp.:
Tötung des Gatten, der die Familie tyrannisiert. Provozierende Fußballfans, die von Anhängern der gegnerischen Mannschaft verprügelt werden.

### Opfer aufgrund von Gewinn- und Lebensgier

Bsp.:
Anleger von Schwarzgeld, die Betrügern zum Opfer fallen (Nigerian connection). Opfer im Rotlichtmilieu.

### Opfer aufgrund rassischer oder religiöser Minderheiten

Bsp.:
Anschläge auf Farbige. Brandstiftungen an Synagogen oder Sachbeschädigungen auf jüdischen Friedhöfen.

### Opfer mit reduziertem Widerstande

Bsp.:
Trickbetrug bei Hinterbliebenen.

## 2.1.3 Opfertypologie nach *Mendelsohn*[6]

*Mendelsohn* geht in seiner Typologie einen völlig anderen Weg, denn er stellt auf den Schuldanteil des Opfers am Tatgeschehen ab. Diese sehr subjektiv orientierte Klassifizierung unterscheidet folgende Opfertypen:

---

[5]  Hentig, H. von: The criminal and his victim, Archon Books, New Haven 1948
[6]  Mendelsohn, B.: Une nouvelle Branche de la Science Bio Psycho-Sociale – la Victimologie, Revue Internationale de Criminologie et de Police Technique 1956, S. 95 ff.

## Vollständig unschuldiges Opfer

Bsp.:
Zufallsopfer einer überfallartigen Vergewaltigung.

## Opfer mit weniger Schuld als der Täter

Bsp.:
Täter macht das Opfer auf angeblichen Fahrzeugmangel aufmerksam, bei der vorgetäuschten Hilfeleistung wird das Opfer bestohlen (unwissendes Opfer).

## Genauso schuldiges Opfer

Bsp.:
Diskothekenschlägerei nach vorangegangener verbaler Auseinandersetzung.

## Ganz überwiegend oder alleinschuldiges Opfer

Bsp.:
Vater, der seine Tochter seit Jahren immer wieder vergewaltigte, wird durch die Familie getötet.

Neben den erläuterten Typologien gibt es weitere Klassifizierungen von Opfern durch andere Kriminologen, die mehr oder weniger praktischen Bezug haben.

Ein erweiterter Opferbegriff und eine veränderte Betrachtungsweise des Opfers und seiner Disposition bedingen eine neue Betrachtungsweise der Rolle des Opfers im Entstehungsprozess des Verbrechens.

## 2.2 Gestaltung der Tatgelegenheitsstruktur

Unstrittig dürfte sein, dass, je näher das Opfer dem Täter steht und je intensiver die Interaktion zwischen Täter und Opfer ist, desto mehr das Opfer die Tat mitgestaltet. Taten, bei denen eine Beziehung zwischen dem Tatverdächtigen und dem Opfer bestehen, werden deshalb auch besonders in der Polizeilichen Kriminalstatistik (PKS) ausgeworfen. Dies gilt jedoch nur in der engen Opferdefinition der PKS. Von daher kann man viktimologisch unterscheiden, ob Delikte ohne oder mit persönlichem Kontakt zwischen Täter und Opfer begangen wurden.

### 2.2.1 Taten ohne persönlichen Kontakt zwischen Täter und Opfer

Bei der Masse der Eigentumsdelikte findet kein persönlicher Kontakt zwischen Täter und Opfer statt. Tritt dieser Fall ein, eskaliert der Tatverlauf in den meisten Fällen.

Bsp.:
Aus einem Wohnungseinbruch wird ein Raub in einer Wohnung, weil das Opfer den Täter überrascht und ihm den Weg versperrt.

Taten mit entpersonifizierten Opfern sind trotz eines Kontaktes zwischen Täter und Opfer zu dieser Deliktsgruppe zu zählen.

Bsp.:
Unbeteiligte Fußgänger geraten in einen Schlägertrupp.

Von besonderem Interesse ist es herauszufinden, nach welcher Strategie ein Täter „sein" Opfer aussucht, wodurch somit die jeweilige Tatgelegenheitsstruktur bestimmt wird. Für die polizeiliche Praxis erscheint ein vierstufiges Modell der Tatgelegenheitsstruktur besonders geeignet.

Danach wird die Tatgelegenheitsstruktur bestimmt vom Vorhandensein, der Wahrnehmbarkeit und der Attraktivität einer Tatgelegenheit bei gleichzeitiger Berücksichtigung des Widerstandszeitwertes bzw. des Entdeckungsrisikos. Berücksichtigt man dabei, dass Situations- bzw. Intensivtäter diese Tatgelegenheitsstruktur für sich unterschiedlich beurteilen, ist es möglich, potenzielle Tatgelegenheiten herauszuarbeiten.

Bsp.:
Wohnungseinbruch: Eine Tatgelegenheit muss vorhanden und wahrnehmbar sein. Ein Situationstäter entdeckt möglicherweise ein Haus, bei welchem ein Fenster oder eine Terrassentür offen steht, ein Intensivtäter, auf der Suche nach hochwertiger Beute, hält nach Villen Ausschau. Das Tatobjekt muss attraktiv sein. Für den Situationstäter kommt jegliche Beute in Frage, der Intensivtäter sucht zielgerichtet nach spezieller Beute, etwa Bilder, Teppiche pp., wobei er ausnutzt, dass Opfer ihr Eigentum oft nicht ausreichend schützen, es als Statussymbol geradezu zeigen wollen. Der Widerstand, den der Situationstäter für die Tat überwinden muss, ist gering, da Terrassentür oder Fenster offen stehen. Da er die Tat schnell ausführen kann, ist damit das Entdeckungsrisiko gering. Der Intensivtäter, der in die Villa einbrechen will, muss eventuell größere Widerstände (Alarmanlage, Hunde o. ä.) überwinden. Er wird die Tat deshalb nur dann ausführen, wenn die Beute besonders attraktiv ist.
Pkw-Aufbruch: Ein Hehler beauftragt Jugendliche, ihm hochwertige Autoradios mit Navigationsgeräten zu liefern. Eine Tatgelegenheit wäre in Großparkhäusern an Flughäfen vorhanden, dort können Fahrzeuge mit  der speziellen Beute gesucht werden, aufgebrochen werden solche Fahrzeuge, die über keine besondere Diebstahlsicherung verfügen.

An den Beispielen wird deutlich, dass ein Situationstäter eine sich ihm bietende Tatgelegenheit wahrnimmt, der Intensivtäter eine Tatgelegenheit sucht. Für die Polizei bieten sich vor diesem Hintergrund unterschiedliche Präventionsstrategien. Warnt man Autofahrer, nichts im Auto offen liegen zu lassen, nimmt man einem Situationstäter die Wahrnehmbarkeit einer Tatgelegenheit und kann die Tat verhindern. Besondere technische Sicherungen erhöhen den Widerstandszeitwert, sodass das Entdeckungsrisiko für einen Intensivtäter zu groß wird und er auch bei großer Attraktivität der Beute von der Tat Abstand nimmt.

## 2.2.2   Taten mit persönlichem Kontakt zwischen Täter und Opfer

Gänzlich anders gestalten sich Taten, bei denen es zu einem persönlichen Kontakt zwischen Täter und Opfer kommt. Zwischen beiden Seiten kommt es zu einer Interaktion, auf bestimmte Aktionen erfolgen Reaktionen. Dabei ist nicht immer eine eindeutige Zuordnung möglich, von wem Aktion oder Reaktion ausging.

Bsp.:
Aus einer Beleidigung entwickelt sich eine Körperverletzung.

Bei Taten mit persönlichem Kontakt zwischen Täter und Opfer spielt die Kommunikation die entscheidende Rolle. So rät man heute Frauen, die von einem Vergewaltiger angegriffen werden, mit dem Täter zu sprechen und ihn betroffen zu machen, während man in früheren Präventionsstrategien Frauen noch geraten hatte, die Tat schweigend über sich ergehen zu lassen, um eine Eskalation zu verhindern.

Von entscheidendem Einfluss ist bei dieser Gruppe von Taten auch der Umstand, ob Täter oder Opfer unter dem Einfluss von Alkohol stehen. Die Tatsache, dass Alkohol zur Selbstüberschätzung, zu erhöhtem Geltungsdrang und zum Abbau von Hemmungen führt, macht deutlich, dass die Gefahr einer Eskalation besteht. Bei vielen Taten wären in solchen Fällen Täter und Opfer austauschbar.

## 2.3 Opferrolle in der Sozialkontrolle

Das Opfer spielt im Rahmen der Sozialkontrolle die entscheidende Rolle. Über 90 % aller Strafanzeigen gehen vom Bürger aus, wobei das Opfer oder der Geschädigte mit über 70 % den größten Anteil ausmacht. Damit bestimmt das Opfer das Bild der Kriminalität und den Umfang des Hellfeldes.

Das Opfer definiert, welche Handlung eine Straftat ist, es setzt aber auch das formelle Strafverfahren in Gang, bestimmt durch seine Angaben die Ermittlungsrichtung und kann Einfluss auf das Ergebnis des Verfahrens nehmen.

Bsp.:
Das Justitiariat eines großen Unternehmens nimmt eine Strafanzeige zurück, nachdem die Ermittlungen ergeben haben, dass Vorstandsmitglieder an Veruntreuungen beteiligt sein mussten.

### 2.3.1 Wahrnehmung, Interpretation und Definition einer Straftat

Wenn das Opfer die entscheidende Rolle über die Qualität und Quantität des Hellfeldes hat, ist zu untersuchen, im Rahmen welchen Prozesses das Opfer eine Entscheidung über eine Anzeigenerstattung trifft.

#### Wahrnehmung

Zunächst muss ein Opfer wahrnehmen, dass es Opfer einer Tat geworden ist.

Bsp.:
Taschendiebstahl: Der Besucher einer Kirmes wurde bestohlen, glaubt aber, sein Portemonnaie verloren zu haben.

#### Interpretation

Ein Opfer muss sich als solches fühlen.

Bsp.:
Ein Kind interpretiert sexuelle Missbrauchshandlungen durch den Großvater als Zärtlichkeiten.

#### Definition

Das Opfer muss die verletzte Norm kennen und das Täterverhalten unter diese Norm fassen.

Bsp.:
Opfern im Zusammenhang mit Aktienmanipulationen ist die strafbare Norm oft nicht bekannt. Schlägereien in Jahrmarktszelten werden nicht angezeigt, da es sich um ortsübliches Verhalten handelt.

Damit wird die hohe Definitions- und Selektionsmacht des Opfers deutlich.

## 2.3.2 Anzeigenbereitschaft, Viktimisierung und Anzeigenerstattung

### Anzeigenbereitschaft

Definiert ein Opfer eine Handlung als Straftat, bedeutet dies noch nicht, dass es auch eine Anzeige erstattet. Dies ist abhängig von seiner Disposition, seiner persönlichen Betroffenheit, von sonstigen Faktoren und der sekundären Viktimisierung.

### Opferdisposition

Typische Beispiele, welchen Einfluss die Opferdisposition auf die Anzeigenbereitschaft hat, wären Geschlecht und Alter des Opfers, der soziale Status, Schuld- und Schamgefühle, aber auch der Umstand, ob das Opfer Angst vor dem Täter hat.

Bsp.:
Jugendliche Raubopfer erstatten selten eine Anzeige, ältere Menschen haben Angst vor Behörden. Vergewaltigte Frauen schämen sich, den Verlauf der Tat zu schildern.

### Persönliche Betroffenheit

Zusätzlich ist von Bedeutung, wie groß die persönliche Betroffenheit durch die Tat ist. Diese ist etwa abhängig von der Höhe des Schadens oder der Intensität des Kontaktes.

Bsp.:
Der Diebstahl an Pkw wird wegen des geringen Schadens nicht angezeigt. Der versuchte Wohnungseinbruch wird angezeigt, da sich das Opfer in seiner engsten persönlichen Umgebung angegriffen sieht.

### Sonstige Faktoren

Daneben spielen weitere Faktoren eine Rolle, warum ein Opfer eine Anzeige erstattet oder nicht. Dies wären z. B. der persönliche Aufwand, die Einschätzung eines Ermittlungserfolges, die Versicherungsbedingungen, das Bild der Polizei aus der Sicht des Opfers, der Gruppendruck in der Familie oder dem Bekanntenkreis, aber auch die Betriebsjustiz.

Bsp.:
Pkw-Aufbrüche mit geringem Schaden werden durch die Versicherungen ohne polizeiliche Anzeige beglichen.
Der Geschädigte ist der Auffassung, dass die Polizei Fahrraddiebstählen nicht nachgeht.
Spindaufbrüche in Betrieben werden durch den Werksschutz verfolgt und beim Ermittlungserfolg in Absprache mit dem Betriebsrat geahndet.

### Viktimisierung

In der Viktimologie unterscheidet man die primäre, sekundäre und tertiäre Viktimisierung.

Unter der primären Viktimisierung versteht man die eigentliche Einwirkung auf das Opfer, wodurch es einen physischen, psychischen oder materiellen Schaden erleidet.

Bsp.:
Eine ältere Frau wird Opfer eines Handtaschenraubes. Sie erleidet einen Vermögensschaden, da ihr Geld geraubt wird, durch den Angriff erlitt sie eine Verstauchung des Handgelenks und sie hat in der Zukunft Angst davor, erneut Opfer eines Raubes zu werden.

Unter der sekundären Viktimisierung versteht man den Umstand, dass das Opfer die erlittene Tat ein „zweites Mal" erlebt. Das Opfer erfährt durch die Tat Reaktionen seitens der Familie und der Bekanntschaft, es muss im Rahmen des Ermittlungsverfahrens die Tat bei der Polizei schildern und hat im Prozess im Beisein des Täters die Handlung erneut darzulegen.

Bsp.:
Einem Vergewaltigungsopfer werden durch die Eltern Vorwürfe gemacht, weil es beim Trampen Opfer wurde.
Dem gleichen Opfer werden durch die Polizei und dem Gynäkologen Vorwürfe gemacht, da es sich nach der Tat zunächst geduscht hat, was zur Spurenvernichtung führte. Im Prozess erfragt der Verteidiger des Angeklagten schließlich, wie viele Sexualpartner das Opfer vorher bereits hatte.

Der Umstand der sekundären Viktimisierung ist Opfern oftmals aus dem Bekanntenkreis, aber auch aus den Medien bekannt. Sie fühlen sich diskriminiert, was zur Folge hat, dass sie von einer Anzeigenerstattung absehen.

Bsp.:
Die kriminologische Forschung geht davon aus, dass bei Vergewaltigungen die Hell-/Dunkelfeld-Relation bei 1:5 bis 1:25 liegt.

Von tertiärer Viktimisierung spricht man, wenn das Opfer seinen Opferstatus in das eigene Selbstbild aufnimmt und dadurch opferanfälliger wird.

## Anzeigenerstattung

Daneben ist für die polizeiliche Praxis durchaus auch die eigentliche Phase der Anzeigenerstattung von Bedeutung. Im Rahmen der Kommunikation zwischen Opfer und Polizeibeamten wird oftmals ein Tatbestand ausgehandelt. Das Opfer billigt dem Polizisten die kompetentere Rolle zu, wohingegen der Polizist je nach Ausbildung und Berufserfahrung bestimmte Tatbestände unter bestimmte Handlungen subsumiert.

Bsp.:
Eine Frau erstattet eine Anzeige, wonach ein betrunkener Mann ihr ans Gesäß gefasst habe. Als sie ihn weggestoßen habe, habe er sich zeitweise an ihrer Handtasche festgehalten. Es wird möglicherweise eine Anzeige wegen versuchter sexueller Nötigung, versuchten Handtaschenraubes oder Beleidigung aufgenommen.

**Merke**

Das Opfer hat entscheidenden Einfluss auf das Zustandekommen einer Straftat. Durch seine spezielle Opferdisposition kann es tatauslösend sein. Daneben spielt es eine große Rolle, ob es zu einem persönlichen Kontakt zwischen Täter und Opfer kommt. Je enger dieser Kontakt ist, umso mehr bestimmt das Opfer den Verlauf der strafbaren Handlung. Das Opfer hat darüber hinaus die Sanktionsmacht. Mit seiner Anzeigenbereitschaft bestimmt es, ob die formelle Strafverfolgung in Gang gesetzt wird. Der Viktimisierungsgrad ist dabei von entscheidender Bedeutung.

# 3 Viktimologie in der polizeilichen Praxis

In der polizeilichen Praxis werden viktimologische Erkenntnisse in unterschiedlichen Aufgabenbereichen herangezogen. Dies gilt besonders für strategische Planungen und Lagebilder, den Opferschutz durch verhaltensorientierte und technische Beratung sowie bei der Beurteilung des Sicherheitsgefühls des Bürgers, die entscheidend durch die individuelle und kollektive Kriminalitätsfurcht bestimmt wird.

## 3.1 Strategische Maßnahmen/Lagebilder

Zur polizeilichen Alltagsaufgabe gehört das Vorhalten eines laufend aktualisierten Lagebildes. Dabei werden nicht nur Tatorte aufgelistet, sondern es werden Gebiete mit Opferkonzentrationen herausgestellt. Dies gilt sowohl für örtliche wie für zeitliche Brennpunkte. Deliktsspezifische Untersuchungen zu erkannten Täter-Opfer-Beziehungen vervollständigen das Lagebild. Darüber hinaus werden über demografische Daten Prognosen über zukünftige Opferkonzentrationen angestellt.

Bsp.:
Bei der Ausweisung neuer Baugebiete ist abzusehen, dass dort ein deutlicher Anstieg von Diebstahlsdelikten während der Bauphase zu verzeichnen sein wird.
Bei Großveranstaltungen oder verkaufsoffenen Sonntagen in Einkaufszentren ist mit einem deutlichen Anstieg von Ladendiebstählen und Taschendiebstählen zu rechnen.

Diese Erkenntnisse fließen in die strategische Planung der Polizei ein. So werden Aufbau- und Ablauforganisationen angepasst oder verändert, neue Organisationseinheiten geschaffen, spezielle Fortbildungsprogramme eingeführt, aber auch verstärkt mit anderen Behörden, Handel, Industrie und auch Wissenschaft zusammengearbeitet.

Bsp.:
Bei Großveranstaltungen werden mobile Wachen eingerichtet.
Eine stärkere Ausrichtung zur Prävention führte zur Schaffung der Kommissariate Vorbeugung in NRW.
Die elektronische Wegfahrsperre wurde durch gemeinsame Anstrengungen von Industrie, Versicherungswirtschaft und Polizei initiiert.

Bei städtebaulicher Planung werden die Polizeibehörden frühzeitig beteiligt.
Im Rahmen ihres Studiums werden angehende Architekten über bauliche und technische Sicherungsmaßnahmen unterrichtet.

## 3.2 Opferschutz

Die früheste Umsetzung von viktimologischen Erkenntnissen erfolgte in Deutschland durch technische Prävention. In kriminalpolizeilichen Beratungsstellen, durch Medieninformationen, etwa „Die Kriminalpolizei rät", aber auch im Rahmen der Tatortarbeit wurden die Bürger darüber aufgeklärt, wie sie sich vor Straftaten besser schützen können. Im Vordergrund standen dabei Ratschläge zur Verhinderung von Diebstahl- und Einbruchskriminalität.

Nach dieser Anlaufphase wurden in den folgenden Jahren verstärkt verhaltensorientierte Ratschläge ausgesprochen. So wurde beispielsweise vor den Gefahren des Trampens gewarnt, das Programm „Nachbarn schützen Nachbarn" wurde ins Leben gerufen, vor allem aber wurden Frauen beraten, wie sie sich besser vor sexuellen Straftaten schützen können.

Gerade in diesem Deliktsfeld wurde deutlich, wie viktimologische Erkenntnisse zu einer Veränderung von Verhaltensempfehlungen führen können. So wurde Frauen früher geraten, eine Vergewaltigung eher zu ertragen, um eine Eskalation der Situation zu verhindern. Heute empfiehlt man potenziellen Vergewaltigungsopfern, den Täter durch Kommunikation betroffen zu machen oder auch heftige Gegenwehr zu leisten.

Daneben hatte die Viktimologie aber auch Einfluss auf eine Veränderung polizeilichen Verhaltens. Der Erlass über die Bearbeitung von Straftaten gegen die sexuelle Selbstbestimmung ist ein typisches Beispiel für viktimologische Weiterentwicklungen.

## 3.3 Kriminalitätsfurcht

Ein weiterer Berührungspunkt der Viktimologie mit der polizeilichen Praxis liegt in der Kriminalitätsfurcht des Bürgers. Diese besteht sowohl in einer konkreten Furcht vor einer bestimmten Straftat, z. B. erneut Opfer eines Wohnungseinbruchs zu werden, als auch in einer unbestimmten Angst vor Straftaten.

Bsp.:
Von älteren Bürgern wird immer wieder die Angst ausgesprochen, man könne sich ja nicht mehr auf die Straße wagen.

Das Grundrecht auf Sicherheit ist aber ein Kerngrundrecht, welches der Staat durch sein Gewaltmonopol dem Bürger sichern muss. Der Bürger muss dabei keine eigenen Erfahrungen als Opfer gemacht haben. Er hat durch seinen sozialen Nahraum von Opfererfahrungen gehört, durch die Medien davon berichtet bekommen oder verbindet sie mit eigenen

Existenzängsten. In diesem Zusammenhang ist auch das Kriminalitäts-furcht-Paradoxon zu erwähnen. Danach fürchten sich ältere Personen beiderlei Geschlechts mehr als andere davor, Opfer von Straftaten zu werden, während junge Männer die geringste Furcht haben. Tatsächlich werden aber gerade junge Männer am häufigsten Opfer von Straftaten, während ältere Personen bei den Opfern unterrepräsentiert sind.

Das Sicherheitsgefühl des Bürgers beeinflusst weitere gesellschaftliche Phänomene. So boomt seit der Wiedervereinigung das private Sicherheits-gewerbe u. a. auch deshalb, weil Bürger ihren Schutz selbst in die Hand nehmen. Ein schlechtes Ansehen der Polizei in der Öffentlichkeit führt dazu, dass Bürger ihren Zeugen- oder Hilfeleistungspflichten nicht mehr nachkommen. Letztlich ist das Bedrohtheitsgefühl des Bürgers und damit seine geringere Lebensqualität ein Einflussfaktor der Sicherheitslage. Dieser führt zu kriminalpolitischen Forderungen bis hin zur Änderung des Wahlverhaltens.

Bsp.:
Dem Vorsitzenden der Hamburger Schill-Partei gelang der Sprung in den Senat, weil er die Kriminalitätsfurcht der Bürger zum Wahlkampfthema machte.

Das Sicherheitsgefühl des Bürgers ist in der Viktimologie Gegenstand zahlreicher Untersuchungen gewesen. Man unterscheidet beim Bedrohtheits-gefühl in 3 Komponenten. Unter der affektiven Phase versteht man die gefühlte Art von Sicherheit. Ihr folgt die kognitive Phase, in welcher der Bürger die Kriminalitätsentwicklung oder sein persönliches Opferrisiko gedanklich einschätzt. Beide Phasen führen letztlich zur konativen Komponente, in welcher der Bürger gezielte Abwehrmaßnahmen trifft oder Verhaltensweisen vermeidet.

Bsp.:
In heruntergekommenen Stadtteilen entsteht ein allgemeines Gefühl des Unbehagens. Durch diese gehen etwa Touristen nicht zu Fuß. Sie schützen sich bewusst, indem sie keine Wertgegenstände mitführen oder offen tragen.

**Merke**

Bei der Erstellung polizeilicher Lagebilder sind viktimologische Erkenntnisse unabdingbar. Orte mit hoher Opferkonzentration bedingen verstärkte strategische Maßnahmen. Gleichzeitig sind Opfer erste Ansprechpartner für polizeiliche Präventionsmaßnahmen. Vor allem die Verhaltensprävention bietet wichtige Ansätze, die Gefahr der Opferwerdung einzuschränken.

Darüber hinaus ist es Ziel der Viktimologie, die Kriminalitätsfurcht der Bürger zu minimieren, um das Sicherheitsgefühl der Menschen zu stärken.

# 4    Viktimologie im Strafprozess

## 4.1    Rechtsstellung der Opfer

Viktimologische Erkenntnisse sind auch in der Justiz umgesetzt worden. In der Strafprozessordnung und im Gerichtsverfassungsgesetz sind Gesetzesänderungen erfolgt, die dem Persönlichkeitsschutz des Opfers dienen, z. B. §§ 68a, 69 StPO oder § 172 GVG. Es kann von seiner Vereidigung abgesehen werden, spielt aber auch im Rahmen der Strafzumessung hinsichtlich seines Tatbeitrags eine Rolle. Letztlich hat das Opfer einen Anspruch auf Wiedergutmachung des Schadens (§ 403 StPO).

In diesem Zusammenhang sind auch Täter-Opfer-Ausgleichsprogramme (§§ 155a, 155b StPO, § 45 JGG) zu sehen. Opfer und Täter sollen sich mit Hilfe eines unparteiischen Vermittlers (Mediator) versöhnen. Der Täter soll den Schaden beim Opfer wiedergutmachen, das Opfer den Täter einschätzen lernen.

Weitere Ausführungen zur Rechtsstellung der Opfer finden sich im Kapitel „Gewaltkriminalität".

## 4.2    Gesetzesänderungen

Neben der Stärkung von Opferrechten im konkreten Strafverfahren sind in den letzten 30 Jahren zahlreiche Gesetze zur Verbesserung der Opferstellung entstanden.

Im Gesetz über die Entschädigung für Opfer von Gewalttaten (Opferentschädigungsgesetz, OEG) aus dem Jahr 1976 wurde dem Opfer eine konkrete Entschädigung seines Schadens zugestanden.

Im Opferschutzgesetz von 1986, im Verbrechensbekämpfungsgesetz von 1994 und im Zeugenschutzgesetz von 1998 wurden die Opfer- und Zeugenrechte deutlich gestärkt.

Letztlich ist das 2002 in Kraft getretene Gewaltschutzgesetz ein weiteres Beispiel dafür, wie viktimologische Forschungsergebnisse Gesetzesänderungen bewirken.

---

**Merke**

In den letzten Jahren sind zahlreiche Gesetzesänderungen eingetreten, die die Stellung des Opfers entscheidend verbessert haben. Die Grundzüge des Täter-Opfer-Ausgleiches sollten daher beherrscht werden. Dies gilt auch für die Kernaussagen weiterer Gesetze, durch welche Opfer- und Zeugenrechte deutlich gestärkt wurden.

---

# 5    Klausurbeispiel

Examensklausur, Bearbeitungszeit 4 Stunden, keine Hilfsmittel

## Sachverhalt

Im Jahr 1999 wurden in allen Kreispolizeibehörden des Landes NRW Opferschutzbeauftragte eingeführt. Auf einer Tagung, zu welcher der Innenminister des Landes eingeladen hatte, wurden erste Erfahrungen ausgetauscht.

Innenminister Dr. Fritz Behrens (aus: Die Streife, 12/2001):

„Opferschutz ist wesentlich für die NRW-Sicherheitspolitik."

„Die Polizei ist in der Regel erster Ansprechpartner für Bürger, die für sich eine Ausnahmesituation erleben. Alle Polizeibeamtinnen und Polizeibeamte in Nordrhein-Westfalen sind mit dem Grundanliegen des Opferschutzes als bürgerorientierte Dienstleistung vertraut. Mir ist es wichtig, den Opferschutz als qualifizierte polizeiliche Aufgabe und Säule nordrhein-westfälischer Sicherheitspolitik und als ‚Chefsache' zu etablieren. Jede Polizeibeamtin, jeder Polizeibeamte ist verpflichtet, den Opfern Aufmerksamkeit und Hilfsbereitschaft entgegenzubringen. Die Einführung der Opferschutzbeauftragten hat sich bewährt. Machen Sie weiter so!"

In der Arbeitstagung wurde von allen Beteiligten betont, dass Opferschutz neben der Prävention und Repression wesentlicher Bestandteil der nordrhein-westfälischen Sicherheitspolitik sein muss.

## Aufgaben

1.  Erläutern Sie Begriff, Standort und Aufgaben der Viktimologie.
2.  Formulieren Sie Ihnen bekannte Opferbegriffe und stellen Sie dar, wie das Opfer im Rahmen der Sozialkontrolle als Selektionsfaktor wirkt.
3.  Zeigen Sie die Grundsätze und die Zielsetzung Täter-Opfer-Ausgleichs auf.

## Lösungshinweise

Zu Aufgabe 1:

Der Begriff Viktimologie leitet sich von dem lateinischen Wort „victima" (Opfer) ab. Man kann die Viktimologie definieren als Lehre vom Opfer, den persönlichen und situativen Bedingungen der Opferwerdung und der sozialen Reaktion auf Opfer.

Die Viktimologie als neues Teilgebiet der Kriminologie wurde erst Mitte des 20. Jahrhunderts als eigenständiges Gebiet der Kriminologie integriert. Zuvor konzentrierte sich die kriminologische Forschung bevorzugt auf Tat und Täter. Das Opfer hatte eher aus kriminalistischer oder strafprozessrechtlicher Sicht Bedeutung. Es war Zeuge (Tatrekonstruktion), Spurenträger, Hinweisgeber usw.

Opfer haben einen wesentlichen Einfluss auf den Gang des Verfahrens. Ihre Anzeigenbereitschaft bestimmt die Größe des Hellfeldes. Oft ist das Opfer einziger Zeuge der Straftat. Erst seit ca. 50 Jahren wird die Bedeutung des Opfers für die Entstehung einer Straftat anders beurteilt. Als Vater der Viktimologie könnte man Hans von Hentig bezeichnen, der in seinem Buch „Der Verbrecher und sein Opfer" die Interaktion zwischen Täter und Opfer als dynamisches Konzept der Verbrechensentstehung beschreibt. Für ihn war das Opfer kein passives Objekt, sondern ein Subjekt, das aktiv am Kriminalisierungsprozess teilnimmt.

Seither wird die Täter-Opfer-Beziehung zunehmend als dynamische Beziehung mit Prozesscharakter bewertet. Die Beteiligung des Opfers im interaktiven Kriminalitätsgeschehen kann unterschiedlich verlaufen; das Opfer kann schweigen, durch seine Stellung prädisponiert sein, provozieren, die Straftat dulden oder verdecken.

Die Viktimologie hat vielfältige Aufgaben, die im Folgenden beispielhaft aufgelistet sind:

- Rolle des Opfers bei der Verbrechensentstehung, vor allem die Beziehung zwischen Täter und Opfer; das Opfer bestimmt Art und Intensität des Verbrechens und die individuelle Tatbegehungsweise des Täters,

- in der viktimologischen Forschung wurden verschiedene Opfertypologien (z. B. *Fattah*, *Exner*) entwickelt; diese sollen den Opferschutz verbessern und ermöglichen, die Handlung des Täters nachzuvollziehen; außerdem bieten sie einen Anhalt für die Strafzumessung und ermöglichen die Untersuchung von opferorientierten Neutralisierungstechniken zur Täterrechtfertigung,

- die Viktimologie untersucht das Anzeigenverhalten des Opfers; dies ermöglicht ein realitätsnahes Lagebild zur Sicherheit in einzelnen Deliktsfeldern,

- die Viktimologie erforscht die Beziehungen zwischen Opferfurcht und Opferwerden,

- das Sicherheitsgefühl des Bürgers ist wesentliches Kriterium der Qualität polizeilicher Arbeit,

- die Berücksichtigung des Opferverhaltens ermöglicht den Prozessbeteiligten Orientierungsmöglichkeiten für die Strafzumessung,

- durch die viktimologische Forschung werden praxisorientierte Erkenntnisse der präventiven Opferfürsorge ermöglicht; diese dienen u. a. der Verminderung des Viktimisierungsrisikos,

- die Viktimologie liefert wesentliche theoretische Erkenntnisse für die Regelungen der Möglichkeiten der Schadenswiedergutmachung sowie für Wege der Opferhilfe.

Zu Aufgabe 2:

In der kriminologischen Fachliteratur sind zahlreiche Opferbegriffe zu finden. Diese sind für die polizeiliche Aufgabenwahrnehmung mehr oder weniger geeignet.

- Definition in der Polizeilichen Kriminalstatistik:[7]

  Opfer sind natürliche Personen, gegen die sich die mit Strafe bedrohte Handlung unmittelbar richtete.

- Definition nach *Schneider*[8]:

  „Opfer kann eine Person, Organisation, die Gesellschaft, der Staat oder die internationale Ordnung sein, die durch Kriminalität gefährdet, geschädigt oder zerstört werden. Verbrechensopfer können auch die Familienmitglieder eines Getöteten oder Personen sein, die bei der Verbrechensverhütung oder als Hilfspersonen der Polizei bei der Verbrechensbekämpfung geschädigt worden sind."

Auch andere gängige Definitionen können angeführt werden.

Etwa 95 % aller Anzeigen werden durch Bürger erstattet, in über 70 % erfolgen sie durch die Opfer. Damit entscheidet das Opfer über die Größe des Hellfeldes der Kriminalität, wie es in der Polizeilichen Kriminalstatistik dargestellt ist. Das Opfer befindet, ob und welche Delikte zur Anzeige gelangen. Es entscheidet somit nicht nur über die Quantität der angezeigten Kriminalität, sondern auch über deren Qualität (*Mergen*)[9].

Gründe, warum ein Opfer die Straftat nicht anzeigt (nach *Schwind*):[10]

- Angst vor dem Täter,
- Geringfügigkeit des Schadens,
- Wunsch, die Sache mit dem Täter selbst zu regeln,
- Behördenangst,
- Misstrauen in die Aufklärungsfähigkeit von Polizei und Justiz,
- Schuld- und Schamgefühle,
- Mitleid mit dem Täter,
- keine Kenntnis über Anzeigemöglichkeit,
- Rücksichtnahme auf den Täter,
- sich als Verräter vorkommen,
- zu langwierige Strafverfolgung,
- Art und Schwere der Straftat,
- Art der Beziehung des Opfers zum Täter,
- Eigenschaften des Opfers,

---

[7] Polizeiliche Kriminalstatistik 2004, Teil C, Begrifferläuterungen, BKA Wiesbaden 2005

[8] Schneider (1987), S. 755

[9] Mergen (1995), S. 338 ff.

[10] Schwind (2010), S. 385 ff.

- Einfluss des Täters,
- Einschätzung der Effektivität polizeilicher Tätigkeit.

Darüber hinaus gibt es weitere individuelle Gründe, die Opfer davon abhalten, Anzeigen zu erstatten.

Zu Aufgabe 3:

Mit dem Täter-Opfer-Ausgleich (TOA) soll eine Alternative zu der rein repressiven Sanktionierung von Tätern geschaffen werden. Die schwache Position des Opfers im Strafverfahren und die Überlastung von Justiz und Strafvollzug waren Anlass für diese Alternative. Im Rahmen des TOA werden Konfliktschlichtung und Wiedergutmachung angestrebt. Durch ein Gespräch zwischen Täter und Opfer in Anwesenheit eines neutralen Vermittlers sollen die Tat, die Ursachen und die Folgen besprochen und eine Wiedergutmachung ausgehandelt werden.

Voraussetzung zur Durchführung eines derartigen Ausgleichs ist

- das Vorhandensein eines direkt betroffenen Opfers,
- die Freiwilligkeit der Teilnahme von Täter und Opfer,
- die Geständigkeit des Täters sowie
- ein vollständig aufgeklärter Sachverhalt der Straftat.

Durch dieses Verfahren kann das Opfer dem Täter

- die Folgen der Tat verdeutlichen,
- Gefühle wie Wut, Ärger, Verletzung, Demütigung und Empörung aussprechen,
- eine Wiedergutmachung mit dem Täter vereinbaren und
- eine Aussöhnung erleben.

Der Täter kann dem Opfer zeigen,

- dass er für die begangene Tat eintreten will,
- dass er die Gefühle des Opfers ernst nimmt,
- dass er durch eine aktive Schadenswiedergutmachung die Sache wieder in Ordnung bringen möchte,
- dass er die Tat bedauert und
- dass er insgesamt die Versöhnungsbereitschaft des Opfers auslösen möchte.

Mit diesem Verfahren werden mehrere Zielsetzungen verfolgt, z. B.

- die Opferinteressen im Ermittlungs- und Strafverfahren sollen stärker berücksichtigt werden,
- der Täter soll durch die Gegenüberstellung mit dem Opfer mit den Konsequenzen seiner Tat konfrontiert werden,
- die Einsicht des Täters in das von ihm begangene Unrecht und die Verdeutlichung der von ihm verletzten Rechtsnorm soll verstärkt werden,
- durch die möglicherweise präventive Wirkung dieser Maßnahme wird der Schutz der Gesellschaft vor weiteren Straftaten vergrößert,

- die soziale Wiedereingliederung des Täters soll besser realisiert werden,
- Täter und Opfer sollen sich später jederzeit ohne Vorbehalte begegnen können,
- als Wiedergutmachungsleistung kommen eine finanzielle Wiedergutmachung, Zahlung von Schmerzensgeld, schriftliche oder mündliche Entschuldigung, Ableistung von Arbeit für den Geschädigten, gemeinsame Aktivitäten, Geschenk, Gesten o. ä. in Betracht.

# 6 Prüfungsfragen

Typische Aufgaben und Fragen im mündlichen Examen und in Fachgesprächen:

1. Nennen und erläutern Sie Ihnen bekannte Opfertypologien!
2. Welche Aufgaben erfüllt die Viktimologie in der polizeilichen Praxis?
3. Nennen Sie Faktoren, die das Anzeigeverhalten des Opfers beeinflussen!
4. Erläutern Sie die Phasen der Tatgelegenheitsstruktur!
5. Welche Aufgaben erfüllt die Polizei im Rahmen des Opferschutzes?
6. Erläutern Sie den Begriff Viktimisierung!
7. Erläutern Sie die unterschiedlichen Rollen, die das Opfer in der Kriminalistik und Kriminologie spielt!

# 7 Weiterführende Literatur

Polizeiliche Kriminalstatistik 2004, Teil C, Begriffserläuterungen, Bundeskriminalamt, Wiesbaden, 2005

*Göppinger, H./Bock, M:* Kriminologie, 6. Auflage, Verlag C. H. Beck, München 2008

*Mergen, A.*: Kriminologie, Eine systematische Darstellung, 3. Auflage, Verlag Vahlen, München 1995

*Nisse, R.*: Kriminalisten Fachbuch (KFB), Kriminalistische Kompetenz, 2. Auflage, Verlag Schmidt-Römhild, Lübeck 2002, KL

*Schneider, H.-J.*: Kriminologie, Verlag de Gruyter, Berlin 1987

*Schwind, H.-D.*: Kriminologie, 20. Auflage, Kriminalistik Verlag, Heidelberg 2010

Erlasse zum Opferschutz oder zur Bearbeitung von Straftaten gegen die sexuelle Selbstbestimmung, z. B. Erlass des IM NRW v. 3.2.2004, MBl. NRW Nr. 9, S. 229–232

# Kapitel 9
# Deliktsanalysen

## 1 Begriffsbestimmungen

In der polizeilichen Praxis und im wissenschaftlichen Sprachgebrauch sind verschiedene Begriffe für kriminalwissenschaftliche Untersuchungsmethoden üblich und im Umlauf. Versuche, diese zu vereinheitlichen, sind bisher gescheitert.

Im Folgenden wird von den folgenden Begriffsbestimmungen ausgegangen:

### 1.1 Deliktsanalyse

Die Deliktsanalyse ist eine theoretische, überwiegend phänomenologische Untersuchung eines einzelnen Straftatbestandes oder eines Deliktsfeldes mit dem Ziel, die aktuelle Lage oder die Entwicklung dieses Deliktes darzustellen und allgemeine Erklärungsansätze für die Ursachen dieser Kriminalitätsform zu bieten. Die Deliktsanalyse ist somit ein kriminologisches Hilfsmittel für die Erklärung von Straftaten und bildet die Grundlage für weitergehende Untersuchungen und Prognosen, sowie für konkrete Maßnahmen der Kriminalitätskontrolle auf allen Ebenen.

Bsp.:
Das Landeskriminalamt Nordrhein-Westfalen legt jedes Jahr einen periodischen Bericht über die Entwicklung der Raubüberfälle auf Geldinstitute, Postfilialen und -agenturen vor (Einzeldelikt). Gleichfalls wird der Rauschgiftjahresbericht herausgegeben (Deliktsfeld).

### 1.2 Kriminologische Fallanalyse

Die kriminologische Fallanalyse untersucht neben den phänomenologischen Aspekten einer Handlung vor allem die zugrunde liegenden Bedingungen eines Verhaltens im Einzelfall, um die Ursachen der Delinquenz von Personen herauszustellen.

Bsp.:
Die kriminelle Entwicklung eines jugendlichen Intensivtäters soll exploriert werden; dabei soll auf die zurückliegenden Taten, die individuelle Entwicklung des Täters und die gesellschaftlichen Faktoren eingegangen werden, durch die er kriminell wurde.

Auf die überwiegend in der Kriminalistik üblichen Methoden der kriminalistischen Fallanalyse oder der operativen Fallanalyse wird nicht weiter eingegangen.

---

**Merke**

Die unterschiedlichen Begriffe der Deliktsanalyse und der Kriminologischen Fallanalyse sollten beherrscht werden. Sie sollten von den in der Kriminalistik üblichen Methoden der Fallanalyse und der Operativen Fallanalyse unterschieden werden können.

---

# 2 Methodik der Deliktsanalyse

Wie beschrieben ist die Deliktsanalyse eine überwiegend phänomenologische Untersuchung. Sie gliedert sich in die Bereiche

- Phänomenologische Faktoren
  - allgemeine Angaben zum Delikt oder Deliktsfeld
  - Tatzeit
  - Tatort
  - Tatopfer
  - Tatobjekt, Beute
  - Tatmittel
  - Tathergang
  - Tatverdächtiger
- Ätiologische Faktoren
  - individuelle Bedingungen
  - situative Bedingungen
  - normative und gesellschaftliche Bedingungen

Nicht bei jedem Einzeldelikt oder Deliktsfeld werden dabei alle Unterpunkte zu berücksichtigen sein, falls nähere Erkenntnisse hierzu in der Polizeilichen Kriminalstatistik (PKS) oder den Meldediensten fehlen.

Im Folgenden wird neben der theoretischen Darstellung die Deliktsanalyse eines Einzeldelikts am Beispiel des Bankraubes (PKS: Raubüberfälle auf Geldinstitute, Postfilialen und -agenturen; Schlüsselzahl 211000; Zahlen aus der PKS des Bundes, aus Nordrhein-Westfalen und aus dem Kriminalpolizeilichen Meldedienst – KPMD) erläutert. Zur sprachlichen Vereinfachung wird der Begriff Bankraub benutzt.

Im Rahmen der Bearbeitung von Einzeldelikten werden Deliktsanalysen auch als Klausurthemen gestellt. Die Analyse des Bankraubes soll hierfür ein Beispiel sein.

## 2.1 Phänomenologische Faktoren

### 2.1.1 Allgemeine Angaben

Zunächst ist auf die strafrechtliche und kriminologische Einordnung des Delikts einzugehen. Dies wären etwa die Einordnung als Verbrechens- oder Vergehenstatbestandes oder die Kennzeichnung als Gewalt- oder Sexualdelikts, als Straßenkriminalität oder Rauschgiftkriminalität. Hilfe bieten hierbei die Summenschlüssel der PKS (ab Summenschlüssel 890000). Ebenso ist zu berücksichtigen, ob dieses Delikt polizeilich nach besonderen Strategien (PDV 100) zu betrachten ist.

Bsp. Bankraub:
Beim Bankraub handelt es sich strafrechtlich um einen Raubtatbestand. Dabei sind alle Formen des Raubes (§§ 249–252 StGB) und der Erpressung (§ 255, 239a, 239b StGB) möglich. In amtli-

chen Fällen handelt es sich um einen Verbrechenstatbestand. Kriminologisch ist der Bankraub ein Gewalt- und Eigentumsdelikt, das sich gegen die persönliche Freiheit des Menschen richtet.

Weiter ist auf den Stellenwert des Deliktes in der Statistik, auf das vermutete Dunkelfeld sowie das Öffentlichkeits- und Medieninteresse einzugehen. Zu berücksichtigen ist dabei, dass ein Anstieg oder Rückgang von Delikten auch durch Gesetzesänderungen oder Veränderungen der Erfassungsmodalitäten beeinflusst wird (z. B. Strafrechtsreform beim Vergewaltigungstatbestand, Einführung neuer Schlüsselzahlen).

Bsp. Bankraub:
Erfasste Fälle in der PKS (Bund 2008):
- Erfasste Straftaten insgesamt:                                    6 114 128
  - Anteil der Versuche:                                              6,5 %
  - Aufklärungsquote:                                               54,8 %
- Erfasste Raubdelikte (Schlüsselzahl 210000) insgesamt:           49 913
  - Anteil der Versuche:                                            19,6 %
  - Aufklärungsquote:                                               52,8 %
- davon auf Geldinstitute, Postfilialen und -agenturen
  (Schlüsselzahl:211000)                                              387
  - Anteil der Versuche:                                            26,1 %
  - Aufklärungsquote:                                               69,3 %
- davon auf Geldinstitute (Schlüsselzahl: 2111):                     298
  - Anteil der Versuche:                                            27,5 %
  - Aufklärungsquote:                                               77,2 %

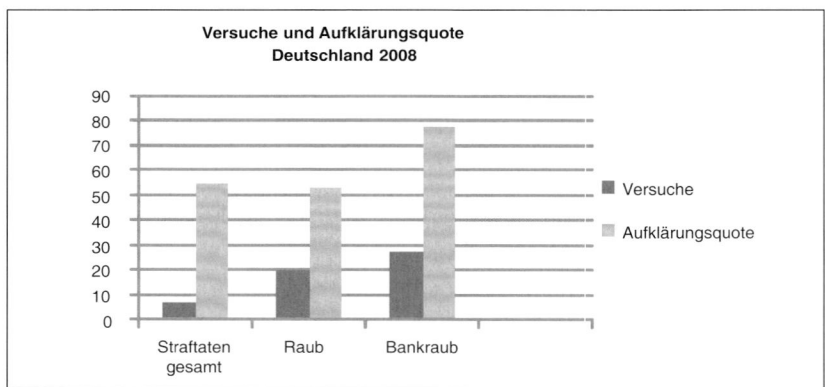

Übersicht: Grafik zu Versuchsanteilen und Aufklärungsquoten, Deutschland 2008

Der prozentuale Anteil der Raubdelikte (Schlüsselzahl 210000) an allen erfassten Fällen beträgt 0,8 %. Noch geringer wird der Anteil, betrachtet man die Überfälle auf Geldinstitute, Postfilialen und -agenturen. Hier beträgt der prozentuale Anteil an der Gesamtkriminalität 0,006 %, die der Überfälle auf Geldinstitute allein 0,005 %. Der Anteil der Banküberfälle (Schlüsselzahl: 211000) an der gesamten Raubkriminalität beträgt 0,59 %. Banküberfälle machen 0,14 % der bekannt gewordenen Gewaltkriminalität (Schlüsselzahl: 892000) aus.

Obwohl der Banküberfall statistisch kaum eine Rolle spielt, nimmt er im Medieninteresse eine ganz andere Rolle ein. Es handelt sich um Schwerkriminalität, über welche ausführlich berichtet wird. Dabei gilt, dass Nachrichten umso intensiver verbreitet werden, je exotischer oder gewalttätiger der Bankraub war. Dies gilt vor allem für Bankraube, die sich zu Geiselnahmen entwickeln oder solche Fälle, bei denen die Motivation zur Tat auf ein mögliches Verständnis durch die Mehrheit der Bevölkerung rechnen kann (Robin-Hood-Effekt).

Bei den 298 erfassten Überfällen auf Geldinstitute aus dem Jahre 2008 dürfte es sich um das Hellfeld handeln. Es ist zu vermuten, dass es beim Bankraub nur ein geringes Dunkelfeld (Versuchstaten) gibt. Gründe, warum Opfer oder Zeugen die Tat nicht anzeigen sollten, sind kaum vorhanden. Somit ist die Zahl der Delikte in der PKS das (fast) vollständige Hellfeld. Ein Sonderfall ist die Bereicherung durch Angestellte, die nach einem Überfall die Beute künstlich erhöhen.

Der Versuchsanteil liegt bei den Raubdelikten, speziell beim Bankraub, deutlich höher als bei der Gesamtkriminalität. Die Aufklärungsquote (AQ) beim Bankraub liegt deutlich über der AQ der Gesamtkriminalität. Mehr als 3 von 4 Banküberfällen werden aufgeklärt. Seit 2001 beträgt die Aufklärungsquote beim Bankraub beständig zwischen 61,1 % und 84,4 %.

## 2.1.2 Tatzeit

Hinsichtlich der Tatzeit bietet sich zunächst ein historischer Rückblick über Zeitreihen an. So werden vom Bundeskriminalamt (BKA) Zeitreihen ab 1987 vorgehalten. Mit diesem Zahlenmaterial ist die Entwicklung eines Delikts ablesbar. Ebenso können aktuelle Tendenzen erkannt werden, wobei diese eher im Rahmen der Vorgangserfassung (Eingangsstatistik, Lageberichte) deutlich werden. Im Weiteren ist auf die zeitliche Häufigkeitsverteilung nach Jahreszeit, Monat, Wochentag und Uhrzeit einzugehen, um zeitliche Schwerpunkte, aber auch Anhaltspunkte für zeitliche Verlagerungen ablesen zu können. Da die PKS nur geringe Aussagen zur Tatzeit macht, sind nähere Einzelheiten nur durch den Kriminalpolizeilichen Meldedienst (KPMD) zu erlangen.

| Jahr | 2001 | 2002 | 2003 | 2004 | 2005 | 2006 | 2007 | 2008 |
|------|------|------|------|------|------|------|------|------|
| Fälle | 697 | 718 | 767 | 638 | 547 | 463 | 418 | 298 |

Übersicht: Tabelle zur Fallentwicklung Raubüberfälle auf Geldinstitute (Banken/Sparkassen) Schlüsselzahl: 211100 – Deutschland 2001–2008)

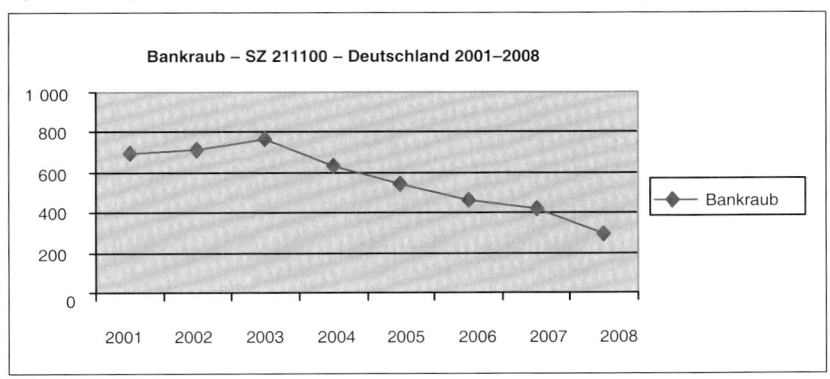

Übersicht: Grafik zur Fallentwicklung Bankraub – Schlüsselzahl 211100 –, Deutschland 2001–2008

Bsp. Bankraub:

Wie kaum bei einem anderen Delikt ist die Fallzahl der Banküberfälle in den letzten Jahren deutlich zurückgegangen. Der Grund hierfür dürfte in der konsequenten Umgestaltung der Geschäftsräume der Banken und der Arbeitsabläufe zur Geldauszahlung liegen. Dadurch wurde der Sicherheitsstandard der Banken deutlich erhöht.

Aus den Lagebildern der Landeskriminalämter, z. B. des LKA NRW, zu Raubüberfällen auf Geldinstitute, Postfilialen und -agenturen geht hervor, dass jahreszeitlich der Monat März herausragt. Bei den Wochentagen dominiert der Donnerstag (längere Öffnungszeiten). Die meisten Banküberfälle werden kurz nach der Öffnung oder kurz vor der Schließung der Bankfilialen begangen.

### 2.1.3 Tatort

Die Analyse zum Punkt Tatort sollte, falls entsprechendes Zahlenmaterial vorliegt, mit einem internationalen Vergleich der Deliktsbelastung beginnen. Da es sehr unterschiedliche Erfassungsmodalitäten in den einzelnen Staaten gibt, ist ein Vergleich nur für besonders herausragende Delikte, z. B. Mord, möglich.

Aus der PKS sind regionale und lokale Häufigkeitsverteilungen der Tatorte ablesbar. So gibt es typische Großstadtdelikte, aber auch Taten, die überwiegend im ländlichen Bereich begangen werden. Des Weiteren sind die Raummerkmale eines Tatortes von Bedeutung, so etwa die Klassifizierung als Neubaugebiet, Freizeitgelände oder Wohngebiet.

Bei einigen Delikten gibt es einen Haupttatort, aber auch Nebentatorte, z. B. beim Kreditkartendiebstahl, bei dem der Täter die Karten später an unterschiedlichen Orten einsetzt. Letztlich ist zu untersuchen, ob Anhaltspunkte für die Verlagerung von Tatorten vorliegen. So ist etwa an und in neu errichteten Einkaufszentren mit einer deutlichen Mehrbelastung von bestimmten Delikten zu rechnen.

Bsp. Bankraub:

Die Tatortverteilung wird in der PKS nach Gemeindegrößenklassen ausgewiesen. Gleichzeitig weist die Statistik aus, wie groß der prozentuale Anteil der Gemeindegrößenklasse an der Wohnbevölkerung des jeweiligen Jahres ist. Da für das Berichtsjahr 2008 wegen der Systemumstellung keine vergleichbaren Zahlen zur räumlichen Verteilung der Kriminalität vorhanden sind, wurde im Folgenden auf die Zahlen des Jahres 2007 zurückgegriffen.

| Gemeindegrößen-klasse | Anteil Wohn-bevölkerung in % | %-Anteil Straftaten insgesamt | %-Anteil Raubdelikte | %-Anteil Bank-raub |
|---|---|---|---|---|
| Bis 20 000 Einwohner | 41,7 | 24,6 | 12,7 | 40,7 |
| 20 000 < 100 000 EW | 27,3 | 28,3 | 25,1 | 25,1 |
| 100 000 < 500 000 EW | 15,1 | 19,4 | 21,7 | 17,0 |
| > 500 000 EW | 15,8 | 27,4 | 40,5 | 17,2 |

Übersicht: Tabelle zur räumlichen Verteilung, Deutschland 2007

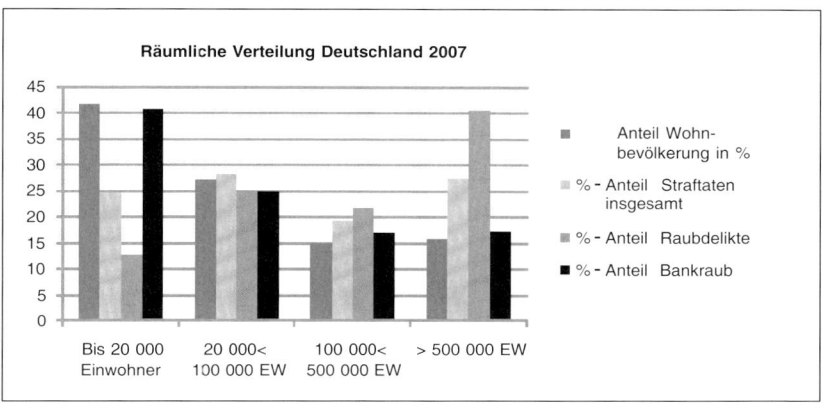

Übersicht: Grafik zur räumlichen Verteilung, Deutschland 2007

Aus der Tabelle ist ersichtlich, dass der Bankraub zu über 40 % im ländlichen Gebiet begangen wird. Großstädte sind verglichen am Anteil der Wohnbevölkerung leicht überrepräsentiert. Betrachtet man die Tatorte von Banküberfällen in den Großstädten im KPMD genauer, lässt sich feststellen, dass diese oftmals an der Peripherie der Stadt liegen. Hier finden sich noch kleinere Bankgeschäftsstellen, die oftmals nur mit einem oder zwei Angestellten besetzt sind. Daraus resultiert auch die verhältnismäßig geringe Zahl von Opfern, die in der PKS zum Bankraub ausgewiesen werden.

## 2.1.4 Tatopfer

Nach der PKS sind Opfer natürliche Personen, gegen die sich die mit Strafe bedrohte Handlung unmittelbar richtete. Sie werden im Straftatenkatalog durch ein zusätzliches „O" gekennzeichnet.

Bei Deliktsanalysen sind verschiedene Opferangaben von Bedeutung. So interessiert nicht nur die Anzahl, das Geschlecht, das Alter oder die Staatsangehörigkeit des Opfers, sondern es sind auch die sonstigen physischen, psychischen, sozialen und wirtschaftlichen Faktoren der natürlichen Personen von Bedeutung. Diese könnten etwa das Aussehen (z. B. reizvolle Blondine), Charaktereigenschaften (z. B. Geldgier – Schwarzgeld), der Beruf (z. B. Geldtransportfahrer) oder auch die finanzielle Lage (z. B. Prestigeobjekte werden offen zur Schau gestellt) sein.

Von großem Interesse ist es darüber hinaus, ob eine Beziehung zwischen dem Tatverdächtigen und dem Opfer bestand. Gerade bei Tötungs- und Sexualdelikten liegt oftmals eine solche Vorbeziehung vor.

Daneben, und in der PKS leider nicht abgebildet, gibt es auch die juristische Person als Opfer. So ist es je nach Rechtsform, Branche, Umsatz oder Beschäftigtenzahl einer Firma möglich, sich an dieser zu bereichern oder in den Konkurs zu treiben (z. B. illegale Aktiengeschäfte des Vorstandes, Insider-Geschäfte)

Bsp. Bankraub:

Ausweislich der PKS für das Jahr 2008 wurden bei insgesamt 298 Raubüberfällen auf Geldinstitute 518 Personen Opfer. 420 Personen wurden Opfer eines vollendeten Banküberfalls, bei den Versuchen waren es 98 Personen. Auf jeden Banküberfall kamen somit statistisch 1,74 Opfer. Zwei Drittel der Opfer sind weiblich, sie stammen zu ca. 96 % aus der Altersklasse der 21 bis 60-Jährigen. Opfer sind die Angestellten und Kunden der Geldinstitute, daneben aber auch eingesetzte Polizeibeamte. Bei den 762 Banküberfällen in den Jahren 2003–2006 in NRW wurden insgesamt 27 Personen (16 Angestellte, 6 Kunden, 4 Tatverdächtige, 1 Polizeibeamter) verletzt und 3 Personen (3 Tatverdächtige) getötet. Die Auswahl der Tatobjekte durch die Täter wird auch an der geringen Zahl der Opfer deutlich. Täter suchen Banken mit möglichst wenig Belegschaft aus und führen ihre Taten zu Zeiten aus, an denen nur wenig Kundschaft zu erwarten ist.

Eine Beziehung zwischen den Tatverdächtigen und den Opfern wurde bundesweit 8-mal festgestellt. In einem Fall bestand eine verwandtschaftliche Beziehung, 2-mal waren Täter und Opfer miteinander bekannt und in 5 Fällen wurde eine flüchtige Vorbeziehung ermittelt. Daneben ist die Bank als juristische Person ebenfalls Opfer. Am häufigsten werden Sparkassen und Volksbanken überfallen. Dies liegt darin begründet, dass diese Institute die größten Filialnetze aufweisen.

## 2.1.5 Tatobjekt, Beute

Im Unterpunkt Tatobjekt/Beute ist zu analysieren, warum ein bestimmtes Gebäude oder ein bestimmter Gegenstand ausgesucht wurde. In der PKS werden nur zur Schadenshöhe Angaben gemacht. Aus dem KPMD oder aus Versicherungsangaben sind darüber hinaus z. B. Feststellungen zu treffen, welche Kraftfahrzeuge besonders beliebt sind, oder in welchen Wohnungstyp (Einfamilienhaus, Reihen- oder Mehrfamilienhaus) besonders gern eingebrochen wird.

Bsp. Bankraub:

Im Jahr 2008 betrug der Gesamtschaden bei den 216 vollendeten Banküberfällen 7 861 447 Euro. In 73 % der Fälle betrug die Beute über 5 000 Euro, lediglich in 31 Fällen erbeuteten die Täter über 50 000 Euro. Dass bei nahezu 30 % der Banküberfälle die Schadenshöhe unter 5 000 Euro lag, ist auch damit zu erklären, dass die Geldinstitute vermehrt über „Beschäftigtenbediente Bankautomaten" (BBA) oder „Automatische Kassentresore" (AKT) verfügen. Es steht damit nur ein geringer Bargeldbetrag zur Verfügung, der geraubt werden kann. Eine andere Sicherungsmöglichkeit besteht in der Übergabe von Geldsicherungspaketen, die nach der Übergabe explodieren und die geraubte Beute unbrauchbar machen.

Welche Institute von Banküberfällen betroffen sind, hängt ursächlich damit zusammen, welche Banken noch klassisches Kundengeschäft betreiben.

## 2.1.6 Tatmittel

In diesem Abschnitt der Deliktsanalyse werden die eingesetzten Tatmittel untersucht. Aus der PKS sind dabei lediglich Angaben zum Schusswaffeneinsatz ersichtlich.

Weitergehende Angaben sind über die Meldedienste zu erfahren. In diesen sind benutzte Tatwerkzeuge nach Art und Funktion beschrieben (z. B. Ziehfixgerät, Maskierung). Darüber hinaus finden sich dort auch Angaben zur Aufbewahrung oder Trageweise (z. B. „Polenschlüssel", Motorradhaube, mitgeführte Plastiktüte für die Geldübergabe) und zur Handhabung und Wirkung (z. B. Zylinderschlossabdreher).

Bsp Bankraub:
Im Jahr 2008 wurden bundesweit in 68 % der Fälle mit einer Schusswaffe gedroht, jedoch nur in 6 Fällen (2,0 %) geschossen. Weitere Tatmittel sind Messer, Reizstoffe oder Bombenattrappen.

## 2.1.7 Tathergang

Ein weiterer Analyseaspekt ist der Tathergang. Dabei kann man in
- Vortatphase; z. B. Ausbaldowern eines Tatobjektes
- Haupttatphase; typische oder atypische Arbeitsweise, z. B. atypischer Banküberfall
- Nachtatphase; z. B. Fluchtverhalten
- neue Tatvarianten, z. B. neue Betrugsmasche

unterscheiden.

Bsp. Bankraub:
Gemäß Polizeidienstvorschrift 100 (PDV 100), 4.8.1.1, liegt ein Überfall auf ein Geldinstitut im polizeitaktischen Sinn vor, „wenn Täter unter Verwirklichung der Tatbestände des Raubes oder der räuberischen Erpressung das Leben oder die körperliche Unversehrtheit insbesondere von Bediensteten oder Kunden bedrohen und deren Willens- und Handlungsfreiheit beeinträchtigen".
Dabei wird unterschieden in typische und atypische Überfälle.
Gemäß PDV 100, 4.8.1.2, ist ein Überfall ist als typisch anzusehen, wenn Täter
- während der Öffnungszeiten Personen im Geldinstitut bedrohen, um
  - sich Geld herausgeben zu lassen
  - Geld wegzunehmen.
Gemäß PDV 100, 4.8.1.3 ist ein Überfall als atypisch anzusehen, wenn Täter
- außerhalb der Öffnungszeiten Bedienstete bedrohen, um
  - sich Geld herausgeben zu lassen
  - Geld wegzunehmen
- außerhalb des Geldinstituts Bedienstete, deren Angehörige oder andere Personen in ihre Gewalt bringen und bedrohen, um
  - andere Bedienstete zu zwingen, Geld herauszugeben
  - Geld wegzunehmen.

**Typische Banküberfälle**

Wissenschaftliche Untersuchungen des Bundeskriminalamtes haben ergeben, dass ca. 75 % der Banküberfälle vorgeplant sind. In der Vortatphase wählen die Täter ein Tatobjekt aus, wobei Entscheidungskriterien die Größe und Lage der Bank, die Zahl der Angestellten und Kunden, die Öffnungszeiten, aber auch die Fluchtmöglichkeiten sind. Die Bank wird nach diesen Kriterien ausbaldowert. Auffallend ist die kurze Planungsdauer, wie sie von interviewten Bankräubern geschildert wird. Von der Idee bis zur Verwirklichung der Tat vergingen in der Mehrzahl der Fälle weniger als 3 Wochen, die unmittelbare praktische Vorbereitung dauerte weniger als einen Tag. Bezieht man diese phänomenologischen Erkenntnisse auf die Tatverdächtigen, so kann man sagen, dass Bankräuber mit geringer Planung vorgehen und wenig Vorbereitungsaufwand betreiben. Die zur Tatausführung benötigten Tatmittel (Schusswaffen, darunter auch Gas- und Schreckschusswaffen sowie Attrappen, Maskierungen) stehen ohne Schwierigkeiten zur Verfügung. Der oftmals in einer finanziellen Misere steckende Täter begeht somit eine „schnelle" Tat, für die er keine besonderen Kenntnisse benötigt, sondern nur mutig genug sein muss, um die hohe Beuteerwartung zu realisieren.
In der eigentlichen Haupttatphase maskieren sich die Täter meist unmittelbar vor der Tat. Oftmals wird ein Behältnis (Plastiktüten o. ä.) zum Transport der Beute mitgeführt. In den meisten Fällen wird der Schusswaffengebrauch nur angedroht, was zur Einschüchterung der Opfer völlig ausreicht. Kommt es zur Abgabe eines Schusses, so werden meist Warnschüsse abgegeben. Die Geldforderungen werden zumeist verbal, mitunter auch durch Überreichen von Zetteln ge-

stellt. Die Geldübergabe ist für den Täter zumeist unkritisch, da die Angestellten ihre persönliche Sicherheit im Vordergrund sehen. Sie werden im Rahmen von Unterweisungslehrgängen zu den Unfallverhütungsvorschriften (UVV Kassen) entsprechend geschult. Besonderheiten in dieser Phase stellen das Aushändigen von Registriergeld oder „Geldsicherungspaketen" dar. Wegen der schon erwähnten Sicherheitsvorkehrungen, die heute sehr auf Zeitverzögerungen abzielen, begnügen sich Täter meist mit dem Kassenbestand, was die Beuteerwartung deutlich minimiert. Untersuchungen zur Dauer des eigentlichen Überfalles haben ergeben, dass fast zwei Drittel der Haupttatphase nicht länger als 3 Minuten dauern.

Die Nachtatphase wird überwiegend durch die Flucht bestimmt. Diese ist umso eher geplant, je größer die Anzahl der Täter ist, da es zu einer Aufgabenteilung kommt. Die häufigste Variante der Fluchtabsicherung war nach den Erkenntnissen des KPMD in NRW das Fesseln oder Einschließen von Angestellten und Kunden. In den letzten 5 Jahren ist es in NRW zu keiner Geiselnahme von Angestellten oder Kunden zur Fluchtabsicherung gekommen. Dies macht deutlich, dass Geiselnahmen in Banken zumeist schon geplant sind oder durch zu frühes und falsches Verhalten der Polizei provoziert werden. Zum Fluchtmittel ist festzustellen, dass Täter oftmals zu Fuß flüchten, um später mit Pkw, öffentlichen Verkehrsmitteln und Fahrrädern die Flucht fortzusetzen. Ein geringerer Täterkreis bleibt in Tatortnähe, z. B. Kinos, Gaststätten, Wartezimmer von Arztpraxen.

Die in den Banken obligatorischen optischen Raumüberwachungsanlagen fürchten die Täter offenbar nicht sonderlich, was auch Ergebnisse des KPMD bestätigen dürften. Bei 133 Überfällen in NRW im Jahre 2006 waren in nur 55 Fällen (41 %) die Anlagen eingeschaltet. In 4 Fällen kam es zur Tataufklärung durch die Veröffentlichung von Aufzeichnungen in den Medien.

**Atypische Banküberfälle**

Die Zahl der atypischen Banküberfälle ist aus der PKS nicht ablesbar, da eine besondere Erfassung nicht erfolgt. Einzelheiten zu diesen Taten ergeben sich nur aus dem KPMD. In den Jahren 2002–2006 wurden in NRW 995 Banküberfällen registriert. In 46 Fällen sind die Tatverdächtigen außerhalb der Öffnungszeiten in die Bank eingebrochen oder eingestiegen. Zu Geiselnahmen von Angestellten vor oder in Wohnungen oder Geschäftsräumen kam es im gleichen Zeitraum keinmal. Die häufigste atypische Bankraubvariante ist das Abfangen von Angestellten beim Betreten der Bank. Dieser Modus Operandi war im genannten Zeitraum insgesamt 59-mal zu verzeichnen. Hinzurechnen müsste man auch die Fälle, bei denen die Angestellten beim Verlassen der Bank abgefangen wurden, was 18-mal geschah. Als Fazit ist somit festzustellen, dass atypische Banküberfälle eine deutliche Minderheit aller Banküberfälle ausmachen. Eine Rückschau der letzten 5 Jahre macht auch deutlich, dass keine steigende Tendenz dieser Deliktsvariante zu erkennen ist.

## 2.1.8   Täter

Im letzten Unterpunkt des phänomenologischen Teiles der Deliktsanalyse wird auf den Tatverdächtigen eingegangen. Neben den Täterdaten, die in der PKS aufbereitet werden, spielen auch für den Täter alle physischen, psychischen, sozialen und wirtschaftlichen Faktoren eine Rolle, um seinen Beitrag an der Deliktsentstehung analysieren zu können.

Bsp. Bankraub:

Von den 298 versuchten und vollendeten Banküberfällen in Deutschland im Jahr 2008 konnten 230 (77,2 %) Fälle aufgeklärt werden. Ermittelt wurden zu diesen Taten 234 Täter. Dies zeigt, dass einige Taten von mehreren Tätern begangen wurden.

154 (67 %) der bundesweit aufgeklärten Taten wurden durch einen allein handelnden Täter begangen. Betrachtet man die im KPMD gemeldeten Banküberfälle in NRW im Jahre 2006, so wurden für 133 Taten insgesamt 227 erkennbare Tatverdächtigen bei Tatausführung erkannt. Davon handelten 83 % allein. Bei den ermittelten Tatverdächtige aller aufgeklärten Straftaten handelte es sich zu 75,6 % um Männer und zu 24,4 % um Frauen. Betrachtet man die gesamte Raubkriminalität (Schlüsselzahl: 210000), so verschiebt sich der Anteil deutlich zu Ungunsten der Männer. Hier wurden 90,9 % tatverdächtige Männer und 9,1 % Frauen ermittelt. Noch deutli-

cher wird die Täterdomäne Mann beim Bankraub. Von 234 ermittelten Tatverdächtigen waren 212 Männer (90,6 %) und 22 Frauen.

| | Tatverdächtige Männer | % | Tatverdächtige Frauen | % |
|---|---|---|---|---|
| ges. Straftaten | 1 706 089 | 75,6 | 549 604 | 24,4 |
| Raubdelikte | 31 996 | 90,9 | 3 207 | 9,1 |
| Bankraub | 212 | 90,6 | 22 | 9,4 |

Übersicht: Tabelle zu Tatverdächtigen nach Geschlecht, Deutschland 2008

Interessant ist auch ein Vergleich der Altersstruktur der Tatverdächtigen. Diese werden in den Altersstufen Kinder (8 < 14 Jahre), Jugendliche (14 < 18 Jahre), Heranwachsende (18 < 21 Jahre), Jungerwachsene (21 < 25 Jahre) und Erwachsene (25 Jahre und älter) betrachtet.

| | 8 < 14 % | 14 < 18 % | 18 < 21 % | 8 < 21 % | 21 < 25 % | ab 21 % |
|---|---|---|---|---|---|---|
| Tatverdächtige gesamt | 4,5 | 11,8 | 10,5 | 26,8 | 11,8 | 73,2 |
| Raubdelikte | 5,0 | 28,6 | 20,2 | 53,8 | 14,6 | 46,2 |
| Bankraub | 0,0 | 2,1 | 9,4 | 11,5 | 11,5 | 88,5 |

Übersicht: Tabelle zur Altersbelastung der Tatverdächtigen, Deutschland 2008

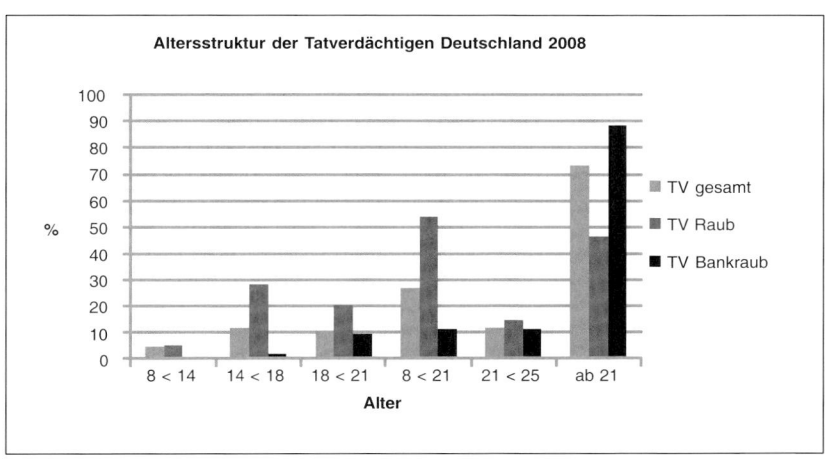

Übersicht: Grafik zur Altersbelastung der Tatverdächtigen, Deutschland 2008

Es wird deutlich, dass Raubdelikte eine Domäne vor allem für Jugendliche im kriminologischen Sinn sind. Von der Altersgruppe der unter 21-Jährigen, die in der PKS erfasst sind, werden 53,8 % der Raube begangen, obwohl diese Altersgruppe nur einen Bevölkerungsanteil von rund 15 % haben. Die „Jugendlichen" sind damit für den Deliktsbereich Raub mehr als dreifach überrepräsentiert. Dies gilt jedoch nicht für den Bankraub. Hier sind unter 18-Jährige unauffällig, allerdings scheint der Einstieg in dieses Deliktsfeld im Alter zwischen 18 und 21 Jahren zu beginnen.

Als Nächstes soll der Anteil der nichtdeutschen Tatverdächtigen genauer betrachtet werden. Von den über 2,25 Millionen ermittelten Tatverdächtigen waren 21 % (471 067) Nichtdeutsche. Bei den Raubdelikten erhöht sich dieser Anteil auf 27 % (9 482), beim Bankraub auf 30 % (69).

Betrachtet man den ausländerrechtlichen Status der ermittelten Bankräuber, so fällt zunächst auf, dass sich nur 6,2 % der Täter illegal in der Bundesrepublik Deutschland aufhielten. Touristen oder Durchreisende waren mit knapp 9 % an den Bankrauben beteiligt. Den größten Anteil (55,1 %) bilden die nichtdeutschen Bankräuber, die in der Rubrik Aufenthaltsstatus unter „sonstige" zusammengefasst werden. Hierzu gehören etwa Erwerbslose, abgelehnte Asylbewerber mit Duldung oder Flüchtlinge. Als Fazit ist festzustellen, dass nur 8 Banküberfälle Nichtdeutschen der klassischen ausländischen Wohnbevölkerung zuzuordnen ist.

Vor allem für die Weiterentwicklung der polizeilichen Strategie bei der Verfolgung von Banküberfällen ist von Interesse, wie groß der Aktionsradius der Tatverdächtigen ist. Auskunft hierüber gibt die Tabelle Seite 199, in welcher die Beziehung von Tatort und Tatverdächtigenwohnsitz dargestellt wird.

Im Gegensatz zur Gesamtkriminalität und auch zu den Raubdelikten stammt der Bankräuber deutlich seltener aus der Tatortgemeinde. Ortsansässige Bankräuber bilden nur ca. 34 % der ermittelten Täter. Etwa 57 % der Bankräuber suchen sich ein Tatobjekt, das deutlich von Wohnort entfernt ist. Für die polizeiliche Fahndung ist dies von besonderer Bedeutung.

Letztlich sollen noch individuelle Faktoren der ermittelten Bankräuber angesprochen werden. 44,9 % der Bankräuber agieren allein. Fast drei Viertel der Bankräuber sind bereits bei gleichartigen oder anderen Straftaten als Tatverdächtige in Erscheinung getreten. Dies ist ein deutlicher Hinweis darauf, dass der Bankräuber oft bereits eine kriminelle Karriere hinter sich hat. Etwa jeder 10. Täter ist Konsument harter Drogen, andererseits standen nur 8,5 % der Bankräuber unter Alkoholeinfluss. Dieser Fakt zeigt, dass der Bankräuber im Vergleich zum Räuber oder den Tatverdächtigen insgesamt einen klaren Kopf behalten will.

## 2.2 Ätiologische Faktoren

Bei der Suche nach den Ursachen eines Deliktes ist auf die individuellen, die situativen und die normativen Bedingungen einzugehen. Dabei kann es im Rahmen einer Deliktsanalyse nur Aufgabe sein, allgemeingültige Aussagen zu den Ursachen des Deliktes zu machen. Bei jedem Tatverdächtigen liegen unterschiedliche Gründe vor, warum er die Tat begangen hat. Solche individuellen Untersuchungen erfolgen im Rahmen einer Kriminologischen Fallanalyse. In der Deliktsanalyse werden im Gegensatz dazu nur allgemeingültigen Aussagen zu den Ursachen einer Straftat dargestellt. Die hierzu anzuführenden Theorien sind im Kapitel „Kriminalitätstheorien" dargestellt und erläutert.

### 2.2.1 Individuelle Bedingungen

Bei der Untersuchung der individuellen Bedingungen ist auf die Ansätze und Theorien der Kriminalitätserklärung einzugehen, die für die Tatverdächtigen des jeweiligen Deliktes oder Deliktsfeldes typisch sind. Dies ist je nach Delikt oder Deliktsfeld sehr unterschiedlich. So sind etwa die individuellen Bedingungen eines Sexualtäters völlig von denen verschieden, die für einen Betrüger gelten.

Stellt man allgemeingültige Bedingungen auf, so liegen diese in den persönlichkeitsbegründenden, persönlichkeitsentfaltenden und persönlichkeitsgestaltenden Aspekten des Tatverdächtigen.

Hierbei spielen
- biologische,
- psychologische,
- soziologische und
- sozialpsychologische Faktoren

eine Rolle. Diese wurden im Abschnitt „Normabweichendes Verhalten und Kriminalitätstheorien" näher behandelt.

Bsp. Bankraub:

Aus älteren BKA-Untersuchungen aus den 80er-Jahren geht hervor, dass bei ca. 80 % der Bankräuber folgende wesentlichen Ursachen herausgestellt wurden:
- finanzielle Notlage
- hohe Schulden,
- Gewinnsucht,
- Arbeitslosigkeit,
- Sicherung des Lebensstandards,
- Beziehungsprobleme,
- psychische Probleme.

Bündelt man diese Aussagen, so wären etwa die Anomietheorie und die Theorie der differenziellen Gelegenheiten, auch Chancenstrukturtheorie, zur Erklärung des Bankraubes einschlägig. Nach *Robert K. Merton* entsteht Anomie durch das Auseinanderklaffen von kulturellen Zielen und sozial vorgegebenen Möglichkeiten zur Zielerreichung. Kurz gesagt: Angehörige der Unterschicht haben die gleichen Ansprüche wie die der Ober- und Mittelschicht. Diese entstehen durch den Konsumdruck, der durch die Medien zusätzlich forciert wird. Der Run nach Statussymbolen liegt gleichermaßen in allen Schichten vor. „Haste was, biste was!" Die Möglichkeiten, diese Ansprüche legal zu verwirklichen oder zu erlangen, liegen bei Angehörigen der Unterschicht jedoch nicht vor. „Haste nichts, biste nichts!" Deshalb müssen die Mitglieder der Unterschicht neue Wege gehen, also innovativ werden, um mit illegitimen Mitteln ihre Ziele zu erreichen. „Haste nichts, klauste was, klauste was, haste was, haste was, biste was!"

Für den Bankraub gilt, dass dieser oft die einzige Möglichkeit ist, wie Täter glauben, aus ihrer Misere noch herauskommen zu können. Dies gilt gleichermaßen für den überschuldeten Langzeitarbeitslosen wie auch für degradierten Abteilungsleiter, der sich seiner Familie nicht offenbart hat, die Ansprüche seiner Angehörigen aber erfüllen will.

Erweitert man diese Überlegungen um den Ansatz der Theorie der differenziellen Gelegenheiten nach *Richard A. Cloward* und *Lloyd E. Ohlin* und die lerntheoretischen Ansätze, kommt man zu dem Ergebnis, dass die kulturellen Ziele (hier: Geld) nur mit illegalen sozialen Mitteln erreicht werden können, die Zugangschancen zu diesen aber nicht vorhanden sind. Anders: Auch Einbruch oder geschickter Betrug will gelernt sein. Für einen solchen Täter kommen somit nur viele Delikte der Kleinkriminalität in Frage oder das „große Ding". Zu diesem entscheidet sich der Täter, wenn er davon überzeugt ist, dass die situativen Bedingungen günstig sind.

## 2.2.2 Situative Bedingungen

Neben den individuellen Bedingungen spielen die situativen Bedingungen eine entscheidende Rolle für das Entstehen eines Rechtsbruchs. Dabei kann man unterscheiden in die räumlich-zeitlichen Bedingungen, die tatauslösend wirkten, und die beeinflussenden kriminogenen Faktoren, die zum Tatzeitpunkt auf den Täter einwirkten.

Im Rahmen der räumlich-zeitlichen Bedingungen sind die Tatgelegenheitsstruktur und das Opferverhalten näher zu beleuchten.

Unter Tatgelegenheitsstruktur versteht man das Vorhandensein, die Sichtbarkeit und Attraktivität einer Tatgelegenheit, die in Abhängigkeit steht zu den Schutzmaßnahmen des Opfers (Widerstandszeitwert) und der Einschätzung des Entdeckungsrisikos durch den Täter.

Unter Opferverhalten fasst man den Tatbeitrag, welchen das Opfer bewusst oder unbewusst leistet. Dieser ist umso größer, je näher das Opfer dem Täter steht (Tatverdächtigen-Opfer-Beziehung).

Zu den beeinflussenden kriminogenen Faktoren zählt man die gesellschaftlichen, soziologischen und wirtschaftlichen Verhältnise, die zum Tatzeitpunkt auf den Täter wirkten.

Beispiele hierfür wären

- Gesellschaftlicher Wertewandel
  - Konsumverhalten, Statussymbole, Anspruchsdenken, Fremdenfeindlichkeit
- Medieneinfluss
  - Werbung
  - Gewaltdarstellung
- Freizeitgestaltung
  - mangelndes Freizeitangebot
  - Langeweile
- Wohnsituation
  - Hochhausghetto, dörfliches Umfeld
  - persönliche Wohnverhältnisse
- Suchtgefährdung
  - Alkohol, Drogen, Spiel
- Gesamtgesellschaftliche Bedingungen
  - Arbeitslosigkeit
  - sozialer Frieden
  - Mobilitätsdruck
  - Technisierung

Je vielfältiger die beeinflussenden Bedingungen sind, umso größer ist die Wahrscheinlichkeit, dass sie situativ den Täter zur Delinquenz führen.

Bsp. Bankraub:

Bereits im phänomenologischen Teil wird deutlich, dass bestimmte Tatobjekte zu bestimmten Tatzeiten überfallen werden, wobei die Tatobjekte durch eine geringe Angestellten- und Kundenzahl auffallen. Geldinstitute sind in Deutschland zahlreich vorhanden. Sie sind nach außen auch als solche zu erkennen, auch wenn es sich um kleine Filialen an der Peripherie von Städten handelt. Diese sind für den Täter attraktiv, da er von Bargeld als Beute ausgeht, also keine Absatzschwierigkeiten hat. Der Täter rechnet mit einem geringen Widerstandszeitwert, denn er bedroht mit einer Schusswaffe, die er leicht besorgen kann, und geht davon aus, dass die Opfer keinen Widerstand leisten. Die Tat bedarf auch keiner besonderen Planung. Um nicht erkannt zu werden, maskiert sich der Täter. Er geht auch davon aus, dass ihm die Tat gelingen wird, da er sich cleverer als andere Bankräuber verhält. Von daher beurteilt er die Tatgelegenheitssituation als günstig.

Ein aktiver Tatbeitrag durch die Opfer ist beim Bankraub selten, sie reagieren auf die Forderungen der Täter. Bei Geiselnahmen in Banken wurde jedoch beobachtet, dass sich die Opfer oftmals mit dem Täter solidarisieren, wenn Täterforderungen durch die Polizei nicht erfüllt werden (Stockholm-Syndrom).

Der Einfluss der sonstigen kriminogenen Faktoren, die für den Bankräuber tatauslösend waren, ist individuell und wird üblicherweise im Rahmen einer Kriminologischen Fallanalyse zu beleuchten sein.

## 2.2.3 Normative Bedingungen

Letztlich sind im Rahmen einer Deliktsanalyse die normativen Bedingungen zu untersuchen, die zum Rechtsbruch führten. Hierunter fasst man die Normsetzung und die Normdurchsetzung.

Im Rahmen der Normsetzung ist auf die bestehende Rechtslage einzugehen, aber auch auf aktuelle Veränderungen, die eine neue Sichtweise des Deliktes bedingen. Durch den gesellschaftlichen Wertewandel kommt es dazu, dass Verhaltensweisen nicht mehr sanktionswürdig eingeschätzt werden, andererseits neue Sanktionsfälle geschaffen werden. So sind Sexualdelikte zunehmend liberalisiert worden, andererseits ist die Vergewaltigung in der Ehe jetzt strafbar. Ob diese Normen beim Bürger bekannt sind und von ihm auch akzeptiert werden, ist ebenfalls Untersuchungsgegenstand. Die Steuerhinterziehung gilt für den Normalbürger allenfalls als Kavaliersdelikt, zumal er erleben muss, dass internationale Großunternehmen jedes mögliche steuerliche Schlupfloch sanktionsfrei nutzen.

Daneben ist die Normdurchsetzung anzusprechen. Diese erfolgt im Rahmen der formellen und informellen Sozialkontrolle.

Die formelle Sozialkontrolle erfolgt durch Polizei, Staatsanwaltschaft und Gerichte. Alle drei Behörden nehmen dabei unterschiedlichen Einfluss auf das Entstehen einer Straftat und sind entscheidend dafür, ob es zu einer Sanktionierung kommt.

Bei der Polizei ist die Ermittlungsintensität entscheidend für Art und Größe der bekannt gewordenen Kriminalität. Handelt es sich beispielsweise um ein Kontrolldelikt (z. B. Rauschgiftkriminalität), so wird der Umfang der Taten die den Umfang polizeilicher Aktivitäten bestimmt. Dazu kommt die Einschätzung der Erfolgswahrscheinlichkeit, was zu einer bloßen Verwaltung ganzer Deliktsbereiche (z. B. Kraftfahrzeugkriminalität) führt. Dazu kommt ein Etikettierungseffekt (labeling approach), der die Polizei oftmals immer wieder ihre gleichen „Pappenheimer" verfolgen lässt.

Bei der Staatsanwaltschaft gelten Einstellungspraktiken, die prozessökonomisch vorbestimmt sind. Daneben ergehen bei Gericht oftmals Geld- und Bewährungsstrafen, die keine nachhaltige Wirkung auf den Täter haben.

Bsp. Bankraub:
Die Strafbarkeit des Bankraubes ist in Deutschland seit Jahren unverändert in gleicher Weise gesetzlich sanktioniert. Als Kapitaldelikt wird der Bankraub mit besonderer Intensität durch die

Polizei verfolgt. Sowohl die Opfer (Bank, unmittelbare Opfer) als auch die Öffentlichkeit haben ein hohes Interesse an der Aufklärung der Tat, wobei bei besonders exotischen Taten offenkundig eine Anerkennung durch die Bevölkerung erfolgt (Robin-Hood-Effekt).

Für Banküberfälle werden hohe Freiheitsstrafen ausgesprochen. Dies ist bei Bankräubern nicht immer bekannt. Im Rahmen des Strafvollzugs genießen gerade Bankräuber ein hohes Ansehen unter Strafgefangenen.

# 3 Kriminologische Fallanalyse

Während in einer Deliktsanalyse versucht wird, allgemeingültige Aussagen zu einem Delikt oder Deliktsfeld zu treffen, geht es bei der Kriminologischen Falluntersuchung um die individuellen Ursachen, die einen Menschen zum Straftäter machen. Aus dem phänomenologischen Teil ist dabei nur interessant, welche Arten von Taten (Tattypologie) vom jeweiligen Delinquenten begangen wurden. Untersuchungsschwerpunkt sind die Ursachen (Ätiologie), die das abweichende Verhalten des Straftäters bedingten.

Der Untersuchungsschwerpunkt im Rahmen einer Kriminologischen Fallanalyse ist somit der 2. Teil der Deliktsanalyse, in dem auf die ätiologischen Faktoren eingegangen wird. Zu den einzelnen Untersuchungsschwerpunkten wird deshalb auf die obigen Ausführungen verwiesen.

# 4 Klausurbeispiel

Examensklausur, 4 Stunden, keine Hilfsmittel

## Sachverhalt

Im Zuge von Ermittlungen wegen organisierten Rauschgifthandels wird der 25-jährige Rafael F. vorläufig festgenommen. Er steht in dem Verdacht, mit Heroin gedealt zu haben. Rafael F. ist rauschgiftabhängig.

Auszug aus der Kriminalakte des Rafael F.:

1998: Vermisstenanzeige; F. war 3 Tage von zu Hause abgängig

1999: Ladendiebstahl in 3 Fällen; Diebesgut jeweils Musikkassetten

2000: Ladendiebstahl in 5 Fällen; Mittäter ist ein jüngerer Bruder; gestohlen wurden Musikkassetten, Sweatshirts und Zigaretten

2002: Wohnungseinbruch; F. brach bei Bekannten seiner Mutter in die Wohnung ein und entwendete Bargeld; der Sachbearbeiter äußert den Verdacht, dass F. Rauschgift konsumiert; F. macht keine Aussagen

2003: Gefährliche Körperverletzung; F. schlägt bei einem Discobesuch einen Gleichaltrigen zusammen, der mit seiner Freundin tanzen will

2003: Merkblatt wegen LSD-Konsums

2003: Illegale Einfuhr von 20 LSD-Trips von Holland nach Deutschland; F. wird an der Grenze kontrolliert; in seinem Pkw hat er 20 LSD-Trips versteckt

2003:   Freizeitarrest; wegen der vorgenannten Rauschgiftdelikte wird F. zu einem Freizeitarrest verurteilt

2004:   Illegaler Handel mit Heroin, Konsum von Heroin, Ladendiebstahl, Geschäftseinbrüche; wegen der vorgenannten Delikte wird F. zu einer Freiheitsstrafe von 18 Monaten verurteilt

2006:   Nach Haftentlassung Merkblatt wegen Fahrens ohne Führerschein; F. heiratet seine frühere Freundin

2009:   Merkblatt wegen gefährlicher Körperverletzung; Scheidung von der Ehefrau

2009:   Merkblätter wegen illegaler Einfuhr von Heroin; eine Therapie wegen einer bestehenden Heroinsucht wird von F. abgebrochen

2010:   Merkblätter wegen Konsums von Heroin

Auszug aus einem Bericht des behandelnden Arztes während der Herointherapie:

„Der ehemalige Sonderschüler F. ist seit nunmehr 11 Jahren polizeibekannt. Er ist der älteste Sohn von Frau S., die mit verschiedenen Vätern 5 Kindern das Leben geschenkt hat. F. wurde schon als Kind von seiner Mutter angehalten, durch Diebstahl den Familienhaushalt aufzubessern. Er dürfte zahlreiche Diebstähle in Kaufhäusern begangen haben, wurde jedoch nur selten entdeckt. F. musste in der Hochhaussiedlung City-Park (Nähe Innenstadt) ein Zimmer mit seinen Geschwistern teilen. Er brachte in einem Therapiegespräch zum Ausdruck, dass er nie seine Freundin mit nach Hause bringen konnte, da ihm die Geschwister *immer auf die Pelle gerückt* seien.

F. fand als Jugendlicher Kontakt zu LSD, das von einer Jugendbande seiner Wohngegend aus Holland besorgt wurden. Auffallend ist sein hoher Alkoholkonsum als Jugendlicher und Heranwachsender. Dieser trat immer ein, wenn er Probleme mit seiner Freundin hatte. F. rastete dann regelmäßig aus. Während dieser Phase bekam er ersten Kontakt zu Heroin.

F. steigerte seine täglichen Dosen in den Folgejahren permanent. Zur Finanzierung beging er Einbrüche und Ladendiebstähle. Auch betätigte er sich als Kleindealer.

Nach einem Haftaufenthalt heiratete er seine Jugendliebe. Erstmals hatte er nur noch lockeren Kontakt zu seiner sehr dominierenden Mutter. Er ging in den beiden nächsten Jahren einer regelmäßigen Arbeit als Bauhilfswerker (Dachdecker) nach. Er beging wegen der starken Persönlichkeit seiner Ehefrau keine Straftaten.

Während der Verlobungsfeier seiner Schwester wurde F. von seiner Mutter gehänselt. Sie machte sich über ihn lustig, da *er jetzt nur mit 1 000 Euro nach Hause komme. Das habe er doch früher an einem Tag gemacht. Er solle mal sein Flittchen verlassen.* Am Ende der Feier konsumierte F. Heroin, welches ihm von seinem Bruder angeboten wurde. Als seine Ehefrau den Rauschgiftkonsum bemerkte, trennt sie sich von ihm.

Nach der Scheidung begann F. erneut, Heroin zu konsumieren. Dabei steigerte er die täglichen Konsumdosen enorm. Über einen früheren Bekannten seiner Jugendbande gelangte er ins Rauschgiftmilieu. Derzeit arbeitet er als Kurier und auf der mittleren Verteilungsebene einer Rauschgiftbande."

## Aufgaben

1. Nehmen Sie zu der Frage Stellung, ob Rauschgiftkriminalität typische Jugendkriminalität ist. Nutzen Sie dabei den als Anlage beigefügten Auszug aus der Polizeilichen Kriminalstatistik, Bundesrepublik Deutschland (nicht beigefügt!)
2. Erläutern Sie anhand Ihnen bekannter Theorien der Kriminalitätserklärung die Ursachen für die Kriminalität des F.

## Lösungshinweise

Zu Aufgabe 1:

Der Auszug aus der PKS ist nicht beigefügt. Bei der Aufgabe 1 handelte es sich um Teilaspekte einer Deliktsanalyse, die sich mit den Schwerpunkten Jugendkriminalität und Rauschgiftkriminalität beschäftigte. Die Lösungsschwerpunkte sind deshalb nur in Kurzform angeführt.

Der Verfasser soll erkennen, dass es die Rauschgiftkriminalität nicht gibt. Rauschgiftdelikte sind sehr unterschiedlich nach Tatausführung und Rauschgiftart. Deshalb gibt es Rauschgiftdelikte, die besonders jugendtypisch sind, wie etwa der Konsum von Cannabisprodukten oder Amphetaminen und Amphetaminderivaten (Ecstasy), aber auch jugenduntypische Delikte, wie z. B. die illegale Einfuhr von Rauschgiften in größeren Mengen.

Bei der Lösung sollte der Verfasser die beigefügte Tabelle der PKS argumentativ einbeziehen und Kenntnisse von Rauschgiftkriminalität und Jugendkriminalität deutlich machen.

Zu Aufgabe 2:

Der Verfasser soll in seiner Lösung deutlich machen, dass er verschiedene Theorien der Kriminalitätserklärung kennt und diese sachverhaltsbezogen umsetzen kann. Dabei kommt es weniger auf die quantitative Vielfalt an, sondern eher, wie es dem Verfasser gelingt, den Sachverhalt argumentativ einzubinden.

Methodisch wäre bei der Lösung ein Mehrfaktorenansatz angezeigt, da die Kriminalität des F. aus mehreren Gründen belegbar wäre. Zur Lösung bietet sich das Integrationsmodell zur Kriminalitätserklärung an, welches die Ursachen der Delinquenz mit individuellen, situativen und normativen Bedingungen erläutert.

Individuelle Bedingungen:

Ursachen für die Delinquenz des Rafael F. könnten sein:

- Sozialisationsmängel
- Motivationsstruktur
- mangelnde Gewissensausbildung
- Neutralisationstechniken
- Handlungskompetenz
- Gruppenverhalten

Als Theorien kommen u. a. in Betracht:

- Halt- und Bindungstheorien (*Reiss, Reckless, Hirschi*)
- Moraltheorien (*Kohlberg*), soziales Umfeld/Sozialisationsmängel (*Göppinger*)
- Anomietheorie (*Merton*), Theorie der differentiellen Gelegenheiten (*Cloward/Ohlin*)
- Lerntheorien (*Sutherland, Cressey, Glaser*)
- Subkulturtheorien (*Chicagoer Schule, Miller, Cloward, Ohlin*)
- Frustrations-Aggressions-Hypothese (*Dollard*)
- Psychoanalytische Theorien (*Freud* u. a.)
- Neutralisationstechniken (*Matza, Sykes*)

Situative Bedingungen:

Die situativen Faktoren, die auf Rafael F. einwirkten, lassen sich zusammenfassen in die Tatgelegenheitsstruktur, dem Opferverhalten und den sonstigen beeinflussenden kriminogenen Faktoren. Im Rahmen dieser Aufgabenstellung ist überwiegend auf die sonstigen beeinflussenden kriminogenen Faktoren einzugehen.

Beispiele hierfür wären

- Gesellschaftlicher Wertewandel
    - Konsumverhalten, Statussymbole, Anspruchsdenken, Fremdenfeindlichkeit
- Medieneinfluss
    - Werbung
    - Gewaltdarstellung
- Freizeitgestaltung
    - mangelndes Freizeitangebot
    - Langeweile
- Wohnsituation
    - Hochhausghetto, dörfliches Umfeld
    - persönliche Wohnverhältnisse
- Suchtgefährdung
    - Alkohol, Drogen, Spiel

- Gesamtgesellschaftliche Bedingungen
    - Arbeitslosigkeit
    - sozialer Frieden
    - Mobilitätsdruck
    - Technisierung

Im vorliegenden Fall wäre überwiegend auf die Faktoren Suchtgefährdung, Wohnsituation und Freizeitgestaltung einzugehen.

Normative Bedingungen:

Zu erläutern ist die Normsetzung und die Normdurchsetzung. Hier wäre auf die wiederholte Straffälligkeit des Rafael F. einzugehen, die offenbar nicht nachhaltig auf ihn wirkten.

## 5 Prüfungsfragen

Typische Aufgaben und Fragen im mündlichen Examen und in Fachgesprächen:

1. Beschreiben Sie, worin die Unterschiede zwischen einer Deliktsanalyse und einer Kriminologischen Fallanalyse bestehen.
2. Erläutern Sie das Integrationsmodell zur Kriminalitätserklärung.
3. Nennen Sie Beispiele, wie man ein Delikt phänomenologisch darstellen kann.
4. Was verstehen Sie unter Kontrolldelikten und welche Aussagekraft hat bei diesen Delikten die Polizeiliche Kriminalstatistik?
5. Schildern Sie, welchen Einfluss die sonstigen kriminogenen Bedingungen für das Entstehen von Jugendkriminalität haben.

## 6 Weiterführende Literatur

*Göppinger, C.-H.:* Kriminologie, 6. Auflage, Verlag C.H. Beck, München 2008

*Lamnek, S.:* Theorien abweichenden Verhaltens, 7. Auflage, UTB Bd. 740, W. Fink Verlag, München 1999

*Nisse, R.:* Kriminalisten Fachbuch (KFB), Kriminalistische Kompetenz, 2. Auflage, Verlag Schmidt-Römhild, Lübeck 2002, KL

*Schneider, H.-J.:* Kriminologie, Verlag Gruyter, Berlin 1986

*Schwind, H.-D.:* Kriminologie, 20. Auflage, Kriminalistik Verlag, Heidelberg 2010

# Kapitel 10
# Tötungsdelikte

## 1 Phänomenologie

### 1.1 Allgemeine Angaben

Tötungsdelikte, vor allem Mord, sind in allen demokratischen Rechtsordnungen als herausragende Straftaten unter Höchststrafe gestellt. Dies gilt auch für Versuche.

In einigen Ländern (z. B. USA) wird die Begehung von Tötungsdelikten (je nach Bundesland) mit dem Tode bestraft.

Das Recht auf Leben genießt den höchsten Grundrechtsschutz. Zu belegen ist dies in den ständigen Diskussionen um den Schwangerschaftsabbruch und die Sterbehilfe.

Mord gilt als das herausragende Gewaltverbrechen und ist in allen Kulturen und zu allen Zeiten seit Anbeginn der Menschheit (z. B. Bibel) als höchstes Fehlverhalten unter Strafe gestellt.

**Strafrechtliche Einordnung:**

Straftaten gegen das Leben sind im 16. Abschnitt des StGB zusammengefasst; hierzu zählen:

§ 211 Mord, § 212 Totschlag, § 213 Minder schwerer Fall des Totschlags, § 216 Tötung auf Verlangen, § 218 ff. Schwangerschaftsabbruch, § 220a Völkermord, § 221 Aussetzung und § 222 Fahrlässige Tötung.

In der nachfolgenden Deliktsanalyse werden nur der Mord (Schlüsselzahl: 010000), mit den Varianten Raubmord (Schlüsselzahl: 011000) und Sexualmord (Schlüsselzahl: 012000), sowie der Totschlag und die Tötung auf Verlangen (Schlüsselzahl: 020000) näher untersucht.

Der Schwangerschaftsabbruch und die fahrlässige Tötung (Schlüsselzahl: 030000 und 040000), die auch im Bereich Tötungsdelikte erfasst werden, finden bei den weiteren Untersuchungen keine Berücksichtigung.

Mord (Schlüsselzahl: 010000), Totschlag und die Tötung auf Verlangen (Schlüsselzahl: 020000) zählen darüber hinaus zu den Gewaltdelikten, die unter dem Summenschlüssel (Schlüsselzahl: 892000) erfasst werden.

Strafrechtlich sind Mord und Totschlag Verbrechen und Offizialdelikte.

Kriminologisch handelt es sich um Gewaltkriminalität.

**Statistische Einordnung:**

Polizeiliche Kriminalstatistik Bund 2008:
- 6 114 128 erfasste Fälle insgesamt
- 3 244 Straftaten gegen das Leben (0,05 % der erfassten Fälle)

- 694 Morde (21,4 %); davon 64 Morde im Zusammenhang mit Raubdelikten (Raubmorde 9,2 %) und 19 Morde im Zusammenhang mit Sexualdelikten (Sexualmorde 2,7 %)
- 1 572 Fälle von Totschlag und Tötung auf Verlangen (48,5 %)
- 882 fahrlässige Tötungen (27,2 %)
- 96 Abbrüche der Schwangerschaft (3,0 %)
- 50,4 % Versuchsanteil bei den Straftaten gegen das Leben (Mord 54,2 %, Totschlag 78,5 %)
- 92,2 % Aufklärung bei den Straftaten gegen das Leben (Mord 97,6 %, Totschlag 96,7 %)

Auffällig ist der hohe Anteil an Versuchstaten. Dies ist damit zu begründen, dass möglicherweise Erfassungsfehler vorliegen. So werden gefährliche Körperverletzungen durch den Druck der Öffentlichkeit als versuchte Tötungen erfasst, wobei dies vor allem für geklärte Taten gilt. Auch für die Begründung von Personalverstärkungen ist die Annahme eines versuchten Tötungsdeliktes möglicherweise hilfreich.

Bei Tötungsdelikten ist die Aufklärungsquote besonders hoch, weil mit großem Personalaufwand ermittelt wird und die Unterstützung durch die Bevölkerung so groß wie bei keinem anderen Delikt ist. Der Hauptgrund ist die Tatsache, dass eine große Zahl von Taten Beziehungstaten sind. Taten mit Fremdtätern, z. B. Raubmorde, werden deutlich weniger aufgeklärt.

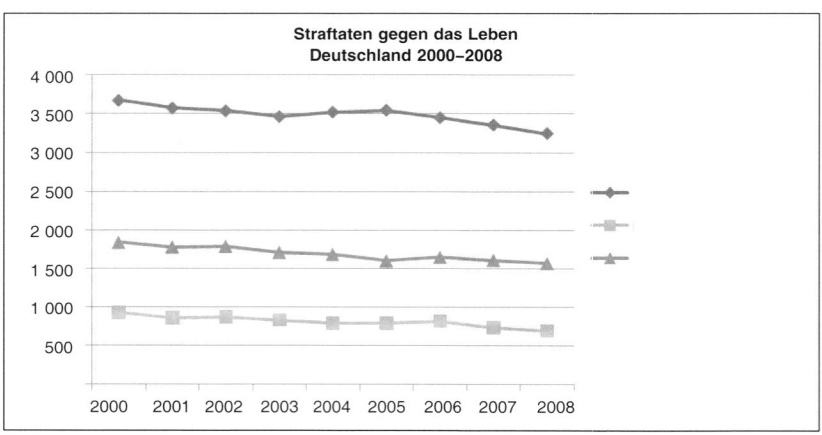

Übersicht: Grafik zur Entwicklung der Straftaten gegen das Leben, Deutschland, 2000–2008

Hellfeld/Dunkelfeld:

Nach Untersuchungen der deutschen Gerichtsmediziner ist von einer hohen Anzahl von nicht erkannten nicht natürlicher Todesfälle auszugehen. Die in

Wissenschaft und Medien genannte Zahlen der Dunkelzifferrelation bei Tötungsdelikten reichen von 1:3 bis 1:20. Exakte Ergebnisse liegen nicht vor.

**Öffentlichkeitsinteresse:**

An Tötungsdelikten besteht ein besonders großes Öffentlichkeitsinteresse. Über die Taten wird zu fast 100 % in den Medien berichtet. Dies führt auch zu einer Beeinflussung des Sicherheitsgefühls der Bürger. „Polizistenmorde" und besonders bestialische Täter sind längere Zeit medienpräsent.

## 1.2 Tatzeit

Die Entwicklung der bekannt gewordenen Straftaten gegen das Leben ist aus der nachfolgenden Tabelle zu ersehen. Betrachtet man die Entwicklung der Tötungsdelikte seit der Wiedervereinigung (erste gemeinsame PKS), so erkennt man, dass im Jahr 1993 die höchste Zahl an Tötungsdelikten erreicht wurde. Seit dieser Zeit geht die Zahl der bekannt gewordenen Tötungen mit wenigen Ausnahmen kontinuierlich zurück und hat jetzt einen ähnlichen hohen Stand wie in den alten Bundesländern vor der Wiedervereinigung erreicht.

Ferner ist zu bemerken, dass nach älteren Untersuchungen ca. die Hälfte aller Tötungsdelikte in den Abendstunden begangen wird.

Ein weiterer tatzeitlicher Schwerpunkt liegt an den Wochenenden und an Feiertagen (Beziehungstaten).

| Jahr | Fälle | HZ | Versuche | AQ |
|------|-------|-----|----------|--------|
| 1993 | 5 140 | 6,3 | 53,9 % | 83,3 % |
| 1994 | 4 654 | 5,7 | 51,2 % | 87,9 % |
| 1995 | 4 908 | 6,0 | 52,9 % | 88,9 % |
| 1996 | 4 420 | 5,4 | 51,7 % | 92,0 % |
| 1997 | 4 292 | 5,2 | 49,9 % | 92,6 % |
| 1998 | 3 736 | 4,6 | 51,8 % | 94,3 % |
| 1999 | 3 744 | 4,6 | 49,6 % | 94,1 % |
| 2000 | 3 676 | 4,5 | 49,6 % | 93,7 % |
| 2001 | 3 577 | 4,3 | 50,0 % | 93,3 % |
| 2002 | 3 541 | 4,3 | 49,6 % | 94,5 % |
| 2003 | 3 465 | 4,2 | 50,1 % | 93,9 % |
| 2004 | 3 525 | 4,3 | 48,1 % | 93,6 % |
| 2005 | 3 549 | 4,3 | 45,3 % | 92,9 % |
| 2006 | 3 452 | 4,2 | 51,2 % | 92,3 % |
| 2007 | 3 356 | 4,1 | 50,4 % | 92,1 % |
| 2008 | 3 244 | 3,9 | 50,4 % | 92,2 % |

Übersicht: Tabelle zu Straftaten gegen das Leben, Deutschland 1993–2008

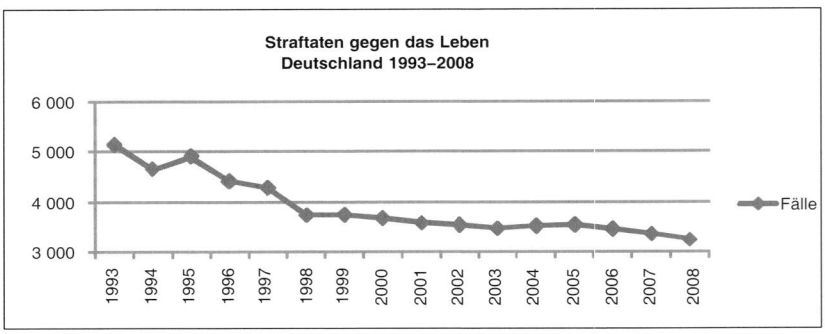

Übersicht: Grafik zu Straftaten gegen das Leben

## 1.3　Tatort

Die regionale Tatortverteilung nach Gemeindegrößenklassen ist aus der nachfolgenden Tabelle ablesbar.

| Gemeindegrößenklasse | %-Anteil Wohnbevölkerung | %-Anteil Straftaten gesamt | %-Anteil Tötungsdelikte |
|---|---|---|---|
| Bis 20 000 Einwohner | 41,7 | 24,6 | 30,9 |
| 20 000 < 100 000 EW | 27,3 | 28,3 | 31,0 |
| 100 000 < 500 000 EW | 15,1 | 19,4 | 15,6 |
| > 500 000 EW | 15,8 | 27,4 | 22,4 |

Übersicht: Tabelle zu Straftaten gegen das Leben – räumliche Verteilung, Deutschland 2007

Es wird deutlich, dass im Vergleich zur gesamten erfassten Kriminalität der ländliche Bereich bei Tötungsdelikten etwas höher belastet ist.

Gemessen an der Zahl der Tötungen (Mord und Totschlag) auf 100 000 Einwohner (Häufigkeitszahl) nahmen bei den Bundesländern im Jahr 2008 Bremen, Hamburg und Sachsen-Anhalt die Spitzenpositionen ein. Bei den Städten über 200 000 Einwohner waren dies Halle/Saale, Frankfurt a. M. und Mannheim.

Wegen der hohen Zahl von Beziehungstaten ist die eigene Wohnung ca. in der Hälfte der Fälle unmittelbarer Tatort.

## 1.4    Opfer

Die Opferbelastung ergibt sich aus der nachfolgenden Tabelle.

|  | Opfer | Männer % | Frauen % | < 14 % | 14 < 18 % | 18 < 21 % | 21 < 60 % | > 60 % |
|---|---|---|---|---|---|---|---|---|
| Mord | 926 | 58,6 | 41,4 | 7,2 | 3,5 | 6,7 | 64,9 | 17,7 |
| Raubmord | 72 | 80,6 | 19,4 | 0,0 | 0,0 | 2,8 | 70,8 | 26,4 |
| Sexualmord | 19 | 15,8 | 84,2 | 10,5 | 0,0 | 15,8 | 57,9 | 15,8 |
| Totschlag | 1.817 | 70,7 | 29,3 | 6,2 | 4,3 | 8,0 | 72,5 | 9,0 |

Übersicht: Tabelle zu Mord und Totschlag, inkl. Versuche, Opfer nach Geschlecht und Lebensalter, Deutschland 2008

Beim Mord sind Männer leicht, beim Totschlag deutlich überrepräsentiert. 4 von 5 Opfern des Raubmordes sind Männer, beim Sexualmord dominieren mit über 84 % die Frauen.

Wie bereits erwähnt besteht bei Tötungsdelikten ein hoher Anteil von Beziehungstaten. Beim Mord lag der Anteil im Jahr 2004 bei rund 65 %. Dies gilt jedoch nicht für den Raubmord. Hier bestand im Vergleichszeitraum zu etwa 68 % keine Vorbeziehung oder diese war ungeklärt.

Betrachtet man letztlich die Opfergefährdung, also die Anzahl der Opfer bezogen auf 100 000 Einwohner der entsprechenden Altersgruppe, so sind heranwachsende Männer deutlich überrepräsentiert. Sie stellen die Altersgruppe dar, die am meisten gefährdet ist. Dies ist vor dem Hintergrund interessant, dass bei empirischen Untersuchungen sich gerade diese Gruppe als besonders ungefährdet einschätzte.

Bestimmt Berufsgruppen sind besonders gefährdet, Opfer eines Tötungsdeliktes zu werden. Hierzu gehören neben Polizeibeamten vor allem auch Taxifahrer.

## 1.5    Tatmittel

Aus der Polizeilichen Kriminalstatistik für das Jahr 2008 geht hervor, dass bei Straftaten gegen das Leben in 161 Fällen (5 %) mit einer Schusswaffe geschossen wurde. Beim Mord erhöht sich dieser Anteil auf 13,5 %.

Zu sonstigen Tatmitteln finden sich der PKS keine Angaben. Untersuchungen zu Tötungsdelikten aus den 80er-Jahren in Köln hatten folgende Ergebnisse:

Studie in Köln aus dem Jahre 1988:

–   50 % Erstechen
–   20 % Erschießen
–   15 % Drosseln/Würgen
–   13 % Erschlagen

## 1.6    Tathergang

Wie bereits mehrfach erwähnt, besteht bei einer großen Anzahl von Tötungsdelikten eine Vorbeziehung zwischen Täter und Opfer. Von daher erscheint es logisch, dass die vollzogene Tötung oftmals das dramatische Ende eines längeren Leidensweges ist. Aufgestaute Aggressionen oder Konflikte in der Zweierbeziehung führen, falls eine verbale Konfliktlösung nicht mehr möglich ist, zur Gewaltanwendung. So sind etwa Männer häufig nicht bereit, das Ende einer Beziehung hinzunehmen und reagieren mit Gewalt. Konflikt- und Aggressionsmorde sind deshalb besonders häufig innerhalb der Familie und gegenüber Bekannten zu verzeichnen.

In der kriminologischen Wissenschaft werden ansonsten Einteilungen nach Tatbestandsmerkmalen und Tätermotivationen abgelehnt oder als gescheitert angesehen.

## 1.7    Täter

Im Jahr 2008 wurden 853 Mörder und 1 973 Totschläger ermittelt. Davon waren rund 87 % Männer.

| Straftat | Tatverdächtige | | | | | | |
|---|---|---|---|---|---|---|---|
| | insge-samt | männ-lich | weib-lich | Kinder | Jugend-liche | Heran-wachsende | Erwach-sene |
| | | | | < 14 | 14 < 18 | 18 < 21 | 21 und älter |
| | 100 % | in % | | | | | |
| Mord | 853 | 87,3 | 12,7 | 0,4 | 8,9 | 11,8 | 78,9 |
| Raub-mord | 102 | 92,2 | 7,8 | 2,9 | 17,6 | 17,6 | 61,8 |
| Sexual-mord | 21 | 95,2 | 4,8 | 0,0 | 4,8 | 14,3 | 81,0 |
| Tot-schlag | 1 973 | 87,1 | 12,9 | 0,3 | 8,1 | 13,5 | 78,1 |

Übersicht: Tabelle zur Geschlechts- und Altersstruktur der Tatverdächtigen, Mord und Totschlag, Deutschland 2008

60 % der ermittelten Mörder und ca. 62 % der Totschläger handelten allein. Interessant ist, dass dieser Anteil beim Sexualmord im Jahr 2008 100 % betrug, während der Raubmord offenbar in der Mehrheit von mehreren Tätern gemeinsam begangen wird, denn hier liegt der Anteil der allein handelnden Täter lediglich bei ca. einem Drittel.

Zur Altersverteilung ist zu sagen, dass in absoluten Zahlen die Altersklasse der Erwachsenen überwiegt. Vergleicht man diese Angaben jedoch mit dem Anteil, den die jeweiligen Altersgruppen in der deutschen Bevölkerung haben, so wird deutlich, dass der Anteil der jugendlichen und heranwachsenden Täter deutlich überrepräsentiert ist. Fast 40 % der Raubmörder sind jünger als 21 Jahre alt.

Deutlich überrepräsentiert ist auch der Anteil der nichtdeutschen Tatverdächtigen. Er beträgt beim Mord 28,3 % und beim Totschlag 27 % und liegt damit deutlich über dem Bevölkerungsanteil.

Illegal hielten sich 4,1 %/3,4 % der nichtdeutschen Mörder bzw. Totschläger in Deutschland auf. Die größte Gruppe der ermittelten nichtdeutschen Mörder und Totschläger stellt die Gruppe der „Sonstigen", die aus den nicht anerkannten Asylbewerbern mit Duldung, Flüchtlingen, Besuchern und erwerbslosen Personen gebildet wird. Schüler/Studenten, Arbeitnehmer und Gewerbetreibende, also die klassische nichtdeutsche Wohnbevölkerung machen lediglich ca. 25 % der nichtdeutschen Tatverdächtigen aus.

Wie kaum bei einem anderen Delikt spielt Alkoholeinfluss eine entscheidende Rolle für die Tatbegehung. 21,7 % der Mörder und gar 38,1 % der Totschläger standen unter Alkoholeinfluss. Die enthemmende Wirkung dieser Droge wird damit eindrucksvoll belegt.

Dies gilt nicht für den Konsum harter Drogen, denn der Anteil der Täter, die als Konsumenten harter Drogen bekannt sind, lag unter 10 % (Mord: 8,2 %, Totschlag 6,2 %).

Mörder und Totschläger sind darüber hinaus in der überwiegenden Zahl bereits polizeilich bekannt geworden. Ihr Anteil beträgt bei Mördern und Totschlägern ca. 60 %.

Zu beachten ist bei den Tatverdächtigenzahlen jedoch, dass die Zahl der Verurteilten wegen Mordes und Totschlags deutlich niedriger liegt. Im Jahr 2008 wurden 198 Erwachsene wegen Mordes und 535 Erwachsene wegen Totschlags verurteilt, Dies liegt darin begründet, dass es im Laufe des Verfahrens häufig zu einer Korrektur der Tatbestandseinschätzung kommt. Aus dem polizeilich angenommenen Mord wird dann z. B. eine Körperverletzung mit Todesfolge oder eine Rauschtat.

## 2 Ätiologie
### 2.1 Individuelle Bedingungen

Persönliche Ursachen sind häufig in konflikttheoretischen Ansätzen der Kriminalitätserklärung zu finden. Von daher sind bei Beziehungstaten Anlässe wie Streit, Eifersucht, Habgier, Neid oder die Affekttat typisch. Oftmals ist die Tat auch die Folge einer seit langem bestehenden Frustration (Frustrations-Aggressions-Hypothese).

Nach wissenschaftlichen Untersuchungen gehören über 90 % der Täter den unteren Sozialschichten an. Typischer Sozialisationsmangel ist es, bei Konflikten nur mit nonverbaler Aggression reagieren zu können. Diese werden seit der Kindheit mit Gewalt gelöst („Wehr dich!"), führen zu gewaltsamen Reaktionen der Gegenseite und sind Beginn einer Gewaltspirale.

Bei rassistisch motivierten Tötungsdelikten ist zum Teil eine mangelnde Gewissensausprägung ursächlich für die Tatbegehung. Hinzu kommt, dass es bei fremdenfeindlichen Taten zu einer „Entmenschlichung" des Opfers kommt, der Täter darüber hinaus mit Techniken der Neutralisation das Opfer als „nicht lebenswert" betrachtet. Typisch ist solches Verhalten bei Gruppentaten, z. B. durch Rechtsradikale.

Der Umgang mit Gewalt bis hin zur Tötung wird unterschiedlich sozialisiert. So ist die Gewaltbereitschaft bei einigen Völkern deutlich größer als im Durchschnitt. Dies führt dazu, dass menschliches Leben als nichts Besonderes eingeschätzt wird, der Mensch eher auf die Stufe eines bloßen Lebewesens gestellt wird.

## 2.2 Situative Bedingungen

Nur die wenigsten Taten sind von langer Hand vorbereitet und geplant. Für die situative Komponente ist daher eher die Affekttat typisch.

Zur Opferrolle wurde bereits die hohe Zahl von Beziehungstaten herausgestellt.

Strittig in der wissenschaftlichen Diskussion ist die Frage des Einflusses der Gewaltdarstellung in den Medien auf die Entstehung von Gewalt. Während zum einen darauf hingewiesen wird, dass Gewaltdarstellungen so überzeichnet seien, dass sie nicht kopiert werden (z. B. „A-Team"), weisen andere Vertreter darauf hin, dass permanente Gewaltdarstellungen per se zu einem Nachahmungseffekt führten.

Letztlich sei darauf hingewiesen, dass selbst solche Taten bekannt werden, wo Täter aus bloßer Langeweile oder Neugierde Tötungsdelikte begehen.

## 2.3 Normative Bedingungen

Mord und Totschlag gehören zu den Taten mit der höchsten Strafandrohung. Dieser Umstand ist seit Jahrzehnten unverändert.

Zur Normdurchsetzung ist festzustellen, dass Mord und Totschlag zu den Kapitaldelikten gehören, die von der Polizei mit größter personeller Intensität verfolgt werden. Dies gilt im besonderen Maße für solche Taten, die außergewöhnlich spektakulär sind oder bei denen bestimmte Opfergruppen (Kinder, Polizisten) vorliegen. Andererseits flacht das Aufklärungsinteresse deutlich ab, wenn es sich beim Opfer um Angehörige sozialer Randgruppen handelt. Auch ist die Deliktseinschätzung stark abhängig von der Aufklärung oder Nichtaufklärung. Bei geklärten Taten besteht eine deutliche Tendenz, die schwerere Tat anzunehmen, bei ungeklärten Taten wird aus einem versuchten Totschlag schnell eine gefährliche Körperverletzung.

# 3 Weiterführende Literatur

*Rückert, S.:* Tote haben keine Lobby, 4. Auflage, Hoffmann und Campe, Hamburg 2000

*Harbort, S.:* Das Serienmörder-Prinzip, Piper Verlag, München 2008

# Kapitel 11
# Sexueller Missbrauch von Kindern

## 1 Phänomenologie

### 1.1 Allgemeine Angaben

Definition: *Schneider, H.-J.*[1]

„Unter sexuellem Missbrauch von Kindern versteht man die Interaktion zwischen einem Kind (bis 14 Jahre) und einem Erwachsenen, bei der das Kind als Objekt zur Befriedigung sexueller oder sexualisierter Bedürfnisse des Erwachsenen dient."

Definition: *Endress, E.*[2]

„Der sexuelle Missbrauch ist immer dann gegeben, wenn ein Mädchen oder Junge von einem Erwachsenen oder älteren Jugendlichen als Objekt der eigenen sexuellen Bedürfnisse benutzt wird. Kinder und Jugendliche sind aufgrund ihrer kognitiven und emotionalen Entwicklung nicht in der Lage, sexuellen Beziehungen zu Erwachsenen wissentlich zuzustimmen. Fast immer nützt der Täter ein Macht- oder Abhängigkeitsverhältnis aus."

Definition: *Trube-Becker, E.*[3]

„Zum sexuellen Missbrauch gehört nicht nur der vollendete Geschlechtsverkehr, sondern jede sexuell motivierte Handlung, die das Kind zu einem Sexualobjekt degradiert und ihm vermittelt, dass es nicht als Mensch geliebt und geachtet wird."

Definition: *Gallwitz, A. u. a.*[4]

„Sexuelle Ausbeutung von Kindern durch Erwachsene (oder ältere Jugendliche) ist eine sexuelle Handlung eines Erwachsenen mit einem Kind, das aufgrund seiner emotionalen und intellektuellen Entwicklung und aufgrund des ungleichen Machtverhältnisses zwischen Erwachsenen und Kindern nicht in der Lage ist, dieser sexuellen Handlungen informiert und frei zuzustimmen. Dabei nutzt der Erwachsene seine Autorität und die rechtliche, physische und psychische Abhängigkeit des Kindes sowie möglicherweise dessen Neugier, Zuneigung und Vertrauen aus, um das Kind zur Kooperation zu überreden oder zu zwingen. Zentral ist dabei die Verpflichtung zur Geheimhaltung, die das Kind zur Sprachlosigkeit und Hilflosigkeit verurteilt."

In der Fachliteratur findet sich eine Vielzahl weiterer Definitionen, die mal enger, mal weiter ausgelegt sind. So stellen einige Autoren auf die Art des

---

[1]  Schneider (1999) mit weiteren Fundstellen
[2]  Endress/Trube-Becker e. a. (1991), S. 50 ff.
[3]  Endress/Trube-Becker e. a. (1991), S. 33 ff.
[4]  Gallwitz/Paulus/Drewes (2005), S. 31

Kontaktes ab, andere sehen den Tatbestand schon beim obszönen Anspre-
chen erfüllt, wieder andere stellen die Traumatisierung des Kindes in den
Vordergrund.

Auch wenn in einigen Kulturkreisen der sexuelle Kontakt von Erwachsenen
mit Kindern als normal betrachtet wurde (z. B. antikes Griechenland –
Knabenliebe) und trotz bedeutender literarischer Behandlung dieses Themas (z. B. Nabokov, V. – „Lolita") gilt der sexuelle Missbrauch von Kindern
als massive Verletzung der sittlichen, moralischen und gesellschaftlichen
Normen und unterliegt einer absoluten gesellschaftlichen Ächtung. Im
Strafvollzug steht der „Kinderschänder" in der Hierarchie der Strafgefangenen auf der untersten Stufe.

## Strafrechtliche Einordnung

Nach der Reform des Strafgesetzbuches ist der „Sexuelle Missbrauch von
Kindern" in den §§ 176, 176a und 176b StGB gesetzlich normiert.

Im Ausgangstatbestand (§ 176 StGB) werden sexuelle Handlungen mit
oder vor Kindern, das Bestimmen des Kindes, sexuelle Handlungen an sich
vorzunehmen, oder das Vorzeigen von pornografischen Darstellungen pp.
als Vergehenstatbestand unter Strafe gestellt.

§ 176a StGB bezieht sich auf die Durchführung des Beischlafs oder ähnli-
cher Handlungen, die mit einem Eindringen in den Körper des Kindes verbunden sind, die gemeinschaftlich von mehreren begangene Tat, die
erhebliche körperliche oder seelische Gefährdung des Kindes und den Wiederholungstäter. Bis auf die minder schweren Fälle handelt es sich in allen
Tatvarianten um Verbrechenstatbestände, die umso höher strafbewehrt
sind, je schwerer sich die Misshandlung darstellte, oder in der Absicht begangen wurde, sie zum Gegenstand einer pornografischen Schrift zu machen, die verbreitet werden soll.

Der sexuelle Missbrauch mit Todesfolge ist Gegenstand des § 176b StGB.
Der Versuch ist strafbar.

Darüber hinaus finden sich weitere Tatbestände im Strafgesetzbuch, die indirekt mit dem sexuellen Missbrauch von Kindern in Verbindung stehen. Als
Beispiele seien hier die Verbreitung pornografischer Schriften oder der sexuelle Missbrauch von Schutzbefohlenen genannt.

## Kriminologische Einordnung

Der sexuelle Missbrauch von Kindern ist kriminologisch ein Sexualdelikt
und ein Gewaltdelikt. In der PKS wird das Delikt nicht unter dem Summenschlüssel 892000 als Gewaltdelikt erfasst.

## Statistische Einordnung

Durch Strafrechtsreformen kam es in der PKS in den Jahren 1999 und 2004
zu deutlichen Erfassungsänderungen, die bei Langzeituntersuchungen zu
berücksichtigen sind. Es gelten folgende Schlüsselzahlen:

131000: Sexueller Missbrauch von Kindern §§ 176, 176a, 176b StGB
131100: Sexuelle Handlungen nach § 176 Abs. 1 und 2 StGB
131200: Exhibitionistische/sexuelle Handlungen vor Kindern § 176 Abs. 4 Nr. 1 StGB
131300: Sexuelle Handlungen nach § 176 Abs. 4 Nr. 2 StGB
131400: Einwirken auf Kinder nach § 176 Abs. 4 Nr. 3 und 4 StGB
131500: Vollzug des Beischlafs mit einem Kind oder anderer Handlungen nach § 176a Abs. 2 Nr. 1 StGB
131600: Schwerer sexueller Missbrauch von Kindern zur Herstellung und Verbreitung von pornografischen Schriften nach § 176a Abs. 3 StGB
131700: Sonstiger schwerer sexueller Missbrauch von Kindern nach § 176a StGB
131800: Sexueller Missbrauch von Kindern mit Todesfolge nach § 176b StGB

Im Jahr 2008 wurden 56 784 Straftaten gegen die sexuelle Selbstbestimmung (Schlüsselzahl: 100000) begangen. Der Anteil der erfassten Sexualdelikte an Gesamtkriminalität betrug damit 0,9 %.

In der gleichen Zeit wurden 12 052 Fälle des sexuellen Missbrauches von Kindern bekannt. Ihr Anteil an der gesamten Sexualkriminalität beträgt damit 21,2 %, an der Gesamtkriminalität 0,2 %. Der Anteil der Versuche lag bei 6,7 %.

Im Jahr 2008 wurden folgende Tathandlungen erfasst (in Klammern: Anteile am sexuellen Missbrauch von Kindern gesamt):

Schlüsselzahl 131100:  5 683 Fälle  (47,2 %)

Schlüsselzahl 131200:  2 304 Fälle  (19,1 %)

Schlüsselzahl 131300:  371 Fälle  (3,1 %)

Schlüsselzahl 131400:  875 Fälle  ( 7,3 %)

Schlüsselzahl 131500:  1015 Fälle  ( 8,4 %)

Schlüsselzahl 131600:  81 Fälle  (0,7 %)

Schlüsselzahl 131700:  1457 Fälle  (12,1 %)

Schlüsselzahl 131800:  0 Fälle  (0,0 %)

Aus den Zahlen erkennt man, dass die „einfachen" Missbrauchsfälle und das Exhibieren vor Kindern fast ¾ der Taten ausmachen. In 8,4 % der Fälle wurden mit den Kindern der Beischlaf ausgeübt oder vergleichbare Handlungen durchgeführt. Im Jahr 2008 wurde kein Fall des sexuellen Missbrauchs mit Todesfolge erfasst.

Die Aufklärungsquote betrug 82,1 %. Je nach Tathandlung lag sie erheblich darüber. Eine Ausnahme bildet nur das Exhibieren vor Kindern. Hier betrug die Aufklärung 49,8 %. Die hohen Aufklärungsquoten sind darin begründet, dass diese Taten mit großem Personalaufwand verfolgt werden, eine große Unterstützung seitens der Bevölkerung besteht und in mehr als der Hälfte der Taten (58 %) eine Beziehung zwischen Tatverdächtigem und Opfer bestand.

| Jahr | Fälle | HZ | Versuche | % | AQ |
|------|-------|------|----------|------|------|
| 1993 | 15 430 | 19,1 | 1 618 | 10,5 | 63,4 |
| 1994 | 15 096 | 18,6 | 1 519 | 10,1 | 67,2 |
| 1995 | 16 013 | 19,6 | 1 390 | 8,7 | 67,2 |
| 1996 | 15 674 | 19,2 | 1 646 | 10,5 | 67,6 |
| 1997 | 16 888 | 20,6 | 1 575 | 9,3 | 69,8 |
| 1998 | 16 596 | 20,2 | 1 683 | 10,1 | 70,5 |
| 1999 | 15 279 | 18,6 | 1 265 | 8,3 | 72,4 |
| 2000 | 15 581 | 19,0 | 1 298 | 8,3 | 74,4 |
| 2001 | 15 117 | 18,4 | 1 228 | 8,1 | 74,7 |
| 2002 | 15 998 | 19,4 | 1 096 | 6,9 | 78,1 |
| 2003 | 15 430 | 18,7 | 985 | 6,4 | 79,9 |
| 2004 | 15 255 | 18,5 | 1 006 | 6,6 | 81,3 |
| 2005 | 13 962 | 16,9 | 781 | 5,6 | 81,7 |
| 2006 | 12 765 | 15,5 | 692 | 5,4 | 81,9 |
| 2007 | 12 772 | 15,5 | 723 | 5,7 | 81,9 |
| 2008 | 12 052 | 14,7 | 804 | 6,7 | 82,1 |

Übersicht: Tabelle zum Sexuellen Missbrauch von Kindern – Fallzahlen, Deutschland 1993–2008

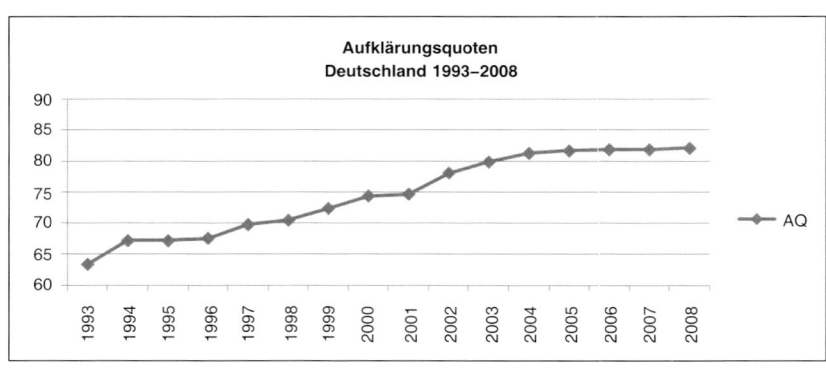

Übersicht: Grafik zum Sexuellen Missbrauch von Kindern – Aufklärungsquoten, Deutschland 1993–2008

## Hell-/Dunkelfeld

Beim sexuellen Missbrauch von Kindern ist von einem enormen Dunkelfeld auszugehen. In der kriminologischen Literatur schwanken die Angaben zur Dunkelzifferrelation zwischen 1:5 bis 1:50. Dies würde bedeuten, dass statt der in der PKS erfassten 19 091 Opfer tatsächlich zwischen 100 000 und 1 000 000 tatsächliche Opfer zu verzeichnen wären. Seriöse Einschätzungen gehen von mindestens 300 000 missbrauchten Kindern pro Jahr aus. Das Dunkelfeld ist dabei umso größer, je enger die Vorbeziehung ist. Bei innerfamiliärem Missbrauch dürfte sie am höchsten sein.

In den USA (*Yates* 1982) geht man davon aus, dass 90 % aller Fälle des sexuellen Missbrauchs von Kindern der Öffentlichkeit verborgen bleiben.

Als Gründe hierfür wurden benannt:

- Sexueller Missbrauch beginnt bereits im Säuglings- und Kleinkindesalter, somit zu einem Zeitpunkt, in welchem das Kind noch nicht in der Lage ist, den Rechtsbruch zu erkennen oder zu schildern.
- Ältere Kinder schämen sich davor, die Tat zu schildern, vor allem wenn Angehörige Täter sind.
- Dem Kind werden Lügen unterstellt, mit welchen es die Familie auseinander bringt. Den Kindern wird Schuld eingeredet. „Mein Körper war schuld an allem. Wenn ich den nicht hätte, könnte mich Vati nicht mehr anrühren!"
- Müttern sind die Taten bekannt. Sie schweigen aus Angst vor dem Ehemann oder fürchten, den Ernährer der Familie zu verlieren.
- Bei körperlichen Schäden oder Verletzung erfolgt keine ärztliche Versorgung. Man fürchtet die Entdeckung der Tat bei Arztbesuchen. Ärzte, aber auch Lehrer oder Erzieher erkennen zwar Verhaltensstörungen, aber nicht als Folge sexueller Misshandlung.
- Kontaktpersonen, Freunde oder Nachbarn verspüren aus Unwissenheit vor dem Phänomen eine gewisse Hilflosigkeit, da sie nicht wissen, wie sie sich verhalten sollen. Sie verhindern somit das Aufdecken der Tat, da es ein Tabuthema ist, über das man nicht spricht.
- Nur jeder 10. Fall eines sexuellen Missbrauchs von Kindern endet mit der Verurteilung des Täters. Die Strategie von Verteidigern besteht darin, das Kind als unglaubwürdig darzustellen.
- Ein weit verbreiteter Irrglaube besteht darin, dass man Kindern die Schuld an der Tat zuweist. Dies gilt besonders für Mädchen im Alter von 10 bis 12 Jahren, die sexuell sehr interessiert seien.
- Auch hört man die Auffassung, dass staatliche Institutionen aller Art gerade beim innerfamiliären Missbrauch keine Zuständigkeitsberechtigung hätten. Das Kind brauche schließlich seine Familie und die Kinder seien selbst nach einem Missbrauchsfall lieber in der Familie als in einem Heim, wo sich das Schuldgefühl nur verstärken würde.

## Öffentlichkeitsinteresse

Bekannt gewordene Fälle des sexuellen Missbrauchs von Kindern erregen großes Interesse bei der Bevölkerung. Das Delikt ist aber auch ein Tabuthema, das totgeschwiegen wird. Einerseits bilden sich „Bürgerwehren" nach einer Serie von Missbrauchsfällen in der Nähe von Schulen und Kindergärten, andererseits verdächtigen Erzieher Familienmitglieder des Missbrauchs, weil Kleinkinder unreflektiert sexuell anmutende Handlungen ausführen.

Für kaum eine andere Zielgruppe gibt es so viele Hilfsangebote an Hilfe durch private Organisationen. Diese sind gemeinsam mit Polizei und Justiz zu einem Netzwerk gegen den sexuellen Missbrauch verbunden.

## 1.2    Tatzeit

Die Entwicklung der Fälle des sexuellen Missbrauchs von Kindern ergibt sich aus der nachfolgenden Tabelle. Aus dieser ist ersichtlich, dass der sexuelle Missbrauch seit 2002 kontinuierlich rückläufig ist.

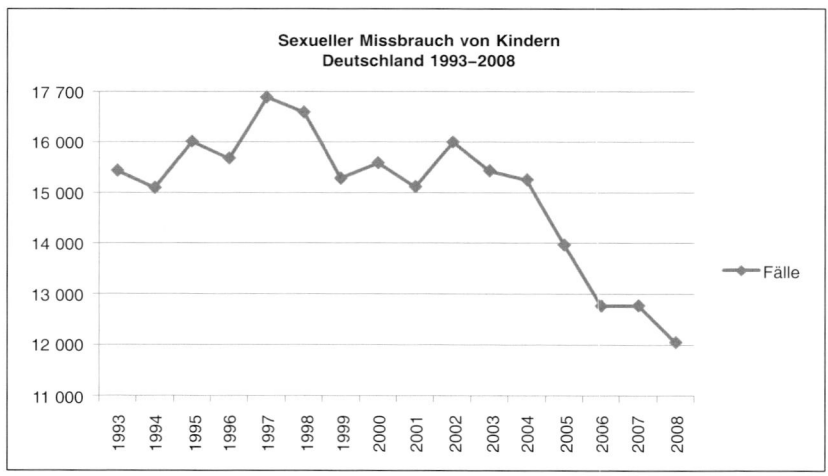

Übersicht: Grafik zum Sexuellen Missbrauch von Kindern – Fallzahlen, Deutschland 1993–2008

Zu den exakten Tatzeiten liegen keine Untersuchungen vor. Täter aus dem sozialen Nahbereich können jede gemeinsame Minute zur Tatbegehung nutzen. Bei Fremdtätern besteht eine starke Verbindung zwischen Tatzeit und Tatort. So werden Spielplätze meist in den Nachmittagsstunden von potenziellen Opfern frequentiert, während Schulen oder Kindergärten eher in den Morgenstunden zur Tatbegehung aufgesucht werden. Exaktere Werte ergeben sich nur durch die Auswertung des Kriminalpolizeilichen Melde-dienstes.

Ein besonderes Phänomen dieser Tat ist die häufige Tatwiederholung vor allem im sozialen Nahbereich. So sind langjährige Missbrauchsmartyrien von Töchtern keine Seltenheit.

## 1.3 Tatort

Die regionale Verteilung des Deliktes ergibt sich aus der nachfolgenden Tabelle:

| Gemeindegrößen-klasse | Anteil Wohnbevölke-rung % | Anteil Straftaten gesamt % | Anteil Sex. Missbrauch von Kindern % | Anteil Exhibieren vor Kindern % |
|---|---|---|---|---|
| bis 20 000 Einwohner | 41,7 | 24,6 | 34,8 | 23,3 |
| 20 000 < 100 000 EW | 27,3 | 28,3 | 30,1 | 31,5 |
| 100 000 < 500 000 EW | 15,1 | 19,4 | 16,7 | 20,9 |
| > 500 000 EW | 15,8 | 27,4 | 17,8 | 24,0 |

Übersicht: Tabelle zum Sexuellen Missbrauch von Kindern – räumliche Verteilung, Deutschland 2007

Aus der Tabelle wird deutlich, dass im Verhältnis zur Gesamtkriminalität die Missbrauchsfälle eher im dörflichen Bereich bekannt und angezeigt wer-den. Dies gilt nicht für das Exhibieren vor Kindern. Die Anonymität der Groß-städte bedingt offenbar eine geringere Anzeigenbereitschaft der Bürger.

Eine Untersuchung des Bundeskriminalamtes aus dem Jahr 1983 zu Tat-orten des sexuellen Missbrauchs von Kindern führte zu folgenden Ergeb-nissen:

- 34,0 %: Freizeitort/sonstige öffentliche Plätze
- 31,5 %: Straße/Schulweg
- 21,0 %: Täter-/Opferwohnung
- 10,0 %: sonstige Gebäude
- 3,3 %: Kraftfahrzeuge

- 43,7 %: Wechsel zwischen der Anbahnung und dem Tatort

In anderen Untersuchungen werden größere Anteile des Tatortes „Wohnung" ausgewiesen. Diese liegen über 40 %.

Gemessen an den Häufigkeitszahlen wurden im Jahr 2008 die meisten Missbrauchsfälle in Berlin bekannt, gefolgt von Bremen und Rhein-land-Pfalz.

## 1.4 Opfer

Die Opferbelastung ergibt sich aus der nachfolgenden Tabelle:

| | Opfer | männl. % | weibl. % | < 6 männl. % | < 6 weibl. % | 6 < 14 männl. % | 6 < 14 weibl. % |
|---|---|---|---|---|---|---|---|
| Sex. Missbrauch von Kindern (Schlüsselzahl: 131000) | 15 098 | 24,7 | 75,3 | 30,7 | 69,3 | 23,8 | 76,2 |
| Exhibieren vor Kindern (Schlüsselzahl: 131200) | 3 818 | 22,5 | 77,5 | 37,1 | 62,9 | 21,5 | 78,5 |
| Vollzug des Beischlafs o. ä. Handlungen (Schlüsselzahl: 131500) | 1 089 | 18,5 | 81,5 | 30,9 | 69,1 | 16,7 | 83,3 |

Übersicht: Tabelle zum Sexuellen Missbrauch von Kindern – Opfer nach Alter und Geschlecht, Deutschland 2008

Beim sexuellen Missbrauch waren 12 % der Opfer insgesamt unter 6 Jahren alt. Beim Exhibieren vor Kindern ist mit 6 % der Opferanteil halb so groß.

Es wird deutlich, dass Mädchen deutlich häufiger Opfer von sexuellen Missbrauchshandlungen werden. Bei besonders jungen Opfern unter 6 Jahren ist es den Exhibitionisten offenbar eher gleichgültig, ob sie sich einem Knaben oder Mädchen zeigen können.

Der sexuelle Missbrauch von Kindern ist ein Delikt, beim dem eine hohe Tatverdächtigen-Opfer-Beziehung zu vermuten ist. Gemäß der PKS für den Bund 2008 lag bei 58 % der Opfer eine Vorbeziehung zum Täter vor. Betrachtet man die Beziehungstaten (8 713 Fälle) gesondert, machen die Taten mit verwandtschaftlicher Vorbeziehung rund 33 % der Fälle aus, zu 51 % war es eine Bekanntschaft und zu knapp 15 % eine flüchtige Vorbeziehung. Die landsmannschaftliche Beziehung spielte mit 0,13 % keine Rolle. In 42 % der Fälle konnte keine Vorbeziehung festgestellt werden oder diese war ungeklärt.

Nach *Schneider* sind bestimmte Gruppen besonders opferanfällig. So werden Stieftöchter 5-mal häufiger Opfer eines sexuellen Missbrauches als leibliche Töchter.

## 1.5 Tatmittel

Das Mitführen von Schusswaffen oder gar der Einsatz von Waffen spielt bei diesem Delikt keine Rolle.

Welche Anreize im Rahmen der Anbahnung vom Täter genutzt werden, ist stark täterabhängig. Bei Fremdtätern kommen allgemeine altersgemäße

Anreizgegenstände in Betracht (z. B. Süßigkeiten, Spielzeuge pp.). Bei Tätern aus dem sozialen Nahbereich sind Kenntnisse über die individuellen Wünsche ihrer Opfer vorhanden, variieren demzufolge besonders stark.

## 1.6    Tathergang

Der Modus Operandi variiert je nach Neigung der Täter. Die Täter zeigen dabei oftmals perseverantes Verhalten im Delikt oder im Modus Operandi.

Der Tatverlauf ist sehr stark abhängig vom bestehenden sozialen Kontakt zwischen Täter und Opfer.

### Vortatphase

– Inzestuöser oder intrafamiliärer Missbrauch:

Die Annäherung an das Kind ist für die Täter unproblematisch. Es besteht ein Vertrauensverhältnis zwischen Opfer und Täter. Das Kind hat darüber hinaus gelernt, Älteren zu gehorchen.

Der Täter nähert sich dem Kind in der Nacht während der Schlafphase, der Missbrauch wird in den normalen Tagesablauf eingebaut (z. B. Baden des Kindes), die Handlungen werden als normal suggeriert oder dem Kind wird ein „Geheimnis" eingeredet.

– Fremdtäter oder weitläufig bekannter Täter:

Diese Täter müssen vor der Missbrauchshandlung zunächst das Vertrauen des Kindes gewinnen. Dies geschieht durch Geschenke, sonstige Anreize (z. B. Reiten lassen auf Pferdehöfen o. ä.), aber auch durch vorgetäuschte Hilflosigkeit. Nur in seltenen Fällen kommt es zu direkter Gewaltanwendung.

### Haupttatphase

In der Literatur wird häufig nach der Schwere der Gewaltanwendung in Kategorien differenziert.

1. Kategorie: Taten ohne körperlichen Kontakt

Diese Taten bilden meist den Beginn des sexuellen Kontaktes. Die Missbrauchshandlung besteht nicht im körperlichen Kontakt; die Befriedigung der Täter liegt in der Art und Weise der kindlichen Reaktion. Den Tätern kommen die allgemeine Neugierde der Kinder und ihre Unbefangenheit zugute. Trotz des fehlenden körperlichen Kontaktes ist den Kindern der Übergriff meist bewusst.

Bsp.:
– Exhibitionistische Handlungen vor Kindern
– Vorzeigen von pornografischen Darstellungen
– Altersunangemessene Aufklärung
– Heimliches Beobachten der Kinder beim Ausziehen, Baden pp.

2. Kategorie: Taten mit Körperkontakt, aber ohne Eindringen in Körperöffnungen

Neben der psychischen kommt es bei diesen Taten auch zu physischen Misshandlungen. Der Täter benutzt den Körper zu seiner sexuellen Befriedigung (Reiben, Masturbation). Das anzuwendende Druckmittel ist stärker, meist jedoch psychischer Natur.

Bsp.:
- Berühren, auch gegenseitig, der Genitalien
- Masturbation des Täters vor dem Kind
- Intimküsse

3. Kategorie: Eindringen in Körperöffnungen des Kindes

Diese Form des Missbrauchs führt neben seelischen Schädigungen häufig auch zu körperlichen Verletzungen. Diese sind umso massiver, je heftiger der körperliche Kontakt war.

Bsp.:
- Vaginale, anale und orale Penetration des Opfers
- Einführung von Gegenständen in Körperöffnungen

4. Kategorie: gewaltsam durchgeführter Geschlechtsverkehr

Diese Missbrauchsform trifft überwiegend pubertierende Mädchen, die zuvor sexuelle Neugierde gezeigt haben. In selteneren Fällen kommt es zu analen Vergewaltigungen an Jungen.

5. Kategorie: Tötung des Kindes nach der Missbrauchshandlung

Diese Tatvariante dient in der Regel der Verdeckung der vorherigen Missbrauchshandlung. Der Lustmord an Kindern zur Befriedigung des Geschlechtstriebes ist eher seltener. Ebenso zählen hierzu Fälle, in denen die erlittenen Verletzungen so schwer sind, dass die Opfer daran sterben. Diese Fälle betreffen vor allem besonders junge Opfer.

Zu den schwersten Missbrauchsfolgen kommt es vor allem auch bei der Herstellung von Kinderpornografie.

**Nachtatphase**

Nach der Tat, damit meist auch nach der sexuellen Befriedigung der Täter, ist es ihr erstes Ziel, die Tat zu verheimlichen. Dies erfolgt über das Schweigen des Kindes. Die Täter nutzen dabei unterschiedliche Strategien, die mit Versprechen beginnen und im schlimmsten Fall in der Tötung des Kindes enden.

- Inzestuöser oder intrafamiliärer Täter

  Bsp.:
  - Gemeinsames Geheimnis als etwas Besonderes
  - Geschenke oder Vergünstigungen, durch welche sich die Kinder verpflichtet fühlen
  - Ausnutzen des kindlichen Mitgefühls
  - Zuweisung der Schuld auf das Kind
  - Missbrauch wird als etwas Normales dargestellt (z. B. „Papas kleine Frau")
  - Persönliche Drohungen (z. B. Mutter wird krank, Vater muss ins Gefängnis, Opfer ins Heim o. ä.)

- Fremdtäter

  Bsp.:
  - Bedrohungen (z. B. Zufügen von Verletzungen o. ä.)
  - Bedrohungen von anderen Personen (z. B. Eltern umzubringen)
  - Zufügen von Verletzungen und ähnliches

## 1.7   Täter

Im Jahr 2008 wurden bundesweit 8 927 Tatverdächtige wegen sexuellen Missbrauchs von Kindern in unterschiedlichen Formen ermittelt.

Davon waren 96,1 % Männer.

In der kriminologischen Literatur ging man lange Zeit von einem Anteil weiblicher Täter von höchstens einem Prozent aus. Neuere Untersuchungen haben gezeigt, dass dieser Anteil deutlich höher sein dürfte. Schätzungen gehen von bis zu 10 % Tatverdächtigenanteil aus.

Die männlichen Tatverdächtigen handelten dabei zu 90 % allein. Bei den Frauen lag dieser Anteil bei 60 %. Dies lässt den Schluss zu, dass die Täterinnen häufiger mit Männern gemeinsam agierten.

Nahezu jeder 2. Tatverdächtige (45,8 %) war bereits kriminalpolizeilich in Erscheinung getreten. Etwa jeder 10. Tatverdächtige (8,9 %) stand bei der Tatausübung unter Alkoholeinfluss. Konsumenten harter Drogen spielen bei diesem Delikt keine Rolle (1,3 %).

Auffällig ist der hohe Anteil von jugendlichen Tatverdächtigen. Bei einem Bevölkerungsanteil von rund 4,6 % der deutschen Wohnbevölkerung stellten sie einen Tatverdächtigenanteil von 17,3 % und waren damit fast 4-fach überrepräsentiert. Der Grund hierfür dürfte in der sexuellen Neugierde in der Pubertät liegen. Zu belegen ist dies dadurch, dass die 14 bis 16-jährigen Tatverdächtigen zahlenmäßig vor den 16- bis unter 18-jährigen Tätern rangieren. Ältere Opfer sind für diese Tätergruppe unerreichbar oder uninteressant. Um sich sexuell zu befriedigen, suchen sich diese Täter jüngere Opfer.

| Schlüssel | < 14 % | 14 < 18 % | 18 < 21 % | < 21 gesamt % | 60 und älter % | Alle Erwachsenen % |
|-----------|--------|-----------|-----------|---------------|----------------|--------------------|
| 131000 | 7,9 | 17,3 | 7,4 | 32,6 | 8,0 | 67,4 |
| 131200 | 3,8 | 9,8 | 5,0 | 18,6 | 12,6 | 81,4 |
| 131500 | 0,0 | 0,0 | 16,8 | 16,8 | 7,0 | 83,2 |

Überblick: Tabelle zum Sexuellen Missbrauch von Kindern – Altersstruktur der Tatverdächtigen, Deutschland 2008

Der Anteil der ermittelten nichtdeutschen Tatverdächtigen beträgt 12 % und liegt damit leicht über dem Bevölkerungsanteil (9,6 %). Im Verhältnis zur

Gesamtkriminalität sind Nichtdeutsche bei diesem Delikt unterrepräsentiert. Diese liegt möglicherweise in der unterschiedlichen Sozialisation und ihrer Einstellung zu Kindern und Familie begründet. Größere Familien, auch über mehrere Generationen, sind üblich und erschweren eine Täterschaft.

Neben den Tätern aus dem unmittelbaren sozialen Nahbereich spielen vor allem Täter eine Rolle, die im näheren Umfeld der Opfer wohnen. Knapp 82 % der Täter haben ihren Wohnsitz am Tatort oder im Landkreis des Tatortes.

# 2 Ätiologie

## 2.1 Individuelle Bedingungen

Den typischen Sexualstraftäter gibt es nicht. Interessant erscheint es, dass in der kriminologischen Literatur zum einen Typologien von Sexualtätern populär sind, es zum anderen diverse Erklärungsmodelle gibt, die überwiegend auf sexuelle Deviationen abstellen.

– Typologien:
  – „Kindliche Täter"
    Dieser Tätertyp findet seine Befriedigung in „Doktorspielen", erscheint auf dem Altersniveau eines Kindes stehen geblieben. Ihn reizt das Betrachten des Körpers des Kindes. Meist beginnt er mit Fotos, steigert sich dann aber zum Opferkontakt.
  – „Ödipale Täter"
    Dieser Tätertyp versucht, meist gegenüber dem eigenen Kind, besonders viel Liebe und Zärtlichkeit aufzubringen. Den Tätern ist dies in der eigenen Kindheit entgangen. Die Zärtlichkeit steigert sich bis zu sexuellen Handlungen.
  – „Adoleszente Täter"
    Der Reiz für diese Täter liegt in der Phase der Pubertät. Hier lernen pubertierende Kinder, wie weit sie in der Sexualität gehen können. Dies transponieren Täter in die Erwachsenenwelt. Sie versuchen, Kinder zu verführen (Petting), ohne dass es zum eigentlichen Geschlechtsverkehr kommt.
  – „Professor Higgins-Täter"
    Dieser Tätertyp fühlt sich völlig überlegen und betrachtet es quasi als seine Aufgabe und sein Recht, das Kind in die Sexualität einzuführen.
  – „Geisteskranke Täter"
    Der psychisch kranke Täter hat Fantasien entwickelt, in denen Kinder die wesentliche Rolle seiner meist perversen Vorstellung spielen.

- „Senile Täter"
  Mit dem Nachlassen oder Verlust der eigenen Potenz fixiert sich die Begierde auf letzte Möglichkeiten, Sexualität auszuleben. Das Objekt der Begierde ist das Kind, oftmals im engen sozialen Umfeld (Opa – Enkelin).
- „Unberechenbare Täter"
  Diese Täter, im Alltagsleben eher unauffällig, haben zum Ziel, alle Formen der Sexualität auszuleben. Dazu gehört auch Sex mit Kindern. Ist diese Variante erst einmal in der Täterfantasie gedacht, wird er die Tat früher oder später umsetzen.
- Erklärungsmodelle
  - Medizinisches Modell
    Die Täter gelten als Psychopathen mit erheblichen Persönlichkeitsstörungen. Als Ursachen gelten hormonale oder chromosomale Abnormitäten.
  - Psychoanalytisches Modell
    Der Erklärungsansatz geht davon aus, dass die Täter als Kinder selbst Opfer von Missbrauchshandlungen geworden sind. In einer älteren Untersuchung gaben von 75 befragten Tätern 48 % an, dass sie in ihrer Kindheit selbst missbraucht wurden. 20 % schlossen dies nicht aus, immerhin 27 % gaben an, körperlich misshandelt worden zu sein. Kritisch ist anzumerken, dass möglicherweise ein großer Prozentsatz der pädophilen Täter dies als Schutzbehauptung aufstellt, um milder beurteilt zu werden.
  - Kognitives Modell
    Sexuelle Fantasien im Zusammenspiel mit Kindern werden zunächst zur Masturbation benutzt. Die Täter, die meist ein geringes Selbstwertgefühl haben oder denen das typische männliche Rollenverhalten fehlt, projizieren den Wunsch nach eigener Dominanz in ihre Sexualrolle, in der sie das Opfer demütigen oder erniedrigen.
    In der Weiterentwicklung neutralisieren sie ihr schlechtes Gewissen mit typischen pädophilen Ideologien, z. B. Sex mit Kindern ist normal, dem Kind geschieht nichts, es hat doch zugestimmt oder ähnlich.
  - Modell des Partnerersatzes
    Vor allem für weibliche Täter ist dieses Modell populär. Die Frau sucht im Kind den Partnerersatz. Die Täterin ist allein erziehend oder geschieden. Sie macht aus ihrem Kind „den kleinen Prinzen", der den Platz des fehlenden Partners einnehmen soll.
  - Weitere Faktoren:
    Die gesamtgesellschaftliche Rolle ist nach wie vor die des dominierenden Partners bei der Sexualität, der sich die Frau unterwirft.

Ein familiendynamisches Erklärungsmodell besteht darin, dass Missbrauchshandlungen vor allem in sonst stark isolierten Familien vorkommen, in denen eine starke Abhängigkeit der Mutter zu ihrem Partner besteht und dem Kind eine Sonderrolle zugemutet wird („kleine Hausfrau").

## 2.2 Situative Bedingungen

Der hauptsächliche Unterschied in den situativen Bedingungen liegt darin, ob die Tat innerhalb oder außerhalb des unmittelbaren sozialen Umfeldes begangen wird. Diese Situation bestimmt die Vortatphase.

Daneben ist das Opferverhalten von entscheidender Bedeutung. Überwiegend werden solche Kinder Opfer eines sexuellen Missbrauches, die nicht gelernt haben „Nein!" zu sagen.

Eine erhöhte Opferanfälligkeit liegt bei den folgenden Bedingungen vor:
– Die Kinder sind sozial isoliert (allein gelassen, keine Beaufsichtigung).
– Die Mutter fehlt häufig in der Familie.
– Die Anwesenheit eines Stiefvaters oder eines Lebensgefährten der Mutter führt zu einer größeren Opferwahrscheinlichkeit.
– Die Kinder erfahren in ihrem Umfeld wenig Zuneigung, Aufmerksamkeit, Anerkennung und Bestätigung. Sie sind emotional verunsichert. Oftmals geht dies mit physischer oder psychischer Labilität der Eltern, Depressionen oder Alkoholismus der Eltern einher.
– Die Kinder wissen über Sexualität sehr wenig oder haben viele Ängste.
– Geistig behinderte Kinder sind für den sexuellen Missbrauch besonders prädestiniert.

## 2.3 Normative Bedingungen

Spektakuläre Fälle in der Vergangenheit, eine Besorgnis erregende Zunahme von Fällen der Herstellung und Verbreitung von Kinderpornografie oder der internationale Sextourismus haben die öffentliche Diskussion dieses Themas in den letzten Jahren beherrscht. Dies führte zu deutlichen Strafverschärfungen geltenden Rechts, aber auch zur Schaffung neuer strafbewehrter Tatbestände.

Wie in kaum einem anderen Deliktsbereich haben sich private Vereine und Organisationen gebildet, die sich zum Ziel gesetzt haben, Opferhilfe zu leisten.

Daneben werden neue Behandlungsmethoden für die (meist) rückfälligen Täter in der Wissenschaft kontrovers diskutiert.

In die polizeiliche Alltagsarbeit sind neue Bearbeitungsmodelle integriert worden. So wird bei der Bearbeitung von Sexualstraftaten weitgehend darauf abgestellt, eine sekundäre Viktimisierung zu verhindern. Es wurden kindgerechte Anhörungszimmer eingerichtet, um im spielerischen Umfeld Anhörungen von Kindern zu gewährleisten. Sicher spielt auch die Aufnahme und Speicherung von molekular genetischem Tätermaterial bei der Verfolgung und Verhütung des sexuellen Missbrauchs von Kindern eine große Rolle. Entscheidend wird für die zukünftige Entwicklung dieses Delikts aber auch die öffentliche Diskussion dieses Themas, die Zusammenarbeit staatlicher Stellen mit Opfer-Hilfeorganisationen und das Schaffen gemeinsamer Netzwerke zur Verhinderung von Sexualstraftaten sein.

# 3 Weiterführende Literatur

*Bange, D., Deegener, G.:* Sexueller Missbrauch an Kindern, Beltz Psychologie Verlags Union, 1996

*Enders, U.:* Zart war ich – bitter war's, KiWi Taschenbuch 785, Verlag Kiepenheuer und Witsch, Köln 2003

*Braun, M. Endress, E., Tube-Becker, E. e. a.:* Sexueller Missbrauch von Kindern und Jugendlichen in der Familie, Verlag Hoheneck, Hamm 1991

*Füllkrug, M./Schmidt, V.:* Sexualdelikte, Kindesmisshandlung, Lehr- und Studienbriefe Kriminalistik, 3. Auflage, VDP, Hilden 1998

*Gallwitz, A., Paulus, M.:* Kinderfreunde – Kindermörder, 2. Auflage, VDP, Hilden, 2001

*Gallwitz, A., Paulus, M., Drewes, D.:* Das Tabu: Sexuelle Gewalt, Polizei – Dein Partner, VDP, Hilden 2005

*Kaiser, G.:* Kriminologie, Ein Lehrbuch, 3. Auflage, C. F. Müller Verlag, Heidelberg 1996

Arbeitsgemeinschaft Kinder- und Jugendschutz (AJS), Landesstelle NRW: Gegen den sexuellen Missbrauch an Mädchen und Jungen; 12/93

## Zeitschriften

*Amendt, G.: Trube-Becker, E.:* Sexueller Missbrauch von Kindern und Jugendlichen in der Familie, Verlag Hoheneck, Hamm, 1991. In: Kriminalistik 7/00, S. 452–456

*Braun, G.:* Täterinnen beim sexuellen Missbrauch von Kindern. In: Kriminalistik 1/02, S. 23–27

*Gallwitz, A.:* Ratschläge zum elterlichen Umgang mit ihren Kindern. In: Deutsche Polizei, 3/97, S. 9–10

*Schneider, H. J.:* Kriminologie der Sexualdelikte – Neue Forschungsergebnisse zu Erscheinungsformen, Ursachen und Reaktionsmöglichkeiten. In: Kriminalistik 4/99 S. 233–238 und 5/99 S. 297–302

# Kapitel 12
## Vergewaltigung und sexuelle Nötigung

## 1 Phänomenologie

### 1.1 Allgemeine Angaben

Sexuelle Normen sind überaus wandelbar und werden in den verschiedenen Kulturen sehr unterschiedlich betrachtet. Handlungen, die früher als Straftaten galten (Strafbarkeit des Ehebruchs in Deutschland), werden heute nicht mehr als kriminell eingeschätzt. Die Vergewaltigung gilt jedoch als das klassische Sexualdelikt überhaupt. Bereits in Schriften des Altertums wird darüber berichtet. Die Vergewaltigung zählt deshalb zu den wenigen Straftaten, die fortdauernd mit schwerer Strafe bedroht waren. Erst eine vermehrte öffentliche Diskussion über die Rolle der Frau mit einer gleichzeitig einhergehenden Verbesserung des Opferschutzes führte nach jahrelangen politischen Diskussionen dazu, dass neue Tatbestandshandlungen als Vergewaltigungen eingeschätzt und definiert, andererseits die Stellung der Opfer im Strafprozess entscheidend verbessert wurden.

**Strafrechtliche Einordnung**

Mit dem 33. Strafrechtsänderungsgesetz vom 1.7.1997 wurden die Tatbestände der sexuellen Nötigung und der Vergewaltigung zusammengefasst. Außerdem wurden neue Tatbestände geschaffen.

Der Grundtatbestand des § 177 I StGB umfasst 4 Tathandlungen.

- Der Täter zwingt das Opfer zu dulden, dass er an ihm sexuelle Handlungen vornimmt.
- Der Täter zwingt das Opfer, dass es an ihm sexuelle Handlungen vornimmt.
- Der Täter zwingt das Opfer zu dulden, dass ein Dritter an dem Opfer sexuelle Handlungen vornimmt.
- Der Täter zwingt das Opfer, an einem Dritten sexuelle Handlungen vorzunehmen.

Bereits der Grundtatbestand ist als Verbrechen mit Strafe bedroht.

Mit Freiheitsstrafe nicht unter 2 Jahren sind im Absatz 2 der Vollzug des Beischlafs oder ähnliche sexuelle Handlungen bedroht, die das Opfer besonders erniedrigen, weil sie mit dem Eindringen in den Körper verbunden sind, oder die von mehreren gemeinsam begangen werden. Mit dieser Neuregelung ist nunmehr auch der orale oder anale Verkehr als Vergewaltigung strafbar. Gleichzeitig wird deutlich, dass auch Männer Opfer von Vergewaltigungen werden können. Die alte gesetzliche Regelung hatte zur Konsequenz, dass die orale oder anale Vergewaltigung lediglich als sexuelle Nötigung bestraft werden konnte. Gleichzeit waren diese Handlungen nicht vom Straftatenkatalog der Gewaltkriminalität (Schlüsselzahl 8920) der PKS erfasst. Neu ist auch die Regelung, dass die Vergewaltigung in der Ehe nunmehr strafbar ist.

Die Absätze 3 und 4 regeln die schweren Fälle, in welchen Waffen oder ähnliches mitgeführt oder eingesetzt, oder die Opfer bei den Taten schwer misshandelt oder in die Gefahr des Todes gebracht werden.

Der Absatz 5 regelt letztlich die minder schweren Fälle. Der § 178 StGB schließlich ist Tatbestand für die Sexuelle Nötigung und Vergewaltigung mit Todesfolge.

### Kriminologische Einordnung

Bei der Vergewaltigung handelt es sich um ein Sexual- und ein Gewaltdelikt. Es ist in der PKS zusätzlich in den Deliktskatalog der Gewalttaten aufgenommen (Schlüsselzahl: 892000).

### Statistische Einordnung

Durch die enormen strafrechtlichen Normveränderungen musste die Polizeiliche Kriminalstatistik ab 1998 angepasst werden. Nunmehr werden Vergewaltigungen bzw. sexuelle Nötigungen wie folgt erfasst.

- Schlüsselzahl 111000: Vergewaltigung und sexuelle Nötigung §§ 177 Abs. 2, 3 und 4, 178 StGB
- Schlüsselzahl 111100: Vergewaltigung überfallartig (Einzeltäter) nach § 177 Abs. 2 Nr. 1, Abs. 3 und 4 StGB
- Schlüsselzahl 111200: Vergewaltigung überfallartig durch Gruppen nach § 177 Abs. 2 Nr. 2 StGB
- Schlüsselzahl 111300: Vergewaltigung durch Gruppen nach § 177 Abs. 2 Nr. 2 StGB
- Schlüsselzahl 111400: sonstige Straftaten nach § 177 Abs. 2 Nr. 1, Abs. 3 und 4 StGB Vergewaltigung/sexuelle Nötigung mit Todesfolge § 178 StGB – 1999
- Schlüsselzahl 112000: sonstige sexuelle Nötigung § 177 Abs. 1 und 5 StGB

Die PKS unterscheidet somit die Vergewaltigung, die überfallartige Vergewaltigung durch Einzeltäter und Gruppen und die Gruppenvergewaltigung.

Im Jahr 2008 wurden 56 784 Straftaten gegen die sexuelle Selbstbestimmung (Schlüsselzahl: 100000) begangen. Der Anteil der erfassten Sexualdelikte an Gesamtkriminalität betrug damit 0,9 %.

Im gleichen Zeitraum wurden 7 292 Vergewaltigungen und sexuelle Nötigungen (Schlüsselzahl: 111000) und 6 281 sonstige sexuelle Nötigungen (Schlüsselzahl: 112000) erfasst. Der Anteil der Vergewaltigungen an der gesamten Sexualkriminalität betrug damit 12,8 %, an der Gesamtkriminalität 0,12 %.

Der Anteil der Vergewaltigungsversuche lag bei 15,4 %. Interessant ist es, dass der Versuchsanteil 1987 noch bei 44,4 % lag und seit dieser Zeit kontinuierlich zurückgegangen ist. Dies mag darin zu erklären sein, dass früher Handlungen der sexuellen Nötigung als versuchte Vergewaltigungen erfasst wurden, aber auch darin, dass Tathandlungen exakter unter den Schlüsselzahlen gekennzeichnet wurden.

Im Einzelnen wurden 2008 für Deutschland folgende Fallzahlen registriert:
- Schlüsselzahl 111000:    7 292 Fälle    (100 %)
- Schlüsselzahl 111100:    2 225 Fälle    (30,5 %)
- Schlüsselzahl 111200:        198 Fälle    (2,7 %)
- Schlüsselzahl 111300:        371 Fälle    (5,1 %)
- Schlüsselzahl 111400:    4 495 Fälle    (61,6 %)
- Schlüsselzahl 111500:          3 Fälle    (0,04 %)

Die Aufklärungsquote betrug 2008 82,2 %. Sie konnte seit 1987 kontinuierlich um über 10 % gesteigert werden. Der Grund für die hohe Aufklärungsquote liegt zum einen in dem Umstand, dass diese Taten mit großem Personalaufwand verfolgt werden, zum anderen aber sicher in der Tatsache, dass es sich zu einem großen Teil um Beziehungstaten (74,6 %) handelt.

| Jahr | Fälle | HZ | Versuche % | AQ | Anzahl TV | Nicht-deutsche % |
|------|-------|-----|-----------|-----|-----------|------------------|
| 1998 | 7 914 | 9,6  | 25,5 | 77,8 | 6 052 | 33,2 |
| 1999 | 7 565 | 9,2  | 24,2 | 79,0 | 5 932 | 32,5 |
| 2000 | 7 499 | 9,1  | 21,2 | 79,9 | 5 888 | 32,4 |
| 2001 | 7 891 | 9,6  | 20,6 | 80,8 | 6 300 | 30,9 |
| 2002 | 8 615 | 10,4 | 18,4 | 81,8 | 6 951 | 30,6 |
| 2003 | 8 766 | 10,6 | 17,0 | 81,7 | 7 236 | 30,8 |
| 2004 | 8 831 | 10,7 | 15,0 | 83,0 | 7 475 | 30,6 |
| 2005 | 8 133 | 9,9  | 15,7 | 83,7 | 6 980 | 30,1 |
| 2006 | 8 118 | 9.8  | 16,8 | 82,9 | 6 979 | 29,6 |
| 2007 | 7 511 | 9,1  | 14,9 | 82,9 | 6 456 | 30,1 |
| 2008 | 7 292 | 8,9  | 15,4 | 82,2 | 6 364 | 28,8 |

Übersicht: Tabelle zu Vergewaltigung und sexueller Nötigung – Fallentwicklung, Deutschland 1998–2008

## Hell-/Dunkelfeld

Bei der Vergewaltigung und der sexuellen Nötigung ist von einem enormen Dunkelfeld auszugehen. In der Literatur zu diesem Thema wird von einer Dunkelzifferrelation von 1:5 bis 1:20 ausgegangen. Dies bedeutet bei vorsichtiger Schätzung, dass in Deutschland jährlich mindestens 44 000 Menschen Opfer einer Vergewaltigung oder sexuellen Nötigung werden. Bezieht man die Taten in der Ehe ein, muss man von über 100 000 Opfern ausgehen. Exakte Untersuchungsergebnisse zu diesem Thema kann und wird es nicht geben. Die Bereitschaft der Opfer, sich als solches zu outen und eine Anzeige zu erstatten, ist von vielen subjektiven Faktoren abhängig, die der Einflussnahme staatlicher Organe entzogen sind.

### Vorgetäuschte Taten

Als besonderes Phänomen stellen sich vorgetäuschte Straftaten in diesem Deliktsbereich dar. Fragt man Sachbearbeiter für Sexualstraftaten, wie hoch nach ihrer Meinung die Zahl der Vortäuschungen sei, erhält man meist weit überhöhte Prozentzahlen von bis zu 50 %. Dies mag darin begründet sein, dass Vernehmungserfahrungen vorhanden sind, in denen Opfer Taten, meist Tateinzelheiten falsch angegeben haben. Untersuchungen dieses Phänomens, z. B. in Schleswig-Holstein 1994/1995, kamen zu dem Ergebnis, dass 7,6 % der Vergewaltigungen zweifelsfrei vorgetäuscht waren, bei weiteren 9,3 % mit hoher Wahrscheinlichkeit eine Vortäuschung vermutet wurde. Der Anteil der Vortäuschungen würde damit bei ca. 17 % liegen.

### Öffentlichkeitsinteresse

Vergewaltigungen und herausragende sexuelle Nötigungen genießen ein hohes Öffentlichkeitsinteresse (Sex and Crime). Trotz eines Anteils von gerade 0,12 % an der Gesamtkriminalität berichten die Medien zu nahezu 100 % über die Taten. Diese bundesweite Berichterstattung beeinflusst entscheidend das Sicherheitsgefühl der Bürger. Kriminalität wird quasi in den eigenen Lebensbereich importiert. Es kommt zu erheblichen Überschätzung der angenommenen Fallzahlen durch den Bürger.

Das große Öffentlichkeitsinteresse hat auch dazu geführt, dass sich in den letzten Jahren zahlreiche Vereine und Verbände mit diesem Thema beschäftigt haben, die sich alle zum Ziel gesetzt haben, die Stellung des Opfers im Verfahren zu verbessern. Heute gibt es Selbsthilfegruppen, die sofort bereit sind, das Opfer tatkräftig zu unterstützen oder bereits unmittelbar nach der Tatbegehung Hilfestellung leisten.

## 1.2    Tatzeit

Aus der nachfolgenden Tabelle ergibt sich die langfristige Entwicklung der Vergewaltigung seit 1993. Darüber hinaus sind die Änderungen durch das 33. Strafrechtsänderungsgesetz vom 1.7.1997 zu beachten, mit welchem die Tatbestände der Vergewaltigung und der sexuellen Nötigung zusammengefasst wurden. Zudem sind seitdem die Vergewaltigung von Männern und die Vergewaltigung in der Ehe strafbar. Dies bedingte die Einführung neuer und Änderung bestehender Schlüsselzahlen in der PKS.

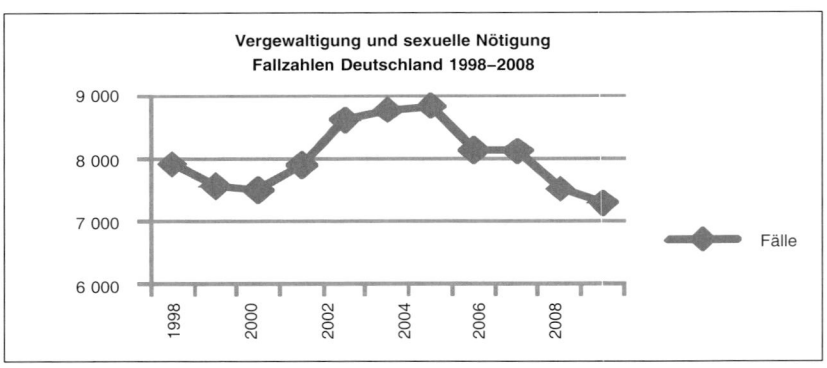

Übersicht: Grafik zu Vergewaltigung und sexueller Nötigung – Fallentwicklung, Deutschland 1998–2008

Angaben zur Verteilung der Vergewaltigungen nach Monaten sind aus dem Kriminalpolizeilichen Meldedienst zu gewinnen. Darüber hinaus wird beim Bundeskriminalamt die Falldatei Tötungs- und Sexualdelikte geführt.

Langzeituntersuchungen des Institutes für Rechtsmedizin in München (1987–1996) erbrachten einen Tatzeitschwerpunkt in den Monaten Mai bis September. Andere Untersuchungen weisen aus, dass ca. 75 % der Taten in der Zeit zwischen 22.00 und 06.00 Uhr begangen werden.

## 1.3    Tatort

Die regionale Verteilung ergibt sich aus der nachfolgenden Tabelle:

| Gemeinde-größenklasse | Anteil Wohn-bevölkerung % | Anteil Straftaten gesamt % | Anteil Vergewaltigung und sexuelle Nötigung Schlüsselzahl: 111000 % | Davon: Überfallartige Vergewaltigungen Schlüsselzahl: 111100/111200 % |
|---|---|---|---|---|
| bis 20 000 Einwohner | 41,7 | 24,6 | 27,7 | 34,9 |
| 20 000 < 100 000 Einwohner | 27,3 | 28,3 | 29,2 | 39,7 |
| 100 000 < 500 000 Einwohner | 15,1 | 19,4 | 17,0 | 36,2 |
| > 500 000 Einwohner | 15,8 | 27,4 | 25,6 | 24,8 |

Übersicht: Tabelle zu Vergewaltigung und sexueller Nötigung – räumliche Verteilung, Deutschland 2007

Aus den Zahlen wird zunächst wieder deutlich, dass auch dieses Gewaltdelikt in den Großstädten ab 500 000 Einwohner überproportional bekannt wird. Dies mag daran liegen, dass hier größere Möglichkeiten vorhanden sind, am Abend neue Bekanntschaften zu schließen, in deren Verlauf es zu Vergewaltigungen kommt (flüchtige Bekannte).

Auffällig ist jedoch, dass die überfallartigen Taten, also Taten, bei welchen man vom klassischen Fremdtäter ausgehen muss, im großstädtischen Bereich deutlich niedriger liegen. Hier wird nur jede 4. Tat überfallartig verübt, während in den übrigen Bereichen der Überfallanteil bis zu rund 40 % ansteigt. Ein Grund hierfür könnte in der Anzeigenbereitschaft liegen.

Die eigentlichen Tatorte liegen nach der o. a. Münchener Untersuchung zu 65 % in Wohnungen, zu 35 % im Freien. Andere Untersuchungen gehen von 50 % der Taten in Wohnungen, 25 % der Taten in Autos und weiterer 25 % der Taten im Freien aus.

Aus den Daten zur Tatörtlichkeit wird ebenfalls deutlich, dass die Mehrzahl der Taten Beziehungstaten sind.

Gemessen an den Häufigkeitszahlen der Bundesländer sind die Stadtstaaten Bremen, Berlin und Hamburg am stärksten mit Vergewaltigungen belastet. Bei den Städten über 200 000 Einwohner rangiert Saarbrücken vor Köln und Mannheim in der Liste der am stärksten belasteten Großstädte.

## 1.4 Opfer

Wie bei kaum einem anderen Delikt gibt es erhebliche Vorurteile gegen vergewaltigte Opfer. Ziel ministerieller Erlasse zur Bearbeitung von Straftaten gegen die sexuelle Selbstbestimmung ist deshalb immer eine vorurteilsfreie, sachorientierte Ermittlungsarbeit. Gleichwohl wird Frauen nach wie vor in kriminologischen Theorien eine Mitschuld an Vergewaltigungen gegeben. Ihnen wird vorgeworfen, aufreizend gekleidet mit fremden Männern zu geflirtet oder sich leichtsinnig verhalten zu haben. Ferner wird die Ansicht vertreten, dass von einer Vergewaltigung nur die Rede sein kann, wenn man an der Frau deutliche Spuren eines Kampfes sieht. Andere unterstellen den Frauen einen heimlichen Wunsch nach Vergewaltigung, stellen die Anzeige als Rache der frustrierten Frauen dar oder unterstellen den Opfern einen fragwürdigen Lebenswandel. Diese weit verbreiteten Vorurteile bergen die Gefahr, dass es in der Gerichtsverhandlung zu Fehleinschätzungen und sehr milden Urteilen kommen kann.

Die Opferbelastung ergibt sich aus der nachfolgenden Tabelle:

| | Opfer | männl. % | weibl. % | < 6 % | 6 < 14 % | 14 < 18 % | 18 < 21 % | > 21 % |
|---|---|---|---|---|---|---|---|---|
| Vergewaltigung (Schlüsselzahl: 111000) | 7 380 | 4,3 | 95,7 | 0,2 | 3,3 | 23,2 | 15,6 | 57,6 |
| überfallartig – Einzeltäter (Schlüsselzahl: 111100) | 2 250 | 3,5 | 96,5 | 0,4 | 3,1 | 21,7 | 17,9 | 56,9 |
| überfallartig – Gruppe (Schlüsselzahl: 111200) | 204 | 10,8 | 89,2 | 0,0 | 2,9 | 30,9 | 21,1 | 45,1 |

Übersicht: Tabelle zur Geschlechts- und Altersstruktur der Opfer, Deutschland 2008

Wie nicht anders zu erwarten, stellen Frauen mit knapp 96 % die meisten Opfer. Besonders belastet, gemessen an ihrem Bevölkerungsanteil, sind dabei jugendliche Mädchen, gefolgt von den Heranwachsenden. Im Verhältnis zu ihrem Bevölkerungsanteil (ca. 5 %) sind jugendliche Vergewaltigungsopfer in allen Tatvarianten mindestens 4-fach überrepräsentiert. Mädchen zwischen 14 und 18 Jahren sind somit die gefährdetste Altersgruppe der Vergewaltigungsopfer. Naturgemäß ist damit der Anteil der ledigen Opfer besonders groß.

Vergewaltigungen und sexuelle Nötigungen sind zu einem großen Teil Beziehungstaten. Bei 22,8 % der Opfer bestand eine verwandtschaftliche Beziehung zum Täter, Bekanntschaften bestanden zu 37,3 %, in 0,3 % der Fälle handelte es sich beim Täter um einen Landsmann und in 14,1 % der Fälle bestand eine flüchtige Vorbeziehung. Damit bestand nur in einem Viertel der erfassten Fälle keine Vorbeziehung oder diese war ungeklärt.

Zum sozialen Status der Opfer ist zu sagen, dass sie aus den verschiedensten Berufen stammen. Bestimmte Berufsgruppen (z. B. Kellnerinnen) sind gefährdeter. Entscheidender Faktor scheint das Auftreten und das Selbstbewusstsein der Frauen zu sein. Entschieden auftretende Frauen sind deutlich geringer gefährdet, Opfer von Vergewaltigungen zu werden. Dagegen sind soziale Randgruppen (z. B. Streunerinnen, Prostituierte, Vermisste, Alkoholikerinnen pp.) deutlich überbelastet.

Auffallend ist, dass ein hoher Anteil der Opfer zum Zeitpunkt der Tat unter Alkoholeinfluss steht.

## 1.5    Tatmittel

Das Mitführen und der Einsatz von Schusswaffen spielen bei der Vergewaltigung nur eine untergeordnete Rolle. Bei den 7 292 erfassten Fällen wurde nur 45-mal mit einer Schusswaffe gedroht, lediglich 23-mal geschossen. Offenbar reicht die körperliche Überlegenheit der Männer gegenüber ihren Opfern völlig für die Tatbegehung aus. Daneben spielen Fesselungswerkzeuge und Messer eine Rolle.

## 1.6 Tathergang

### Vortatphase

Die Vorbereitung der Tat ist davon abhängig, ob zwischen Täter und Opfer bereits eine Vorbeziehung bestand oder nicht. Bei Beziehungstaten ist die Vergewaltigung oft von langer Hand geplant und der Täter wartet auf eine günstige Gelegenheit. Bei Gelegenheitstaten handeln die Täter oft spontan ohne eigentliche Vorplanung. Klassische Orte der Anbahnung zwischen Täter und Opfer sind Discos, Kneipen, aber auch Vereine.

### Haupttatphase

Beim Tatverlauf ist in Vergewaltigungen, überfallartige Vergewaltigungen durch Einzeltäter und Gruppen und Gruppenvergewaltigungen zu differenzieren. Auffällig ist zunächst, dass der Anteil der Versuche bei den überfallartigen Taten höher ist, bei Gruppenvergewaltigungen jedoch deutlich niedriger. Dies bedeutet, dass Spontantäter eher die Tatvollendung abbrechen. Bei Gruppenvergewaltigungen, die sich oft situativ im Freundes- oder Bekanntenkreis ergeben, wird die Tat deutlich häufiger konsequent gemeinsam zu Ende geführt.

Von entscheidender Bedeutung ist das Verhalten des Opfers während der Tat. Je jünger das Opfer ist, umso eher reicht die Androhung von körperlicher Gewalt. Ältere Opfer leisten eher Gegenwehr, damit steigt die Gefahr stärkerer Verletzungen. Bei einer Untersuchung von 1 124 Opfern durch das Institut für Rechtsmedizin der Universität München wurden bei 58 % der Opfer Spuren einer Gewaltanwendung festgestellt. Dabei handelte es sich in den meisten Fällen um Spuren stumpfer Gewalt (Weichteileinblutungen, Schürfungen und Wunden). Daneben fanden sich Spuren von Strangulationen (6,7 %) und Spuren von scharfer Gewalt (3,1 %). In den Fällen, in welchen es zu Tötungsvorgängen kam, dominierte die Strangulation (46 %). Es folgten die scharfe Gewalt (17 %), die stumpfe Gewalt (10 %) und das Ertränken (8 %). Schussverletzungen spielten mit 3 % nur eine untergeordnete Rolle. Die Untersuchungen hatten auch zum Ergebnis, dass Gegenwehr nur in einer geringen Zahl von Fällen zur Eskalation führte.

Im Rahmen eines Projektes der Universität Bielefeld und der örtlichen Polizei, die potenziellen Opfern den Verhaltensgrundsatz: „Wehren statt Stillhalten" mit auf den Weg gegeben hatten, wurden 286 Vergewaltigungsfälle nach dem Gegenwehrverhalten der Opfer untersucht. In 28 % der Fälle leisteten die Opfer keine Gegenwehr, diese Taten wurden zu 81,3 % vollendet.

47,6 % der Frauen leisteten leichte Gegenwehr, was zu einer Senkung der Vollendungsrate auf 31,6 % führte. 24,5 % der Opfer wehrten sich massiv. Bei diesen Taten kam es nur zu 14,3 % zur Vollendung. Diese Zahlen haben erheblichen Einflusswert auf polizeiliche Präventionsstrategien.

In nur ca. 5 % der Fälle nehmen Täter während der Tatausführung dem Opfer zusätzlich Wertgegenstände weg. Dabei handelt es sich zumeist um Bargeld.

**Nachtatphase**

Das Verhalten von Tätern und Opfern nach der Tat ist ebenfalls erheblich davon abhängig, ob es sich um Beziehungstaten oder Gelegenheitstaten handelte. Bei Taten im sozialen Nahbereich wird oft auf eine formelle Ahndung verzichtet. Der Täter kann ohne Drohung mit weiteren Gewaltanwendungen das Tatgeschehen beenden. Bei Gelegenheitstaten droht der Täter häufiger mit weiteren Folgen, falls das Opfer die Tat anzeigen sollte. Die Fälle, in welchen der Täter nach der Vergewaltigung das Opfer tötet, sind eher selten.

## 1.7    Täter

Im Jahr 2008 wurden bundesweit 6 364 Täter wegen Vergewaltigung und sexueller Nötigung ermittelt.

Davon waren 99,2 % Männer.

Die männlichen Tatverdächtigen handelten dabei zu 81,2 % allein. Bei den wenigen Frauen (21), die in diesem Deliktsbereich erfasst sind, lag dieser Anteil bei 38,9 %. Dies lässt den Schluss zu, dass die Frauen häufiger als Mittäterinnen mit Männern gemeinsam agierten.

58,8 % der Tatverdächtigen waren bereits kriminalpolizeilich in Erscheinung getreten. Eine Studie des Bundeskriminalamtes belegt jedoch, dass die Täter in den allermeisten Fällen nicht einschlägig in Erscheinung getreten sind. Meist sind sie vorher wegen Eigentums- und Körperverletzungsdelikten bekannt geworden.

29,7 % der Täter standen bei der Tatausübung unter Alkoholeinfluss. Bei den überfallartigen Vergewaltigungen ist der Anteil der alkoholisierten Täter noch höher. Konsumenten harter Drogen spielen bei diesem Delikt keine Rolle (3,8 %).

Auch wenn Jugendliche und Heranwachsende entsprechend ihres Bevölkerungsanteils als Vergewaltigungstäter überrepräsentiert sind, liegt ihr prozentualer Anteil unter dem anderer Sexualdelikte. Dies gilt vor allem für den sexuellen Missbrauch von Kindern. Gleiches gilt für die überfallartige Vergewaltigung durch Einzeltäter. Völlig anders ist dies bei der überfallartigen Gruppenvergewaltigung. Hier sind 61,4 % der Täter unter 21 Jahren. Die gemeinsame Tatausführung scheint hier das entscheidende Kriterium zu sein. Die sexuelle Neugierde dieser Altersklasse und die geringere Hemmschwelle bei gemeinsamen Taten werden auch durch die Zahlen der Gruppenvergewaltigung belegt. Hier bilden Männer unter 21 Jahren mit knapp 65 % den größten Anteil der ermittelten Tatverdächtigen.

| | Bevölkerungsanteil Deutsche Wohnbevölkerung – männlich % | Vergewaltigung (Schlüsselzahl: 111000) % | Überfallartig – Einzeltäter (Schlüsselzahl: 111100) % | Überfallartig – Gruppe (Schlüsselzahl: 111200) % |
|---|---|---|---|---|
| 8 < 14 | 6,5 | 1,3 | 0,5 | 3,0 |
| 14 < 18 | 4,8 | 12,8 | 8,1 | 36,1 |
| 18 < 21 | 4,0 | 11,7 | 11,0 | 22,3 |
| 8 < 21 | 15,3 | 25,8 | 19,6 | 61,4 |
| 21 < 25 | 5,1 | 11,6 | 13,8 | 7,8 |
| > 21 | 84,7 | 74,2 | 80,4 | 38,6 |

Übersicht: Tabelle zu Vergewaltigung und sexueller Nötigung – Altersstruktur der männlichen Tatverdächtigen, Deutschland 2008

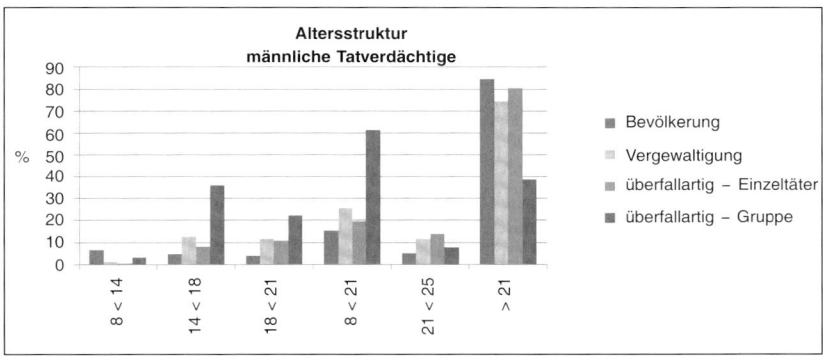

Übersicht: Grafik zu Vergewaltigung und sexueller Nötigung – Altersstruktur der männlichen Tatverdächtigen, Deutschland 2008

Der Anteil nichtdeutscher Tatverdächtiger ist bei der Vergewaltigung mit 28,8 % besonders hoch. Dabei ist zu berücksichtigen, dass die Altersstruktur der nichtdeutschen Bevölkerung einen erheblich höheren Anteil jüngerer Männer aufweist. Noch größer ist der Anteil nichtdeutscher Täter bei der Gruppenvergewaltigung (39,1 %). Taterklärend könnten Handlungen in gemeinsamen Wohnheimen pp. sein.

Vergewaltiger werden überwiegend im unmittelbaren sozialen Nahbereich tätig. 79 % der Täter haben ihren Wohnsitz am Tatort oder im Landkreis des Tatortes.

# 2 Ätiologie

## 2.1 Individuelle Bedingungen

Männer werden aus den unterschiedlichsten Gründen zum Vergewaltiger. Wissenschaftliche Untersuchungen haben belegt, dass es einige Muster gibt, die bei Vergewaltigern übereinstimmend vorhanden sind. Diese Muster ermöglichen es, eine Tätertypologie von Vergewaltigern zu erstellen.

### Sozialisationsmängel

Übereinstimmend ist bei Vergewaltigern ein Mangel an Bindungsfähigkeit festzustellen. Im Rahmen der familiären Sozialisation werden zwischenmenschliche Beziehungen vernachlässigt. Auch zeigt sich bei den Tätern häufig, dass der Umgang mit dem anderen Geschlecht nicht erlernt wurde. Dies führt zur Auslebung von Aggressionen und Gewalt, mit welchen die persönlichen Unsicherheiten kompensiert werden. Die Rolle der Frau wird auf die des bloßen Sexualobjekts reduziert. Die Männer suchen den anonymen sexuellen Kontakt mit austauschbaren Sexualpartnern.

Sexualtäter sind in nicht seltenen Fällen in ihrer Kindheit Opfer von sexuellen Angriffen geworden. Diese Erfahrungen wurden nicht ausreichend verarbeitet und führen zur eigenen Täterschaft, wobei die Opfer meist aus der gleichen sozialen Schicht wie die Täter stammen.

Viele Täter berichten von einer dominanten Mutter, die die Rolle des Mannes in der Beziehung zur Frau nicht vermitteln konnte.

### Gewissensausbildung

Die heutige Gesellschaft ist in vielen Bereichen sehr stark auf das Thema Sexualität ausgerichtet. In den Medien werden Frauen bewusst als Objekte der Lust dargestellt. Daneben spielt die Gewaltauslebung eine große Rolle. Diese Fakten bestimmen nachhaltig das Bild von der Frau bei sexuellen Gewalttätern. Sie leben in der Vorstellung, dass sich Frauen unterzuordnen haben, Prostituierte quasi „vogelfrei" sind und Ehefrauen ihre ehelichen Pflichten jederzeit zu erfüllen haben. Die Fremdprägung von außen führt zu einer mangelnden Gewissensausbildung der Männer und bereitet den Boden für die zukünftige Vergewaltigung.

### Neutralisationstechniken

Kommt es zur Tat, verstehen es die Täter, das bestehende schlechte Gewissen zu neutralisieren. Die typischen Vorurteile, die bei Sexualstraftaten vorhanden sind, werden zur Erklärung und Verharmlosung der eigenen Tat genutzt. Aussagen wie: „Frauen wollen besiegt werden", „So wie die angezogen war, konnte man doch gar nicht anders" oder „Sie hat sich doch nicht gewehrt und ihren Spaß gehabt", sind typisch.

## Gruppenverhalten

Gerade bei der Gruppenvergewaltigung zeigt sich, dass gemeinsames Vorgehen oft der auslösende Tatfaktor ist. Man will als Mitglied seiner Gruppe nicht auffallen und in der Gruppe integriert sein. Außerdem herrscht bei von Männern dominierten Gruppen ein überzeichnetes Männlichkeitsbild. Aus anfänglichen sexuellen Spielen, in die die Opfer noch eingewilligt hatten, wird so die von mehreren gemeinsam und hintereinander begangene Vergewaltigung. Hierbei spielt der Einfluss von Alkohol eine große Rolle.

## Tätertypologien

Aggressiver Vergewaltiger – ca. 20 %

Der Täter will das Opfer körperlich und seelisch verletzten. Seine aggressive Sexualität setzt er quasi als Waffe gegen die Frau ein. Meist ist ein bestimmter Frauentyp für ihn nicht zu erreichen, was zur Rache an einer beliebigen Frau führt.

Erobernder Vergewaltiger – ca. 50 %

Der Täter versteht seine Tat als Eroberung einer Frau. Mit der Tat beweist er seine Männlichkeit und kompensiert eigene Minderwertigkeitskomplexe. Beim Täter herrscht oft die Vorstellung, das Opfer wehre sich nur zum Schein und wolle eigentlich den sexuellen Kontakt.

Sadistischer Vergewaltiger – ca. 5 %

Der Täter erfährt seine Befriedigung dadurch, dass er dem Opfer Schmerzen und Angst zufügt. Solche Taten können auch im Lustmord enden.

Gruppenvergewaltiger – ca. 5 %

Die Tat dient den meist jungen Tätern auch dazu, das eigene Ansehen in der Gruppe zu steigern.

Überfallartiger Vergewaltiger – ca. 20 %

Die Tat wird impulsiv begangen. Der Täter sucht nicht grundsätzlich die Tatgelegenheit, sondern er nutzt sie bei Gelegenheit.

Im Rahmen der Analyse von Vergewaltigungstaten durch die Mitarbeiter von Dienststellen der Operativen Fallanalyse (OFA) stellte sich heraus, dass bei den Taten meist eine Macht- bzw. Wutmotivation zugrunde lag. Bei den Tätern stand die Gewinnung von Macht, Kontrolle und Dominanz über das Opfer im Vordergrund. Von den OFA-Dienststellen werden Vergewaltiger wie folgt typisiert:

## Machtbestätigung

Der Täter strebt nach Bestätigung seiner Männlichkeit. Da er an dieser zweifelt, sucht er durch die Tat die Möglichkeit der Machtausübung über Frauen. Das Vertrauen der eigenen Fähigkeit zur sexuellen Interaktion mit Frauen ist gering. Das Opfer soll bei der Tatausübung nicht traumatisiert oder degradiert werden, vielmehr soll dieses eher in die Rolle einer Geliebten schlüpfen. Das Synonym „Gentleman-Vergewaltiger" ist für diesen Tätertyp üblich.

### Machtbehauptung

Dieser Tätertyp zieht seine Männlichkeit nicht in Zweifel. Er will durch die Tat seine Männlichkeit und Dominanz gegenüber Frauen beweisen.

### Vergeltung aus Zorn

Der Vergewaltiger sieht in seiner Tat die Vergeltung tatsächlichen oder eingebildeten Unrechts. Das Opfer soll durch die Tat bestraft werden. Der Täter setzt verstärkt Gewalt in verbaler, physischer oder psychischer Form ein.

### Zornige Erregung

Zweck der Tat ist die Zufügung physischer und emotionaler Schmerzen. Ihm ist die Reaktion des Opfers auf seine Handlung wichtig, durch die er zur sexuellen Erregung kommt (Sadist).

## 2.2 Situative Bedingungen

Zu den meisten Taten kommt es im eigenen sozialen Umfeld. Vergewaltigungen sind oftmals Beziehungstaten. Darüber hinaus entstehen Kontakte zwischen Tätern und Opfern an den klassischen Anbahnungsorten, an welchen sich Männer und Frauen suchen und zusammentreffen. Dies sind bei jungen Menschen häufig Diskotheken oder Jugendtreffs. Da der Anteil von Singles in der heutigen Gesellschaft gerade in der Großstadt besonders hoch ist, liegen hier besonders häufig situative Möglichkeiten zur Tatausführung vor.

Von Interesse ist auch der Beitrag, welchen das Opfer liefert. Hierbei ist zu differenzieren in Opferattraktivität und Abwehrverhalten. Meist sind es nicht die außergewöhnlich gut aussehenden Frauen, die Opfer einer Vergewaltigung werden. Diese strahlen häufig ein Selbstbewusstsein aus, das die Täter eher hemmt als zur Tat anreizt. Auch große und kräftige Frauen werden seltener Opfer von Vergewaltigungen. Somit sind es eher unscheinbare und schüchterne Frauen, die sich in dieser Weise auch durch ihre Körpersprache offenbaren, die Opfer einer Vergewaltigung werden.

Die Abwehrhaltung des Opfers ist häufig entscheidend dafür, ob es zur Vollendung der Tat kommt oder der Täter den Vergewaltigungsversuch abbricht. Wie bei kaum einem anderen Delikt haben sich hier die Meinungen zur Präventionsstrategie verändert. Während man vor wenigen Jahren den potenziellen Opfern noch von Seiten der Polizei geraten hat, sich eher in die Tat zu fügen und möglichst keinen Widerstand zu leisten, weil dies zu einer Tötung führen könnte, zielen moderne Präventionsstrategien darauf ab, sich aktiv zu wehren und/oder Betroffenheit beim Täter zu erzeugen. Dass dieses Opferverhalten bei einem sadistischen Täter eher kontraproduktiv wäre, darf nicht über die Tatsache hinwegtäuschen, dass die meisten Taten, bei denen sich Opfer wehrten, vom Täter abgebrochen wurden.

## 2.3 Normative Bedingungen

Der große Umfang des Dunkelfeldes ist durch die geringe Anzeigenbereitschaft der Opfer begründet. Die Opfer haben Scheu davor, sich zu offenbaren. Nicht nur das private Umfeld erfährt von der Tat, das Opfer muss auch meist wildfremden Menschen die Einzelheiten des gewaltsamen sexuellen Kontakts schildern. Somit ist das Misstrauen in die Ermittlungsbehörden groß. Opfer fürchten, dass man ihnen eine Mitschuld unterstellt, was vor allem für Beziehungstaten gilt, sie haben Angst vor der gynäkologischen Untersuchung, werden dem Täter – spätestens in der Hauptverhandlung – gegenübergestellt und vom Verteidiger diskreditiert. Daher suchen sie nicht den Weg zu den Ermittlungsbehörden und versuchen die Tat allein zu verarbeiten. Nicht selten führt das zu der fatalen Folge, dass sich die Opfer die Schuld für die Tat geben.

In der öffentlichen Diskussion spielt die Vergewaltigung zwar eine große Rolle, doch ganz anders als beim sexuellen Missbrauch von Kindern bewerten die Bürger subjektiv den Tatanteil, der ihrer Meinung nach vom Opfer bewusst oder unbewusst eingebracht wurde. Vergewaltigungsanzeigen durch unbeteiligte Dritte sind daher selten. Der Bürger hält sich heraus. So wurde in Düsseldorf eine junge Frau an einer Bushaltestelle vergewaltigt, ohne dass sich andere Fahrgäste darum gekümmert, geschweige denn eingegriffen hätten.

Die polizeiliche Ermittlungsintensität bei Vergewaltigungen ist groß. Um zu gewährleisten, dass sich Opfer durch polizeiliche Ermittlungshandlungen nicht diskreditiert fühlen, wurden Regeln für den Umgang mit Opfern von Straftaten gegen die sexuelle Selbstbestimmung erlassen, die für die Beamten bindend sind. Auf diese Weise will man den Effekt der sekundären Viktimisierung weitgehend vermeiden. Darüber hinaus sind in den letzten Jahren umfangreiche gesetzliche Neuregelungen in Kraft getreten, um die Stellung des Opfers zu verbessern. So kann das Opfer unter anderem als Nebenkläger auftreten und Schmerzensgeld verlangen. Es kann eine Vernehmung videografiert werden und das Opfer kann sich durch Selbsthilfegruppen beraten lassen. Des Weiteren wurden Anstrengungen unternommen, um die situativen Bedingungen für die Tat zu verändern. Der Discobus, die öffentliche Videoüberwachung, Frauentaxis und die seit Langem eingerichteten Frauenparkplätze sind nur einige Beispiele für die öffentlichen Bemühungen um einen verbesserten Opferschutz.

# 3    Weiterführende Literatur

*Gallwitz, A., Paulus, M., Drewes, D.:* Das Tabu: Sexuelle Gewalt, Polizei – Dein Partner, VDP, Hilden 2005

*Kaiser, G.:* Kriminologie, Ein Lehrbuch, 3. Auflage, C. F. Müller Verlag, Heidelberg 1996

**Zeitschriften**

*Behrmann, K., Wienberg, H., Püschel, K.:* Zur Vortäuschung von Sexualdelikten. In: Kriminalistik 4/90, S. 207–210

*Brill, K., Dombrowski, Th., Friedrich, K.:* Vorgetäuschte Vergewaltigungen – Fiktion und Fakten. In: Der Kriminalist 98, S.75–77

*Drießen, B.:* Vergewaltigung und sexuelle Nötigung. In: Der Kriminalist 11/03, S. 415–419.

*Egg, R.:* Zur Rückfälligkeit von Sexualstraftätern. In: Kriminalistik 6/99, 367–373

*Geßner, H.:* Vorgetäuschte Sexualdelikte. In: Kriminalistik 12/91, S.799–800.

*Kury, H., Chouaf, S., Obergfell-Fuchs, J.:* Sexuelle Viktimisierung an Frauen. In: Kriminalistik, 4/02, S. 241–247

*Müther, J.:* Sexuelle Gewalt. In: Deutsche Polizei, 10/93, S. 6–12 und 14–18

*Paulus, M.:* Die Polizei im Umgang mit Opfern sexueller Gewalt. In: Der Kriminalist 5/00, S. 215–217

*Rauch, E.:* Sexualdelikte 1987–1996. In: Kriminalistik 2/02, S. 96–101

*Vier, L., Müller, W., Rauch, G.:* Die vorgetäuschte Vergewaltigung. In: Der Kriminalist 9/84, S. 353–359

# Kapitel 13
# Straßenraub durch Jugendliche

## 1 Phänomenologie

### 1.1 Allgemeine Angaben

Zu den Delikten, die seit Beginn der 90er-Jahre enorm boomten, zählt vor allem auch der „sonstige Raubüberfall auf Straßen, Wegen und Plätzen", im Folgenden Straßenraub. Wie kaum bei einem anderen Delikt wurde eine steigende Gewaltbereitschaft in der Gesellschaft durch dieses Phänomen belegt. In 10 Jahren verdreifachte sich der Straßenraub und erreichte mit nahezu 33 000 Fällen im Jahr 1997 einen Negativrekord. Danach sind die Deliktszahlen kontinuierlich gefallen. Mit 21 252 Taten ist die Zahl der Straßenraube um ein Drittel geringer als im Rekordjahr 1997.

Gleichzeitig wurden in dieser Zeit enorme Präventionsversuche initiiert, es wurde versucht, erkannte Mehrfachtäter zu resozialisieren und zu integrieren, und es begannen die Versuche, durch verstärkten Kontakt zu den Jugendlichen, etwa durch Basketballturniere und „Night-Events", den negativen Trend zu stoppen. Die Entwicklung der Fallzahlen sind ein Indiz dafür, dass die polizeiliche Strategie in diesem Deliktsbereich offenbar erfolgreich war.

Nachfolgend beziehen sich die Daten auf den Straßenraub durch Jugendliche. Nicht beleuchtet wird der Handtaschenraub, bei welchem Jugendliche auch den typischen Tatverdächtigenkreis bilden.

Der Begriff „Jugendliche" wird kriminologisch interpretiert, soll also auch ermittelte Kinder und Heranwachsende beleuchten, da Taten des Straßenraubes typisch für den Altersbereich der 12 bis 21-Jährigen sind, die sich in dieser Zeit im kriminell aktivem Alter befinden.

**Strafrechtliche Einordnung**

Raub- und Erpressungsdelikte sind im 20. Abschnitt des Strafgesetzbuches (StGB) zusammengefasst. Kennzeichnend für diese Delikte sind die Anwendung von Gewalt oder Bedrohung mit Gewalt. Dabei werden sehr unterschiedliche Gewaltformen angewandt. So wird bei den Raubdelikten eher die physische Gewaltausübung bevorzugt, während bei den Erpressungsdelikten die psychische Gewaltanwendung dominiert. Weiter wird bei den Delikten des Abschnittes des StGB differenziert in die Schwere der Gewaltausübung, das Mitführen bestimmter Tatmittel oder in gemeinsam von mehreren begangene Tatausführung.

Typisch für den Straßenraub sind die Deliktsformen Raub und räuberische Erpressung. Zu schweren Formen dieser Tatbestände kommt es beim Straßenraub durch Jugendliche eher selten.

## Kriminologische Einordnung

Der Straßenraub zählt kriminologisch zu den Gewaltdelikten. Ebenso handelt es sich „Straßenkriminalität". Hierunter versteht man die Straftaten, „die sich im öffentlichen, d. h. der Polizei in normaler Dienstausübung ohne Inanspruchnahme polizeirechtlicher oder strafprozessualer Befugnisse zugänglichem Raum ereignen oder in diesen hineinwirken und durch präventiven Einsatz der Polizei verhindert oder rasch aufgeklärt werden können"[1].

Daneben zählen Raubtaten, vor allem auch der Straßenraub, zu den Delikten, die das Sicherheitsgefühl der Bürger entscheidend beeinflussen. So bewerten Bürger in Befragungen aus den 90er-Jahren Straßenraube als „besonders schlimm" (69 %) und schätzen das Risiko, selbst Opfer eines Straßenraubes zu werden, als „wahrscheinlich" und „sehr wahrscheinlich" ein (> 30 %).

## Statistische Einordnung

Der Straßenraub wird mit der Schlüsselzahl 217000 in der Polizeilichen Kriminalstatistik erfasst. Zudem erscheint er unter dem Summenschlüssel 892000 als Gewaltkriminalität und unter dem Summenschlüssel 899000 als Straßenkriminalität.

Im Jahr 2008 wurden 22 252 Fälle des Straßenraubes erfasst. Der Anteil dieses Deliktes an der Gesamtkriminalität beträgt 0,3 %, der Anteil an der gesamten Raubkriminalität 42,6 %. Der Anteil des Straßenraubes an der Straßenkriminalität betrug 1,4 %, der Anteil an der Gewaltkriminalität 10,1 %.

Der Anteil der Versuche liegt bei 20,4 %, d. h., dass jeder 5. Raubüberfall abgebrochen wird.

Die Aufklärungsquote betrug 2008 44,1 %. Sie liegt unter der Aufklärungsquote für den gesamten Raub (52,8 %), aber deutlich über der des für Jugendliche ebenfalls typischen Handtaschenraubes (28,5 %).

Bei Raubdelikten ist das Dunkelfeld sehr unterschiedlich einzuschätzen. So dürfte beim Bankraub nahezu kein Dunkelfeld vorliegen, während dieses beim Straßenraub im Mittelfeld der Delikte liegen dürfte. Vor allem bei einer vorhandenen Bekanntschaft zwischen Täter und Opfer, und dies ist beim Straßenraub durch Jugendliche signifikant, werden zahlreiche Taten nicht angezeigt.

Der Anteil vorgetäuschter Taten ist bei Raubdelikten (Schlüsselzahl: 624100) mit 2,8 % eher gering. Wie viele der 1 373 in der PKS erfassten vorgetäuschten Raube sich auf den Straßenraub beziehen, ist aus der Statistik nicht ablesbar.

---

[1] Definition AG Kripo, Sondersitzung 17./18.11.77

Auch wenn der Straßenraub wie kaum ein anderes Delikt das Sicherheits-gefühl des Bürgers beeinträchtigt, ist das Medieninteresse beim Straßen-raub eher gering. Dies ändert sich schlagartig bei besonders spektakulären Tatbegehungen oder bei außergewöhnlichen Täterstrukturen (Fall Mehmet in München).

## 1.2 Tatzeit

Aus der nachfolgenden Tabelle ergibt sich die langfristige Entwicklung des Straßenraubes seit 1993. Seit dieser Zeit wird eine gemeinsame Statistik mit den neuen Bundesländern geführt.

| Jahr | Fälle | HZ | Versuche % | AQ | Anzahl TV | Nicht-deutsche % |
|------|-------|------|------------|------|-----------|------------------|
| 1993 | 25 865 | 31,9 | 15,4 | 35,2 | 12 533 | 33,5 |
| 1994 | 25 450 | 31,3 | 15,9 | 37,0 | 13 405 | 32,2 |
| 1995 | 29 503 | 36,2 | 15,9 | 39,5 | 16 555 | 34,5 |
| 1996 | 31 824 | 38,9 | 17,5 | 40,7 | 18 531 | 34,6 |
| 1997 | 32 822 | 40,0 | 18,4 | 42,2 | 19 925 | 35,1 |
| 1998 | 29 494 | 35,9 | 19,9 | 43,3 | 18 173 | 32,4 |
| 1999 | 27 652 | 33,7 | 19,5 | 43,5 | 17 347 | 32,0 |
| 2000 | 27 354 | 33,3 | 19,3 | 43,0 | 16 875 | 33,1 |
| 2001 | 25 921 | 31,5 | 18,7 | 43,2 | 16 201 | 32,8 |
| 2002 | 26 099 | 31,7 | 17,6 | 43,1 | 15 984 | 31,7 |
| 2003 | 26 330 | 31,9 | 18,1 | 42,7 | 16 069 | 31,6 |
| 2004 | 26 565 | 32,2 | 18,7 | 42,7 | 16 266 | 30,6 |
| 2005 | 23 178 | 28,1 | 18,3 | 43,2 | 14 980 | 30,4 |
| 2006 | 23 002 | 27,9 | 18,6 | 42,7 | 14 525 | 29,6 |
| 2007 | 23 664 | 28,7 | 18,9 | 43,5 | 15 604 | 28,3 |
| 2008 | 21 252 | 25,8 | 20,4 | 44,1 | 14 616 | 26,8 |

Übersicht: Tabelle zum Straßenraub (217000), Fallentwicklung, Deutschland 1993–2008

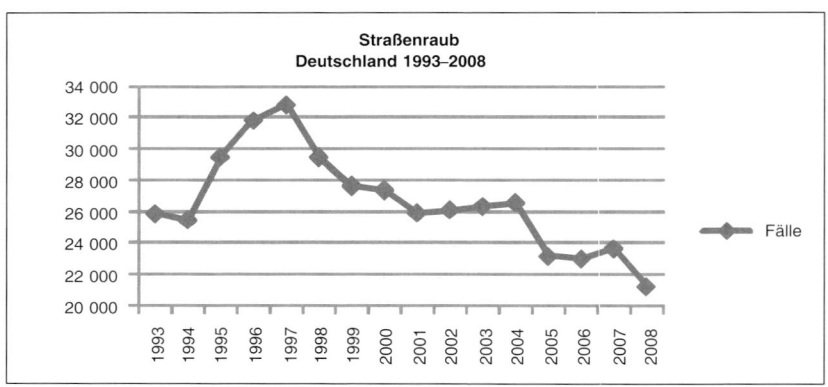

Übersicht: Straßenraub – Grafik zur Fallentwicklung, Deutschland 1993–2008

Aus der Tabelle wird deutlich, welche enormen Steigerungsraten das Delikt in den 90er-Jahren zu verzeichnen hatte. Seit dieser Zeit sind die Taten auf 21 252 Taten zurückgegangen und haben damit den niedrigsten Stand erreicht, seitdem eine gemeinsame Statistik (1993) geführt wird.

Die exakte Verteilung der Tatzeiten ist nur aus dem Kriminalpolizeilichen Meldedienst (z. B. FINDUS) ablesbar. Zeitliche Schwerpunkte liegen in den Sommermonaten und vor Weihnachten. Die tageszeitlichen Schwerpunkte liegen in den frühen Nachmittagstunden (Schulschluss) und den frühen Abendstunden.

## 1.3  Tatort

Die regionale Verteilung ergibt sich aus der nachfolgenden Tabelle:

| Gemeinde-größenklasse | Anteil Wohn-bevölkerung % | Anteil Straftaten insgesamt % | Anteil Straßenraub (217000) % |
|---|---|---|---|
| bis 20 000 Einwohner | 41,7 | 24,6 | 9,4 |
| 20 000 < 100 000 EW | 27,3 | 28,3 | 23,4 |
| 100 000 < 500 000 EW | 15,1 | 19,4 | 23,7 |
| > 500 000 EW | 15,8 | 27,4 | 43,4 |

Übersicht: Tabelle zum Straßenraub – räumliche Verteilung, Deutschland 2007

In den Großstädten ist der Straßenraub deutlich überrepräsentiert, während im eher ländlichen Bereich, vermutlich mangels Tatgelegenheit, das Delikt kaum begangen wird. Engere Tatorte sind bei den Raubtaten der Öffentliche Personennahverkehr, Parks, Spielplätze und Einkaufszentren.

Die Rangliste der Bundesländer in der Häufigkeitszahl führen die Stadtstaaten Hamburg, Bremen und Berlin an. Gefolgt werden sie von Nordrhein-Westfalen und Sachsen-Anhalt. In den Städten ab 200 000 Einwohnern liegen neben den erwähnten Stadtstaaten Halle, Köln und Aachen
ganz oben in der Fallbelastung.

## 1.4 Opfer/Schaden

Bei den 16951 vollendeten Fällen des Straßenraubes in Deutschland im
Jahr 2008 wurden insgesamt 7 779 048 Euro erbeutet. Dabei lag in etwa
90 % der Fälle die Schadenshöhe unter 500 Euro. Geraubt werden neben
Bargeld vor allem Handys, Elektronikartikel und die jeweils aktuellen Statussymbole der Jugendlichen. Dies können bestimmte Schuhe genauso
sein wie Sportbekleidung oder Armbanduhren.

Betroffen von den vollendeten und versuchten Straßenrauben waren insgesamt 24 107 Personen. 15,9 % der Opfer waren weiblich. 9,5 % der Opfer
waren Kinder, 25,2 % Jugendliche und 16,6 % Heranwachsende. Damit
machte die Altersgruppe der unter 21-Jährigen 51,3 % der Opfer des Straßenraubes aus. Die über 60-Jährigen, die sich selbst als besonders opferre-
levant einschätzen, wurde dagegen in lediglich 5,7 % Opfer eines Straßenraubes (ohne Handtaschenraub).

82,6 % der Opfer hatten keine Vorbeziehung zum Tatverdächtigen oder
diese war ungeklärt. Opfer werden danach bei Gelegenheit ausgesucht.
Oftmals spielt dabei der Umstand eine Rolle, dass die Täter in der Überzahl
sind oder eine deutliche körperliche Überlegenheit des Täters gegenüber
dem Opfer gegeben ist.

## 1.5 Tatmittel

Schusswaffen spielen bei der Begehung eines Straßenraubes nur eine untergeordnete Rolle. So wurden im Jahr 2008 nur in 2,4 % der aufgeklärten
Fälle Schusswaffen mitgeführt. In 43 Fällen wurde geschossen.

In der Regel reicht körperliche Gewalt oder auch nur das Androhen körperlicher Gewalt aus, um den Straßenraub zu vollenden. Es ist jedoch eine
Tendenz zu erkennen, dass sich gerade Jugendliche zunehmend bewaff-
nen. Dies erfolgt meist mit Messern. Schlagwerkzeuge, z. B. Baseballschläger, spielen eher bei Straßenrauben eine Rolle, die von mehreren Tätern gemeinsam begangen werden.

## 1.6 Tathergang

### Vortatphase

Beim Straßenraub handelt es zumeist um spontan ausgeführte Taten. Das
Opfer wird situativ erkannt und beraubt. Dabei spielen Prestigeobjekte oder

Statussymbole, die vom Opfer erkennbar mitgeführt werden, eine große Rolle, da sie auf die Täter anziehend wirken.

**Haupttatphase**

Einzeltäter suchen sich in der Regel Opfer aus, denen sie körperlich erheblich überlegen sind. So werden Schüler aus tieferen Jahrgangsstufen als Opfer gesucht, die einerseits eher schüchtern wirken, andererseits über Barmittel o. ä. verfügen. Bei Taten durch Tätergruppen werden die Opfer meist zunächst gehänselt oder herumgestoßen. Die Bedrohung mit weiterer Gewalt reicht in der Regel aus, dass die Opfer ihre Wertgegenstände herausgeben. Dabei schrecken die Täter auch nicht davor zurück, dass sich die Opfer entkleiden müssen, falls Kleidung, speziell auch Schuhe, bestimmter Markenhersteller getragen wird, die für die Täter von Interesse sind.

**Nachtatphase**

Nach der Tat verschwinden die Täter zumeist in der Menschenmenge. Bei Taten in der Nähe von Schulen bleiben Täter aus Angst vor weiteren Taten meist unbehelligt.

## 1.7 Täter

Im Jahr 2008 wurden bundesweit 14 616 Tatverdächtige eines Straßenraubes ermittelt. Davon waren 92,5 % Männer.

Die Tatverdächtigen handelten nur zu 24,4 % allein. Daraus wird deutlich, dass dieses Delikt oft von mehreren Tätern gemeinsam und arbeitsteilig begangen wird. Noch besser wird dieser Trend bei weiblichen Tatverdächtigen deutlich, denn von diesen begehen nur 13,9 % die Tat allein. Mehr als drei Viertel (77,8 %) der Tatverdächtigen waren bereits kriminalpolizeilich in Erscheinung getreten. 21,4 % der Täter standen bei der Tatausübung unter Alkoholeinfluss, aber lediglich 6,5 % der Tatverdächtigen waren Konsumenten harter Drogen.

Nur 1,9 % der Tatverdächtigen führten bei der Tatausübung eine Schusswaffe mit sich.

Kinder, Jugendliche, Heranwachsende und Jungerwachsene machen 83,6 % der ermittelten Tatverdächtigen aus, d. h. nur einer von 8 Straßenräubern ist über 25 Jahre alt. Gewalt ist eine Domäne des Mannes. Es fällt jedoch auf, dass bei den unter 14 Jahre alten Straßenräubern die Mädchen mit 14 % am häufigsten beteiligt sind.

**Altersverteilung**

unter 14 Jahre:    6,9 %    (davon   14,0 % weiblich)

14 < 18 Jahre:   40,3 %   (davon    9,3 % weiblich)

18 < 21 Jahre:   23,3 %   (davon    4,3 % weiblich)

unter 21 Jahre: 70,5 %   (davon   8,1 % weiblich)
21 < 25 Jahre:  13,1 %   (davon   4,4 % weiblich)
über 21 Jahre:  29,5 %   (davon   6,0 % weiblich)

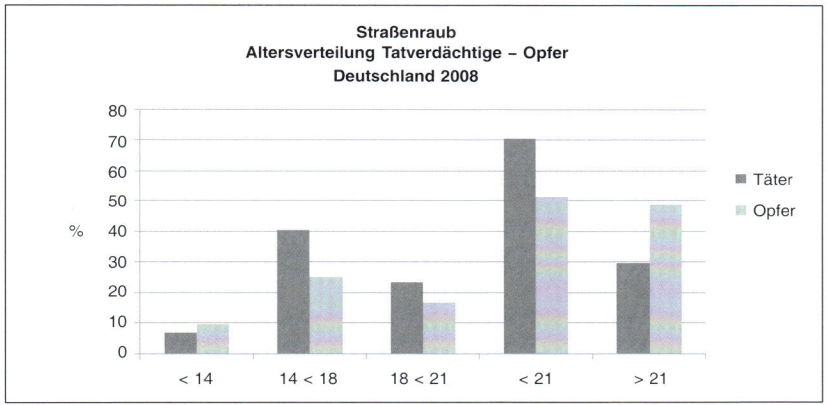

Übersicht: Straßenraub, grafische Darstellung der Altersstruktur Tatverdächtige und Opfer, Deutschland 2008

Der Anteil nichtdeutscher Tatverdächtiger betrug 26,8 %. Der Straßenraub gehört damit zu den Taten, bei welchen der Nichtdeutschenanteil deutlich über dem Nichtdeutschenanteil an der Gesamtkriminalität (20,9 %) liegt.

Gerade 1,4 % der nichtdeutschen Straßenräuber hielten sich illegal in Deutschland auf. Differenziert man den Anteil nichtdeutscher Tatverdächtiger nach dem Aufenthaltsgrund, so macht die Gruppe der „Sonstigen" (u. a. Erwerbslose, abgelehnte, geduldete Asylbewerber, Besucher und Flüchtlinge) mit 56,1 % den größten Anteil aus, gefolgt von den „Studenten/Schülern" mit 26,4 % und den „Arbeitnehmern" mit 8,4 %. Straßenräuber werden überwiegend im unmittelbaren sozialen Nahbereich tätig. Mehr als Dreiviertel (80,6 %) der Täter haben ihren Wohnsitz am Tatort oder im Landkreis des Tatortes.

# 2   Ätiologie

## 2.1   Individuelle Bedingungen

### Sozialisationsmängel

Typisch für Straßenräuber ist es, dass in der Regel Sozialisationsmängel vorliegen. Sie stammen aus Familien, in welchen Gewalt vorherrscht (Sozialisationsdefekt), in denen inkonsequent erzogen wird, damit Bestrafungen und Belohnungen völlig willkürlich erfolgen, wodurch Kinder keinen Zusammenhang zwischen ihrem Verhalten und der elterlichen Reaktion herstellen können, oder sind Mitglieder von sozial schwachen, chaotischen Großfamilien, in welchen aggressives Verhalten weniger korrigierbar ist als in fest gefügten Kleinfamilien (Sozialisationsdefizit).

Aggressives Verhalten beginnt meist damit, wenn Kinder Feindseligkeiten bevorzugt vor neutralen Ereignissen wahrnehmen; sie reagieren umso eher wieder aggressiv, je häufiger sie früher mit Aggressionen erfolgreich waren; sie werden aggressives Verhalten immer wieder anwenden, wenn früher keine negative Konsequenzen auf Aggressionen erfolgten, und ihre Gewaltbereitschaft wird deutlicher ansteigen, je weniger sie selbst über Reaktionen und Spätfolgen nachdenken.

## Anomietheorien

Anomietheorien sind besonders geeignet, gewaltsame Eigentumsdelikte, speziell durch Jungtäter, zu erklären. Der anomische Druck entsteht bei diesen Tätern aus der Diskrepanz zwischen ihrem Anspruchsdenken und der tatsächlichen Möglichkeit, diese zu verwirklichen. Der Wunsch nach Prestigeobjekten (Statussymbol) ist bei den Tätern vorhanden, sie haben jedoch nur geringe legale Möglichkeiten (geringes Einkommen, Arbeitslosigkeit pp.) diese zu erwerben. Sie müssen sich deshalb etwas einfallen lassen (Verhaltensweise der Innovation), wie sie sich ihre Wünsche erfüllen können und verfallen in die Kriminalität. Das Handy, die Uhr o. ä. wird nicht erspart, es wird geraubt.

## Gruppenverhalten

Der Straßenraub ist ein Delikt, welches überproportional oft von Jungtätern begangen wird. Diese sind oft Mitglied in Cliquen oder Gruppen Gleichaltriger (Peergroups). Hier gilt es, sich durch Mutproben oder Statussymbole zu beweisen. Man muss seine Einzigartigkeit nachweisen, andererseits kann man sich in der Gruppe auch verstecken. Gewalttätigkeiten, zu denen man sich allein nicht traut, werden in der Gemeinschaft mit anderen verwirklicht.

## Weitere Erklärungsansätze

Der Straßenräuber gehört zu den Tätertypen, bei welchen eine Vielzahl von kriminologischen Erklärungsmodellen zutrifft. Diese sind im Kapitel 2 näher beschrieben. Erwähnenswert ist das hohe Gewaltpotenzial jugendlicher Spätaussiedler. Diese haben zum Teil einen gänzlich anderen Umgang mit Gewalt sozialisiert. Darüber hinaus sind sie oftmals noch völlig isoliert von der deutschen Gesellschaft, da sie nur im geringen Umfang bereit und in der Lage sind, die deutsche Sprache zu erlernen, was zu einer starken Ghettoisierung dieser Bevölkerungsgruppe führte. Die aggressiven Verhaltensweisen, wie sie auch in der Kulturkonflikttheorie beschrieben werden, sind für diesen Personenkreis besonders typisch.

## 2.2 Situative Bedingungen

### Tatgelegenheitsstruktur

Auffällig oft werden Straßenraube in Ballungszentren begangen. Hier spielen Orte, an denen sich viele Personen aufhalten (Bahnhöfe, Fußgängerzonen pp.), für Überfälle eine besondere Rolle, zumal es auch die Orte sind, an denen sich die überwiegend jugendlichen Opfer überproportional oft aufhalten.

Ein weiterer Brennpunkt für Straßenraube durch Jugendliche liegt im Umfeld und der nahen Umgebung von Schulen vor.

### Opferverhalten

Wie bereits erwähnt, ist Ziel des Raubes oft ein Statussymbol oder Prestigeobjekt, das von den Tätern erstrebt wird. Diese werden von den Opfern jedoch bewusst offen zur Schau getragen. Dieses Opferverhalten verstärkt den Tatanreiz.

## 2.3 Normative Bedingungen

Durch den Strukturwandel und die Veränderung der gesellschaftlichen Rahmenbedingungen in den letzten 15 Jahren wurde die Entstehung einer stabilen eigenständigen Identität der Jugendlichen deutlich erschwert. Dies wird durch Umfrageergebnisse aus den 90er-Jahren eindrucksvoll belegt. Mehr als drei Viertel der befragten Jugendlichen brachten zum Ausdruck,

– dass heute alles so in Unordnung geraten ist, dass niemand mehr weiß, wo er steht,

– dass den meisten Menschen ein richtiger Halt fehlt,

– dass man in der heutigen Zeit nicht mehr durchschaut, was eigentlich läuft,

– dass in diesen Tagen alles so unsicher geworden ist, dass man auf alles gefasst sein muss.

Den Jugendlichen werden zwar immer mehr Möglichkeiten des Handelns – eigenes Auto, eigenes Geld, eigener Stil – eingeräumt, sie werden aber auch immer mehr aus ihren sozialen Bezügen herausgerissen. Die Folgen sind:

– Mobilitätsdruck:
  – Man kann neue Beziehungen aufbauen, die in der Regel aber nicht dauerhaft sind.
– Ausweitung der Konkurrenz:
  – Um die eigene Einzigartigkeit herauszustellen, wird zunehmend der Zwang deutlich, sich gegen andere abzuschotten.
– Ausweitung der Technik:
  – Der einzelne Mensch wird austauschbar, da erworbene Qualifikationen durch Maschinen übernommen werden.

– Ökonomisierung aller Lebensbereiche:
  – Der Einzelne kann mehr kaufen, aber er muss auch mehr kaufen, so auch soziale Beziehungen.

# 3 Weiterführende Literatur

*Schmelz, G.:* Lehr- und Studienbriefe Kriminologie, Band 14: Raub/Räuberischer Diebstahl, VDP, Hilden 2002

*Schwind, H.-D.:* Kriminologie, 20. Auflage, Kriminalistik Verlag, Heidelberg 2010

*Zimmermann, E.:* Jugendgewalt. In: Kriminaldigest, 5/93, S. 10–36

# Kapitel 14
# Diebstahl von Kraftwagen

## 1 Phänomenologie

### 1.1 Allgemeine Angaben

Der Diebstahl von Kraftwagen (Personenkraftwagen – Pkw – und Lastkraftwagen – Lkw –) inklusive der Unbefugten Ingebrauchnahme eines Fahrzeuges (§ 248b StGB) ist das Delikt mit der größten Schwankungsbreite der Fallzahlen in den letzten 20 Jahren. Gingen Ende der 80er-Jahre in den alten Bundesländern die Fallzahlen noch zurück, entstand nach der Wiedervereinigung und der Öffnung Europas nach Osten ein enormer Bedarf an Kraftwagen, der auf legalem Weg nicht zu befriedigen war. Die Folge war ein enormer Anstieg der Fallzahlen Anfang der 90er-Jahre. Fahrzeuge aller Kategorien wurden entwendet, wobei es in einzelnen osteuropäischen Ländern sogar Sonderwünsche nach bestimmten Fahrzeugtypen gab. Die Nachfrage nach Pkw wurde nach und nach gesättigt, dazu kam weiter, dass durch technische Sicherungsmaßnahmen und Änderung der Versicherungsbedingungen professionellen Diebesbanden, aber auch gewitzten Einzeltätern die Tatausführung und die Verschiebung der Pkw erschwert wurden.

**Strafrechtliche Einordnung**

Strafrechtlich kommen bei diesem Delikt der einfache und schwere Diebstahl (§§ 242, 243 ff.) und die Unbefugte Ingebrauchnahme eine Fahrzeugs (§ 248b StGB) in Betracht. Des Weiteren kommen der Bandendiebstahl (§ 244 StGB), die Bildung einer kriminellen Vereinigung (§ 129 StGB) bei den Taten der internationalen Kfz-Verschiebung und die Hehlerei in allen Formen (§§ 259 ff. StGB) in Betracht.

Sonderformen sind das Carjacking und das Homejacking. Dabei handelt es sich um Raubstraftaten (§§ 249 ff. StGB). Die Pkw werden entweder unter Gewaltanwendung oder Bedrohung mit Waffen im öffentlichen Verkehrsraum geraubt (Carjacking) oder die Täter bringen bei Wohnungseinbrüchen oder Rauben in Wohnungen die Fahrzeugschlüssel an sich, um anschließend den Pkw zu entwenden (Homejacking). Daneben kommen Betrugstaten (§ 263 StGB) bei der betrügerischen Anmietung von Pkw und Fälschungsdelikte (§§ 267 ff. StGB) bei Fahrzeugveränderungen in Betracht. Letztlich sind vorgetäuschte Straftaten (§ 145d StGB) in diesem Deliktsbereich üblich.

**Kriminologische Einordnung**

Kriminologisch handelte es sich beim Pkw-Diebstahl um Eigentumskriminalität. In den Fällen, in welchen Pkw geraubt werden, liegt zugleich Gewaltkriminalität vor. Die unbefugte Ingebrauchnahme eines Fahrzeugs lässt sich eher als Bagatellkriminalität einordnen. Für manche Täter handelt es sich auch um ein Einstiegsdelikt. In Fällen der internationalen Kfz-Verschiebung handelt es sich in der Regel um organisierte Kriminalität.

Da speziell bei der Kfz-Verschiebung eine Vielzahl von gesetzlichen Tatbeständen verwirklicht werden kann, wurde der Begriff „Kraftfahrzeug-Sachwert-Delikt" (KSD) geschaffen, um eine Abgrenzung zum normalen Pkw-Diebstahl zu ermöglichen. Kernelemente des KSD sind das Kraftfahrzeug, eine bestimmte Wertgrenze und ein komplexes, phasenhaftes Tatgeschehen mit arbeitsteiligem Vorgehen der Täter. Die AG Kripo hat 1994 die Kfz-Sachwertdelikte wie folgt definiert:

„Ein Kfz-Sachwertdelikt liegt in allen Fällen des Diebstahls und Raubes sowie deren Vortäuschung, ferner bei Betrug und Unterschlagung von Kraftfahrzeugen vor, deren Tatumstände Anhaltspunkte für eine bandenmäßige, gewerbsmäßige Tatbegehung (Kfz-Verschiebung und -Verwertung) ergeben. Dies ist in der Regel der Fall, wenn

– Kraftfahrzeuge (ohne Wertbegrenzung) entwendet werden, bei denen erkennbare Tat-/Serienzusammenhänge aufgrund der Zusammensetzung von Tätergruppierungen, des Tatobjektes, der Tatörtlichkeit, der Tatzeit und/oder des Modus Operandi vorliegen (z. B. Diebstahl zum Nachteil von Autohäusern und Vermieterfirmen, Aufbrechen von Schlüsselboxen, Überwindung von technisch hochwertigen Diebstahlssicherungen) oder

– Gegenstand der Tat ein hoch- und/oder neuwertiges Kfz ist (Pkw/ Klein-Lkw: Zeitwert mindestens 25 000 €; Motorräder: Zeitwert mindestens 7 500 €; sonstige hochwertige Kfz, z. B. Lkw, Baumaschinen etc. oder

– sonstige Indikatoren eine besondere Begehungsweise vermuten lassen (betrügerisches Anmieten hochwertiger Kfz, Nutzung von Blanko-Dokumenten, fehlende Fahrzeug-Dokumente/Originalschlüssel) oder

– andere Erkenntnisse auf eine Kfz-Verschiebung oder -Verwertung hindeuten (z. B. Sicherstellung an der Grenze/in Grenznähe, Tatort im Ausland, sofern ein hochwertiges Kfz Gegenstand der Anzeige ist)."

**Statistische Einordnung**

Der Diebstahl von Kraftwagen wird in der Polizeilichen Kriminalstatistik (PKS) unter den Schlüsselzahlen \*\*\*100 (Diebstahl insgesamt von Kraftwagen einschließlich unbefugter Ingebrauchnahme), 3\*\*100 (Diebstahl ohne erschwerende Umstände von Kraftwagen einschließlich unbefugter Ingebrauchnahme, §§ 242, 247, 248a–c StGB) und 4\*\*100 (Diebstahl unter erschwerenden Umständen von Kraftwagen, §§ 243–244a StGB) erfasst. Weitere Differenzierungen gibt es nach der PKS nicht. Im Rahmen der Sachfahndung (INPOL) wird jedoch zwischen Fahrzeug-Fahndungen insgesamt und „auf Dauer abhanden gekommenen Fahrzeuge" unterschieden. Sie ergibt sich durch die Differenz der Fahndungsausschreibungen und Fahndungslöschungen innerhalb eines Jahres.

Im Jahr 2008 wurden 37 184 Fälle des Diebstahls von Kraftwagen erfasst. In diesen sind auch die Taten des unbefugten Gebrauchs beinhaltet. Der Anteil dieses Deliktes an der Gesamtkriminalität beträgt 0,6 %, der Anteil an der gesamten Diebstahlkriminalität 1,5 %. 8 050 Fälle (21,6 %) waren dem Diebstahl ohne erschwerende Umstände zuzuordnen, 29 134 Fälle (78,4 %) dem Diebstahl unter erschwerenden Umständen.

Der Anteil der Versuche ist mit 23,3 % relativ hoch. Meist werden die schweren Diebstähle abgebrochen, da es den Tätern nicht gelingt, moderne Diebstahlsicherungen, vor allem die elektronischen Wegfahrsperren, zu überwinden.

Die Aufklärungsquote betrug 2008 28,0 %. Sie liegt leicht unter der Aufklärungsquote für den gesamten Diebstahl (29,8 %), aber deutlich über der der sonstigen Fahrzeugdelikte (z. B. Diebstahl aus Kraftfahrzeugen: 11,3 %).

| Jahr | Fälle | HZ | Versuche % | AQ | Anzahl TV | Nicht-deutsche % |
|------|-------|-----|------------|-----|-----------|------------------|
| 1993 | 214 836 | 265,3 | 25,0 | 20,4 | 39 436 | 18,3 |
| 1994 | 211 576 | 260,1 | 27,7 | 19,9 | 38 115 | 20,2 |
| 1995 | 201 493 | 247,1 | 31,1 | 21,7 | 38 542 | 22,2 |
| 1996 | 170 941 | 208,9 | 32,2 | 23,7 | 35 638 | 21,8 |
| 1997 | 138 098 | 168,4 | 32,8 | 26,4 | 31 688 | 21,1 |
| 1998 | 112 717 | 137,4 | 32,1 | 26,4 | 26 422 | 22,0 |
| 1999 | 93 745 | 114,3 | 30,3 | 26,3 | 23 131 | 22,0 |
| 2000 | 83 063 | 101,1 | 29,8 | 26,2 | 20 408 | 22,5 |
| 2001 | 75 408 | 91,7 | 28,3 | 25,8 | 18 638 | 22,4 |
| 2002 | 70 617 | 85,7 | 27,9 | 26,8 | 17 870 | 22,9 |
| 2003 | 63 240 | 76,6 | 26,7 | 26,4 | 16 789 | 22,0 |
| 2004 | 58 937 | 71,0 | 25,8 | 27,0 | 16 086 | 22,6 |
| 2005 | 50 361 | 61,0 | 24,2 | 27,9 | 14 100 | 23,8 |
| 2006 | 42 320 | 51,3 | 24,0 | 29,2 | 12 877 | 22,6 |
| 2007 | 39 438 | 47,9 | 23,8 | 30,3 | 12 590 | 22,0 |
| 2008 | 37 184 | 45,2 | 23,3 | 28,0 | 11 253 | 22,9 |

Übersicht: Tabelle zum Pkw-Diebstahl – Fallentwicklung, Deutschland 1993–2008

Eine dezidierte Analyse des Pkw-Diebstahls ist dem Bundeslagebild Kfz-Kriminalität[1] 2008 des Bundeskriminalamtes zu entnehmen. Danach wurden im Jahr 2008 15853 auf Dauer entwendete Pkw und Kombi registriert. Dies war seit 1993 erstmals wieder ein geringer Anstieg gegenüber dem Vorjahr.

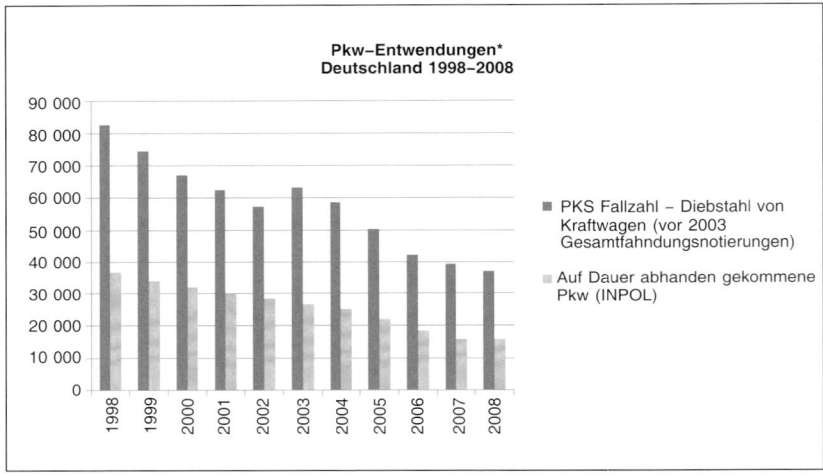

Übersicht: Zeitreihe – Pkw-Entwendungen, Deutschland 1998–2008
* Seit dem Berichtsjahr 2003 ist die Gesamtzahl der als gestohlen gemeldeten Kfz eines Jahres gemäß INPOL nicht mehr verfügbar. Es werden seither die PKS-Fallzahlen zugrunde gelegt.

Die PKS-Fallzahlen lassen keinen Rückschluss auf die tatsächliche Zahl der entwendeten Kfz zu, da ein Fall die Entwendung mehrere Kfz umfassen kann.[2]

Das Dunkelfeld in diesem Deliktsbereich dürfte relativ gering sein, da die Geschädigten aus versicherungsrechtlichen Gründen ein hohes Interesse an der Erstattung einer Strafanzeige haben, ohne die eine Schadensersatzregelung ausgeschlossen ist. Einzelne Versuchshandlungen, die von den Geschädigten nicht erkannt werden, und Fälle der nicht erkannten internationalen Pkw-Verschiebung wären typische Beispiele für das Dunkelfeld dieses Deliktes.

Vorgetäuschte Taten sind für dieses Delikt typisch. So wird immer wieder versucht, alte oder defekte Fahrzeuge beiseite zu schaffen (z. B. Versenken in Flüssen), Leihfahrzeuge werden illegal verkauft und als gestohlen

---

1    Bundeskriminalamt, Bundeslagebild Kfz-Kriminalität 2008;
     www.bka.de/lageberichte/kfz/2008/bundeslagebild_kfz_2008.pdf
2    Ebenda, S. 5

gemeldet oder es wird vorgetäuscht, dass verunfallte Fahrzeuge zuvor gestohlen worden seien.

Das Öffentlichkeitsinteresse an diesem Delikt ist relativ groß. Dies mag an dem Umstand liegen, dass das Auto nach wie vor des Deutschen liebstes Spielzeug ist, aber auch daran, dass durch die Medien und Interessensgruppen (z. B. ADAC) immer wieder über Neuerungen (Diebstahlssicherungen) berichtet wird.

## 1.2 Tatzeit

Aus der nachfolgenden Grafik ergibt sich die langfristige Entwicklung des Pkw-Diebstahls seit 1993.

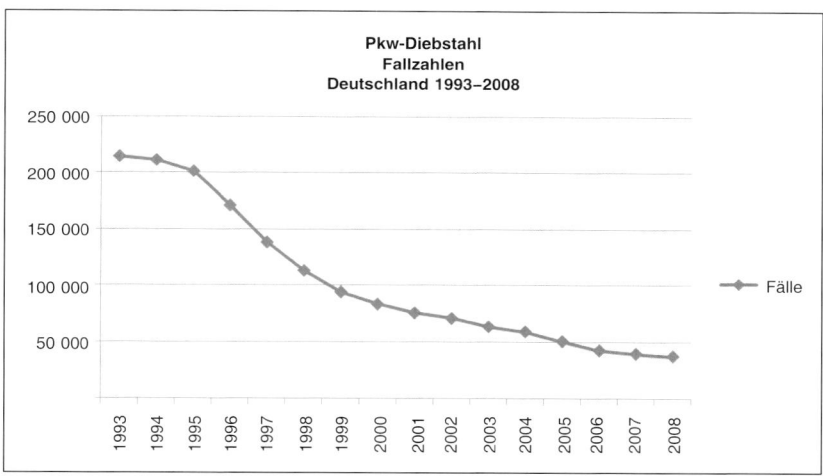

Übersicht: Grafik zum Pkw-Diebstahl – Fallzahlen, Deutschland 1993–2008

Aus der Grafik wird deutlich, welchen enormen Schwankungsbreiten in den Fallzahlen dieses Delikt in den letzten Jahren unterlag. Mittlerweile ist ein Niveau erreicht, welches nur noch rund 50 % der Fälle in den alten Bundesländern vor der Wiedervereinigung umfasst.

Die exakte Verteilung der Tatzeiten ist nur bei den Kfz-Sachwertdelikten aus den meldedienstlichen Daten zu ermitteln. Ein leichter Schwerpunkt liegt in den Nachtstunden zwischen 22.00 und 04.00 Uhr. Zudem werden in den Sommermonaten weniger Diebstähle von Kraftwagen begangen.

## 1.3 Tatort

Die regionale Verteilung ergibt sich aus der nachfolgenden Tabelle:

| Gemeindegrößenklasse | Anteil Wohnbevöl- kerung % | Anteil Straftaten insgesamt % | Anteil Diebstahl von Kraftwagen ***100 % |
|---|---|---|---|
| bis 20 000 Einwohner | 41,7 | 24,6 | 26,0 |
| 20 000 < 100 000 EW | 27,3 | 28,3 | 25,1 |
| 100 000 < 500 000 EW | 15,1 | 19,4 | 17,2 |
| > 500 000 EW | 15,8 | 27,4 | 31,5 |

Übersicht: Tabelle zum Pkw-Diebstahl – räumliche Verteilung, Deutschland 2007

In den Großstädten ist der Diebstahl von Kraftwagen überrepräsentiert. Zu beachten ist jedoch, dass dieses Delikt an den Zulassungszahlen von Kraftfahrzeugen und nicht den Zahlen der Wohnbevölkerung zu bemessen ist. Darüber hinaus spielt auch der Abstellort eine bedeutende Rolle. Die Zahl der Garagenplätze dürfte im ländlichen und kleinstädtischen Bereich deutlich größer sein.

Gemessen an der Bevölkerung sind die neuen Bundesländer nach wie vor deutlich höher belastet als die alten Bundesländer (HZ: neue Bundesländer – 71; alte Bundesländer mit Berlin – 40). Betrachtet man die einzelnen Bundesländer, so führen die Stadtstaaten Berlin und Hamburg die Rangliste an. Gefolgt werden sie von Brandenburg und Sachsen-Anhalt. Betrachtet man die Städte ab 200 000 Einwohnern so führt Leipzig (HZ: 130) vor Magdeburg (HZ: 129) und Aachen (HZ: 123).

Bei den auf Dauer entwendeten Pkw führen bei den Bundesländern die östlichen Bundesländer, die alle einen Anstieg zu verzeichnen hatten. Die höchsten Steigerungsraten verzeichnen Sachsen (+66,7 %) vor Brandenburg (+41,7 %).

## 1.4 Schaden

Die Gesamtschadenshöhe beim Diebstahl von Kraftwagen lag 2008 bei 406 781 088 Euro. Dabei ist zu berücksichtigen, dass zur Ermittlung der Schadenshöhe nur die vollendeten Delikte (2008: 28 504) herangezogen werden. Die meisten Schadensfälle (38,6 %) waren im Bereich zwischen 5 000 und 25 000 Euro zu verzeichnen.

## 1.5 Tatmittel

Wie bei kaum einem anderen Delikt zeigt sich die Kreativität von Tätern bei der Auswahl und Verwendung von unterschiedlichsten Tatmitteln. Diese dienen zum einen dem Öffnen des Fahrzeugs, um ins Fahrzeuginnere zu gelangen, zum anderen der Manipulation des Zündmechanismus, um das Fahrzeug in Bewegung zu setzen. Selbst gefertigte Spezialwerkzeuge (z. B. „Polenschlüssel"), übliche Werkzeuge (z. B. Schraubendreher/ Schlossstecher), aber auch selbst programmierende Fernbedienungen werden eingesetzt, um das Fahrzeug zu öffnen, welches anschließend kurzgeschlossen wird, um es zu starten. Dabei hat sich herausgestellt, dass die elektronische Wegfahrsperre ein Hindernis ist, welches nicht professionelle Täter nur selten überwinden können.

Neben den „klassischen" Tatmitteln werden Kraftwagen durch den vorherigen Diebstahl oder den zeitweiligen Besitz (z. B. Probefahrt) der Originalschlüssel gestohlen. Zudem werden sie komplett entwendet, indem man sie auf Autotransporter auflädt und erst später öffnet.

Im Zusammenhang mit dem Diebstahl von Kraftwagen ist auch das Delikt der Urkundenfälschung von Bedeutung, denn die Täter müssen sich für die spätere Nutzung des Fahrzeuges gefälschte oder verfälschte Papiere beschaffen, mit denen sie die Fahrzeuge unter neuem Namen anmelden.

## 1.6    Tathergang

### Vortatphase

Der Diebstahl von hochwertigen Fahrzeugen wird in der Regel zuvor ausbaldowert. Die Täter fahren auf der Suche nach speziellen Fahrzeugen gezielt durch Stadtbereiche, in denen sie abgestellte Fahrzeuge vermuten. Sonstige Fahrzeuge werden eher bei Gelegenheit gestohlen, dies gilt auch für die unbefugte Ingebrauchnahme.

### Haupttatphase

Das Fahrzeug wird, wie oben beschrieben, geöffnet und gestartet. Bei arbeitsteiligem Vorgehen (organisierte Kriminalität) erfolgt dies durch Spezialisten.

### Nachtatphase

Das Fahrzeug wird persönlich genutzt, verkauft oder verschoben. Gerade die letzte Variante ist für kriminelle Banden und Organisationen typisch. Die Verschiebung erfolgt nicht nur in osteuropäische Länder, sondern auch in den Vorderen Orient und nach Nordafrika. Darüber hinaus werden Fahrzeuge auch zerlegt und verwertet, da es speziell in Osteuropa an Ersatzteilen mangelt.

## 1.7    Täter

Im Jahr 2008 wurden bundesweit 11 253 Tatverdächtige eines Kraftwagendiebstahls ermittelt.

Davon waren 92,9 % Männer.

Die männlichen Tatverdächtigen handelten nur zu 49,7 % allein. Daraus wird deutlich, dass dieses Delikt oft von mehreren Tätern gemeinsam und arbeitsteilig begangen wird.

Knapp drei Viertel (71,3 %) der Tatverdächtigen waren bereits kriminalpolizeilich in Erscheinung getreten. 16,9 % der Täter standen bei der Tatausübung unter Alkoholeinfluss. 7,5 % der Tatverdächtigen waren Konsumenten harter Drogen. Lediglich in 22 Fällen wurde bei der Tatausübung eine Schusswaffe mitgeführt.

Jugendliche und Heranwachsende stellen mit 40,4 % den größten Täteranteil. Bezieht man die Jungerwachsenen mit ein, so stellt die Altersgruppe der unter 25-Jährigen 56,1 % der Tatverdächtigen des Pkw-Diebstahls. Dies liegt offenbar darin begründet, dass vor allem diese Altersgruppen ein besonders hohes Interesse an Kraftfahrzeugen haben, ihnen aber andererseits die finanziellen Möglichkeiten fehlen, legal ihre Wunschfahrzeuge zu erstehen.

Altersverteilung:

unter 14 Jahre:      1,6 %

14 < 18 Jahre:     19,0 %

18 < 21 Jahre:     19,8 %

unter 21 Jahre:    40,4 %

21 < 25 Jahre:     15,7 %

über 21 Jahre:     59,6 %

Im Verhältnis zur männlichen deutschen Wohnbevölkerung ergibt sich folgender grafischer Vergleich:

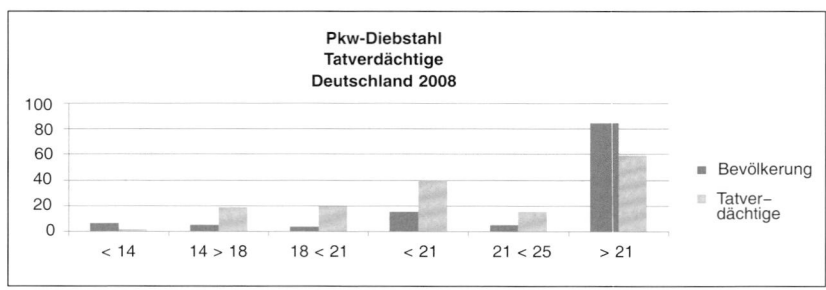

Übersicht: Grafik zum Pkw-Diebstahl, Altersbelastung, Deutschland 2008

Der Anteil nichtdeutscher Tatverdächtiger betrug 22,9 % und lag damit im Rahmen der Gesamtkriminalität von Nichtdeutschen. 4,2 % der Nichtdeutschen hielten sich illegal in Deutschland auf. Differenziert man den Anteil nichtdeutscher Tatverdächtiger nach dem Aufenthaltsgrund, so macht die

Gruppe der „Sonstigen" (u. a. Erwerbslose, abgelehnte, geduldete Asylbewerber, Besucher und Flüchtlinge) mit 57,8 % den größten Anteil aus, gefolgt aber schon von den „Touristen/Durchreisenden" mit 15,1 %. Dies ist ein Indiz dafür, dass Täter zur Tatbegehung gezielt aus dem Ausland einreisen.

Kraftfahrzeugdiebe werden überwiegend im unmittelbaren sozialen Nahbereich tätig. Nahezu zwei Drittel (63,8 %) der Täter haben ihren Wohnsitz am Tatort oder im Landkreis des Tatortes.

# 2    Ätiologie

## 2.1    Individuelle Bedingungen

### Sozialisationsmängel

Bei Tätern, die Eigentumsdelikte begehen, liegen in der Regel Sozialisationsmängel vor. Sie haben in der Regel nicht erlernt, was „mein und dein" ist (Sozialisationsdefizit) oder stammen aus Familien, in denen Diebstähle durch Familienangehörige vorgelebt wurden (Sozialisationsdefekt).

### Gewissensausbildung

Anomietheorien sind besonders geeignet, Eigentumsdelikte, speziell auch durch Jungtäter, zu erklären. Der anomische Druck entsteht bei diesen Tätern aus der Diskrepanz zwischen ihrem Anspruchsdenken und der tatsächlichen Möglichkeit, dieses zu verwirklichen. Der Wunsch nach einem möglichst attraktiven Fahrzeug (Statussymbol) ist bei den Tätern vorhanden, sie haben jedoch nur geringe legale Möglichkeiten (geringes Einkommen, Arbeitslosigkeit pp.) sich diesen Wunsch zu erfüllen. Sie müssen sich deshalb etwas einfallen lassen (Verhaltensweise der Innovation), wie sie sich diesen Wunsch erfüllen können und verfallen in die Kriminalität. Das Auto wird nicht erspart, es wird gestohlen.

### Neutralisationstechniken

Kriminalitätsfördernd ist auch der Umstand, dass Täter Opfer anonymisieren oder davon ausgehen, dass es kein eigentliches Opfer gibt. Beim Diebstahl von Kraftwagen unterstellen die Täter, dass die eigentlichen Geschädigten den Gegenwert des Fahrzeuges durch die Versicherung ersetzt bekommen. Diese seien wiederum gar nicht geschädigt, da sie die Schadenssummen auf die Prämien umlegten.

### Gruppenverhalten

Der Diebstahl von Kraftwagen ist ein Delikt, welches überproportional oft von Jungtätern begangen wird. Diese sind oft in Cliquen oder Gruppen Gleichaltriger (Peergroups). Hier gilt es, sich durch Mutproben oder Statussymbole zu beweisen. Deshalb werden Kraftfahrzeuge gestohlen, die zu einem besonderen Rang in der Gruppe führen.

Beim Diebstahl von Kraftwagen ist in unterschiedliche Tätertypologien zu unterscheiden.

Die unbefugte Ingebrauchnahme von Kraftwagen wird in der Regel von jugendlichen Tätern, manchmal auch Kindern begangen, die einmal Auto fahren wollen. Wenn der Tank leer ist, wird der Wagen einfach abgestellt. In der PKS sind für das Jahr 2008 immerhin 2 340 Fälle (6,3 %) des Diebstahls von Kraftwagen erfasst, bei denen die Schadenshöhe unter 15 Euro lag. Dies sind die typischen Fälle der unbefugten Ingebrauchnahme von Kraftwagen.

Kriminalpolizeilich sind besonders die Fälle der internationalen Kfz-Verschiebung interessant. Hierbei handelt es sich in der Regel um Organisierte Kriminalität. Neben den allgemeinen Indikatoren für Organisierte Kriminalität sind bei der Kfz-Verschiebung folgende Organisationsmerkmale typisch:

Die Organisation lässt durch ihre Mitglieder oder Dritte

- auskundschaften und stehlen,
- Fahrzeugkennzeichnungen wie Motor- und Fahrzeugidentifizierungsnummern – soweit notwendig – verändern („umfrisieren"),
- Fahrzeugpapiere fälschen,
- die Überführung der Fahrzeuge (durch Kurierfahrer) ins Ausland organisieren und
- im Abnehmerland Kontakte zu Käufern unterhalten, deren Pflege im Ergebnis auch die Zahlung des Kaufpreises garantiert.

## 2.2 Situative Bedingungen

Sprichwörtlich macht Gelegenheit Diebe. So werden immer wieder Fahrzeuge gestohlen, die von ihren Haltern unverschlossen zurückgelassen werden. Eine Veränderung dieses leichtsinnigen Opferverhaltens war in den zurückliegenden Jahren Schwerpunkt polizeilicher Präventionskampagnen.

In Deutschland waren zum 1.1.2009 41 321 171 Personenkraftwagen zugelassen. Diese bewegen sich im öffentlichen Verkehrsraum, sind somit für jedermann sichtbar. Gleichzeit besteht vor allem im großstädtischen Bereich ein Mangel an Parkplätzen. Die Tatgelegenheit ist somit vorhanden und sichtbar. Offenbar sind daneben auch bestimmte Fahrzeugtypen für die Täter besonders attraktiv. In der letzten Statistik des Gesamtverband der Deutschen Versicherungswirtschaft e. V. (GDV) über die Lieblinge der Autodiebe (2008) führen folgende Fahrzeuge, bemessen an je 1 000 versicherten Autos:

| Lieblinge der Autodiebe 2008 | | | |
|---|---|---|---|
| **Hersteller** | **Modell** | **Diebstähle pro 100000 versicherte Pkw** | **Durchschnittlicher Schadensaufwand €** |
| VW | Caravelle Multivan 2.5 TDI | 13,2 | 17 552 |
| Porsche | Cayenne Turbo 4.5 Allrad | 12,7 | 81 894 |
| BMW | X5/X6 3.0D | 8,4 | 51 281 |
| Skoda | Fabia 1.9 TDI RS | 7,8 | 12 070 |
| VW | Golf IV 1.9 TDI | 7,1 | 11 300 |
| BMW | X5/X6 3.0 SD | 6,9 | 50 170 |
| Audi | A 6 2.5 TDI | 5,9 | 10 621 |
| Porsche | Cayenne 4.5 Allrad | 5,8 | 61 244 |
| VW | Golf IV 2.0 VR 6 | 5,6 | 8 933 |
| VW | Corrado S 3l | 5,3 | 5 225 |
| **Durchschnitt aller Pkw in Deutschland** | | 0,5 | 10 891 |

Übersicht: Tabelle zum Pkw-Diebstahl – Lieblinge der Autodiebe, Deutschland 2008

Entscheidenden Einfluss, ob ein Auto gestohlen wird oder nicht, hat die Diebstahlsicherung. Vor allem die elektronische Wegfahrsperre führte zu einer deutlichen Reduzierung dieses Deliktes. Zusätzliche Diebstahlsicherungen verstärken diesen Effekt.

Ausgelöst durch den verbesserten Diebstahlschutz ist jedoch zu bemerken, dass neue Formen des Pkw-Diebstahls bekannt werden. Hierbei handelt es sich um das Carjacking und das Homejacking, somit letztlich um Raubstraftaten, bei denen ein Kraftwagen Gegenstand der Begierde ist.

## 2.3 Normative Bedingungen

Die hohe Zahl von Pkw-Diebstählen Anfang der 90er-Jahre führte dazu, dass die Versicherer enorme Steigerungen der Entschädigungszahlungen verzeichnen mussten. Dies führte zur Änderung der Allgemeinen Bedingungen für die Kraftfahrversicherung (AKB). Wurde ursprünglich im Schadensfall der Neupreis ersetzt, galt ab dem 1.7.1993 nur noch die Zeitwert-Entschädigung. Zudem wurden Selbstbehalte eingeführt, falls die Fahrzeuge nicht zusätzlich gesichert waren.

# 3    Weiterführende Literatur

*Kaiser, G.:* Kriminologie. Ein Lehrbuch, 3. Auflage, C. F. Müller Verlag, Heidelberg 1996

*Luff, J./Sutterer, P.:* Diebstahl von Kraftfahrzeugen, Bayerisches Landeskriminalamt, Kriminologische Forschungsgruppe der Bayerischen Polizei

*Springstein, R.:* Lehr- und Studienbriefe Kriminalistik, Band 14: Fahrzeugkriminalität, VDP, Hilden, 1991

*Schwind, H.-D.:* Kriminologie, 20. Auflage, Kriminalistik Verlag, Heidelberg 2010

## Zeitschriften

*Gorodecka, B.:* Kfz-Kriminalität in Polen. In: Kriminalistik 8/94, S.567–574

*Harras, H.:* Fahrzeugkontrollen – erfolgreich gestalten. In: Der Kriminalist 9/01, S. 338-341

*Harras, H./Lapp, M.:* Phänomen Kraftfahrzeugverschiebung. In: Der Kriminalist 10/98, S. 393–399 und 11/98, S. 450–456

## Internet-Fundstellen

www.kba.de

www.gdv.de

# Kapitel 15
# Rauschgiftkriminalität

## 1 Phänomenologie

### 1.1 Vorbemerkungen

Drogen sind geschichtlich gesehen schon immer Bestandteil unserer Gesellschaft. In traditionell organisierten Gesellschaftsordnungen sind die mit dem Drogenkonsum verbundenen Gefahren durch feste Rituale gemindert. In modernen, offenen Gesellschaften besteht dieser Regelungsmechanismus nicht. In Deutschland ist Alkohol die Droge Nr. 1. Es besteht traditionell eine Tendenz zur Unterbewertung der vom Alkoholkonsum ausgehenden Gefahren. Gewalt und Alkohol stehen häufig in Beziehung zueinander. Der Konsum anderer Drogen ist nach dem Betäubungsmittelgesetz weitestgehend kriminalisiert. Die registrierte Zahl der Drogendelikte zeigt seit Jahren eine permanent steigende Tendenz. Die Gefahren des illegalen Drogenmissbrauchs liegen sowohl in der Verelendung und gesellschaftlichen Ausgrenzung sowie im körperlichen Verfall des Abhängigen als auch in den Folgen der indirekten Beschaffungskriminalität.

### 1.2 Begriff Rauschgiftkriminalität

Phänomenologisch ist der Begriff „Rauschgiftkriminalität" Sammelbegriff für

– Straftaten nach dem Betäubungsmittelgesetz,
– direkte und indirekte Beschaffungskriminalität.

Der Summenschlüssel „891000" erfasst phänomenologisch sowohl die Rauschgiftkriminalität nach dem BtMG als auch die Straftaten, die der direkten Beschaffungskriminalität, Summenschlüssel „891100" zugeordnet sind. Darunter werden Straftaten subsumiert, die mit dem Ziel der unmittelbaren Erlangung von BtM begangen werden.

| Summenschlüssel „891000 Rauschgiftkriminalität" | |
| --- | --- |
| Schlüsselzahl (SZ) | |
| 730000 | Rauschdelikte nach dem BtMG |
| | Summenschlüssel „891100" Direkte Beschaffungskriminalität |
| 218000 | Raub zur Erlangung von BtM |
| *71000 | Diebstahl von BtM aus Apotheken |
| *72000 | Diebstahl von BtM aus Arztpraxen |
| *73000 | Diebstahl von BtM aus Krankenhäusern |
| *74000 | Diebstahl von BtM bei Herstellern und Großhändlern |
| *75000 | Diebstahl von Rezeptformularen |
| 542000 | Fälschung zur Erlangung von BtM |

Übersicht: Rauschgiftdelikte nach der PKS

Die Untergliederung der Rauschgiftdelikte nach dem BtMG (SZ 730000) stellt sich nach Hauptgruppen wie folgt dar:

| 730000 | Rauschgiftdelikte nach dem BtMG |
| --- | --- |
| 731000 | allgemeine Verstöße nach § 29 BtMG |
| 732000 | illegaler Handel mit und Schmuggel von Rauschgiften nach § 29 BtMG |
| 733000 | illegale Einfuhr von BtM nach § 30 Abs. 1 Nr. 4 BtMG (in nicht geringer Menge) |
| 734000 | Sonstige Verstöße gegen das BtMG |

Übersicht: Untergliederung nach Hauptgruppen

Zur indirekten Beschaffungskriminalität zählen Straftaten, die der Erlangung von Geld oder Sachwerten zum Erwerb von Betäubungsmitteln dienen.

Im Gegensatz zur direkten Beschaffungskriminalität, die nach der PKS durch den Summenschlüssel „891100" fest umrissen ist, ist eine vergleichbare Festlegung der Delikte, die für die indirekte Beschaffungskriminalität in Frage kommen, aus der Natur der Sache nicht möglich. Nach kriminalistisch-kriminologischen Erkenntnissen zählen in erster Linie zur indirekten Beschaffungskriminalität Delikte des einfachen und schweren Diebstahls, wie vorwiegend Ladendiebstahl, Diebstahl aus Kfz, Einbruchsdiebstähle sowie Delikte des Straßenraubes.

## 1.3    Strukturen der Rauschgiftkriminalität

Kriminologisch ist die RG-Kriminalität nach Tatmotiven und Begehungsarten wie folgt strukturiert:

– Profitorientierte RG-Kriminalität: Anbau, Produktion, Herstellung, Handel, Schmuggel von illegalen Drogen
– Konsumorientierte RG-Kriminalität

- Straftaten zur direkten Erlangung von Drogen (direkte Beschaffungs-kriminalität)
- Straftaten zur Erlangung von Geld oder Sachwerten zur Beschaffung von Drogen (indirekte Beschaffungskriminalität)
- Begleit- und Folgestraftaten: Straftaten, die losgelöst vom Konsum sind. Bestrafung, Racheakt, Bestechung, unerlaubter Waffenbesitz, Zoll-vergehen, Verstöße gegen Ausfuhrbestimmungen beim Export che-mischer oder pharmazeutischer Substanzen werden als Begleitkrimi-nalität bezeichnet. Straftaten infolge von Rauscheinwirkung sind sog. Folgestraftaten.

In der Praxis treten häufig Mischformen der dargestellten Phänomene auf.

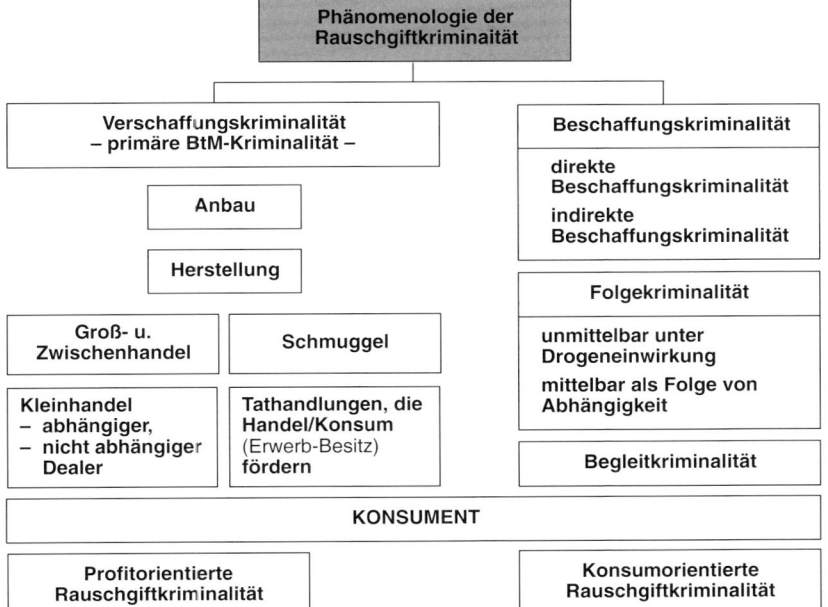

Übersicht: Phänomenologie der Rauschgiftkriminalität

## 1.4    Strafrechtliche Einordnung

Die Delikte der Rauschgiftkriminalität sind wie folgt unter Strafe gestellt:
- nach dem Betäubungsmittelgesetz[1] §§ 29 bis 31 BtMG,
- nach den einschlägigen Bestimmungen des StGB zum Diebstahl, Raub und Urkundenfälschung.

---

[1]    i. d.F. v. 01.03.1994 (BGBl. I S. 358), zuletzt geändert durch Änderungsgesetz v. 29.07.2009 (BGBl. I S. 2288)

Straftatbestände nach dem BtMG sind Handel, Besitz, Verabreichung, Ein- und Ausfuhr, Weitergabe, Genussüberlassung, Weiterverbreitung, Anbau, Herstellung, Werbung, Verschaffen einer Gelegenheit zum Konsum.

Mit Strafe bedrohte Handlungen nach dem BtMG können mit Freiheitsentzug und/oder mit Geldstrafe bestraft werden.

Besondere gesetzliche Verfahrensregelungen:

Die Staatsanwaltschaft kann nach § 31a Abs. 1 BtMG bei „geringer Menge" von einem Strafverfahren absehen, wenn

– der Besitz des BtM ausschließlich zum Eigenverbrauch bestimmt war,

– öffentliches Interesse an der Strafverfolgung verneint wird,

– die Schuld des Täters/der Täterin als gering bewertet wird.

Die Festlegung der „geringen Menge" ist je nach Bundesland verschieden.

Das Gericht kann im BtM-Verfahren nach § 29 Abs. 5 BtMG bei „geringer Menge" von einer Strafe absehen, wenn der Täter/die Täterin das BtM lediglich zum Eigenverbrauch verwendet.

# 2 Entwicklung und Stand

## 2.1 Fallentwicklung

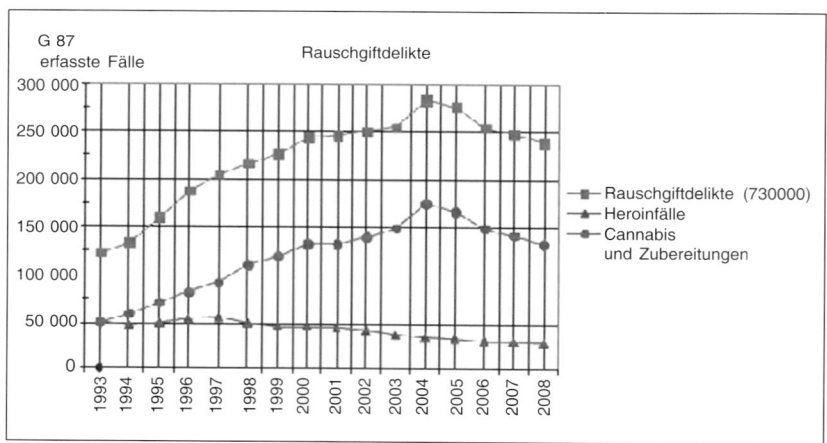

Übersicht: Grafik zur Entwicklung der registrierten Rauschgiftdelikte nach der PKS der Bundesrepublik Deutschland im Langzeitvergleich
Quelle: Polizeiliche Kriminalstatistik des Bundes, Ausgabe 2008, BKA, Wiesbaden 2009

## 2.1.1 Rauschgiftdelikte nach dem BtMG und direkte Beschaffungskriminalität

| SZ | Delikte | 2008 | 2007 | 2006 | 2005 | 2004 |
|---|---|---|---|---|---|---|
| 730000 | Rauschgiftdelikte davon: | 239 951 | 248 355 | 255 019 | 276 740 | 283 708 |
| 731000 | allgemeine Verstöße nach § 29 BtMG | 169 386 | 171 496 | 178 841 | 194 444 | 200 378 |
| 732000 | illegaler Handel mit und Schmuggel von Rauschgiften nach § 29 BtMG | 52 867 | 60 112 | 60 914 | 67 320 | 70 761 |
| 733000 | illegale Einfuhr von BtMG nach § 30 Abs. 1 Nr. 4 BtMG (in nicht geringer Menge) | 3 038 | 3 981 | 3 951 | 4 682 | 6 338 |
| 734000 | sonstige Verstöße gegen das BtMG | 14 660 | 12 766 | 11 313 | 10 294 | 4 201 |
| 891000 | direkte Beschaffungs-kriminalität | 2 698 | 2 540 | 2 234 | 2 210 | 2 206 |

Übersicht: Tabelle zur Entwicklung der Fallzahlen der registrierten RG-Kriminalität im Fünfjahresvergleich, Bundesrepublik Deutschland
Quelle: Polizeiliche Kriminalstatistik des Bundes, BKA 2004–2008, Wiesbaden 2009

Die Anzahl der in der BRD registrierten Rauschgiftdelikte (Schlüsselzahl 730000) ist in den vergangenen Jahren zunächst kontinuierlich ange-stiegen und erreichte einen Höchststand von 283 708 Straftaten im Jahr 2004 (Plus ca. 16 % im 5-Jahresvergleich der Jahre von 2000 bis 2004).

Danach sind die Fallzahlen in der Tendenz rückläufig. So wurden für 2008 lediglich 239 951 Fälle statistisch erfasst. Das bedeutet einen Rückgang ca. 15,5 % gegenüber dem Jahr 2004 und liegt damit etwa auf dem Niveau von 2001.

Die RG-Kriminalität wird quantitativ bestimmt von den allgemeinen Ver-stößen nach § 29 BtMG (sog. Konsumentendelikte – SZ 731000), die knapp 70 % der Straftaten ausmachen. Auch hier ist im Vergleich der letzten 5 Jahre ein deutlicher Rückgang zu verzeichnen. Gleiches gilt für den illegalen Handel und Schmuggel (SZ 732000) und die illegale Einfuhr von BtM. Seit dem Jahr 2000 liegt der Anteil der Rauschgiftdelikte an der Ge-samtkriminalität gleich bleibend bei ca. 4 %.

War zunächst in den zurückliegenden Jahren eine rückläufige Entwicklung der direkten Beschaffungskriminalität (SZ 891100) zu verzeichnen, so hat sich dieser Trend offenbar nicht fortgesetzt, sondern ist seit 2004 gegenläu-fig.

Die Delikte werden vorwiegend von Rauschgift- bzw. Medikamenten-abhängigen zur Beschaffung von Ersatzdrogen begangenen. Etwa zwei Drittel der Straftaten stehen im Zusammenhang mit Rezeptfälschungen.

Die in der PKS ausgewiesenen Falldaten sind für die Beurteilung der RG-Kriminalität aufgrund des hohen Dunkelfeldes problematisch. Festzu-stellen ist, dass es sich bei der Rauschgiftkriminalität um einen Deliktsbe-reich der Kontrollkriminalität handelt. Die statistische Sichtbarkeit dieser Straftaten einschließlich der ermitteltenTatverdächtigen ist wesentlich abhängig von der Intensität des Kontrollverhaltens von Polizei und Zoll. Bei in etwa gleichbleibender Intensität der Kriminalitätskontrolle der RG-Krimi-nalität während des o. a. Erfassungszeitraumes – davon ist im Großen und Ganzen auszugehen – lässt die Fallentwicklung nach der PKS jedoch zu-mindest eine Trendaussage zur Entwicklung zu. Ein proportional ver-kleinertes Bild der RG-Kriminalität zeigen die Fallzahlen nicht.

### 2.1.2 Indirekte Beschaffungskriminalität

Die Beurteilung des Umfangs der indirekten Beschaffungskriminalität ist problematisch.

Da das Tatmotiv bei der indirekten Beschaffungskriminalität im Vordergrund steht, ist die Erschließung der Tat in aller Regel nur über den ermittelten Tatverdächtigen (TV), d. h. über die aufgeklärte Straftat mög-lich. Weiterhin ist entweder das Geständnis des ermittelten TV über das Tatmotiv oder aber die Kenntnis über seine Drogenabhängigkeit erforder-lich, aus denen sodann auf das Motiv geschlossen werden kann.

Erfahrungsgemäß ist die Aufklärungsquote der in Frage kommenden Straf-taten – mit Ausnahme des Ladendiebstahls – jedoch relativ gering. Das heißt, die Zahl der ermittelten TV und somit die Beurteilungsbasis für die Aussage, ob ein Fall der indirekten Beschaffungskriminalität vorliegt, ist so klein, dass verlässliche Aussagen nicht erreichbar sind. Hinzu tritt häufig die Tatsache, dass im konkreten Fall der Polizei die Kenntnis über die Dro-genabhängigkeit eines TV fehlt.

Es ist zwar wahrscheinlich, dass eine relativ hohe Anzahl der Täter aus dem Bereich der Eigentums- und Raubkriminalität drogensüchtig ist und aus dem Erlös der Straftaten ihren Drogenkonsum finanziert. Aussagekräftige und abgesicherte Untersuchungsergebnisse mit Ausnahme von Sekundär-untersuchungen liegen jedoch bisher nicht vor.

Der Anteil der indirekten Beschaffungskriminalität wird, je nach Deliktsart, zwischen 30 % und 50 % geschätzt. Es wird vielfach ein unmittelbarer Zu-sammenhang zwischen der Entwicklung der Zahl der Hartdrogenabhän-gigen und dem Ausmaß der indirekten Beschaffungskriminalität hergestellt, der erklärt wird mit dem hohen finanziellen Bedarf der Hartdrogenabhän-gigen für die Finanzierung ihrer Drogensucht. Es sollte bei dieser Sicht nicht unbeachtet bleiben, dass Drogenabhängige ihren Drogenbedarf häufig auch durch Kleindeal decken.

Insgesamt erscheint die Erklärung jedoch folgerichtig, wonach die nach wie vor hohen Fallzahlen der Eigentumskriminalität im ursächlichen Zusammenhang mit Drogenmissbrauch stehen.

### 2.1.3   Fallentwicklung nach Drogenarten

| Drogenart | 2008 | | 2007 | |
|---|---|---|---|---|
| | Fälle | % | Fälle | % |
| Erfasste Fälle insgesamt | 225 291 | | 235 589 | |
| Cannabis u. Zubereitungen | 132 518 | 58,8 | 141 391 | 60,0 |
| Heroin | 28 177 | 12,5 | 29 738 | 12,6 |
| Amphetamin/Methamphetamin u. deren Derivate einschl. Ecstasy | 35 302 | 15,7 | 33 482 | 14,2 |
| Kokain | 18 173 | 8,1 | 18 754 | 8,0 |
| Sonstige BtM | 10 815 | 4,8 | 11 886 | 5,0 |
| LSD | 305 | 0,1 | 338 | 0,1 |

Übersicht: Tabelle zu bevorzugten Drogenarten im Vergleich 2008/2007
Quelle: Polizeiliche Kriminalstatistik des Bundes 2008, BKA, Wiesbaden 2009

Den höchsten Anteil an den festgestellten Drogenarten weisen nach wie vor Cannabisprodukte auf, die mit fast 60 % deutlich an der Spitze stehen, gegenüber dem Vorjahr (2007) allerdings leicht rückläufig waren. Amphetamine einschl. Ecstasy weisen einen Anstieg aus. Insgesamt sind bei den bevorzugten Drogenarten keine wesentlichen Veränderungen festzustellen.

Die Aussagekraft des Zahlenmaterials ist ebenfalls wie bei den Fallzahlen unter dem Vorbehalt des Dunkelfeldes zu bewerten.

## 2.2   Tataufklärung und ermittelte Tatverdächtige

### 2.2.1   Tatverdächtige allgemein

Die Aufklärungsquote bei Rauschgiftdelikten ist durchgehend für alle Deliktsformen ausgesprochen hoch. Sie liegt im Durchschnitt bei ca. 95 %. Die Erklärung liegt darin begründet, dass aufgrund der besonderen ermittlungstaktischen Ausgangssituation praktisch mit jedem erkannten Fall auch ein Tatverdächtiger bekannt wird.

Im Jahr 2008 wurden 200 228 Tatverdächtige ermittelt. Gegenüber dem Jahr 2007 (205 164 TV) stellt dies einen Rückgang um ca. 2,4 % dar. Nahezu zwei Drittel der ermittelten Tatverdächtigen bei Rauschgiftdelikten sind unter 25 Jahre alt. Rauschgiftkriminalität ist ferner eine Domäne junger Männer. Bei der Bewertung des Zahlenmaterials ist auch hier das Tatverdächtigendunkelfeld zu beachten, das ein wirklichkeitsgetreues Bild der Gruppe der Tatverdächtigen der RG-Kriminalität ausschließt.

Die Tatverdächtigenbelastung der einzelnen Altersgruppen und nach Geschlecht bei der Rauschgiftkriminalität zeigt die folgende Übersicht:

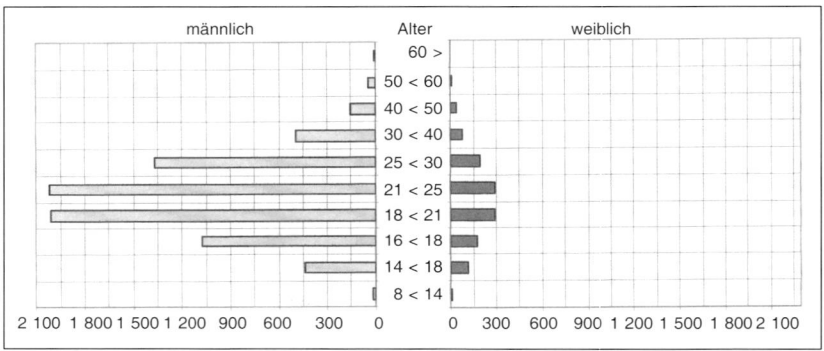

Übersicht: Grafik zur Tatverdächtigenbelastung nach Alter und Geschlecht
(Quelle: PKS Bund 2008, BKA, Wiesbaden 2009)

### 2.2.2 Nichtdeutsche Tatverdächtige

Im Jahr 2008 wurden im Zusammenhang mit RG-Delikten bundesweit 46 994 nichtdeutsche Tatverdächtige erfasst. Ihr Anteil beträgt knapp 20 %. Die Anzahl der nichtdeutschen Tatverdächtigen bei den Konsumentendelikten ist im Vergleich zum Vorjahr geringfügig gestiegen. Bei den sog. Handelsdelikten (SZ 732000) im Zusammenhang mit Heroin und Kokain blieb ihr Anteil nahezu unverändert hoch, bei Heroin ca. 27 %, bei Kokain ca. 47 %.

## 2.3 Tatorte

Die Tatortverteilung nach Gemeindeklassengrößen ist im Wesentlichen ausgeglichen. Großstädte sind jedoch mit Heroin- und Kokainfällen überrepräsentiert.

Im örtlichen Erscheinungsbild der RG-Kriminalität kann nach

- offenen RG-Szenen und nach
- verdeckten RG-Szenen

unterschieden werden.

Offene RG-Szenen sind vorwiegend in Städten und Ballungsräumen festzustellen. Treffpunkte sind meist Parkanlagen, öffentliche Plätze, Unterführungen und ähnliche Örtlichkeiten. Sie sind hauptsächlich Umschlagplätze von illegalen Drogen, an denen der Kleinhandel zwischen Dealern und Drogenabhängigen stattfindet. Der Einzugsbereich erstreckt sich meistens auch auf das städtische Umland mit einer Fluktuation der Drogenkonsumenten. Offene RG-Szenen stehen häufig im Blickpunkt der Öffentlichkeit und führen zur Beunruhigung der Bevölkerung.

Verdeckte RG-Szenen bilden sich überwiegend im privaten Bereich. Häufig sind Cliquenbildungen zu beobachten, deren Angehörige sich kennen. Die Versorgung mit BtM geschieht nicht von außen, sondern regelmäßig aus der Gruppe heraus.

Eine Mischform stellt die Drogenszene in Diskotheken und vergleichbaren Treffs von Szenenpublikum dar. In ihnen werden Kontakte geknüpft, RG-Geschäfte mehr oder weniger konspirativ abgesprochen und mit BtM gehandelt.

## 2.4 Besondere Phänomene

### 2.4.1 Erstauffällige Konsumenten harter Drogen

Als Konsumenten harter Drogen werden BtM-Konsumenten erfasst, die die in den Anlagen I–III des BtMG aufgeführten Stoffe und Zubereitungen zu sich nehmen. Es sind hauptsächlich Heroin, Kokain, Amphetamine einschl. Ecstasy und LSD.

Erstauffällige Konsumenten harter Drogen (EKhD) werden in der Falldatei Rauschgift (FDR) erfasst. Konsumenten harter Drogen werden grundsätzlich nur in dem Jahr als EKhD registriert, in dem sie der Polizei erstmals als Konsumenten harter Drogen bekannt werden. Eine Mehrfacherfassung für mehrere verschiedene Drogenarten ist möglich.

Von den im Jahr 2008 ermittelten 200 228 Tatverdächtigen der RG-Kriminalität waren ca. 9 % erstauffällige Konsumenten harter Drogen. In den zurückliegenden fünf Jahren lag die Anzahl der registrierten EKhD ziemlich konstant bei etwa 20 000 Personen. Die Erfassung ist jedoch aufgrund von Erfassungsmodalität und des Tatverdächtigendunkelfeldes lückenhaft.

### 2.4.2 Rauschgifttote

Unter dem Begriff „Rauschgifttote" sind gem. PDV 386 Todesfälle erfasst, die in einem kausalen Zusammenhang mit dem missbräuchlichen Konsum von Betäubungs- oder Ausweichmitteln stehen. Darunter fallen insbesondere

– Todesfälle infolge Überdosierung,
– Todesfälle infolge langzeitigen Missbrauchs,
– Selbsttötungen aus Verzweiflung über die Lebensumstände oder unter der Einwirkung von Entzugserscheinungen,
– tödliche Unfälle von unter Drogeneinfluss stehenden Personen.

Im Jahr 2008 wurden in Deutschland insgesamt 1 449 Personen als Rauschgifttote registriert (2007: 1 394). „Meldepflichtig sind alle Todesfälle, die in einem kausalen Zusammenhang mit dem missbräuchlichen Konsum von Betäubungsmitteln oder als Ausweichmittel verwendeten Ersatzmitteln stehen. Darunter entfallen insbesondere Todesfälle infolge von Missbrauch, Selbsttötung aus Verzweifelung über die Lebensumstände oder unter Einwirkung von Entzugserscheinungen sowie tödliche Unfälle von unter Drogeneinfluss stehenden Personen."[2] In den Bundesländern verläuft die Entwicklung uneinheitlich. Die Zahl der Drogentoten ist kein sicheres Indiz für den Umfang oder die Entwicklung des Rauschgiftmissbrauchs. Die tatsächliche Anzahl der an den Folgen des Drogenmissbrauchs Gestorbenen dürfte jedoch wesentlich höher liegen, da viele Todesfälle als kausale Drogentodesfälle gar nicht erkannt werden. Die Gründe liegen sowohl in Zuordnungsschwierigkeiten nach den o. a. Kriterien als auch in Defiziten des Leichenschauwesens. Rauschgifttote sind überwiegend Männer im Alter von etwa 30 Jahren. Die Ursachen sind u. a. der körperliche Verfall nach dem Missbrauch illegaler Drogen über viele Jahre sowie der Konsum unterschiedlicher Drogenarten mit verschiedenen Wirkstoffen.

# 3 Ätiologie

## 3.1 Individuelle Bedingungen

Drogenkonsum ist meist eines von mehreren Merkmalen negativ sozialer Auffälligkeit. Ein großer Teil der Tatverdächtigen war schon vor dem Erstgebrauch illegaler Drogen mit Straftaten in Erscheinung getreten. Nach *Göppinger*[3] kann der Drogenmissbrauch eine Fortsetzung einer bereits begonnenen kriminellen Karriere sein und als Symptom fehlgeschlagener Sozialisation gelten.

Darüber hinaus wird im Rahmen der allgemeinen Kriminalitätstheorien auf psychoanalytische, lerntheoretische, soziologische und sozialpsychologische Erklärungsansätze zurückgegriffen.[4]

## 3.2 Situative Bedingungen

Als gesellschaftlich bedingte Erklärungen für Drogenkriminalität (RG-Kriminalität und Alkoholmissbrauch) werden angeführt: Allgemeine Neigung zur Drogeneinnahme aufgrund von Perspektivlosigkeit im beruflichen und privaten Alltag, Frust, Flucht vor Problemen, Verführung durch andere,

---

2  Quelle: Polizeiliche Kriminalstatistik des Bundes 2008, S. 225, BKA, Wiesbaden 2009
3  Göppinger (2008), S. 446 ff.
4  Ausführlich dazu Schwind (2010), S. 565 ff.

besonders in der Jugendszene, Neugier, Fehleinschätzung der Gefährlichkeit von Rauschmitteln.[5]

## 3.3 Normative Bedingungen

Die normativen Bedingungen der Rauschgiftkriminalität werden dadurch bestimmt, dass bestimmte Rauschdrogen und deren Besitz und Erwerb unter Strafe gestellt sind, um aus gesundheitspolitischen Gründen den Genuss zu unterbinden. Es besteht allgemeiner Konsens darüber, dass mit gesetzlichen Mitteln allein die Rauschgiftkriminalität nicht wirksam zurückgedrängt werden kann. Dies führt auch seit Jahren schon zu der Diskussion, die Rauschgiftkriminalität zumindest in Teilbereichen zu entkriminalisieren bzw. zu liberalisieren, d. h. einige der nach dem BtMG verbotenen Substanzen wie z. B. Cannabis freizugeben. In diesem Zusammenhang wird auf die Ausführungen bei *Kaiser* (1996)[6] zur drogenpolitischen Diskussion und den Folgerungen verwiesen.

# 4 Weiterführende Literatur

*Göppinger, H./Bock, M.*: Kriminologie, 6. Auflage, Verlag C. H. Beck, München 2008

*Kaiser, G.*: Kriminologie, 3. Auflage, C. F. Müller Verlag, Heidelberg 1996

*Kreuzer, A./Römer-Klees, R./Schneider, H.*: Beschaffungskriminalität Drogenabhängiger, BKA-Forschungsreihe Bd. 24, Wiesbaden 1991

*Schulz, H.*: Bekämpfung der Rauschgiftkriminalität, Kriminalistik Verlag, Heidelberg 1987

*Schwind, H.-D.*: Kriminologie, 20. Auflage, Kriminalistik Verlag, Heidelberg 2010

*Thamm, B. G.*: Drogen-legal-illegal, VDP, Hilden 1991

**Berichte**

Rauschgiftkriminalität-Lagebild Nordrhein-Westfalen 2008, Landeskriminalamt NRW, Düsseldorf 2009

Polizeiliche Kriminalstatistik 2008, Bundesrepublik Deutschland, BKA Wiesbaden 2009

Rauschgift-Jahreskurzlage 2008, Bundeskriminalamt, Wiesbaden 2008

---

5   Ausführlich dazu Schwind (2010), Rn. 12 ff.
6   Kaiser (1996), S. 647

# Kapitel 16
# Wohnungseinbruch

## 1 Phänomenologie

### 1.1 Allgemeine Angaben

In der Bundesrepublik werden jährlich rund 6 Millionen Straftaten registriert. Der prozentuale Anteil der Diebstahlsdelikte an der Gesamtkriminalität beträgt ca. 40 %, davon sind etwa die Hälfte Diebstähle, die unter erschwerenden Umständen begangen werden. Der Wohnungseinbruchsdiebstahl hatte im Jahr 2008 mit 108 284 (2007: 109 128) registrierten Straftaten einen Anteil von ca. 9 % an den sog. schweren Diebstählen und 1,8 % an der Gesamtkriminalität. Es ist zu beobachten, dass in den zurückliegenden Jahren die registrierten Diebstähle unter erschwerten Umständen deutlich zurückgegangen sind. Dies trifft auch auf den Wohnungseinbruch zu.

Für Betroffene eines Einbruches wiegen die Verletzung der Privatsphäre und damit der Verlust des Sicherheitsgefühles oft schwerer als der materielle Schaden. Auch wenn der Anteil des Wohnungseinbruchs an der Gesamtkriminalität mit etwa 1,8 % gering ist, führt die Tat bei den Opfern häufig zu einer erheblichen Beeinträchtigung des subjektiv empfundenen Sicherheitsgefühls.[1] Zu beobachten sind psychische Folgen wie

– Opferfurcht, erneut Opfer einer kriminellen Tat zu werden,
– Schock über den Einbruch und die Verletzung der Privatsphäre,
– Verlust von Wertgegenständen und Erinnerungsstücken.

### 1.1.1 Kriminologische Einordnung

Der Wohnungseinbruch ist unter Opferaspekten ein Delikt der Eigentumskriminalität, da durch die Tat primär das Eigentum des Opfers rechtswidrig beschädigt wird. Von Seiten der Täter handelt es sich, ihren Motiven nach, um Bereicherungskriminalität unterschiedlicher Zielsetzung oder um Delikte der indirekten Beschaffungskriminalität. Notkriminalität dürfte die Ausnahme sein.

Angegriffene Tatobjekte, Tataufwand und Beuteerwartung sind sehr unterschiedlich. Sie sind abhängig von den heterogenen Täterstrukturen des Wohnungseinbruchs. Ein besonderes Phänomen stellt der Tageswohnungseinbruch dar. Tageswohnungseinbruch ist dann gegeben, wenn die Tatzeit zwischen 06.00 und 21.00 Uhr liegt.

---

[1] Ausführlich setzen sich Hermanutz/Lasogga (1998), S. 171 ff. mit der Problematik auseinander; dort auch weitere Quellenhinweise

Wesentlichen Einfluss auf den Tatentschluss, die Tatzeit, das Tatobjekt, den Modus Operandi und die Beute haben die typischen Tatgelegenheitsstrukturen des Wohnungseinbruchs.

### 1.1.2 Strafrechtliche Einordnung

Der Wohnungseinbruchsdiebstahl ist nach § 244 Abs. 1 Nr. 3 StGB unter Strafe gestellt. Es handelt sich in Bezug auf § 243 StGB, Besonders schwerer Fall des Diebstahls, um einen Qualifikationstatbestand, der 1998 aus den Regelfällen des § 243 StGB herausgenommen worden ist. Der Wohnungseinbruch stellt einen Vergehenstatbestand dar. Eine Strafverschärfung erfährt der Wohnungseinbruch bei Bandendiebstahl, § 244a Abs. 1 StGB. Die Vorschrift wurde speziell aufgenommen, um die organisierte Eigentumskriminalität unter erhöhte Strafandrohung zu stellen. Die Tat nach § 244a StGB stellt einen Verbrechenstatbestand dar. Durch die Verweisung in § 244a Abs. 3 StGB auf § 73d StGB ist die Möglichkeit des erweiterten Verfalls gegeben.

## 1.2 Fallentwicklung und Aufklärung

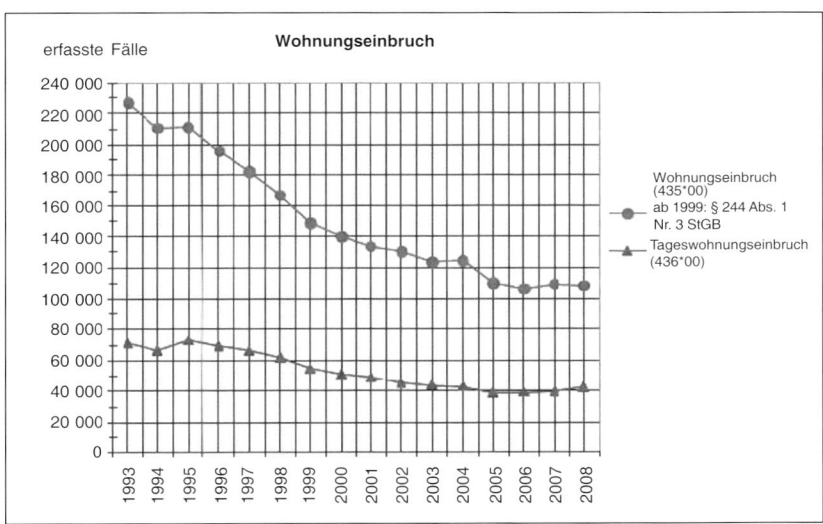

Übersicht: Grafik zur Entwicklung des Wohnungseinbruchs, einschl. des Tageswohnungseinbruchs im Langzeitvergleich.
Quelle: PKS Bund 2008, BKA, Wiesbaden 2009

Die Verlaufskurve der statistisch erfassten Wohnungseinbruchsdiebstähle (SZ 435*00) weist einen langjährigen kontinuierlichen Rückgang des

Wohnungseinbruchs auf und entspricht damit tendenziell der Gesamtentwicklung des sog. schweren Diebstahls (SZ 4***00).

Die Fallentwicklung des Tageswohnungseinbruchs (SZ 436*00) ist zwar ebenfalls rückläufig, jedoch weniger dramatisch, seit 2003 etwa auf gleichem Niveau.

| | Diebstahl unter erschw. Umständen | Wohnungseinbruchs-diebstahl | | | davon: Tageswohnungseinbruch | | |
|---|---|---|---|---|---|---|---|
| | | gesamt: | Versuche | AQ | gesamt: | Versuche | AQ |
| 2004 | 1 444 136 | 124 155 | 36,1 % | 19,5 % | 42 689 | 31,4 % | 17,2 % |
| 2005 | 1 311 518 | 109 736 | 36,6 % | 19,6 % | 38 556 | 31,9 % | 18,0 % |
| 2006 | 1 239 287 | 106 107 | 37,0 % | 19,3 % | 38 786 | 32,?? % | 18,6 % |
| 2007 | 1 247 414 | 109 128 | 37,8 % | 20,0 % | 39 451 | 32,4 % | 20,0 % |
| 2008 | 1 165 985 | 108 284 | 38,2 % | 18,1 % | 42 240 | 32,7 % | 17,6 % |

Übersicht: Tabelle zur Fallentwicklung und Aufklärung der Jahre 2004–2008

Ob die rückläufige Tendenz der Fallzahlen des Wohnungseinbruchs auf Präventionsmaßnahmen, insbesondere von technischen Sicherungsmaßnahmen zurückzuführen ist, kann nicht mit Sicherheit gesagt werden. Der Anschein spricht für diese Annahme. Das Straftatendunkelfeld dürfte aus versicherungstechnischen Gründen in diesem Deliktsbereich eher gering sein.

Die Aufklärungsleistung beim Wohnungsdiebstahl und ebenso beim Tageswohnungseinbruch ist gering. Sie liegt beim Wohnungseinbruch im Durchschnitt bei ca. 18 bis 19 % beim Tageswohnungseinbruch eher geringer. Wird von der kriminalistischen Erkenntnis ausgegangen, dass beim Einbruchsdiebstahl u. a. zwangsläufig materielle Spuren der Tat entstehen, die prinzipiell kriminaltechnisch auswertbar sind und Ansätze zur Tataufklärung bieten, sind die Aufklärungsleistungen als äußerst schwach zu bewerten. Über die Gründe kann allenfalls spekuliert werden. Nach allgemeinen Erkenntnissen der Praxis dürften sowohl Mängel in der Tatortbefunderhebung, in der Qualität der Ermittlungsarbeit als auch Personalengpässe ursächlich sein.

## 1.3 Tatorte

### 1.3.1 Tatortverteilung nach Gemeindeklassen

Die Tatortverteilung des Wohnungseinbruchs einschließlich des Tageswohnungseinbruchs nach kriminalgeografischen Aspekten hat sich in den zurückliegenden Jahren nur unwesentlich geändert.

Großstädte über 500 000 Einwohner sind mit Wohnungseinbruchskriminalität hoch belastet. Insbesondere der Tageswohnungseinbruch ist ein Phänomen der Großstadt. Die Gründe dürften in den sich bietenden Tatgelegenheiten der Großstadt und der gering ausgeprägten informellen sozialen Kontrolle liegen. (Siehe hierzu die ergänzenden Ausführungen in Kap. 6 Kriminalgeografie zu den kriminogenen Strukturen der Großstadt.)

### 1.3.2 Tatobjekte

Tatobjekte sind vorzugsweise

– Ein- und Zweifamilienhäuser besonders in Stadtrandlagen und ländlichen Bereichen, die vorzugsweise schwer einsehbar sind und über gute verkehrsmäßige Straßenanbindungen verfügen,

– Wohnungen in Mehrfamilienhäusern im Erdgeschoss mit Terrassen- oder Balkonzugang oder die in oberen Etagen liegen.

Professionell agierende Täter bevorzugen Einfamilienhäuser in bevorzugten Wohnlagen. Für die Auswahl des Tatobjektes ist erstes Beurteilungskriterium der äußere Eindruck des Objektes und die damit verbundene Erwartung der Tatbeute.

Spontantäter lassen sich bei der Entscheidung über das Tatobjekt eher von günstigen Gelegenheiten leiten.

In Großstädten wird in Wohnungen in Mehrfamilienhäusern deutlich häufiger eingebrochen als in Einfamilienhäuser. Dies scheint u. a. aus der Sozial- und Baustruktur von Großstädten erklärbar.

## 1.4 Tatausführung

### Erkundung des Tatobjektes

Bei planmäßigem Vorgehen wird das Tatobjekt vor der Tatausführung ausgespäht, und zwar vorwiegend nach

– Erscheinungsbild,

– zu erwartender Beute,

– Zugangsmöglichkeiten zum Objekt,

– erkennbaren Sicherungen gegen Einbruch,

– Einsehbarkeit durch Nachbarn,

– Einbruchsmöglichkeiten,

– Fluchtmöglichkeiten,

– Verhaltensweisen der Bewohner und deren Ab- bzw. Anwesenheit,

– Vorhandensein von Wachhunden pp.

### Eindringen in das Tatobjekt[2]

Die Art des Einbruchs in das Tatobjekt ist im Wesentlichen abhängig von dem Tatobjekt selbst, den zu überwindenden Sicherungsmaßnahmen und der Professionalität der Täter.

---

2   Weitere Ausführungen zum Eindringen in Tatobjekte und zu den Tatmitteln bei Meyr in: KR, 2/06, S. 118 ff.

Vorwiegend werden folgende Einbruchsarten gewählt:
- Aufhebeln oder Aufbrechen von Terrassen- oder Balkontüren sowie von Fenstern,
- in Mehrfamilienhäusern in Obergeschossen, Eindringen über die Wohnungsabschlusstür,
- Aufbrechen von Kellertüren auf Erdniveau,
- Eindringen über Kellerschächte,
- Abbrechen von Schließzylindern,
- Öffnen gekippter Fester oder Türen im Erdgeschoss,
- Eindringen durch Einschlagen von Fenster- oder Türglasscheiben ist selten zu beobachten.

(Die Aufzählung ist nicht abschließend.)

Fast die Hälfte der Einbrüche findet in Erdgeschosswohnungen statt.

**Tatmittel**

Als Tatmittel kommen vorwiegend in Betracht: Schraubendreher, Hebelwerkzeuge, Zangen, Glasschneider, Bohrwerkzeuge, Nachschlüssel, speziell angefertigte Brechwerkzeuge, z. B. zum Abdrehen von Schließzylindern. Zum überwiegenden Teil tragen die Täter bei der Tatbegehung zur Vermeidung von Fingerabdruckspuren Handschuhe.

**Verhalten nach Eindringen**
- Verschaffen eines Überblicks über die Räumlichkeiten,
- Sicherung gegen Entdeckung und Erkundung von Fluchtmöglichkeiten, insbesondere durch professionelle Täter,
- gezieltes, teils auch systematisches Durchsuchen der Räume nach Beute.

Erfahrungen zeigen, dass den Tätern die allgemeinen Verstecke im Haushalt bekannt sind wie Schreibtisch, Geschirrschrank, Wäscheschrank, Bücherschrank pp. Spontan handelnde Täter lassen Tresore in der Regel unbeachtet; professionelle Täter machen mehrheitlich zumindest den Versuch, Tresore gewaltsam zu öffnen. Handkassetten werden mitgenommen und später aufgebrochen.

**Verhalten bei Störungen**

Nach einer 1991 veröffentlichten Studie[3] ergreifen ca. 80 % der Täter die Flucht, wenn sie während der Tatausführung von Personen überrascht werden. Das Drohen mit Gewalt oder die Anwendung von Gewalt durch den Täter soll die Ausnahme sein.

Bei Antreffen durch die Polizei auf frischer Tat flüchten ca. drei Viertel aller Täter sofort. Nur ein kleiner Teil versucht, sich zu verstecken. Nach der PKS

---

3 Die Polizei, 10/91, S. 256

Bund ist 2008 kein Fall registriert, bei dem mit der Schusswaffe gedroht oder geschossen wurde. Dem gegenüber hat eine Täterbefragung ergeben, dass knapp 30 % der Täter bei einem Einbruch bewaffnet waren. Die Hälfte der Bewaffneten führte bei der Tat eine Schusswaffe mit sich.[4]

## 1.5    Bevorzugte Beute

Die von den Tätern bevorzugte Beute richtet sich hauptsächlich nach den Tatmotiven und den Möglichkeiten der Beuteverwertung. Bevorzugt werden Bargeld, Schmuck und sonstige Wertsachen, die einen relativ hohen Erlös versprechen und risikolos abzusetzen sind. Je nach der Organisationsstruktur der Täter werden aber auch wertvolle Teppiche, Kunstgegenstände, technische Geräte wie Computer oder Musikanlagen entwendet.

Ein besonderes Phänomen ist das sog. Homejacking. Die Täter brechen ein und entwenden die Kraftfahrzeugschlüssel, um den Diebstahl des hochwertigen Kfz zu ermöglichen. Tatzeiten sind überwiegend die Nachtzeiten bei Anwesenheit der Besitzer. Bevorzugt sind Kfz der Hersteller Mercedes, BMW und Audi. Vielfach bleiben die Fahrzeuge auf Dauer verschwunden, was für eine organisierte Fahrzeugverschiebung ins Ausland spricht.

## 1.6    Schaden

Der durch Diebstähle verursachte volkswirtschaftliche Gesamtschaden lässt sich nur schwer beziffern.

Der beim Wohnungseinbruch verursachte Gesamtschaden liegt deutlich höher als der nach der PKS erfasste Deliktsschaden, denn es wird lediglich die Höhe des Geldwertes der entwendeten Güter erfasst, nicht aber die sonst durch den Einbruch verursachten Schäden. Die erfassten Schäden pro Fall liegen zu ca. 28 % zwischen 50–500 € und zu ca. 40 % zwischen 500–5 000 €, bei ca. 16 % bei mehr als 5 000 €.

## 1.7    Tatzeiten

Ergebnisse von Sekundäruntersuchungen zeigen folgendes Bild:

Einbrüche in Einfamilienhäuser finden vorwiegend in den frühen Abendstunden statt. Bevorzugt werden Dämmerung und Dunkelheit. Einbrüche in Mehrfamilienhäuser werden in den späten Vormittagsstunden sowie nachmittags bzw. in den frühen Abendstunden ausgeführt.

---

4    Unter Bezugnahme auf Rehm / Sevay in: Die Polizei, 10 / 91, S. 255

## 1.8 Tatverdächtige

### 1.8.1 Tatverdächtige nach Alter und Geschlecht

| Erfas-sungs-jahr | Ermittelte Tatver-dächtige | AQ % | m. % | w. % | Kinder <14 Jahre % | Jugendl. 14<18 Jahre % | Heranw. 18<21 Jahre % | Erw. 21 u. älter % | Nicht-Deut-sche % |
|---|---|---|---|---|---|---|---|---|---|
| 2004 | 19 650 | 19,5 | 84,9 | 15,1 | 5,6 | 22,6 | 16,0 | 55,8 | 19,2 |
| 2005 | 18 171 | 19,6 | 85,6 | 14,7 | 4,7 | 20,9 | 16,7 | 57,7 | 20,5 |
| 2006 | 17 838 | 19,3 | 85,2 | 14,8 | 4,1 | 21,3 | 17,2 | 57,4 | 19,9 |
| 2007 | 18 407 | 20,0 | 84,9 | 15,1 | 4,3 | 20,9 | 17,4 | 57,4 | 20,4 |
| 2008 | 17 124 | 18,1 | 85,5 | 14,5 | 4,0 | 18,9 | 18,1 | 58,9 | 21,2 |

Übersicht: Tabelle zur Entwicklung der Tatverdächtigenzahlen im Vergleich der Jahre 2004–2008
Quelle: PKS Bund, BKA, Wiesbaden 2004–2008

Mit dem Rückgang der Fallzahlen beim Wohnungseinbruch im Fünfjahres-vergleich ging auch die Reduzierung der Anzahl der ermittelten Tatverdäch-tigen einher. Aufgrund des vorliegenden Datenmaterials ist der Wohnungs-einbruch eine Domäne männlicher Täter. Frauen als Tatverdächtige sind deutlich unterrepräsentiert. Dies wird auch durch polizeiliche Alltagser-kenntnisse bestätigt. Jugendliche und Heranwachsende sind, gemessen an ihrem Bevölkerungsanteil, besonders belastet. Dies zeigt auch die nach-folgende Abbildung der Tatverdächtigenbelastungszahlen der einzelnen Altersgruppen beim Wohnungseinbruch.

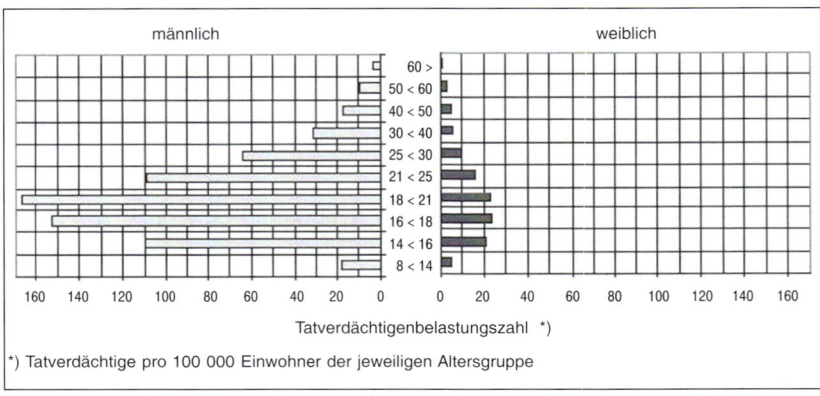

Übersicht: Grafik zur Tatverdächtigenbelastung beim Wohnungseinbruch nach Al-tersgruppen
Quelle: PKS Bund 2008, BKA, Wiesbaden 2009

## 1.8.2    Sonstige Angaben zu den Tatverdächtigen

Aufgrund der relativ geringen Aufklärungsleistung beim Wohnungseinbruch (ca. 19 %) sind die Erkenntnisse über die Tatverdächtigen (TV), so weit sie sich auf statistisches Zahlenmaterial begründen, nur bedingt aussagefähig, da der weit überwiegende Teil der Täter im Dunkelfeld bleibt. Auch unter Berücksichtigung der ermittelten Tatverdächtigenzahlen von durchschnittlich 18 000 TV pro Jahr fehlen in mehr als 80 % der Fälle auswertbare Daten für eine umfassende und aussagekräftige Analyse. Exakte Erkenntnisse über den Gesamttäterkreis und dessen Zusammensetzung liegen nicht vor. Die hier gemachten Aussagen sind also stets unter dieser Einschränkung zu bewerten. Ein Zeitreihenvergleich über mehrere Jahre würde auch hier kein aussagefähigeres Bild über die Täter des Wohnungseinbruchs bringen.

– Von den 2008 festgestellten 17 124 Tatverdächtigen des Wohnungseinbruchs (TWE) waren ca. 60 % alleinhandelnde Täter.
– Wohnungseinbruch ist ein Delikt von Wiederholungstätern, ca. 80 % waren bereits zu früheren Zeiten mit Straftaten in Erscheinung getreten.
– Ca. zwei Drittel der Tatverdächtigen kamen aus der Tatortgemeinde. Unter Einbeziehung der Landkreise der Tatortbehörden begehen etwa 75 % der Täter in ihrem Einzugsgebiet Wohnungseinbruchsdiebstähle.
– Knapp die Hälfte waren allein handelnde Tatverdächtige. Das lässt in Verbindung mit anderen Indikatoren und polizeilichen Alltagserfahrungen den Schluss zu, dass mehr als 50 % der Taten in Mehrtäterschaft begangen werden.
– Konsumenten harter Drogen sind mit ca. 11 % auffällig geworden, beim TWE mit ca. 13 %.
– Nichtdeutsche lagen mit ca. 21 % der ermittelten Tatverdächtigen geringfügig über ihrer durchschnittlichen Belastung von ca. 18,9 % an den Gesamttatverdächtigen, anders beim Tageswohnungseinbruch, bei dem sie mit ca. 27,4 % der Tatverdächtigen registriert sind.[5]

## 1.8.3    Tätergruppierungen

In der kriminalistischen Praxis treten beim Wohnungseinbruch folgende Tätergruppierungen in Erscheinung:

– Jugendliche und heranwachsende Gelegenheitstäter, die vorwiegend aus der Gruppe heraus Straftaten begehen, so auch Wohnungseinbrüche. Anlass zur Tat sind sich bietende günstige Gelegenheiten, die den spontanen Tatentschluss beeinflussen. Es handelt sich sowohl um Episodentäter, d. h. um sog. Mitläufer, als auch um Mehrfachtäter, die aufgrund von Gruppenprozessen sich an der Begehung von Wohnungs-

---

5   Siehe auch Farchow/Meier in: KR 6/07, S. 386–391

einbrüchen beteiligen. Es sind in der Regel minder schwere Fälle des Wohnungseinbruchs.

Für Gelegenheitstäter sprechen:

– brachiales Aufbrechen, offenbar in Eile,
– wahllose Mitnahme von zufälligen Beutestücken,
– Mitnahme weniger wertvoller oder sperriger Beute,
– Übersehen von Bargeld in üblichen Verstecken,
– Hinterlassen von Spuren, die der Identifizierung dienlich sind,
– laienhafte Verwertung der Beute.

– Jugendliche, heranwachsende und jungerwachsene Intensivtäter, die wiederholt und als Mehrfachtäter Wohnungseinbrüche, aber auch andere Straftaten wie Straßenraub pp. begehen.

Die Tatbegehungsmerkmale sind im Allgemeinen die gleichen wie oben.

Spezielle Merkmale sind:

– Suche nach günstigen Gelegenheiten,
– gesteigerte Energie bei der Begehung des Wohnungseinbruchs,
– vandalistische Handlungen am Tatort,
– organisierte Beuteverwertung über Hehler.

Hier finden sich auch jugendliche Tätergruppen aus ethnischen Minderheiten.

– Einzeltäter aus der Drogenszene, die als Wiederholungstäter Wohnungseinbrüche, aber auch leichte Formen des Straßenraubes zur Finanzierung ihrer Drogenabhängigkeit begehen. Es handelt sich um indirekte Beschaffungskriminalität. Als Konsumenten harter Drogen sind 2008 ca. 10,5 % der ermittelten Tatverdächtigen auffällig geworden, beim TWE ca. 12,4 %. Zu beachten ist auch hier, dass es sich um Erkenntnisse aus dem Tatverdächtigenhellfeldes handelt. Die Aussagekraft des Zahlenmaterials wird zusätzlich zu der geringen Aufklärungsleistung noch durch die eingeschränkte Erkenntnisgrundlage hinsichtlich der Drogenabhängigkeit relativiert.

– Minderjährige Mehrfachtäter ethnischer Minderheiten. Die „Täter" sind häufig Kinder oder Jugendliche, die von delinquenzorientierten Familienverbänden zur Begehung von Wohnungseinbrüchen, häufig auch bei Taschendiebstählen gezielt eingesetzt werden. Die Tatbegehung erfolgt in vielen Fällen im Zusammenhang mit Bettelei an der Haustür, Zugang durch offene Terrassentüren oder Fenster ohne besonderen Kraftaufwand. Diebesbeute sind meistens Bargeld oder Schmuck bzw. leicht zu transportierende Gegenstände.

Bei den vorgenannten Tätergruppen handelt es sich regelmäßig um örtliche Täter, die mit ca. 60 % die Mehrzahl der ermittelten Tatverdächtigen stellen.

- Professionell arbeitende Einzeltäter, die sich auf die Begehung von Wohnungseinbrüchen spezialisiert haben. Hier sind vorwiegend sog. Gewohnheits- oder Hangverbrecher tätig.

  Tatbegehungsmerkmale:
  - professionelle Tatbegehung, Vermeidung von individualisierbaren Tatspuren, die der Täteridentifizierung dienen können,
  - sorgfältige Auswahl der Tatobjekte und deren Erkundung,
  - Spezialisierung in der Tatbegehung,
  - Konzentration auf bestimmte, tatbegünstigende Tatzeiten,
  - gezielte Beuteauswahl und organisierte Beuteverwertung.

  Überwiegend agieren diese Täter überörtlich.

- Professionell organisierte Banden mit heterogener personeller Zusammensetzung aus deutschen und nichtdeutschen Tätern, teils auch zusammengesetzt nach ethnischen Minderheiten. Daneben sind in der Einbruchskriminalität Tat- und Täterstrukturen der Organisierten Kriminalität (OK) zu beobachten. Es ist festzustellen, dass der Übergang von der einen zur anderen Begehungsform häufig fließend ist.

  Folgende Tat- und Tätermerkmale zeichnen sich hier ab:
  - die Täter agieren ausschließlich überörtlich,
  - überwiegend sind internationale Täterbezüge vorhanden,
  - nichtdeutsche Täter kommen zu einem hohen Anteil aus osteuropäischen Staaten,
  - typisch ist das systematische Erkunden von Tatobjekten sowie die profitorientierte Tatobjekte- und Beuteauswahl,
  - hinsichtlich der Organisationsform und des Organisationsgrades im Bereich der Eigentumskriminalität haben die kriminellen Verbindungen vorwiegend Netzwerkcharakter, d. h. die illegalen Kontakte sind nicht von bestimmten Organisationsschemata geprägt, sondern sind mehr oder weniger untereinander verflochten.

## 1.9 Geschädigte

Opferdaten für den Wohnungseinbruchsdiebstahl werden mit der PKS nicht erfasst. Die Gruppe der Geschädigten ist hinsichtlich ihrer sozialen Schichtzugehörigkeit heterogen. Geschädigt sind sowohl Personen bzw. Haushalte aus wirtschaftlich gehobenen Schichten als auch Bewohner von Mietwohnungen in Klein- und Großwohnanlagen. Daneben sind indirekt geschädigt die Versicherungskonzerne aufgrund von Schadenregulierungspflichten für aufgetretene Schäden aus Wohnungseinbruchsdiebstählen.

# 2 Ätiologie

## 2.1 Individuelle Bedingungen

Individuelle Erklärungen für Tatmotivation und Triebfedern sind nach Täterstrukturen verschieden.

- Soweit es sich bei den Tätern um jugendliche oder heranwachsende Gelegenheitstäter handelt, sind Erklärungsansätze aus der Jugendkriminalität heranzuziehen (siehe Kap. 5).
- Bei drogenabhängigen Tätern dürfte der Wohnungseinbruch hauptsächlich der indirekten Beschaffungskriminalität zuzuordnen sein, d. h. dass der Erlös aus der Beute des Wohnungseinbruchs vorwiegend zur Finanzierung des Drogenkonsums dient.
- Kommen die Täter aus der Gruppe von ethnischen Minderheiten, liegen die Ursachen im Wesentlichen in deren Sozialstatus und in gesellschaftlicher Benachteiligung, mangelhafter oder fehlender Sozialisation und Anerkennung der geltenden Rechtsordnung. Kulturkonfliktsprobleme spielen u. a. auch eine Rolle bei ausländischen Jungtätern, die obwohl in Deutschland geboren und aufgewachsen, gesellschaftlich und sozial nicht integriert sind.
- Bei den Tätern der professionellen Bandenkriminalität bzw. der organisierten Kriminalität handelt es sich um kriminelle Täterpersönlichkeiten, die profitorientiert ihren Lebensunterhalt mit der Begehung von Straftaten bestreiten.

## 2.2 Situative Bedingungen

Auffällig ist, dass Wohnungseinbrüche nicht nur in Ballungszentren, sondern in hoher Anzahl auch in ländlich strukturierten Gebieten begangen werden. Erklärungen dafür liefern die für Täter in allen Wohnlagen vorhandenen günstigen Tatgelegenheiten.

Eine große Anzahl der Taten findet tagsüber bis in die Abendstunden hinein statt. Ursächlich dafür dürfte die häufig berufsbedingte Abwesenheit der Wohnungsinhaber sein. Weitere tatbegünstigende Umstände liegen in fehlenden oder mangelhaften Eigensicherungsmaßnahmen gegen Einbruchsdiebstahl und in leichtfertigen Verhaltensweisen von Geschädigten, die den Zugang der Täter zu den Tatobjekten erleichtern, wie z. B. offen stehende Türen und Fenster.

## 2.3 Normative Bedingungen

Zwar wurde die Strafandrohung für den Wohnungseinbruch durch Einführung des § 244a StGB erheblich verschärft, ohne jedoch eine durchgreifende generalpräventive Wirkung zu entfalten.

Das geringe Entdeckungsrisiko für die Täter, das in der niedrigen Aufklärungsquote des Wohnungseinbruchs deutlich wird, ist nach Ergebnissen von Täterbefragungen ein wesentlicher Faktor für den Tatentschluss und die Wiederholungstat.

Hinsichtlich der grenzüberschreitenden Kriminalität im Hinblick auf die Täter und die organisierte Beuteverwertung erleichtert der Wegfall von Grenzkontrollen im innereuropäischen Bereich die Einbruchskriminalität.

# 3    Weiterführende Literatur

Kriminalität im Fokus, Landeskriminalamt NRW, Düsseldorf 2003

Polizeiliche Kriminalstatistik der Bundesrepublik Deutschland 2008, Bundeskriminalamt, Wiesbaden 2009

**Zeitschriften**

*Fischer, G./Köhler, H.:* Wohnungseinbrüche in Köln. In: Der Kriminalist 1/03, S. 3–9

*Hermanutz, M./Lasogga, F.:* Einbruchsdiebstahl. In: Kriminalistik 3/98, S. 171–179

*Rehm, S./Sevay, S.:* Die Polizei 10/91, Carl Heymanns Verlag, Köln 1991

*Jarchow, E./Meier, K.-H.:* Aufklärungsquote als Zielinhalt. In: Kriminalistik 6/07, S. 386.

*Meyer, J.:* Wohnungseinbruch in München – Eine Auswertung der Täterarbeitsweisen im Jahr 2004 im Vergleich zu 1999. In: Kriminalistik 2/06, S. 118–120.

# Kapitel 17
# Straßenkriminalität

## 1 Phänomenologie

### 1.1 Allgemeine Angaben

Die Bekämpfung der Straßenkriminalität hat für die Polizei besondere Bedeutung, denn

– etwa jede 4. Straftat geschieht im öffentlichen Straßenraum,
– die Taten haben teils eine hohe Sozialgefährlichkeit und -schädlichkeit,
– sie beeinflussen das subjektive Sicherheitsgefühl der Bevölkerung und
– fördern Verbrechensfurcht,
– nur etwa jede 6. Tat wird aufgeklärt.

Die Delikte der Straßenkriminalität haben damit auch wesentlichen Einfluss auf die Meinung über den Erfolg/Misserfolg der polizeilichen Verbrechensbekämpfung.

So stellt die Straßenkriminalität eine besondere Herausforderung für die Polizei dar.

Die Delikte der Straßenkriminalität prägen aus der Sicht des Bürgers zunehmend, zumindest in quantitativer Hinsicht, das Bild der Kriminalität.

### 1.1.1 Begriff „Straßenkriminalität"

Straßenkriminalität umfasst nach einer 1977 als Arbeitsbegriff von der AG Kripo verabschiedeten Definition alle „Straftaten, die sich im öffentlichen, der Polizei in schlichthoheitlicher Aufgabenwahrnehmung, d. h. ohne Inanspruchnahme polizeirechtlicher oder strafprozessualer Eingriffsbefugnisse, zugänglichem Raum ereignen oder in diesen hineinwirken und durch den Einsatz der Polizei prinzipiell verhindert oder rasch aufgeklärt werden können". Nach dieser Festlegung des Arbeitsbegriffes nutzten die Bundesländer die Interpretationsmöglichkeiten, die durch zahlreiche Veröffentlichungen ergänzt wurden. Wesentlich für die Aufbereitung des Themas „Straßenkriminalität" erscheint die Ausdehnung auf die Vor- und Nachtatphase, ohne deren Einbeziehung die repressive und präventive Verbrechenskontrolle kaum Aussicht auf Erfolg versprechen. Über den Begriffsinhalt „Straßenkriminalität" herrschte in der Bundesrepublik in Polizeikreisen über Jahre hinweg keine Einigkeit. Die wünschenswerte Festlegung eines Deliktskatalogs „Straßenkriminalität" auf Bundesebene wurde erst in der 112. Tagung der AG Kripo Ende 1988 erreicht. Mit der Festlegung eines bundeseinheitlichen Straftatenkatalogs „Straßenkriminalität" werden im Wesentlichen zwei Ziele verfolgt:

- Gewinnung eines (auch) bundesweiten Lagebildes „Straßenkriminalität".
- Auf der Erkenntnisbasis des Lagebildes, Entwicklung von Bekämpfungsstrategien und -taktiken sowie Beeinflussung von kriminalpolitischen Entscheidungen zur Gewährleistung der öffentlichen Sicherheit im Tatortbereich „Straße".

> Unter Orientierung und Weiterentwicklung des 1977 definierten Arbeitsbegriffes werden heute unter dem Begriff „Straßenkriminalität" verstanden:
>
> Alle Straftaten, deren Tatausführungen mehrheitlich in der Vortatphase, der Haupttatphase und der Nachtatphase auf der Straße i. w. S., d. h. im öffentlichen Raum geschehen oder die unmittelbar in die Öffentlichkeit hineinwirken und somit im unmittelbaren Zugriffsbereich der Polizei verübt werden. Sie können deshalb meist mit allgemeinen und/oder gezielten polizeilichen operativen Maßnahmen wirksam bekämpft werden.

Der Deliktskatalog „Straßenkriminalität" wurde ab 1. Januar 1989 als Summenschlüssel „8990" Straßenkriminalität bundeseinheitlich in die Richtlinien für die Führung der Polizeilichen Kriminalstatistik aufgenommen, mit Einführung des bundeseinheitlichen 6-stelligen Straftatenschlüssels als Summenschlüssel „899000 Straßenkriminalität". Die zugeordneten Einzeldelikte blieben bis auf die Erweiterung der Schlüsselzahlen (SZ) unverändert. Damit ist nunmehr die Möglichkeit eines bundesweiten statistischen Vergleichs zum Stand und der Entwicklung der Straßenkriminalität gegeben.

| Summenschlüssel „899000 Straßenkriminalität" nach der Polizeilichen Kriminalstatistik | |
| --- | --- |
| **Schlüssel-Zahl (SZ)** | **Delikt** |
| 111100 | Vergewaltigung überfallartig (Einzeltäter), § 177 II Nr. 1, III u. IV StGB |
| 111200 | Vergewaltigung überfallartig (durch Gruppen), § 177 II Nr. 2 StGB |
| 132000 | Exhibitionistische Handlungen und Erregung öffentlichen Ärgernisses |
| 213000 | Raubüberfall auf Geld- und Werttransporte |
| 214000 | Räuberischer Angriff auf Kraftfahrer |
| 214100 | Beraubung von Taxifahrern |
| 215000 | Zechanschlussraub |
| 216000 | Handtaschenraub |
| 217000 | Sonstige Raubüberfälle auf Straßen, Wegen oder Plätzen |
| 222100 | Gefährliche und schwere Körperverletzung auf Straßen, Wegen oder Platzen |
| 233300 | Erpresserischer Menschenraub i. V. m. Raubüberfall auf Geld- und Werttransporte |
| 234300 | Geiselnahme i. V. m. Raubüberfall auf Geld- und Werttransporte |
| *20*00 | Diebstahl insgesamt in/aus Kiosken |
| *30*00 | Diebstahl insgesamt in/aus Schaufenstern, Schaukästen, Vitrinen |
| *50*00 | Diebstahl insgesamt in/aus Kraftfahrzeugen |
| *55000 | Diebstahl insgesamt an Kraftfahrzeugen |
| *90*00 | Taschendiebstahl |
| *00100 | Diebstahl insgesamt von Kraftwagen |
| *00200 | Diebstahl insgesamt von Mopeds und Krafträdern |
| *00300 | Diebstahl insgesamt von Fahrrädern |
| *00700 | Diebstahl insgesamt von/aus Automaten |
| 623000 | Landfriedensbruch |
| 674100 | Sachbeschädigung an Kraftfahrzeugen |
| 674300 | Sonstige Sachbeschädigung auf Straßen, Wegen oder Plätzen |

Übersicht: Deliktskatalog Straßenkriminalität

## 1.1.2 Strafrechtliche, kriminologische Einordnung

Der Summenschlüssel zählt 24 verschiedenartige Straftaten, die sowohl Verbrechens- als auch Vergehenstatbestände darstellen.

Nach kriminologischen Deliktsgruppen gegliedert handelt es sich um

- schwerwiegende Delikte der Freiheitsberaubung und Erpressung,
- Raubstraftaten unterschiedlicher Art und Schwere,

- Sexualdelikte in verschiedenen Begehungsformen nach Schwere und Rechtsgutverletzung,
- Aggressionsdelikte verschiedener Art,
- „einfache" und „schwere" Diebstahlsdelikte.

Hinsichtlich der Tatmotive überwiegt die illegale Bereicherung, teils gepaart mit Anwendung von Gewalt gegen Personen, daneben sexuell orientierte Gewalt.

Fraglich ist, ob der Straftatenkatalog unter der formulierten Zielsetzung und der Begriffsdefinition vollständig und umfassend ist.

## 1.2   Umfang und Entwicklung

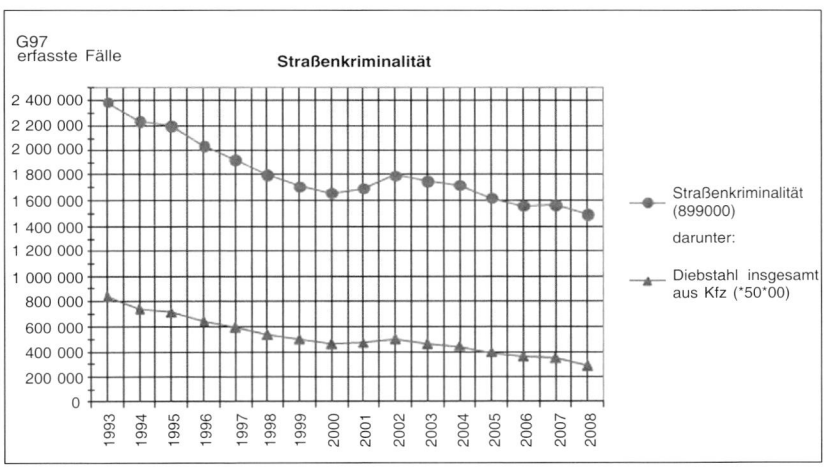

Übersicht: Grafik zur Entwicklung der Straßenkriminalität im Langzeitvergleich
Quelle: PKS Bund 2008, BKA, Wiesbaden, 2009

Die Straßenkriminalität ist in den zurückliegenden Jahren in der Lang-zeiterfassung tendenziell stark rückläufig, wie dies das o. a. Schaubild zeigt. Im Erfassungszeitraum von 16 Jahren (1993–2008) sind die Fallzah-len der registrierten Straßenkriminalität von ca. 2 400 000 Delikten um etwa 900 000 Fälle auf rund 1 500 000 Delikte zurückgegangen. Der Rückgang ist mit etwa 38 % auffallend hoch. Erklärt wird diese Entwicklung haupt-sächlich mit der Abnahme der Diebstähle an/aus Kraftfahrzeugen, die allein mit knapp 30 % die Straßenkriminalität quantitativ dominieren.

Inwieweit verändertes Kontrollverhalten der Polizei nach Häufigkeit und In-tensität auf den Rückgang der registrierten Straßenkriminalität mit ur-sächlich ist, kann nicht verifiziert werden. Die Annahme ist rein spekulativ.

## 1.2.1 Fallentwicklung und Aufklärung

| | Summenschlüssel „899000" Straßenkriminalität | | |
|---|---|---|---|
| | **Registrierte Straftaten** | **Aufgeklärte Fälle** | **AQ %** |
| 2004 | 1 718 141 | 275 927 | 16,1 |
| 2005 | 1 621 978 | 266 328 | 16,4 |
| 2006 | 1 557 626 | 268 788 | 17,3 |
| 2007 | 1 568 124 | 283 292 | 18,1 |
| 2008 | 1 490 158 | 276 027 | 18,5 |

Übersicht: Tabelle zur Fallentwicklung und Aufklärung in Fünfjahresvergleich
Quelle: PKS Bund 2008, BKA, Wiesbaden 2009

Die durchschnittliche Aufklärungsleistung aller Delikte der Straßenkriminalität liegt sei Jahren zwischen 16 bis 18 % und damit auf dauerhaft niederem Niveau. Bei dieser Betrachtungsweise bleibt die heterogene Deliktsstruktur der Straßenkriminalität und deren deliktsspezifisch differenziertes Aufklärungspotenzial unbeachtet. Es ist eine kriminalistische Binsenweisheit, dass bestimmte Straftaten nach der Art ihrer Tatbegehung eine höhere Aufklärungswahrscheinlichkeit aufweisen als andere. So bewegt sich die Aufklärungsquote der einzelnen Delikte oder Deliktsgruppen zwischen 10 % und knapp 80 %, je nach Art der Straftat. Dies zeigt auch die nachstehende Übersicht. Hinzu kommt die nicht zu übersehende Tatsache, dass bei sog. Massendelikten der Bagatellkriminalität, z. B. beim Fahrraddiebstahl, allein aus arbeitsökonomischen Gründen diese Art der Kriminalität von den Strafverfolgungsorganen eher verwaltet als bekämpft, d. h. aufgeklärt wird. Die Gesamtaufklärungsquote der Straßenkriminalität hat folglich nur eine eingeschränkte kriminalpolitische Bedeutung.

| SZ | Straftatengruppen – ausgewählte Fallgruppen – | Erfasste Fälle 2008 | Straftaten-Anteil 2008 in % | AQ 2008 in % |
|---|---|---|---|---|
| 899000 | Straßenkriminalität darunter: | 1 490 158 | 100 % | 18,5 |
| 216000 | Handtaschenraub | 4 032 | 0,3 | 28,5 |
| 217000 | Sonstige Raubüberfälle auf Straßen, Wegen oder Plätzen | 21 252 | 1,4 | 44,1 |
| 222100 | Gefährliche und schwere Körperverletzung auf Straßen, Wegen oder Plätzen | 72 904 | 4,9 | 76,1 |
| *50*00 | Diebstahl insgesamt in/aus Kraftfahrzeugen | 290 323 | 19,5 | 11,3 |
| *55000 | Diebstahl insgesamt an Kraftfahrzeugen | 127 063 | 8,2 | 8,2 |
| ***300 | Diebstahl von Fahrrädern (inkl. unbefugter Gebrauch) | 358 049 | 24,0 | 10,5 |
| *90*00 | Taschendiebstahl | 91 609 | 6,1 | 5,4 |
| 674100 | Sachbeschädigung an Kraftfahrzeugen | 283 547 | 19,0 | 18,9 |
| 674300 | Sonstige Sachbeschädigung auf Straßen, Wegen oder Plätzen | 148 909 | 10,9 | 26,2 |

Übersicht: Tabelle zu ausgewählten Straftatengruppen der Straßenkriminalität nach Fallzahlen, Straftatenanteil und Aufklärungsquote
Quelle: PKS Bund 2008, BKA, Wiesbaden 2009

## 1.2.2 Dunkelfeld

Das Straftatendunkelfeld ist wegen der heterogenen Binnenstruktur der Straßenkriminalität nicht eindeutig bestimmbar. Die registrierte Straßenkriminalität ist deshalb kein proportional verkleinertes Bild der tatsächlich begangenen Straftaten. Allgemein gültige Angaben verbieten sich. Bei den Delikten, bei denen die Sachversicherer als Bedingung für die durch die Straftat verursachte Schadensregulierung eine Strafanzeige seitens des Geschädigten verlangen, wie dies in der Regel bei den Kfz-Delikten der Fall ist, kann davon ausgegangen werden, dass das Dunkelfeld relativ klein ist. Alle anderen Aussagen zur Hell-Dunkelfeld-Problematik sind unter den Aspekten des deliktsspezifischen Dunkelfeldes zu betrachten, auf die in diesem Zusammenhang nicht weiter eingegangen werden kann. Auf die Hell- Dunkelfeld-Problematik bei Vergewaltigungstaten, Körperverletzungsdelikten, Taschendiebstählen u. ä. soll nur beispielhaft hingewiesen werden. Unter dieser Einschränkung sind alle weiteren Feststellungen und Aussagen zur Phänomenologie der Straßenkriminalität zu sehen.

## 1.3 Struktur der Straßenkriminalität

Besondere Tatanreize gehen vom Kraftfahrzeug als Tatobjekt aus. Unter Einbeziehung der Sachbeschädigungen am Kfz umfasst die Kriminalität „rund um das Kraftfahrzeug" knapp 47 % der Straßenkriminalität.

Straßenkriminalität ist zum großen Teil ein Phänomen der Massenkriminalität, bei der hauptsächlich der verursachte volkswirtschaftliche Schaden eine Rolle spielt.

Die Gewaltdelikte der Straßenkriminalität, besonders Vergewaltigung, Handtaschenraub, sonstige Raubüberfälle auf Straßen, Wegen oder Plätzen, gefährliche und schwere Körperverletzung auf Straßen, Wegen oder Plätzen, richten sich in ihren Tathandlungen gegen die körperliche Integrität der Opfer. Sie beeinflussen dadurch das subjektive Sicherheitsgefühl der Bevölkerung nachhaltig, obwohl sie „nur" etwa 3 % der registrierten **Gesamtkriminalität** ausmachen.

## 1.4 Tatortverteilung

Straßenkriminalität ist in Großstädten ab 500 000 Einwohnern deutlich überrepräsentiert. Dies gilt in besonderem Maße für den Straßenraub (SZ 216000 und 217000) und den Taschendiebstahl. Ländlich strukturierte Gebiete sind dagegen gering belastet. Hier wirken sich offenbar die Sozialstruktur und die unterschiedliche soziale Kontrolle der Tatortbereiche einerseits kriminalitätshemmend und andererseits kriminalitätsfördernd aus. Der Diebstahl von Fahrrädern ist ein Delikt von kleinstädtisch strukturierten Gemeinden. Relativ hohe Belastungen haben ländliche Gebiete bei den Delikten „rund um das Kfz" und den gefährlichen und schweren Körperverletzungen.

## 1.5 Tatzeiten

Die unterschiedlichen Begehungsformen der als Straßenkriminalität erfassten Taten lassen eine allgemein gültige Aussage zu den Tatzeiten nicht zu. Es bleibt festzuhalten, dass ein großes „Tatgelegenheitsangebot", vor allem bezogen auf das Kraftfahrzeug als Tatobjekt, in den Abend- und Nachtstunden liegt. Darüber hinaus ergeben sich zu unterschiedlichen Tageszeiten zeitliche und örtliche deliktsspezifische Kriminalitätsbrennpunkte.

Wesentlich für eine gezielte und erfolgreiche Kriminalitätskontrolle der Straßenkriminalität ist deshalb die Erhebung aktueller örtlicher Kriminalitätsdaten nach Delikt, Raum, Zeit und Opfer sowie die Erstellung von Kriminalitätslagebildern auf der Grundlage der erhobenen Daten.

## 1.6    Tatverdächtige

| Schlüssel-zahl | Ausgewählte Fallgruppen | Tatverdächtige 2008 | | | | | | |
|---|---|---|---|---|---|---|---|---|
| | | Insgesamt 100% | männl. % | weibl. % | Kinder % | Jugendl. % | Heranw. % | Erw. % |
| 899000 | Straßenkriminali-tät darunter: | 254 591 | 89,7 | 10,3 | 7,6 | 27,1 | 19,7 | 45,7 |
| 216000 | Handtaschenraub | 1 286 | 90,0 | 10,0 | 5,0 | 33,2 | 21,4 | 40,4 |
| 217000 | Sonstige Raubüberfälle auf Straßen, Wegen oder Plätzen | 14 616 | 92,5 | 7,5 | 6,9 | 40,3 | 23,3 | 29,5 |
| 222100 | Gefährliche und schwere Körper-verletzung auf Straßen, Wegen oder Plätzen | 87 662 | 88,1 | 11,9 | 6,7 | 26,6 | 21,4 | 45,4 |
| *50*00 | Diebstahl insge-samt in/aus Kraft-fahrzeugen | 16 665 | 93,7 | 6,3 | 3,4 | 20,0 | 20,0 | 56,6 |
| *55000 | Diebstahl insge-samt an Kraft-fahrzeugen | 8 321 | 93,4 | 6,6 | 5,5 | 23,9 | 20,9 | 49,7 |
| ***100 | Diebstahl insge-samt von Kraftwagen (ein-schl. unbefugter Gebrauch) | 11 253 | 92,9 | 7,1 | 1,7 | 19,0 | 19,8 | 59,6 |
| 674100 | Sachbeschädi-gung an Kraft-fahrzeugen | 45 738 | 88,1 | 11,9 | 7,6 | 20,2 | 17,8 | 54,5 |
| ***300 | Diebstahl von Fahrrädern (ein-schl. unbefugter Gebrauch) | 31 574 | 92,1 | 7,9 | 10,0 | 33,5 | 17,4 | 39,1 |
| *90*00 | Taschendiebstahl | 4 635 | 71,7 | 28,3 | 5,1 | 17,9 | 15,7 | 61,3 |

Übersicht: Tabelle zu Tatverdächtigen der Straßenkriminalität nach Alter und Geschlecht
Quelle: BKS Bund 2008, BKA, Wiesbaden 2009

Die Straßenkriminalität ist ein Deliktsbereich männlicher Jungtäter (Jugend-liche/Heranwachsende). Zwar ist der prozentuale Anteil der ermittelten tat-verdächtigen Jungtäter zu den Erwachsenen in etwa gleich (46,8 % : 45,7 %), gemessen an ihrem Bevölkerungsanteil sind die sog. Jungtäter jedoch deutlich überrepräsentiert, wie die nachstehende Über-sicht der Tatverdächtigenbelastung zeigt.

Bei der Bewertung der Tatverdächtigenzahlen ist jedoch zu beachten, dass sich die Aufklärungsquoten bundesweit seit Jahren nur um etwa 16 % bis 18 % bewegen, sodass das Basismaterial für eine gesicherte Aussage zur

Tatverdächtigenstruktur folglich äußerst gering ist. Dennoch kann gefolgert werden, dass sich auch bei einer Aufhellung des Tatverdächtigendunkelfeldes durch Steigerung der Aufklärung und damit einhergehend der Erhöhung der Zahl der ermittelten Tatverdächtigen das Gesamtbild der Tatverdächtigenstruktur nicht wesentlich verändern wird.

Bei Betrachtung der Einzeldelikte zeigt sich folgendes Bild:

Der Handtaschenraub und die sonstigen Fälle des Straßenraubes sind eine Domäne männlicher jugendlicher Täter.

Frauen als Täterinnen der Straßenkriminalität treten nur in geringem Umfang in Erscheinung. Ihre Belastung liegt deutlich unter ihrem Anteil an der Gesamtkriminalität von ca. 24 % aller ermittelten Tatverdächtigen.

Auffallend hoch ist die Beteiligung von Kindern am Straßenraub (SZ 217000) und an den gefährlichen und schweren Körperverletzungen (SZ 222100). Bei Straßenraub dürfte es sich hauptsächlich um das so genannte „Abziehen" handeln. Kinder sind ebenfalls überproportional auffällig beim Taschendiebstahl. Die „tatverdächtigen" Kinder dieses Delikts kommen häufig aus ethnischen Minderheiten.

Die Tatverdächtigenbelastung der einzelnen Altergruppen nach Tatverdächtigenbelastungszahlen zeigt die nachstehende Abbildung.

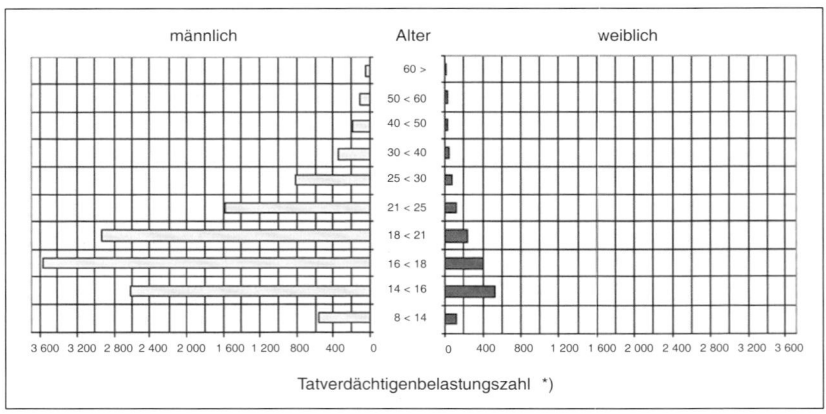

Übersicht: Grafik zur Tatverdächtigenbelastung im Bereich der Straßenkriminalität 2008
Quelle: PKS Bund 2008, BKA, Wiesbaden 2009

Der Tatverdächtigenanteil Nichtdeutscher liegt bei der Straßenkriminalität mit 18,3 % in etwa im Durchschnitt ihrer Gesamtbelastung an den ermittelten Tatverdächtigen. Eine deutlich überdurchschnittliche Kriminalitätsbelastung weisen Nichtdeutsche bei den Delikten des Straßenraubes

(26,8 %) und des Taschendiebstahls (51,6 %) auf. Bei der Beurteilung der Kriminalitätsbelastung Nichtdeutscher ist allerdings zu beachten, dass der Anteil junger, aktiver Jahrgänge an der Bevölkerungsstruktur nichtdeutscher Bürger wesentlich höher ist als dies bei der deutschen Bevölkerung der Fall ist. Da junge Menschen erfahrungsgemäß generell eine relativ höhere kriminelle Aktivität aufweisen als ältere, muss dies allgemein zwangsläufig zu einer Verzerrung zu Ungunsten nichtdeutscher Mitbürger führen.

# 2 Ätiologie

Straßenkriminalität ist in weiten Bereichen Jugendkriminalität, sodass zu ihrer Erklärung jugendkriminologische Erklärungsansätze heranzuziehen sind (siehe Kap. 5, Jugendkriminalität). Es überwiegt die Tatbegehung durch delinquente Gruppen bei wechselnder Tatgenossenschaft. Bestimmte Formen der Straßenkriminalität werden von professionellen Tätern, entweder als Bandendelikt oder als organisierte Kriminalität, begangen. Dies ist z. B. seit geraumer Zeit beim Diebstahl von Kraftfahrzeugen mit anschließender Kfz-Verschiebung ins Ausland oder beim Diebstahl hochwertige Beute aus Kfz mit organisierter Beuteverwertung zu beobachten.

Die Phänomenologie der Straßenkriminalität wird – wie bereits erwähnt – durch delinquente Jungtätergruppen entscheidend geprägt. In der Gruppe kann sich jeder Einzelne selbst beweisen. Es erfolgen auch gegenseitige Tatanreize. Einstiegs- und/oder Mutdelikte spielen hier ebenfalls eine Rolle. Eine bedeutsame Ursache stellt die indirekte Beschaffungskriminalität dar.

Straßenkriminalität ist auch weit überwiegend, wegen der Überrepräsentanz der Eigentumsdelikte, Begehrlichkeitskriminalität. Die Tat- und Tätermotivation wird im Wesentlichen durch den illegalen (durch die Begehung von Straftaten ermöglichten) Besitzerwerb bestimmt. Diese Feststellung trifft auch auf die Fälle des Raubes zu, die in der Tätervorstellung in erster Linie auf die Erlangung von Geld oder Sachwerten als Tatbeute, weniger auf die Anwendung von Gewalt gegen das Opfer gerichtet ist.

Die massenweise Begehung von Straftaten der Straßenkriminalität wird durch vorhandene Tatgelegenheitsstrukturen begünstigt, die Ergebnisse unserer Gesellschafts- und Wirtschaftsordnung sind. Die Polizei allein hat deshalb nur sehr begrenzte Möglichkeiten, auf diese Kriminalität wirksam Einfluss zu nehmen. Wenn auch Straßenkriminalität quantitativ überwiegend Eigentumskriminalität ist, die von einem hohen Teil von Jungtätern begangen wird, dürfen bei der Bewertung der Straßenkriminalität die Gewaltdelikte nicht außer Acht bleiben. Das Ausmaß an Gewalt, das durch diese Straftaten deutlich wird, spiegelt ganz wesentlich das in unserer Gesellschaft vorhandene Aggressionspotenzial wider.

# 3 Weiterführende Literatur

*Burghard, W.*, et al. (Hrsg.): Kriminalistik Lexikon, 3. Auflage, Stichwort: Straßenkriminalität, Kriminalistik Verlag, Heidelberg 1996

*Kerner, H.-J.* (Hrsg.): Kriminologie Lexikon, 4. Auflage, Stichwort: Straßenkriminalität, Kriminalistik Verlag, Heidelberg 1991

*Rupprecht, R.*: Polizei Lexikon, 2. Auflage, Stichwort: Straßenkriminalität, Kriminalistik Verlag, Heidelberg 1995

*Schwindt, H.-D.:* Kriminologie, 20. Auflage, Kriminalistik Verlag, Heidelberg 2010

# Kapitel 18
# Gewaltkriminalität

## 1 Phänomenologie

### 1.1 Charakterisierung der Gewaltkriminalität

Gewalt ist im unserer Gesellschaft ein vieldiskutiertes Phänomen. Dies wird deutlich an den häufig wiederkehrenden Begriffen: wie „Politische Gewaltkriminalität, Gewalt in der Familie, Gewalt gegen Frauen und gegen Kinder, Jugendgruppengewalt, Gewalt an Schulen, Gewalt im Sport, Gewalt gegen Sachen, Gewaltdarstellungen in den Medien". Im Strafrecht gehört der Begriff Gewalt zu den umstrittenen Begriffen des Besonderen Teils, ohne jedoch eine Legaldefinition zu bieten. Auch im Bürgerlichen Recht wird der Begriff der Gewalt z. B im Zusammenhang mit der elterlichen Gewalt gebraucht. Daneben verwendet die Soziologie den Begriff „strukturelle Gewalt"[1], der alle gesellschaftlichen Vorgänge beinhaltet, die Menschen so negativ beeinflussen können, dass sie unter dem Entfaltungsniveau ihrer Möglichkeiten bleiben.

Gewaltdelinquenz ist durch eine hohe Individual- und Sozialschädlichkeit gekennzeichnet.

In vielen Fällen schädigen Gewalttaten die Opfer sowohl in physischer, in psychischer als auch in finanzieller Hinsicht, entweder auf Grund unmittelbarer Tatfolgen, wie z. B. bei Raubdelikten oder durch mittelbare Folgen.

### 1.1.1 Kriminologisch-soziologische Gewaltbegriffe

Die Begriffe „Aggression und Gewalt" werden in unterschiedlichen Bedeutungen verwendet. In der wissenschaftlichen Tradition ist der Aggressionsbegriff dem Gewaltbegriff übergeordnet. Nach diesem Verständnis ist Gewalt eine besonders extreme Form von Aggression. Gewalt lässt sich als absichtliches Handeln von Individuen und Gruppen beschreiben, das auf die zielgerichtete Schädigung eines Dritten ausgerichtet ist.

Galtung[2], Friedensforscher, beschreibt drei unterschiedliche Formen von Gewalt:

- personale oder direkte Gewalt,
- kulturelle Gewalt,
- strukturelle Gewalt.

Die von ihm beschriebenen Formen der Gewalt sind voneinander abhängig, treten gemeinsam auf und beeinflussen sich gegenseitig.

---

[1]  Galtung (1998)
[2]  Ebenda

Als personale Gewalt bezeichnet *Galtung* die Gewaltform, bei der es einen Akteur gibt, durch den direkte Gewalt angewandt wird und die wir in der Gewaltkriminalität abgebildet finden.

Unter kultureller Gewalt wird jede Eigenschaft einer Kultur verstanden, mit deren Hilfe direkte oder strukturelle Gewalt legitimiert werden kann. Diese Form trägt zur Rechtfertigung der Gewalt unmittelbar bei.

Gewalt ohne einen Akteur wird als strukturelle oder indirekte Gewalt bezeichnet. Hier tritt niemand als Akteur unmittelbar in Erscheinung, der einem anderen direkt Schaden zufügen könnte. Die Gewalt ist systemimmanent. Sie äußert sich in ungleichen Machtverhältnissen und Lebenschancen.

Schwind[3] definiert den Gewaltbegriff wie folgt: Gewalt ist die „zielgerichtete, direkte Schädigung von Menschen durch Menschen". Er bezieht in einer erweiterten Definition den körperlichen Angriff auf Sachen in den Gewaltbegriff mit ein. In diesem Sinne lässt sich der Gewaltbegriff wie folgt beschreiben: Gewalt ist die zielgerichtete Schädigung von Menschen durch Menschen sowie der körperliche Angriff auf Sachen.

Bereits die angeführten Beispiele zeigen die unterschiedlichen Begrifflichkeiten. Ein allgemeingültiger Konsens über den Inhalt des Begriffs „Gewalt" hat sich bislang nicht herausgebildet.

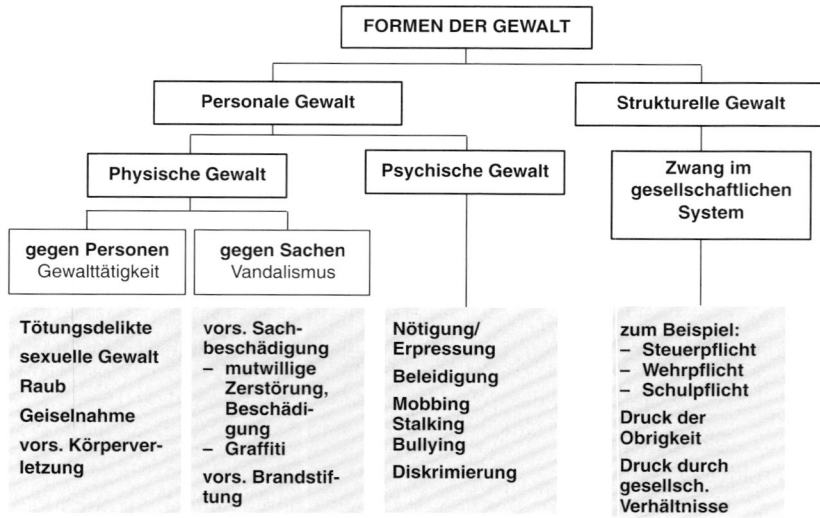

Quelle: Unter Orientierung an Schwind, 2005, S. 30

---

[3] Schwind (2010), S. 32

## 1.1.2 Strafrechtliche Gewaltbegriffe

Zwar hat der Gesetzgeber eine Vielzahl unterschiedlicher gewalttätiger Handlungen im Strafgesetz unter Strafe gestellt, Konsens über den Gewaltbegriff besteht jedoch auch im Strafrecht nicht.

Hier ist die Anwendung von Gewalt bei Straftaten, die sich gegen die körperliche Integrität und die Freiheit der Person richten, wesentliches Tatbestandsmerkmal. Nach herrschender Rechtsauffassung ist Gewalt gegen eine Person die Ausübung eines erheblichen körperlichen Zwanges auf einen Menschen, der dazu bestimmt ist, Widerstand zu überwinden oder auszuschließen. Nicht erforderlich ist die unmittelbare Einwirkung; die mittelbare physische Einwirkung genügt, z. B. das Einsperren einer Person.[4] Begrifflich beschränkt sich diese Sicht der Gewalt auf die personale Gewalt (siehe auch Ziff. 1.1 Gewaltbegriffe).

Der strafrechtliche Gewaltbegriff schließt die sog. Gewalt gegen Sachen dann mit ein, wenn „sich die Sachgewalt zumindest mittelbar physisch auf die Person des Genötigten auswirkt"[5].

Artverwandt dem Gewaltbegriff gegen Personen ist der Begriff der „Gewalttätigkeit"[6] nach §§ 113 Abs. 2 Nr. 2 StGB, Widerstand gegen Vollstreckungsbeamte; 121 Abs. 1, Abs. 3 Nr. 3 StGB, Gefangenenmeuterei; 124 StGB, Schwerer Hausfriedensbruch; 125 Abs. 1 Nr. 1 StGB; Landfriedensbruch; 125a Nr. 3 StGB. Ziel des Täters/der Täterin ist auch hier die Anwendung von Gewalt gegen Personen.

Gegenstand der nachstehenden Ausführungen sind gewaltorientierte Handlungen, die sich gegen die Person richten. Gewalthandlungen gegen Sachen werden nicht behandelt.

## 1.1.3 Kriminalphänomenologische Schwerpunkte

Rechtlich hat der Gesetzgeber eine Vielzahl von Gewaltstraftaten unterschiedlicher Art unter Strafe gestellt. Die Strafandrohung richtet sich im Wesentlichen nach der Intensität der Gewaltanwendung und nach der Schwere der Tatfolgen.

Die folgenden Abhandlungen zum Thema Gewaltkriminalität befassen sich im Schwerpunkt mit

— den in dem Summenschlüssel 892000 der Polizeilichen Kriminalstatistik (PKS) zusammengefassten Delikten der Gewaltkriminalität,

— den Straftaten gegen die körperliche Unversehrtheit nach dem 17. Abschnitt des StGB und

— ausgewählten speziellen Phänomenen der Gewaltkriminalität.

---

[4]  Küper (2008), S. 171 ff., Stichwort: Gewalt. Küper stellt ausführlich die Problematik des strafrechtlichen Gewaltbegriffs sowie die historische Entwicklung der einschlägigen Rechtsprechung dar.

[5]  Küper (2008), S. 179

[6]  Küper (2008), S. 183, Stichwort: Gewalttätigkeit

Als ausgewählte spezielle Phänomene der Gewaltkriminalität werden abgehandelt:

– Gewalt im sozialen Nahraum
– sexueller Missbrauch von Minderjährigen
– Nachstellung (Stalking)
– Gewalt an Schulen
– Aggression in Form von Bullying

Die Themen: Gewalt an Schulen und Aggression in Form von Bullying sind in Kapitel 5 Jugendkriminalität dargestellt.

Weitere spezielle Phänomene der Gewaltkriminalität sind

– Amoktaten
– fremdenfeindliche Gewalt
– Gewalt im Zusammenhang mit Sportveranstaltungen
– extremistisch orientierte Gewaltkriminalität
– Jugendgruppengewalt

Diese Formen der Gewalt sind nicht Gegenstand der vorliegenden Veröffentlichung.

# 2 Gewaltkriminalität nach der Polizeilichen Kriminalstatistik

## 2.1 Charakterisierung

Unter dem Begriff „Gewaltkriminalität" fasst die PKS die in dem „Summenschlüssel 892000" aufgeführten Deliktsgruppen bzw. Delikte zusammen.

| Schl.-Zahl | Deliktsgruppe/Delikt |
|---|---|
| 892000 | **Gewaltkriminalität**<br>darunter: |
| 010000 | Mord |
| 020000 | Totschlag, Tötung auf Verlangen |
| 111000 | Vergewaltigung und sexuelle Nötigung §§ 177 Abs. 2, 3 u. 4, 178 StGB |
| 210000 | Raubdelikte |
| 221000 | Körperverletzung mit Todesfolge |
| 222000 | Gefährliche und schwere Körperverletzung |
| 233000 | Erpresserischer Menschenraub |
| 234000 | Geiselnahme |

Übersicht: Gewaltkriminalität nach der Polizeilichen Kriminalstatistik

Die unter der Schlüsselzahl 892000 der PKS ausgewählten und abschließend festgelegten Delikte und Deliktsfelder haben den Zweck, eine bundeseinheitliche kriminalstatistische Erfassung bekannt gewordener schwerer Gewaltstraftaten zu ermöglichen. Die erfassten Daten sind Grundlage für das Lagebild Gewaltkriminalität, das der Beobachtung und Beurteilung schwerwiegender Gewalttaten dient.

Wesentliche Kriterien der Deliktsauswahl sind

– die durch die Tat in erheblichem Maße beeinträchtigte körperliche Integrität der potenziellen Opfer sowie

– die damit verbundene Schwere der Tat.

Die vorsätzliche Gewalt gegen Sachen, einfache Körperverletzungen oder Vandalismustaten sowie bestimmte andere gesellschaftliche Phänomene vorsätzlicher Gewalt, die unstrittig Gewaltkomponenten enthalten, werden mit dem Deliktskatalog nicht erfasst. Ein umfassendes Lagebild über die Gewalt in der Gesellschaft leistet der Deliktskatalog „Gewaltkriminalität" demnach nicht, sondern beschränkt sich nur auf die oben genannten Straftaten.

## 2.2 Strafrechtliche Einordnung

Die strafrechtliche Einordnung der unter der SZ 892000 zusammengefassten Delikte der Gewaltkriminalität stellt sich wie folgt dar:

(Die angegebenen Paragrafen sind Bestimmungen des StGB.)

– § 211 Mord (SZ 010000), § 212 Totschlag, § 213 minder schwerer Fall des Totschlags, § 216 Tötung auf Verlangen (SZ 011000) zählen zu den Straftaten gegen das Leben. Sie sind im 16. Abschnitt des StGB zusammengefasst, weitere Ausführungen siehe Kap. 10 Tötungsdelikte.

– Die Tatbestände der sexuellen Nötigung und der Vergewaltigung sind in § 177 zusammengefasst. § 178 enthält die Erfolgsqualifikation der sexuellen Nötigung und Vergewaltigung mit Todesfolge. Die in § 177 Abs. 2, 3, und 4 aufgeführten Tathandlungen sind nach der PKS der Gewaltkriminalität zugeordnet (SZ 111000).

– § 177 Abs. 2 stellt als besonders schweren Fall der sexuellen Nötigung die Vergewaltigung unter Strafe. Abs. 3 und 4 enthalten tatbestandliche Qualifikationen der Absätze 1 und 2, weitere Ausführungen siehe Kap. 12, Vergewaltigung und sexuelle Nötigung.

– Unter den strafrechtlichen Bestimmungen des Raubes (SZ 210000) sind die §§ 249, 252, 255 und 316a aufgeführt. § 249 definiert den Grundtatbestand des Raubes, nämlich den mit Mitteln der Nötigung ermöglichten Diebstahl.[7] Der schwere Raub nach § 250 sowie der Raub mit Todesfolge nach § 251 stellen Qualifikationen des Grundtatbestandes nach § 249 dar. § 252, Räuberischer Diebstahl, ist ein raubähnliches Delikt. Hier dient das Mittel der Nötigung nicht der Wegnahme, sondern der Sicherung des Weggenommenen.

---

[7] Fischer (2010), § 249 Rn. 1a

- SZ 221000 enthält die Delikte nach §§ 227, Körperverletzung mit Todesfolge, 231, Beteiligung an einer Schlägerei. § 227 stellt ein erfolgsqualifiziertes Delikt der Tathandlungen der vorsätzlichen Körperverletzung, §§ 223–226, dar, wenn dadurch mindestens fahrlässig der Tod eines Menschen verursacht worden ist. § 231 stellt die Beteiligung an einer Schlägerei oder an einem Angriff (sog. Raufhandel) unter Strafe, wenn dabei ein Mensch zu Tode gekommen ist oder eine schwere Körperverletzung erlitten hat.
- Gefährliche und schwere Körperverletzung (SZ 222000). Hierunter werden Straftaten nach den §§ 224, 226, 231 subsumiert. Es handelt sich um qualifizierende Tatbestände der Körperverletzung.
- Erpresserischer Menschenraub, § 239a, (SZ 233000) enthält die Tathandlungen der Entführung oder des Sichbemächtigen eines Menschen in der Absicht der Erpressung (§ 253 StGB).
- Geiselnahme, § 239b, (SZ 234000). Tathandlungen sind ebenfalls das Entführen oder Sichbemächtigen eines Menschen in der Absicht, durch Drohung mit dem Tod, einer schweren Körperverletzung oder einer länger andauernden Freiheitsentziehung das Opfer oder einen Dritten zu nötigen.

## 2.3 Umfang und Entwicklung

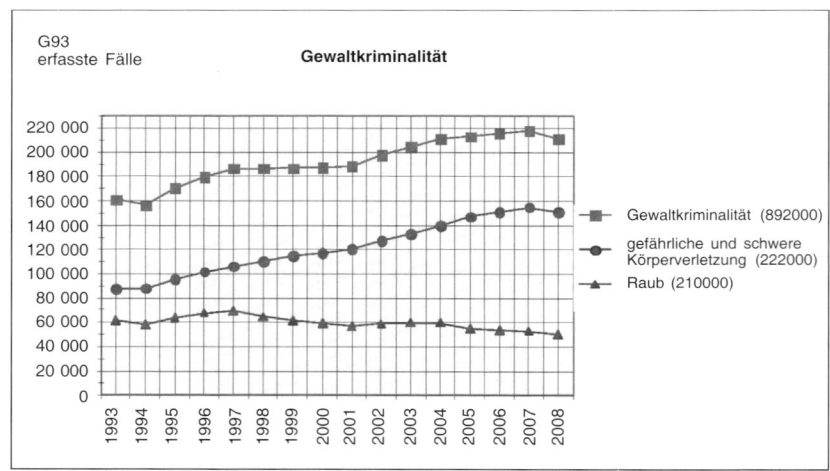

Übersicht: Grafik zur Entwicklung der Gewaltkriminalität
Quelle: PKS Bund 2008, BKA, Wiesbaden 2009

Nachdem die registrierte Gewaltkriminalität in der Langzeitentwicklung der zurückliegenden Jahre einen permanenten Anstieg der Fallzahlen verzeichnete, ist erstmals für das Jahr 2008 ein Rückgang festzustellen. Für 2008 wurden 210 885 Fälle statistisch erfasst. Im Vergleich zum Vorjahr (217 923 Gewaltdelikte) beträgt die Abnahme 3,2 % = 7 038 Fälle. Die rückläufige Entwicklung wird hauptsächlich auf den Bereich der Raubkriminalität (–5,7 % = 3 641 Fälle) sowie der gefährlichen und schweren Körperverletzung (–2,4 % = 3 641 Fälle) zurückgeführt. Auch die übrigen Delikte der Gewaltkriminalität verzeichnen durchgängig ebenfalls eine Abnahme. Ob damit eine dauerhafte rückläufige Tendenz bei der Gewaltkriminalität einhergeht, bleibt abzuwarten. Die Aufklärungsleistung liegt nach wie vor bei ca. 75 %.

Der Anteil der registrierten Gewaltkriminalität an der Gesamtkriminalität beträgt jedoch seit Jahren konstant nur ca. 3 %. Gewaltkriminalität ist hauptsächlich ein qualitatives, nicht ein quantitatives Problem, denn beurteilt nach der Schwere der Straftaten und der Wirkung auf die Opfer und auf das subjektive Sicherheitsgefühl der Bürger, ergibt sich ein anderes Bild als bei der ausschließlichen Betrachtung der Fallzahlen.

Bsp.:
Die PKS zählt numerisch z. B. ein Tötungsdelikt ebenso wie einen Fahrraddiebstahl als eine Straftat.

Ungeachtet dieses geringen Anteils an der Gesamtkriminalität wirken sich diese Delikte infolge der oft gravierenden Folgen für die Opfer und einer nachhaltigen Medienresonanz besonders negativ prägend auf das Sicherheitsempfinden der Bevölkerung aus.

Die sowieso relativ geringe Anzahl der Fälle der Tötungsdelikte sowie der schweren Raubdelikte ist für den Betrachtungszeitraum statistisch rückläufig. Die Raubdelikte insgesamt zeigen dagegen eine, wenn auch geringe, Steigerungstendenz.

Ein permanent überproportionaler Anstieg ist für die Delikte der schweren und gefährlichen Körperverletzung zu verzeichnen. Von 1999 bis 2003 stiegen die erfassten Straftaten von 114 516 auf 132 615 = 15,8 %. Damit geht eine zunehmende Erfassung kindlicher und junger Tatverdächtiger einher.

## 2.4 Struktur der Gewaltkriminalität

Die Deliktsstruktur der Gewaltkriminalität im Detail einschließlich der erfassten Fälle und der Aufklärungsquoten zeigt die nachstehende Abbildung.

| Schl.-Zahl | Deliktsgruppe/Delikt | erfasste Fälle | AQ % | Tatverdächtige | | | | | | |
|---|---|---|---|---|---|---|---|---|---|---|
| | | | | ermittelte Tatverdächtige | m. % | w. % | Kinder % | Jugendl. % | Heranw % | Erw. % |
| 892000 | **Gewaltkriminalität darunter:** | 210 885 | 75,5 | 208 277 | 86,7 | 13,3 | 5,4 | 20,9 | 17,6 | 56,1 |
| 010000 | **Mord** darunter: | 694 | 97,6 | 853 | 87,3 | 12,7 | 0,4 | 8,9 | 11,8 | 78,9 |
| 011000 | – Mord i. Z. m. Raubdelikten | 64 | 98,4 | 102 | | | | | | |
| 012000 | – Mord i. Z. m. Sexualdelikten | 19 | 110,4 | 21 | | | | | | |
| 020000 | **Totschlag, Tötung auf Verlangen** | 1 572 | 96,7 | 1 973 | 87,1 | 12,9 | 0,3 | 8,1 | 13,5 | 78,1 |
| 111000 | **Vergewaltigung und sexuelle Nötigung §§ 177 Abs. 2, 3 u. 4, 178 StGB** | 7 292 | 82,2 | 6 364 | 99,2 | 0,8 | 1,4 | 12,8 | 11,7 | 74,2 |
| 210000 | **Raubdelikte** | 49 913 | 52,8 | 35 203 | 90,9 | 9,1 | 5,0 | 28,6 | 20,2 | 46,2 |
| 211000 | – Raubüberfälle auf Geldinstitute, Postfilialen und -agenturen | 387 | 69,3 | 271 | 90,8 | 9,2 | 0,0 | 1,8 | 8,1 | 90,0 |
| 212000 | – Raubüberfälle auf sonstige Zahlstellen und Geschäfte darunter: | 3 705 | 43,8 | 1 740 | 96,4 | 3,6 | 0,1 | 16,4 | 27,3 | 56,2 |
| 212100 | – auf Spielhallen | 661 | 42,1 | 321 | 96,6 | 3,4 | 0,0 | 12,1 | 31,8 | 56,1 |
| 212200 | – auf Tankstellen | 835 | 47,7 | 450 | 96,2 | 3,8 | 0,0 | 14,9 | 33,6 | 51,6 |
| 213000 | – Raubüberfälle auf Geld- und Werttransporte darunter: | 118 | 33,9 | 98 | 94,3 | 5,7 | 0,0 | 13,6 | 28,4 | 58,0 |
| 213100 | – auf Geld- und Kassenboten | 114 | 33,3 | 71 | 95,8 | 4,2 | 0,0 | 16,9 | 33,8 | 49,3 |
| 214000 | – räuberischer Angriff auf Kraftfahrer | 393 | 55,5 | 349 | 94,3 | 5,7 | 0,3 | 21,5 | 29,2 | 49,0 |
| 215000 | – Zechanschlussraub | 186 | 33,3 | 107 | 95,3 | 4,7 | 0,0 | 15,0 | 21,5 | 63,9 |

| Schl.-Zahl | Deliktsgruppe/Delikt | erfasste Fälle | AQ % | ermittelte Tatverdächtige | Tatverdächtige | | | | | |
|---|---|---|---|---|---|---|---|---|---|---|
| | | | | | m. % | w. % | Kinder % | Jugendl. % | Heranw % | Erw. % |
| 216000 | – Handtaschenraub | 4 032 | 28,5 | 1 286 | 90,0 | 10,0 | 5,0 | 33,2 | 21,4 | 40,4 |
| 217000 | – sonstige Raubüberfälle auf Straßen, Wegen oder Plätzen | 21 252 | 44,1 | 14 616 | 92,5 | 7,5 | 6,9 | 40,3 | 23,3 | 29,5 |
| 219000 | – Raubüberfälle in Wohnungen | 2 642 | 78,6 | 3 448 | 89,8 | 10,2 | 0,4 | 12,5 | 21,0 | 66,1 |
| 221000 | **Körperverletzung mit Todesfolge** | 105 | 82,9 | 108 | 83,3 | 16,7 | 0,0 | 5,6 | 12,0 | 82,4 |
| 222000 | **Gefährliche und schwere Körperverletzung** | 151 208 | 82,3 | 171 325 | 85,7 | 14,3 | 5,7 | 20,7 | 17,6 | 56,0 |
| 222100 | darunter: – auf Straßen, Wegen oder Plätzen | 72 904 | 76,1 | 87 662 | 88,1 | 11,9 | 6,7 | 26,6 | 21,4 | 45,4 |
| 233000 | **Erpresserischer Menschenraub** | 71 | 85,9 | 125 | 86,4 | 13,6 | 0,8 | 6,4 | 16,0 | 76,8 |
| 234000 | **Geiselnahme** | 44 | 86,4 | 58 | 91,4 | 8,6 | 0,0 | 5,2 | 10,3 | 84,5 |

Übersicht: Tabelle zur Deliktsstruktur und Tatverdächtige der Gewaltkriminalität
Quelle: PKS Bund 2008, BKA, Wiesbaden 2009

In quantitativer Hinsicht wird die Gewaltkriminalität von gefährlicher und schwerer Körperverletzung mit 151 208 registrierten Straftaten = 71,5 % dominiert. Es folgen in weitem Abstand die Raubdelikte mit 23,6 %. Auf diese beiden Deliktsgruppen entfielen 2008 ca. 95 % aller registrierten Fälle von Gewaltkriminalität. Unter den Raubdelikten überwiegen die „sonstigen Raubüberfälle auf Straßen, Wegen und Plätzen" und der „Handtaschenraub" mit insgesamt 32 316 registrierten Fallen = ca. 42 % aller Raubtaten. Von der Höhe der Beute her betrachtet, handelt es sich überwiegend um Kleinräubereien.

Eine Erklärung für die hohe Aufklärung bei den Delikten der Vergewaltigung und der gefährlichen und schweren Körperverletzung ist darauf zurückzuführen, dass die Opfer auf Grund der unmittelbaren Konfrontation mit dem Täter oft in der Lage sind, die Täter beweiskräftig zu identifizieren. Aber auch gesteigerte Anzeigebereitschaft und Sensibilisierung der Bürger, z. B. bei häuslicher Gewalt, sind hier mitbestimmend. Bei einem Teil der betrachteten Delikte haben auch neue Methoden der Beweisführung, wie z. B. die DNA-Analytik, zu vermehrten Ermittlungserfolgen beigetragen.

## 2.5    Tatorte

Insbesondere Großstädte sind mit Gewaltkriminalität überproportional belastet.

Noch deutlicher wird die Belastung von Großstädten mit bestimmten Delikten der Gewaltkriminalität, wenn man die Häufigkeitszahlen (HZ) betrachtet. Hier weisen die Großstädte mit über 500 000 Einwohnern. eindeutig die höchste Kriminalitätsbelastung auf. Besonders hohe Belastungen sind bei den Raubdelikten und den gefährlichen und schweren Körperverletzungen zu verzeichnen. Da diese beiden Deliktsgruppen gleichzeitig quantitativ die Gewaltkriminalität dominieren, ist die Gewaltkriminalität vorwiegend ein Phänomen der Großstadt. Die Gründe dürften in der gesellschaftlichen Anonymität von Großstädten, der damit verbundenen geringeren sozialen Kontrolle – im Vergleich zu ländlich strukturierten Gebieten – in den sich bietenden Tatgelegenheiten und in gewaltfördernden Sozialstrukturen der Großstadt liegen. (Siehe hierzu die ergänzenden Ausführungen in Kap. 6: Kriminalgeografie zu den kriminogenen Strukturen der Großstadt.)

Knapp 50 % der schweren und gefährlichen Körperverletzungen werden auf Straßen, Wegen und Plätzen (SZ 222100) begangen, ebenso ca. 50 % der Raubdelikte (SZ 216000 und 217000), die damit zweifelsfrei der Straßenkriminalität zuzuordnen sind.

Die kriminologische Relevanz dieser Feststellung liegt darin begründet, dass prinzipiell jeder Bürger Opfer der Gewaltkriminalität werden kann, sodass diese Taten allgemein ein relativ hohes Gefährdungspotenzial haben.

## 2.6 Tatverdächtige

Die Anzahl der ermittelten Tatverdächtigen (TV) der Gewaltkriminalität lag im Jahr 2008 bei 208 277 Das bedeutet einen Anstieg innerhalb eines Zeitraumes von fünf Jahren (2003: 192 107 TV) um ca. 8,5 % oder 16 170 Tatverdächtige. Davon waren rund 87 % männlichen und. 13 % weiblichen Geschlechts. Die Anzahl der tatverdächtigen Frauen liegt dabei deutlich unter ihrem Anteil der TV an der Gesamtkriminalität (ca. 24 %). Gewaltkriminalität ist eindeutig eine Domäne männlicher Täter.

Bezogen auf ihren Bevölkerungsanteil sind männliche Jugendliche und Heranwachsende bei den Tatverdächtigen der Gewaltkriminalität überrepräsentiert.

Einen anschaulichen Eindruck vermittelt die nachstehende Grafik. Grundlage sind die Tatverdächtigenbelastungszahlen (TVBZ).

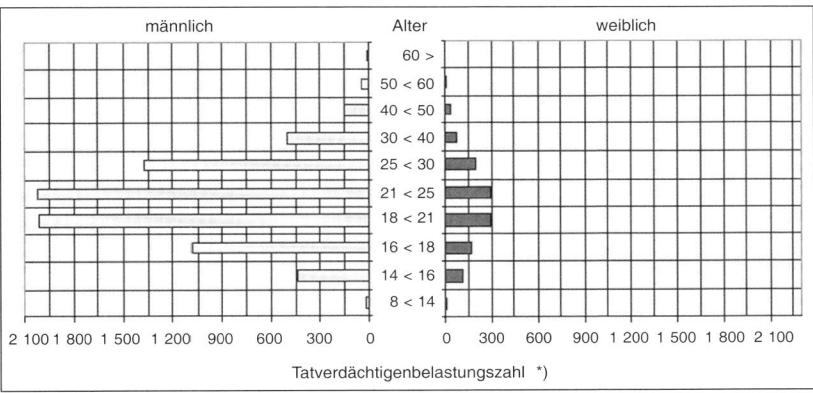

Übersicht: Grafik zur Tatverdächtigenbelastung der Deutschen nach Alter und Geschlecht
Quelle: PKS Bund 2008, BKA, Wiesbaden 2009

Die hohen Tatverdächtigenanteile zeigen sich hauptsächlich bei den Raub- und den Körperverletzungsdelikten. Bei Raubdelikten ist die Altersgruppe der 14- bis unter 21-jährigen mit knapp 50 % und bei Delikten der gefährlichen und schweren Körperverletzung mit etwa 38 % vertreten.

| Schl.-Zahl | Deliktsgruppe/Delikt | Jugendliche | Heranw. |
|---|---|---|---|
| 2100 | Raubdelikte | | |
| | 2C04 | 30,2 % | 18,7 % |
| | 2C08 | 28,6 % | 20,2 % |
| 2220 | Gefährliche und schwere Körperverletzung | | |
| | 2C04 | 20,7 % | 16,2 % |
| | 2C08 | 20,7 % | 17,6 % |

Eine im Umfang erheblich gestiegene Gewaltbereitschaft junger Menschen lässt sich – wie vielfach aus der Medienberichterstattung zu entnehmen ist – aus dem Datenvergleich der Jahre 2004 zu 2008 nicht ohne Weiteres ableiten. Zwar ist die registrierte Gewaltkriminalität 2008 erstmalig zurückgegangen. Im Wesentlichen gleich geblieben ist jedoch die Aufklärungsleistung, die bei durchschnittlich 75 % liegt. Folgerichtig ist bei der absoluten Anzahl der ermittelten Tatverdächtigen im Vergleich der Jahre 2007 bis 2008 ein geringfügiger Rückgang zu verzeichnen. Ob sich hier ein dauerhafter Trend abzeichnet, bleibt abzuwarten. In diesem Zusammenhang könnten die gesellschaftlichen Anstrengungen zur Ächtung von Gewalt ebenso wie intensivierte polizeiliche Maßnahmen gegen Jugendgewalt zu einer positiven Entwicklung beigetragen haben.

Der Anteil Nichtdeutscher an den Tatverdächtigen der Gewaltkriminalität sank zwischen 1999 bis 2008 von 28 % auf 23,5 %. Jedoch lagen die Anteile tatverdächtiger Nichtdeutscher stets um etwa 3 Prozentpunkte höher als bei der Gesamtkriminalität.

Überdurchschnittlich hohe Tatverdächtigenanteile, nämlich ca. 28 %, weisen Nichtdeutsche bei Tötungsdelikten und Vergewaltigungen auf, bei Raubdelikten sind es ca. 27 %. Auch hier ist in den letzten Jahren ein abnehmender Trend zu beobachten. Deutlich höher fällt allerdings die Belastung beim Erpresserischen Menschenraub und Geiselnahme aus.

## 2.7 Opfer

Bei den Opfern der Gewaltkriminalität lassen sich eindeutige geschlechts- und altersspezifische Unterschiede feststellen. Das größte Risiko, Opfer einer Gewalttat zu werden, besteht für heranwachsende Männer. Überwiegend männliche Opfer wurden bei Raubdelikten – mit Ausnahme des Handtaschenraubes – sowie bei Körperverletzungen, Mord und Totschlag registriert. Weibliche Opfer sind bei den Sexualdelikten überrepräsentiert. Jugendliche und heranwachsende Opfer werden besonders bei Raub und Körperverletzungen festgestellt. Ältere Frauen tragen ein besonderes Risiko, Opfer des Handtaschenraubes zu werden. Erwachsene zwischen 21 und 60 Jahren überwogen bei den Tötungsdelikten und den Delikten der Körperverletzung. Die Entwicklung der hohen Opferbelastung bei der Opfergruppe der 25- bis unter 60-jährigen Frauen lässt darauf schließen, dass dies insbesondere auf die zunehmende Anzeigebereitschaft bei häuslicher Gewalt zurückzuführen ist.

# 3 Straftaten gegen die körperliche Unversehrtheit

## 3.1 Charakterisierung

Die Verletzung der körperlichen Unversehrtheit hat der Gesetzgeber im 17. Abschnitt des Strafgesetzbuches als Körperverletzungsdelikte unter Strafe gestellt. Geschützte Rechtsgüter sind die körperliche Unversehrtheit und die Gesundheit eines Menschen. Als Tathandlungen kommen in Frage die körperliche Misshandlung oder die Schädigung der Gesundheit, d. h. die Verletzung der körperlichen Integrität.

Körperverletzungsdelikte sind kriminologisch gewaltorientierte Straftaten. Sie zählen nach der Deliktsstruktur der PKS zu den Rohheitsdelikten (SZ 200000) und sind hier speziell in der Untergruppe SZ 220000, Körperverletzungen, §§ 223–227, 229, 231 StGB, ausgewiesen. Besonders schwer wiegende Delikte der Körperverletzung sind der Gewaltkriminalität nach dem Summenschlüssel 892000 zugeordnet (weitere Ausführungen siehe dort). Gefährliche und schwere Körperverletzung auf Straßen, Wegen oder Plätzen (SZ 222100) sind außerdem Straftaten der Straßenkriminalität (Summenschlüssel 899000) – siehe dort.

Zur strafrechtlichen Einordnung der qualifizierten Körperverletzungsdelikte wird ergänzend auf die Ausführungen zur Gewaltkriminalität gem. Summenschlüssel 892000 hingewiesen.

Körperverletzungen werden in ganz unterschiedlichen Situationen und aus verschiedenartigen Anlässen heraus begangen. Im Regelfall sind Konfliktsituationen jedweder Art zwischen den Handelnden tatauslösend.

## 3.2 Strafrechtliche Einordnung

Im Einzelnen nennt das StGB die nachfolgend aufgeführten strafrechtlichen Bestimmungen der Körperverletzungsdelikte, deren Struktur mit dem 6. Strafrechtsänderungsgesetz vom 26.01.1998 umgestaltet worden ist. Ergänzend dazu ist das Gewaltschutzgesetz[8] von 2001 zu nennen, das den Opfern Schutz vor Gewalt und Nachstellungen bieten soll und bei Zuwiderhandlungen Freiheitsstrafe oder Geldstrafe androht.

(Aufzählung in der Reihenfolge der Nennungen nach dem StGB.)

### § 223 StGB Körperverletzung

Unter Strafe gestellt ist die vorsätzliche körperliche Misshandlung oder die Schädigung einer anderen Person. Die körperliche Misshandlung kann sich als Beeinträchtigung des körperlichen Wohlbefindens oder der körperlichen Unversehrtheit darstellen.

---

[8] Gesetz zum zivilrechtlichen Schutz vor Gewalttaten und Nachstellungen v. 11.12.2001 (GewSchG), in Kraft getreten am 01.01.2002 (BGBl. I S. 3513)

Die Schädigung der Gesundheit ist das Hervorrufen oder Steigern eines krankhaften Zustandes einer Person.[9] Strafandrohung ist Freiheitsstrafe bis zu 5 Jahren oder Geldstrafe. Der Versuch ist strafbar.

### § 224 StGB Gefährliche Körperverletzung

Die Vorschrift stellt einen Qualifikationstatbestand der Körperverletzung nach § 223 StGB dar. Abs 1 zählt abschließend 5 Formen der Tatbegehung auf:

Herbeiführung der Körperverletzung

– durch Beibringung von Gift oder anderen gesundheitsschädlichen Stoffen,

– mittels einer Waffe oder eines anderen gefährlichen Werkzeugs,

– mittels eines hinterlistigen Überfalls,

– gemeinschaftlich mit einem anderen Beteiligten,

– mittels einer das Leben gefährdenden Behandlung.

Einziges Qualifikationsmerkmal ist die gefährliche Art der Ausführung und nicht der Taterfolg.[10]

### § 225 StGB Misshandlung von Schutzbefohlenen

Geschützt wird durch § 225 StGB folgender besonderer Personenkreis:

– Minderjährige (Personen unter 18 Jahren),

– wehrlose Personen auf Grund von Gebrechen oder Krankheit,

soweit dieser Personenkreis zu den Tätern in einem besonderen Schutz- oder Abhängigkeitsverhältnis stehen (Abs. 1 Nr. 1.–4.).

Als Tathandlungen kommen in Betracht: quälen, roh misshandeln, böswillige (verwerfliche) Vernachlässigung und als Folge die Schädigung der Gesundheit.

Abs. 3 nennt als Qualifikationstatbestand besonders schwere Folgen der Tat wie Tod oder schwere Gesundheitsschädigung oder andere erhebliche Schädigung der körperlichen oder seelischen Entwicklung.

Im Fall des Abs. 3 handelt es sich um Verbrechenstatbestände.

### § 226 StGB Schwere Körperverletzung

Die Vorschrift stellt in Abs. 1 bestimmte durch Tathandlungen der Körperverletzung, §§ 223, 224 StGB, verursachte besonders schweren Folgen der Tat unter Strafe, soweit diese unmittelbar auf Fahrlässigkeit (erfolgsqualifiziertes Delikt) zurückzuführen sind. Als besonders schwere Folgen sind aufgeführt: Verlust des Sehvermögens, des Gehörs, der Sprache, Verlust oder dauernde Gebrauchsunfähigkeit eines Körpergliedes, dauernde Entstellung, Siechtum, Lähmung, Geisteskrankheit oder Behinderung.

---

9   Nähere Ausführungen zum Tatbestand bei Fischer (2010), § 223 StGB, Rn. 3a–6 ff.
10  Fischer (2010), 224 StGB, Rn. 2

Sind die schweren Folgen der Tat absichtlich oder wissentlich verursacht worden, ist die Tat nach Abs 2 als Verbrechen qualifiziert.

### § 227 Körperverletzung mit Todesfolge

Die Vorschrift stellt den Tod eines Menschen unter Strafe, soweit die Tatfolge als Erfolgsqualifikation durch eine vorsätzliche Körperverletzung (§§ 223, 224 StGB) zumindest fahrlässig verursacht worden ist.

Das Delikt stellt ebenfalls einen Verbrechenstatbestand dar.

### § 229 StGB Fahrlässige Körperverletzung

Unter Strafe gestellt ist die durch Fahrlässigkeit[11] begangene Körperverletzung einer anderen Person.

### § 230 StGB Strafantrag

Straftaten nach §§ 223, 229 StGB werden nur auf Antrag verfolgt, es sei denn, dass die Strafverfolgungsbehörde (Staatsanwaltschaft) ein besonderes öffentliches Interesse von Amts wegen an der Strafverfolgung für geboten hält. Zur Antragsberechtigung wird auf § 77 StGB verwiesen.

### § 231 StGB Beteiligung an einer Schlägerei

Siehe oben Ziff. 2.1, Strafrechtliche Einordnung der Delikte der Gewaltkriminalität.

### § 340 StGB Körperverletzung im Amt

Die Vorschrift stellt als Tathandlung die durch einen Amtsträger in Ausübung seines Amtes begangene Körperverletzung nach § 223 StGB unter Strafe, es sei denn, dass ein Rechtfertigungsgrund auf Grund staatlicher Eingriffsbefugnisse vorliegt.

---

11  Zum Begriff der Fahrlässigkeit siehe Fischer (2010), § 15 StGB, Rn. 12 ff.

## 3.3   Umfang und Entwicklung der Körperverletzung

Die Entwicklung der Fallzahlen der Körperverletzungsdelikte in den zurückliegenden Jahren zeigt die nachstehende statistische Übersicht.

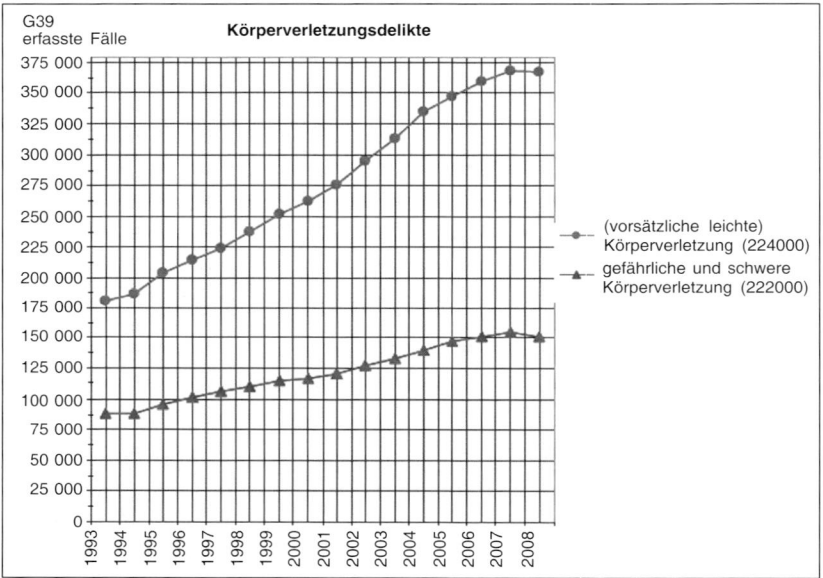

Übersicht: Grafik zur Entwicklung der Körperverletzungsdelikte im Langzeitvergleich

Nachdem die registrierten Körperverletzungsdelikte (insgesamt) in der Langzeitentwicklung der zurückliegenden Jahre einen permanenten Anstieg der Fallzahlen verzeichneten, ist erstmals für das Jahr 2008 ein Rückgang festzustellen. Für 2008 wurden 543 514 Fälle statistisch erfasst. Im Vergleich zum Vorjahr (547 076 Straftaten) beträgt die Abnahme 0,7 % = 3 562 Fälle. Die rückläufigen Fallzahlen von weniger als 1 % sind bei realistischer Betrachtung eher marginal. Sie dürften auf ein gering verändertes Anzeigeverhalten zurückzuführen sein. Hier bleibt die zukünftige Entwicklung der Fallzahlen abzuwarten, zumal nach polizeilichen Praxiserfahrungen Körperverletzungsdelikte insgesamt ein relativ hohes Straftatendunkelfeld aufweisen. Insbesondere ist die Anzeigebereitschaft der Opfer deliktsspezifisch unterschiedlich ausgeprägt. Dort, wo die Körperverletzungsdelikte auf gewalttätige Auseinandersetzung im Bereich der Jugendkriminalität zurückzuführen sind, d. h. Täter und Opfer der gleichen Altersgruppe angehören und aus der gleichen sozialen Schicht stammen, ist die Anzeigebereitschaft der Tatopfer eher eingeschränkt. Gleiches gilt, wenn die Tat im familiären Bereich geschieht.

Der Deliktsbereich der Körperverletzungen (SZ 220000) wird quantitativ von den vorsätzlich leichten Körperverletzungen nach § 223 StGB (SZ 224000) beherrscht. Von den 2008 registrierten 367 291 registrierten Fällen waren ca. zwei Drittel Straftaten nach § 223 StGB.

Quantitativ wird der Deliktsbereich der Körperverletzung durch die vorsätzlich (leichte) Körperverletzung nach § 223 StGB (SZ 224000) mit zwei Drittel (67,5 %) der registrierten Delikte = 367 291 Fälle der Körperverletzung insgesamt (SZ 220000) beherrscht. Davon werden wiederum etwa die Hälfte im öffentlichen Straßenraum begangen. Das heißt, dass ein überaus hoher Anteil der gefährlichen und schweren Körperverletzungen Taten der Straßenkriminalität sind, welche die Gefährdung der Bürger, Opfer einer schweren Gewalttat im öffentlichen Raum zu werden, wesentlich bestimmen.

Die Verlaufskurve der statistisch erfassten Delikte der Körperverletzung nach § 223 StGB zeigt in der Langzeiterfassung der zurückliegenden Jahre einen ausgeprägten permanenten Anstieg der Fallzahlen. So nahmen allein in den letzten 10 Jahren von 1999 bis 2008 die ausgewiesenen Fälle um etwa 120 000 Delikte zu. Das bedeutet einen Anstieg um knapp 50 %. Die amtliche Begründung[12] führt diese Entwicklung hauptsächlich auf die Aufhellung des Dunkelfeldes zurück, bedingt durch Änderung der gesetzlichen Rahmenbedingungen wie das Inkrafttreten des Gewaltschutzgesetzes, die Sensibilisierung von Opfern bei Gewalt im sozialen Nahraum und eine damit einhergehende gestiegene Anzeigebereitschaft. Inwieweit die statisch sichtbare Zunahme der Fallzahlen auf eine in der Gesellschaft gestiegene Gewalt- bzw. Aggressionsbereitschaft beruht, wird nicht untersucht.

Die Misshandlung von Schutzbefohlenen (SZ 223000) wird 2008 mit 4 567 der registrierten Straftaten ausgewiesen. Ihr Anteil an den Körperverletzungen insgesamt ist äußerst gering, er beträgt knapp 8 %, davon etwa drei Viertel Misshandlungen von Kindern (3 426). Im Vergleich der zurückliegenden Jahre (2004: 4 176 Fälle) haben sich die registrierten Fallzahlen nur unwesentlich verändert. Misshandlung von Schutzbefohlenen, insbesondere die Kindesmisshandlung, sind Taten, die vorwiegend im engeren sozialen Umfeldes geschehen. Soziale Problemfamilien scheinen hier besonders belastet zu sein.[13]

Ein aussagekräftiges Lagebild lässt das in der PKS erfasste Zahlenmaterial nicht zu. Die Kriminologie vermutet für diesen Deliktsbereich ein hohes Dunkelfeld.[14] Da die Taten meist im abgeschotteten Bereich der Kernfamilie geschehen, sind sie ermittlungsmäßig auch schwer nachweisbar.[15]

---

[12]  2. Periodischer Sicherheitsbericht – Kurzfassung, November 2006.

[13]  Kaiser (1996), § 61 Rn. 9. Ergänzend wird auf die folgenden Ausführungen zur Gewalt im sozialen Nahbereich hingewiesen.

[14]  Ältere Untersuchungen gehen von einem Hellfeld von etwa 5 % aus; Schneider (1987), S. 671

[15]  Schneider (1987), S. 670

## 3.4 Tatorte

Die Tatorte der Körperverletzung sind nach kriminalgeografischen Kriterien nicht überall gleich verteilt. Die Tatörtlichkeiten stehen ganz wesentlich in Abhängigkeit von der Art des Delikts und von den situativen Gegebenheiten. Die gefährliche und schwere Körperverletzung auf Straßen, Wegen oder Plätzen (SZ 221000) ist ein typisches Delikt der Großstadt. Gleiches trifft auf die Misshandlung von Kindern und die (vorsätzlich leichte) Körperverletzung zu. Hier scheinen die besondere Häufung von Problemfamilien und das soziale Umfeld tatfördernd zu sein. Ein spezieller Bereich ist der Tatort Schule (siehe dort).

## 3.5 Tatverdächtige

Körperverletzungsdelikte insgesamt weisen eine überaus hohe Aufklärungsquote auf. Sie liegt im Durchschnitt bei knapp 90 %, zum Teil auch höher, so bei der Misshandlung von Kindern (SZ 223000) mit einer AQ von fast 98 %.

Die hohe Aufklärungsleistung, d. h. der hohe Anteil der ermittelten Tatverdächtigen, ist darauf zurückzuführen, dass auch hier die Opfer auf Grund der unmittelbaren Konfrontation mit dem Täter im Regelfall in der Lage sind, die Tatverdächtigen beweiskräftig zu identifizieren oder dass enge vordeliktische Opfer-Täter-Beziehungen vorliegen, die die Täterüberführung begünstigen.

Der weit überwiegende Teil der Tatverdächtigen ist männlichen Geschlechts (deutlich über 80 %), anders bei der Kindesmisshandlung, bei der Frauen mit etwa 40 % beteilig sind.

Jugendliche und Heranwachsende sind mit Delikten der Körperverletzung zu etwa 25 % der ermittelten TV belastet. Erheblich höher liegt ihr Anteil bei der gefährlichen und schweren Körperverletzung, insbesondere beim Tatort Straße (SZ 222100). Dies zeigt sich mit Blick auf die Tatverdächtigenbelastungszahlen (TBZ).[16]

Bei etwa 30 % der Tatverdächtigen wurde bei der Tat Alkoholeinfluss festgestellt. Diese Feststellung ist insoweit von Bedeutung, als Alkoholisierung allgemein die Steuerungsfähigkeit herabsetzt, sich enthemmend auf den Täter auswirkt und dadurch die Tatbegehung fördert und den Tatablauf negativ beeinflusst. Dieses Phänomen ist vermehrt bei Gewalttaten im sozialen Umfeld zu beobachten.

---

[16] PKS Bund 2008, S. 149

## 3.6    Opfer

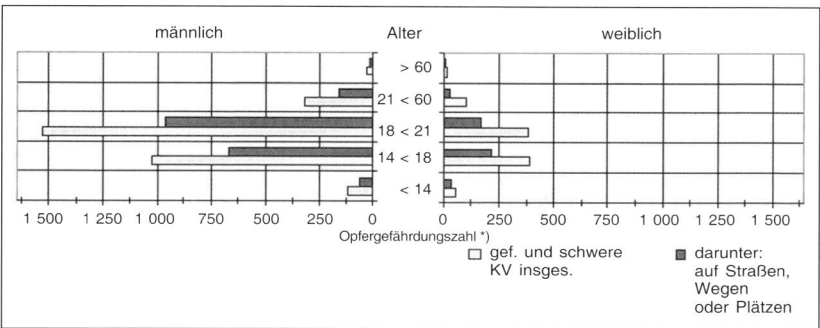

Übersicht: Grafik zur Opfergefährdung an Hand der Opfergefährdungszahlen bei vollendeter gefährlicher und schwerer Körperverletzung, -darunter auf Straßen, Wegen und Plätzen
Quelle: PKS Bund 2008, BKA, Wiesbaden 2009

2008 wurden in der BRD 608 159 Personen Opfer von Körperverletzungs-delikten (SZ 220000). Davon sind ca. 65 % (398 307) Opfer der vorsätzlich leichten Körperverletzungen nach § 223 StGB (SZ 224000) geworden. Es folgen mit einigem Abstand die Opfer der gefährlichen und schweren Körper-verletzung mit knapp 30 % (182 421). In der Gesamtsicht sind zwei Drittel der Tatopfer männliche Erwachsene. Nach Altersgruppen ohne geschlechts-spezifische Differenzierung tragen Jugendliche/Heranwachsende zu-sammen knapp 30 % des Opferrisikos. Einem deutlich höheren Opferrisiko sind sie ausgesetzt bei der gefährlichen und schweren Körperverletzung auf Straßen, Wegen oder Plätzen (SZ 222100) mit einem Anteil von fast 40 %. Dies zeigt sich auch bei der vorstehenden Grafik der Opfergefährdung an Hand von Opfergefährdungszahlen. Jugendliche/Heranwachsende weisen hier nicht nur die höchste Opfergefährdung aus, sondern zeigen auch die höchste Tatverdächtigenbelastung an Hand der TVBZ. Daraus kann ge-folgert werden, dass in diesem Deliktsbereich Täter und Opfer der gleichen Altersgruppe angehören.

Bei der Kindesmisshandlung ist die statistische Opfergefährdung bei männ-lichen und weiblichen kindlichen Opfern in etwa ausgeglichen, bei Jungen jedoch etwas höher.

# 4    Gewalt im sozialen Nahraum

## 4.1    Charakterisierung

In der sozialen Wirklichkeit treten Handlungen personaler Gewalt in vielfäl-tiger Weise in Erscheinung. Ihre Entstehungsprozesse und deren Verlauf haben teils völlig unterschiedliche Ursachen oder Anlässe. Sie sind darüber hinaus gekennzeichnet durch verschiedenartige Täter- und Opferstrukturen, d. h. Täter und Opfer stellen keine homogenen Gruppierungen dar, sondern stehen in Abhängigkeit von individuellen Tatmotiven und Zielsetzungen sowie von dem sozialen und gesellschaftlichen Umfeld, in dem die Taten geschehen. Die Tathandlungen zeigen weiterhin individuell ausgeprägte Gewaltorientierungen auf, die besonders im sozialen Nahraum häufig geprägt sind von Interaktionsprozessen zwischen den Beteiligten und die zur Viktimisierung der Opfer führen.

Das Phänomen: „Gewalt im sozialen Nahraum" ist begrifflich und vom Inhalt her sehr weit gefasst. In der einschlägigen Literatur werden auch die Bezeichnungen: „Häusliche Gewalt", „Gewalt in der Familie" oder „Familiäre Gewalt" gebraucht, die jedoch diesen Konfliktbereich nur eingeschränkt beschreiben, da er auf die Familie beschränkt wird. Unter dem umfassenden Begriff „Gewalt im sozialen" Nahraum fallen sowohl Gewalthandlungen, die dem engeren familiären Bereich zuzuordnen sind, als auch Taten außerhalb des engen Familienverbundes, bei denen interpersonale soziale Beziehungen bestehen, die für bestimmte Gewalthandlung ursächlich sind oder sie fördern. Dazu gehören sowohl straflose Verhaltensweisen gegenüber den Opfern, wie Unterdrückung, Ausbeutung, Demütigung, Erniedrigung u. ä., als auch mit Strafe bedrohte Taten unterschiedlicher Art.

Es sind Handlungsweisen, die der physischen und auch der psychischen Gewalt zuzuordnen sind. Hierzu zählen auch verschiedene Formen sexualisierter Gewalt, wie der Zwang zu erniedrigenden sexuellen Handlungen, aber auch Sexualdelikte verschiedener Begehensweisen.

## 4.2 Strafrechtliche Einordnung

– Beispiele für Delikte psychischer Gewalt:
  Nötigung (240 StGB) Bedrohung (§ 241 StGB), Beleidigung (§§ 185, 186, 186 StGB), Nachstellung – Stalking – (§ 238 Abs. 1 StGB).

– Hauptsächliche Strafrechtsnormen physischer Gewalt gegen die körperliche Unversehrtheit:
  – Körperverletzungsdelikte nach §§ 223, 224, 226, 227 StGB
  – Misshandlung von Schutzbefohlenen § 225 StGB
  – Totschlag § 212 StGB

– Hauptsächliche Strafrechtsnormen sexueller Gewalt:
  – sexueller Missbrauch nach §§ 174, 176 ff., 182 StGB
  – sexuelle Nötigung, Vergewaltigung §§ 177, 178 StGB

Weitere Ausführungen zu den o. a. Tatbestandsmerkmalen und Begehungsweisen enthalten zur strafrechtlichen Relevanz der Gewaltdelikte:

Ziff. 2.1, Strafrechtliche Einordnung, Ziff. 3.2, Strafrechtliche Bestimmungen der Körperverletzung sowie Kapitel 12, Vergewaltigung und sexuelle Nötigung.

Einige der Straftaten werden nur auf Antrag verfolgt, teils sind es Privatklagedelikte (§ 374 StPO), so z. B. die Delikte der Beleidigung oder die (vorsätzliche leichte) Körperverletzung, die jedoch in vielen Fällen wegen öffentlichen Interesses an der Strafverfolgung von Amts wegen verfolgt werden.

## 4.3 Entstehung und Verlauf familiärer Gewalt

Kennzeichnend für die Entstehung und den Verlauf von Gewalthandlungen im sozialen Nahbereich sind Interaktionsprozesse, an denen Opfer und Täter in unterschiedlicher Weise beteiligt sind und die fortschreitend insbesondere bei körperlicher Gewalt zur Viktimisierung der Opfer führen, so insbesondere bei Gewalthandlungen im familiären oder partnerschaftlichen Bereich.

Häufig sind es auch Konfliktlagen wirtschaftlicher oder partnerschaftlicher Art, die sich zwischen den Beteiligten zunehmend verschärfen und letztendlich die Auslösung und den Verlauf der Taten bestimmen, so insbesondere bei Körperverletzungsdelikten bis hin zur Tötung.

## 4.4 Opfer-Täter-Interaktion

Mit Blick auf die Opfer-Täter-Beziehungen nach der Polizeilichen Kriminalstatistik, Tabelle 92, sind für das Erfassungsjahr 2008 insgesamt 608 159 Opfer von Körperverletzungen registriert; 214 620 waren weiblich. Davon wiesen zwei Drittel der Opfer verwandtschaftliche Beziehungen zu den Tätern auf bzw. kamen die Täter aus dem Bekanntenkreis. Es ist davon auszugehen, dass diese Körperverletzungsdelikte der Gewalt im sozialen Nahbereich bzw. der familiären Gewalt zugeordnet werden können, d. h. enge interpersonale Konflikte waren bestimmend für die Auslösung der Gewalthandlungen.

Die verschiedenen Formen familiärer Gewalt wie z. B. sexueller Missbrauch, sexuelle Nötigung oder Vergewaltigung, Körperverletzungen pp. stehen im Regelfall nicht separat nebeneinander. Meist liegen mehrere Gewaltformen vor. Es handelt sich um eine komplexe bedrohliche Gesamtssituation innerhalb des engeren familiären Umfeldes.[17]

## 4.5 Sexueller Missbrauch im sozialen Nahbereich

Ein besonderes Phänomen sexueller Gewalt im Nahbereich stellt der sexuelle Missbrauch von Schutzbefohlenen und Kindern sowie die sexuelle Nötigung und die Vergewaltigung von Ehefrauen in der Partnerschaft oder im

---

[17] Frauenhelpline Schleswig-Holstein, http://www.helpline-sh.de

engen Bekanntenkreis dar. Die Tathandlungen finden zwar vor allem in der Familie und im Bekanntenkreis statt. Jedoch auch außerhalb des engen familiären Umfeldes werden Kinder und Jugendliche Opfer sexuellen Missbrauchs, z. B. im Freizeitbereich, in der Schule oder in Ausbildungsverhältnissen. Zwar geschehen etwa zwei Drittel aller Fälle im Verwandten- oder Bekanntenkreis,[18] die Taten sind jedoch nicht ausnahmslos dem engen sozialen Umfeld zuzuordnen. So bestanden nach Auswertung der Daten der PKS (2008) bei knapp 30 % der Fälle zwischen Tätern und Opfern keine Vorbeziehung (siehe unten Ziff. 4.5.4 Opfer).

### 4.5.1 Strafrechtliche Einordnung

Geschütztes Rechtsgut der Strafrechtsnormen des sexuellen Missbrauchs nach §§ 174, 176 ff., 182 StGB ist die selbst bestimmte ungestörte sexuelle Entwicklung von Kindern und Jugendlichen im Rahmen ihrer Persönlichkeitsentwicklung. Gegenüber § 176 StGB ff., sexueller Missbrauch von Kindern, ist § 174 StGB, sexueller Missbrauch von Schutzbefohlenen, ein Sonderdelikt. § 174 StGB schützt Kinder und Jugendliche, die in einem besonderen Obhuts- oder Abhängigkeitsverhältnis stehen und aus dem sich eine besondere Verpflichtung des Täters gegenüber dem Opfer ergibt.

### 4.5.2 Umfang und Entwicklung

Die Anzahl der registrierten Straftaten des sexuellen Missbrauchs (SZ 11300 und 131000) ist seit dem Jahr 2002 rückläufig. Hat die PKS für das Jahr 2002 noch 17 879 Delikte ausgewiesen, waren es für 2008 nur noch 13 667 Fälle. Das stellt einen Rückgang von ca. 23 % dar. Festzustellen ist, dass es sich hier um Zahlen des Hellfeldes handelt. Einerseits wird der dauerhafte Rückgang der Fallzahlen mit der demografischen Entwicklung bei Kindern und Jugendlichen erklärt, andererseits zeigen frühere Studien ein ausgeprägtes Dunkelfeld auf Grund der Opfer-Täter-Beziehungen.[19] In der einschlägigen Literatur werden Dunkelzifferrelationen von 1:5 bis 1:20 genannt.[20]

### 4.5.3 Tatverdächtige

Die Aufklärungsquote liegt recht hoch zwischen ca. 80 % bei sexuellem Missbrauch von Kindern und ca. 95 % bei sexuellem Missbrauch von Schutzbefohlenen. Die Erklärung dürfte in der Tatsache liegen, dass bei Bekanntwerden der Taten bei den Strafverfolgungsbehörden im Regelfall auch der Tatverdächtige bekannt ist. Für 2008 wurden insgesamt 8 927 Tatverdächtige ermittelt, bei denen es sich zu ca. 95 % um Männer handelte.

---

[18]  Polizeiliche Kriminalprävention, http://www.polizei-beratung.de

[19]  Göppinger (2008), § 29 Rn. 59

[20]  Schwind (2010), § 19 Rn. 22 mit weiteren Nachweisen

Zwei Drittel der Tatverdächtigen waren Erwachsene. Die Altergruppe der 30–50-jährigen zeigte sich besonders belastet. Die 14 bis 18-jährigen Tatverdächtigen hatten immerhin einen Anteil von ca. 16 %. Als Fazit ist festzustellen, dass der sexuelle Missbrauch von Minderjährigen hauptsächlich ein Delikt erwachsener Männern ist.

### 4.5.4 Opfer

Von den 2008 registrierten 16 893 Opfern (SZ 113000 und 131000) sind ca. 75 % weiblichen und 25 % männlichen Geschlechts.

Bei der Gegenüberstellung der Fall- und der Opferzahlen des sexuellen Missbrauchs von Schutzbefohlenen (SZ 113000) zum sexuellen Missbrauch von Kindern (SZ 131000) zeigt sich ein Verhältnis von 1:8. Kinder tragen folglich ein besonders hohes Risiko, Opfer sexueller Gewalt zu werden. Dies zeigt sich auch bei den Opfern des sexuellen Missbrauch von Schutzbefohlenen. Hier stellen Kinder ca. 60 % der Opfer.

Bei Betrachtung der Opfer-Täter-Beziehungen nach der PKS des Jahres 2008, Tabelle 92: Opfer-Tatverdächtigen-Beziehung, zeigt sich folgendes Bild:

– Verwandtschaft und Bekanntschaft     ca. 53,0 %
– flüchtige Vorbeziehung                ca.  8,5 %
– ohne Vorbeziehung                     ca. 30,0 %
– Landsmann                             ca.  2,0 %
– nicht feststellbar                    ca.  6,5 %

Die Ergebnisse sind jedoch unter Hinweis auf die Hell-Dunkelfeld-Problematik sowie auf die sehr grob strukturierten Erfassungskriterien nur bedingt aussagekräftig. Sie widersprechen auch anderen Sekundäruntersuchungen zu den Opfer-Täter-Beziehungen des sexuellen Missbrauchs bei Minderjährigen, die einen wesentlich höheren Anteil an Beziehungsstraftaten nachweisen.

# 5    Nachstellung (Stalking)

## 5.1   Charakterisierung

Der strafrechtliche Tatbestand der Nachstellung wurde durch das 40. Strafrechtsänderungsgesetz (StÄG) vom 22.03.2007 (BGBl. I S. 354) in das Deutsche Strafrecht eingeführt. Die Vorschrift stellt das unter dem angloamerikanischen Begriff Stalking bekannt gewordene beabsichtigte und wiederholte hartnäckige Verfolgen und „Belästigen eines Menschen, so dass dessen Sicherheit und er in seiner Lebensgestaltung schwer wiegend beeinträchtigt wird"[21], unter Strafe.

---

21  Was ist Stalking? Merkblatt Polizeiliche Kriminalprävention, http://www.polizei-beratung.de

## 5.2 Strafrechtliche Einordnung

Geschützes Rechtsgut der Strafrechtsnorm ist der individuelle Lebens- und Gestaltungsbereich eines Menschen und damit verbunden die Freiheit der Willensentschließung und -betätigung, weiterhin aber auch die körperliche Unversehrtheit und das Leben.

§ 238 Abs. 1 StGB beschreibt die Tathandlungen der Nachstellung. Tatbestandsvoraussetzung der mit Strafe bedrohten Nachstellung sind die Merkmale:

- unbefugt und
- beharrlich.

Die Aufzählung der einzelnen Tathandlungen enthält Abs 1, Nr 1.–5.

Dies sind im Einzelnen:

- Aufsuchen der räumlichen Nähe des Opfers;
- Kontaktaufnahme unter Verwendung von Telekommunikationsmitteln oder sonstigen Mitteln der Kommunikation oder über Dritte,
- unter missbräuchlicher Verwendung personenbezogener Daten des Opfers die Aufgabe von Bestellungen oder Dienstleistungen oder die Veranlassung Dritter, mit dem Opfer Kontakt aufzunehmen;
- Bedrohung des Opfers oder ihm nahe stehender Person mit Gewalttaten.

Die Aufzählung ist nicht abschließend („... oder eine andere vergleichbare Handlung ...")

Eine ausführliche Erläuterung der Tatbestandsmerkmale nach Abs. 1 ist bei *Nimtz*[22] zu finden.

Abs. 2 der Vorschrift stellt verschärfend Tathandlungen unter Strafe, die den im Gesetz genannten Personenkreis in die Gefahr des Todes oder einer schweren Gesundheitsschädigung bringt. Es handelt sich hier um eine klassische Qualifikation als konkretes Gefährdungsdelikt, Abs. 3 StGB ist ein erfolgsqualifizierter Tatbestand bei Verursachung des Todes.

Das Grunddelikt aus Abs. 1, Nr. 1.–5. (siehe oben) ist gemäß § 238 Abs. 4 StGB Antrags- bzw. Privatklagedelikt, soweit nicht eine Verfolgung der Tat im öffentlichen Interesse liegt. Die Qualifikationstatbestände nach den Absätzen 2 und 3 stellen Offizialdelikte dar. Das Delikt ist in seiner Grundform ein Erfolgsdelikt, d. h. dass der Versuch nicht unter Strafe gestellt ist.

## 5.3 Fallentwicklung

Mit Inkrafttreten von § 238 StGB am 31.03.2007 wurde die Falldaten des Delikts der Nachstellung für 2007 unter der SZ 232400 erstmals statistisch erfasst. Für den Erfassungszeitraum des Jahres 2007 wurden 11 401 Straf-

---

[22] Nimtz (2007), S. 493, 575

taten registriert, 2008 wurden 29 273 Fälle der Nachstellung erfasst. Aktuelleres Zahlenmaterial liegt bundesweit noch nicht vor. Über die Hell-Dunkelfeld-Problematik sind verlässliche Daten nicht vorhanden. Es kann angenommen werden, dass die Anzeigebereitschaft der Opfer eher gering ist, da die Täter nach den erhobenen statistischen Daten[23] zu etwa zwei Drittel der Fälle aus dem sozialen Umfeld der Opfer kommen.

## 5.4 Tatverdächtige

Die Aufklärungsquote beträgt kapp 90 %. Für 2008 wurden 23 296 Tatverdächtige ermittelt. Nachstellung ist ein Delikt erwachsener Täter (91 %) vorwiegend im Alter zwischen 30 bis 50 Jahren. Davon waren ca. 80 % Männer und ca. 20 % Frauen. Etwa 55 % der ermittelten Tatverdächtigen waren bereits kriminell in Erscheinung getreten. Eine bestimmte Hemmschwelle gegenüber kriminellen Handlungen war von dieser Gruppe offensichtlich bereits früher überschritten worden.

## 5.5 Stalkinghandlungen und Intervention

*Wondrak* beschreibt in ihrer Veröffentlichung zum Phänomen „Stalking" unter Rückgriff auf einschlägigen Untersuchungen u. a. typische Tathandlungen von Stalkern und deren Motive. Nach einer Sekundäruntersuchung zur Häufigkeit von Stalker-Handlungen[24] sind Telefonanrufe und andere Arten von Kommunikationsversuchen, z. B. per SMS oder E-Mail, häufige Mittel, die Opfer zu terrorisieren. In einer Vielzahl der Fälle wurden direkte Annäherungsversuche berichtet.

Eine wirksame Kriminalitätskontrolle des Stalking erfordert gesichertes Wissen über die Phänomenologie der Tathandlungen und die strafrechtlich relevanten unbestimmten Rechtsbegriffe der einzelnen Tatbestände des § 238 StGB.[25] Da die Vorschrift relativ neu ist, fehlt eine gesicherte Rechtsprechung zu den einzelnen Tatbestandsmerkmalen.

Es wird erforderlich sein, Stalkingopfer genau zu instruieren und sie so an der Beweiserhebung zu beteiligen, da sonst eine Verurteilung nicht zu erwarten ist. Zudem ist es zwingend geboten, dass das Opfer gegenüber den Stalkern deutliche beweiskräftige Stopp-Signale tätigt, um Einwänden des Täters hinsichtlich der Unbefugtheit der Kontaktaufnahmen vorzubeugen. Einen ausführlichen Katalog von Verhaltensempfehlungen bietet das Merkblatt: Stalking im Programm der Polizeilichen Kriminalprävention.[26]

---

23 Tabelle 92: Opfer-Tatverdächtigen-Beziehung
24 Wondrak (2008), S. 22 ff., mit einer ausführlichen Darstellung von Stalkerhandlungen
25 Nimtz (2008)
26 http://www.polizei-beratung.de

Im konkreten Einzelfall werden polizeiliche Maßnahmen nach dem Gefahrenabwehrrecht der Länder zu tätigen sein, je nach Art und Grad der Gefahren, die von dem Stalker für das Opfer ausgehen. Eine ausführliche Darstellung polizeirechtlicher Eingriffsmaßnahmen stellen *Vogel*[27] und Keller[28] vor. Weitere Möglichkeiten des gerichtlichen Schutzes gegen Stalker bietet § 1 des Gewaltschutzgesetzes[29] durch Annäherungs- und Kontaktverbote. Zuwiderhandlungen können mit Geldstrafe oder Freiheitsstrafe belegt werden. Für den Fall des Strafverfahrens gelten die besonderen Opferrechte nach der Strafprozessordnung.[30]

# 6 Ätiologie

## 6.1 Individuelle Bedingungen

– Gewalttäter zeigen bestimmte, für sie eigentümliche Persönlichkeitsmerkmale, die u. a. *Schneider (*1987) beschreibt. Danach wird die Neigung zur Anwendung von Gewalt vorwiegend mit Sozialisationsmängeln bei den Tätern erklärt. Der Mehrheit der gewalttätigen Personen fehlen die verbalen und sozialen Fähigkeiten, zwischenmenschliche Konflikte friedlich und mit Worten beizulegen. Die Gewaltanwendung ist bei ihnen häufig ein Ausdruck von Hilflosigkeit.

Sie zeigen einen ausgeprägten Selbstbehauptungs- und Selbstverteidigungsdrang auf Grund eines übertriebenen Selbstwertstrebens bei gleichzeitig gestörtem Selbstwertgefühl. Es wird davon ausgegangen, dass gewaltgeneigte Personen in ihrer Kindheit ungenügende gefühlsmäßige Unterstützung und Stabilität erfahren haben, sodass sie keine positive Selbstwahrnehmung entwickeln konnten.

Im Bereich der familiären Gewalt sind häufig Motive der Machtausübung und Erniedrigung gegenüber den Opfern wesentliche Triebfedern der Gewaltausübung.

– Obgleich von der grundlegenden Annahme auszugehen ist, dass Gewaltneigung ihren Ursprung in subkulturellen Normen und frühkindlichen defizitären Erlebnissen hat, entsteht Gewalt auch in gesellschaftlichen und zwischenmenschlichen Lernprozessen. Aggressive Verhaltensmuster werden verstärkt übernommen und eingeübt, wenn der Handelnde das damit von ihm angestrebte Ziel erreicht (Lernen am Erfolg). Die Zielerreichung verursacht bei ihm auch die Erwartung, in einer ähnlichen Situation durch aggressives Verhalten wiederum erfolgreich zu sein.

---

[27] Vogel (2008), S. 79 ff.

[28] Keller (2008), S. 50 ff.

[29] Gesetz zum zivilrechtlichen Schutz vor Gewalttaten und Nachstellungen (GewSchG) v. 11.12.2001 (BGBl. I S. 3513)

[30] Siehe dazu die Ausführungen zum Thema: Das Opfer im Strafverfahren; Lemke (2009): Einl. Rn. 99 ff.

Vom Lernen am Modell spricht man, wenn eine Person das Verhalten einer von ihr beobachteten Modellperson nachahmt. Bei Kindern und Jugendlichen haben Familie und Schule zunächst den größten Einfluss; zunehmende Bedeutung erlangen darüber hinaus symbolische Modelle in Politik, Sport und Medien. Die Entstehung von Gewalt durch Lernen am Modell erfolgt auch dann, wenn insbesondere Kinder und Jugendliche bereits in der Familie Gewalt durch Erziehungspersonen entweder selbst oder an anderen erfahren und dieses Verhalten modellhaft für sich übernehmen und sich damit identifizieren.

– Bei Gewalt im schulischen Bereich wird der Interaktionspartner als Objekt zur Befriedigung eigener Bedürfnisse missbraucht. Das Leiden des anderen dient der eigenen Genugtuung.

– Die in der einschlägigen Literatur diskutierten Erklärungen für Stalking stellen vorwiegend Persönlichkeitsdefekte bei den Tätern unterschiedlicher Genese in den Vordergrund. Die Spannbreite der diskutierten Erklärungsansätze bewegt sich zwischen tiefenpsychologischen Ursachen, Bindungsdefekten, psycho-pathologischen Persönlichkeitsstörungen und Sozialisationsdefekten. Auch tätertypologische Aussagen zu Stalkern sind wegen der Problematik individualtypologischer Festlegungen nur bedingt brauchbar. Für die polizeiliche Praxis bedeutet dies, dass jeder Fall individuell zu beurteilen ist, insbesondere im Hinblick auf die konkrete Gefahrenbeurteilung, die von dem Täter für das Opfer ausgeht.

## 6.2    Situative Bedingungen

– Insbesondere Täter fremdenfeindlicher Gewalt wachsen in einer Subkultur der Gewalt auf, die eigene gewaltfreundliche Verhaltensmuster, Einstellungen und Wertvorstellungen besitzt. Ideologisch legitimierte Gewalt wird von linken oder autonomen Gruppen, von rechtsorientierten oder auch ethnischen Gruppen als Mittel der Durchsetzung ihrer Ziele akzeptiert und angewendet.

– Mitglieder delinquenter, gewaltorientierter Subkulturen nehmen sich als aggressiv wahr und pflegen auch nach außen dieses Bild. Gewaltgeneigtes Gruppenverhalten zeigt sich z. B. bei gewaltorientierten Tätergemeinschaften wie Skinheads, Rocker, Punks oder Hooligans.

– Permanente Gewaltdarstellungen in den Massenmedien haben mittel- bis langfristig eine besonders auf Kinder und Jugendliche negative Wirkung. Es besteht die Gefahr der modellhaften Nachahmung von gewalttätigen Darstellungen in den Medien. Ein ungünstiges soziales Umfeld trägt zur Übernahme von Gewaltmustern bei.

– Übersteigerte Gewaltdarstellungen, Gewaltakzeptanz und Orientierungslosigkeit fördern allgemein ein gewaltförderndes gesellschaftliches Klima.

- Soweit Gewaltdelikte wesentlich von Motiven der Bereicherung gesteuert werden, spielen die sozialstrukturellen Bedingungen einer Gesellschaft eine wesentliche Rolle. Im Besonderen die Raubdelikte in den Ballungszentren finden in den sich bietenden Tatgelegenheiten, gepaart mit Anomiedruck, ihre Ursache.

# 7 Klausurbeispiel

## Sachverhalt

In der Nacht zum 24.10.2009, gegen 00.15 Uhr, wurde in der **Nähe des Hauptbahnhofes** der Universität in A-Stadt ein 30-jähriger schwarzafrikanischer Student von drei Tätern, bei denen es sich offensichtlich um alkoholisierte Heranwachsende handelte, körperlich angegriffen und beraubt. Die Täter pöbelten zunächst das Opfer mit den Worten: „Kanaken haben in Deutschland nichts zu suchen" an. Sie äußerten dann: „Ausländer raus! Ihr nehmt uns unsere Arbeit weg."

Dann forderten sie die Herausgabe von Geld. Als sich der Student mit dem Hinweis, er habe selbst nur wenig Geld zum Leben, weigerte, schlugen sie auf das Opfer ein, sodass es zu Boden fiel und traten dann wiederholt mit ihren Stiefeln dem Überfallenen an den Kopf. Dabei schrien sie immer wieder: „Kanaken raus!" Sie entwendeten dem bewegungslos am Boden liegenden Opfer die Geldbörse mit 35,00 €. Die Tat wurde von einem Ehepaar mittleren Alters beobachtet, das jedoch nicht eingriff, um die Tat zu verhindern. Nachdem die Täter zu Fuß den Tatort verlassen hatten, ohne sich weiter um ihr regungslos am Boden liegendes Opfer zu kümmern, verständigten die beiden Zeugen unverzüglich über Mobiltelefon die Polizei. Sie schilderten den eintreffenden Einsatzkräften der Polizei den Sachverhalt und gaben eine Personenbeschreibung der drei Täter: drei junge Männer, ca. 17 bis 20 Jahre alt, mittelgroß, glatzköpfig, mit kurzen schwarzen Lederjacken bekleidet, Springerstiefel, stark alkoholisiert.

Im Rahmen einer sofort ausgelösten Tatortbereichsfahndung wurden die drei Tatverdächtigen in der Nähe des Tatortes gestellt und vorläufig festgenommen. Bei ihrer Festnahme leisteten sie erheblichen Widerstand.

Das Opfer wurde notärztlich versorgt. Es hatte innere Verletzungen im Brust- und Unterleibbereich erlitten und verstarb noch in der Nacht an den Folgen der Verletzungen. Bei einer späteren Wahlgegenüberstellung werden die Tatverdächtigen von den Zeugen eindeutig identifiziert.

Sie sind bereits wiederholt mit Gewaltdelikten in Erscheinung getreten, vorwiegend mit Straßenraub und Körperverletzungsdelikten.

Sie sind aufgewachsen in einem Stadtgebiet von A-Stadt, das als sozialer Brennpunkt gilt. Sie kommen aus Problemfamilien (soziale Unterschicht), haben keinen Schulabschluss, keine Berufsausbildung und sind ohne Arbeit. Ihre Freizeit verbringen sie in Diskotheken und Spielotheken. In den letzten Monaten hatten sie Kontakt mit einer als neonazistisch bekannten Jugendorganisation.

## Aufgaben

1. Beurteilen Sie das Delikt kriminologisch. Handelt es sich um einen Fall fremdenfeindlicher Gewalt?
2. Welche Rolle spielen bei Delikten dieser Art Gewaltmotive/-handlungen?
3. Typisieren Sie die Täter!

## Lösungshinweise

### Zu Aufgabe 1: Kriminologische Beurteilung des Delikts

1 Strafrechtliche/Kriminologische Deliktsbestimmung

1.1 Es liegt ein Tötungsdelikt vor.

Welche Straftatbestände kommen in Frage?

– Körperverletzung mit Todesfolge, § 227 StGB?
– Raub mit Todesfolge, § 251 StGB?
– Raubmord, § 211 StGB?

Ob die Tötung des Opfers beabsichtigt war, ist nicht eindeutig. Die Art und Weise der Tatbegehung, nämlich das Übermaß brutaler Gewalt, spricht für Raub mit Todesfolge, § 251 StGB, leichtfertige Herbeiführung des Todes aufgrund der Beraubungshandlung. Die Tatsache, dass das Opfer offensichtlich schwer verletzt am Tatort zurückgelassen wird, lässt auch die Deutung zu, dass die Täter den möglichen Tod des Opfers vorhergesehen und ihn billigend in Kauf genommen haben. Die billigende Inkaufnahme des Todes ist für den Tötungsvorsatz (bedingter Vorsatz) ausreichend, sodass die strafrechtliche Einordnung als Raubmord, § 211 StGB, (i. Tateinheit m. § 251 StGB) zulässig ist.

1.2 Es handelt sich um ein Delikt der Gewaltkriminalität.

Auch wenn der Raubmord als Delikt im Summenschlüssel 899000 – Gewaltkriminalität – expressis verbis nicht genannt wird, ist die Tat kriminologisch von der Ausgangstat her ein Fall des Tötungsdeliktes bzw. des Straßenraubes mit Todesfolge. Darüber hinaus ist die Tat der Straßenkriminalität zuzuordnen (Summenschlüssel 899000).

Von der Bedeutung der Tat her handelt es sich um einen Fall der Schwerkriminalität.

1.3 Kriminalgeografisch ist es ein typisches Delikt der Großstadt.

2    Die Tat

2.1   Tatort, Tatzeit

Bahnhofsbereiche sind nachts potenzielle Täter- bzw. Opferräume für Raubüberfälle der Straßenkriminalität.

2.2   Tatbegehung

2.2.1  Über die Vortatphase und die Haupttatphase liegen nur eingeschränkte Erkenntnisse vor.

Aus den Erkenntnissen der Phänomenologie des Straßenraubes dürfte es sich um ein zufälliges Zusammentreffen zwischen Täter und Opfer gehandelt haben und die Tat aus einer für die Täter sich bietenden günstigen Gelegenheit heraus entstanden sein. Dass die Tat geplant war, d. h. das Opfer von den Tätern vor der Tat beobachtet wurde, ist eher nicht wahrscheinlich.

2.2.2  Der Tatablauf wurde bestimmt durch die Forderung der Täter auf Herausgabe von Geld und durch die Weigerung des Opfers. Daraufhin folgt die Anwendung erheblicher, brutaler Gewalt der Täter gegenüber dem Opfer sowie der Beraubung des Opfers, wobei die Gewaltanwendung zwar Mittel der Wegnahmehandlung war, in dem Ausmaß jedoch aus Sicht der Täter nicht als notwendige Voraussetzung für den Taterfolg gewertet werden kann, d. h. die Verletzungshandlungen sind von einem hohen Maß an Aggression und Verletzungswillen seitens der Täter gekennzeichnet.

**Zu Aufgabe 2: Stellungnahme zur Gewalt bei Raubdelikten**

Gewalt, hier die Zufügung von körperlicher Schädigung, ist begrifflich eine Form von Aggression. Die Anwendung von Gewalt ist notwendiges Tatbestandsmerkmal des Raubes. Die Anwendung von Gewalt vom Täter gegen das Opfer ist Mittel der Wegnahmehandlung. Das Motiv des Raubes liegt nicht primär in der Anwendung von Gewalt, sondern in der Bereicherung des Täters durch die Beraubungshandlung.

Der Grad der gegen das Opfer gerichteten Gewalt ist im Regelfall nach Deliktstyp und Tätertyp unterschiedlich. Bei Straßenraub ist der Grad der Gewaltanwendung typischerweise relativ gering, häufig in der Form des Wegreißens der Beute ohne Verletzungsabsicht, so beim Handtaschenraub.

In der Form der körperlichen Bedrohung des Opfers mit einer Waffe, wie dies häufig geschieht, liegt bereits eine deutliche Steigerung des Ausmaßes an Gewalt und der für das Opfer empfundenen Gefahr.

Darüber hinaus sind Fälle festzustellen, in denen der Täter dem Opfer gegenüber ein hohes Maß an erheblicher, ungezügelter Gewalt ausübt, was für ein hohes Aggressionspotenzial beim Täter spricht, wie es hier der Fall ist.

**Zu Aufgabe 3: Tätertypisierung**

Die Täter sind offensichtlich Heranwachsende. Sie fallen nur dann unter das Jugendstrafrecht, wenn sie in ihrer Entwicklung einem Jugendlichen gleichzusetzen sind. Über den Stand der Persönlichkeitsentwicklung kann keine Aussage gemacht werden.

Heranwachsende weisen eine hohe Belastung mit Delikten des Straßenraubes aus. Der Straßenraub ist zwar ein jugendtypisches Delikt, jedoch nicht in der vorliegenden Form. Der Raubmord dagegen ist ein typisches Delikt erwachsener männlicher Täter, obwohl Heranwachsende, gemessen an ihrem Bevölkerungsanteil, auch hier eine relativ hohe Belastung bei den ermittelten Tatverdächtigen aufweisen.

Die Tat sowie das Ausmaß der Gewalt und die Brutalität gegenüber dem Opfer lassen den Schluss zu, dass es sich hier nicht um eine Episodentat aus dem Bereich der Jugendkriminalität handelt, sondern dass die Täter deutliche Zeichen symptomatischer Kriminalität zeigen. Es dürfte sich um gewalttätige Neigungstäter mit wiederholter zurückliegender Straffälligkeit handeln. Es ist zu erwarten, dass die Täter mit Gewaltdelikten zukünftig erneut straffällig werden.

Nach *Heitmeyer*[31] dürften beide Täter der Gruppe der devianten Gewalttäter zuzuordnen sein. Ihr Verhalten ist weniger durch eine ausgeprägte fremdenfeindliche Einstellung gekennzeichnet als vielmehr durch allgemein abweichendes Verhalten, zu dem insbesondere Gewalttaten gehören. Bei dieser Gruppe von Tätern ist der fremdenfeindliche Charakter eher zufällig.

# 8 Prüfungsfragen

1. Beschreiben Sie die Begriffe Aggression und Gewalt!
2. Welche Delikte umfasst die Gewaltkriminalität nach der PKS?
3. Beschreiben Sie die Kriterien, nach denen die Delikte nach dem Summenschlüssel „Gewaltkriminalität" ausgewählt sind!
4. Von welchen Straftaten wird die Gewaltkriminalität quantitativ bestimmt?
5. Welche Altersgruppen treten mit Delikten der Gewaltkriminalität hauptsächlich in Erscheinung?
6. Welchen prozentualen Anteil hat die Gewaltkriminalität an der Gesamtkriminalität? Wie ist ihre Entwicklung in den zurückliegenden Jahren?
7. Welche Bedeutung hat die Gewaltkriminalität für das subjektive Sicherheitsbedürfnis der Bevölkerung?

---

[31] Göppinger (2008): S. 331 unter Bezug auf eine Studie von Heitmeyer, W. zum Rechtsextremismus, Weinheim, München 1992

8. Nennen und erläutern Sie die Ihnen bekannten Erklärungsmodelle für die Entstehung von Gewalt!
9. Beschreiben Sie einige der Ihnen bekannten Sonderformen von Gewalt, wie Gewalt in der Familie pp.
10. Welche Persönlichkeitsmerkmale zeichnen den Gewalttäter aus?

# 9 Weiterführende Literatur

Bundesministerium des Innern und Bundesministerium der Justiz der Bundesrepublik Deutschland: Periodischer Sicherheitsbericht – Kurzfassung, November 2006

Bundeskriminalamt, Polizeiliche Kriminalstatistik des Bundes 2008, Wiesbaden 2009

*Fischer, Th.:* Strafgesetzbuch und Nebengesetze, 57. Auflage, Verlag C. H. Beck, München 2010

Frauenhelpline Schleswig-Holstein, http://www.helpline-sh.de

*Galtung, J.:* Frieden mit friedlichen Mitteln, Leske u. Buderich, Opladen 1998

*Göppinger, H.:* Kriminologie, 6. Auflage, Verlag C. H. Beck, München 2008

*Kaiser, G.:* Kriminologie, 3. Auflage, C. F. Müller Verlag, Heidelberg 1996

*Keller, Ch.:* Stalking und Opferhilfe – Leitfaden für polizeiliches Handeln, Richard Boorberg Verlag, Stuttgart 2008

*Küper, W.:* Strafrecht Besonderer Teil – Definitionen mit Erläuterung,

7. Auflage, C. F. Müller, Heidelberg 2008

*Lemke, M.:* In Julius, K.-P. et al., Strafprozessordnung, 4. Auflage, Heidelberger Kommentar, C. F. Müller Verlag, Heidelberg 2009

*Nimtz, H.:* Der neue Straftatbestand gegen Stalking. In: Kriminalistik 7/2007, S. 493–496

*Schneider, H. J.:* Kriminologie, Lehrbuch, de Gruyter, Berlin, New York 1987

*Schwind, H.-D.:* Kriminologie, 20. Auflage, Kriminalistik Verlag, Heidelberg 2010

*Vogel, B.:* Gefahrenabwehrende Intervention und Bekämpfung von Stalkingfällen aus polizeilicher Sicht. In: Wondrak, Stalking, VDP, Hilden 2008

Was ist Stalking? Merkblatt Polizeiliche Kriminalprävention, http://www.polizei-beratung.de

*Wondrak, I.:* Stalking, VDP, Hilden 2008

*Zöller, A.:* In Julius, K.-P. et al., Strafprozessordnung, 4. Auflage, Heidelberger Kommentar, C. F. Müller Verlag, Heidelberg 2009

# Kapitel 19
# Diebstahl aus/in und an Kraftfahrzeugen

## 1 Phänomenologie

### 1.1 Allgemeine Angaben

In den letzten 25 Jahren wurde die Polizeiliche Kriminalstatistik entscheidend durch Straftaten rund um das Kraftfahrzeug (Kfz) geprägt. Fasst man die Delikte Diebstahl von Kraftwagen (SZ: ***100), Diebstahl in/aus Kraftfahrzeugen (SZ: *50*00), Diebstahl an Kraftfahrzeugen (SZ: *55000) und Sachbeschädigung an Kraftfahrzeugen (SZ: 674100) zusammen, so machte der Anteil dieser Delikte an der Gesamtkriminalität vor der Wende rund ein Viertel aller erfassten Straftaten aus. Danach haben sich die Straftaten rund um der *„Deutschen liebstes Spielzeug"* kontinuierlich zurückentwickelt, wenn man ihren Anteil auf die Gesamtkriminalität bezieht.

| Jahr | erfasste Fälle | ***100 | *50*00 | *55000 | 674100 | Summe Spalten 3–6 | %-Anteil Spalte 7 an erfassten Fällen |
|------|------|------|------|------|------|------|------|
| 1993 | 6 750 613 | 214 836 | 845 769 | 186 295 | 263 301 | 1 510 201 | 22,4 |
| 1994 | 6 537 748 | 211 576 | 745 945 | 189 243 | 252 588 | 1 399 352 | 21,4 |
| 1995 | 6 668 717 | 201 493 | 713 444 | 193 292 | 249 709 | 1 357 938 | 20,4 |
| 1996 | 6 647 598 | 170 941 | 647 274 | 189 119 | 248 986 | 1 256 320 | 18,9 |
| 1997 | 6 586 165 | 138 098 | 595 293 | 178 839 | 249 140 | 1 161 370 | 17,6 |
| 1998 | 6 456 996 | 112 717 | 534 018 | 166 535 | 246 506 | 1 059 776 | 16,4 |
| 1999 | 6 302 316 | 93 745 | 495 629 | 159 043 | 256 786 | 1 005 203 | 15,9 |
| 2000 | 6 264 723 | 83 063 | 461 500 | 159 064 | 257 872 | 961 499 | 15,3 |
| 2001 | 6 363 865 | 75 408 | 466 017 | 152 909 | 263 266 | 957 600 | 15,0 |
| 2002 | 6 507 394 | 70 617 | 491 972 | 160 912 | 271 101 | 994 602 | 15,3 |
| 2003 | 6 572 135 | 63 240 | 458 916 | 163 309 | 273 955 | 959 420 | 14,6 |
| 2004 | 6 633 156 | 58 937 | 439 654 | 161 466 | 277 526 | 937 583 | 14,1 |
| 2005 | 6 391 715 | 50 361 | 391 372 | 152 100 | 277 508 | 871 341 | 13,6 |
| 2006 | 6 304 223 | 42 320 | 361 759 | 143 372 | 279 934 | 827 385 | 13,1 |
| 2007 | 6 284 661 | 39 438 | 350 034 | 134 866 | 287 238 | 811 576 | 12,9 |
| 2008 | 6 114 128 | 37 184 | 290 323 | 127 063 | 283 547 | 738 117 | 12,1 |

Übersicht: Tabelle zur Entwicklung der Kriminalität rund um das Kraftfahrzeug, Deutschland 1993–2008

Die Tabelle zeigt, dass sich seit der erstmaligen gemeinsamen Erfassung der Straftaten in der PKS (1993) die Zahl der Straftaten rund um das Kfz von rund 1,5 Millionen Taten auf knapp 740 000 Taten verringert haben.

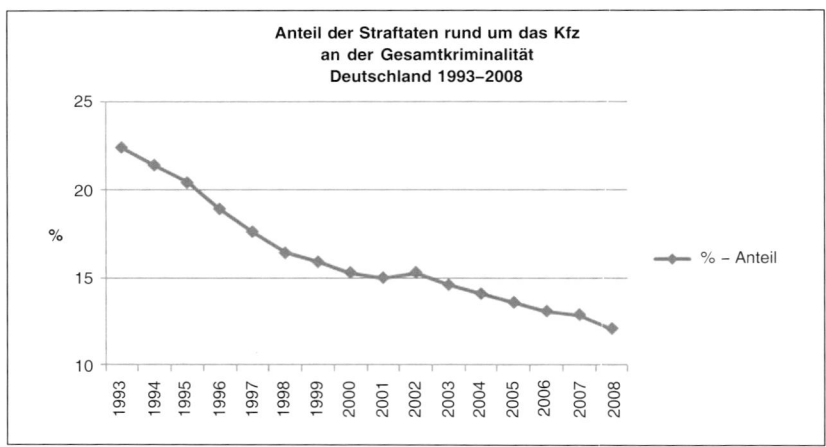

Übersicht: Grafik zum Anteil der Straftaten rund um das Kfz (SZ: \*\*\*100, \*50\*000, \*55000, 674100), Deutschland 1993–2008

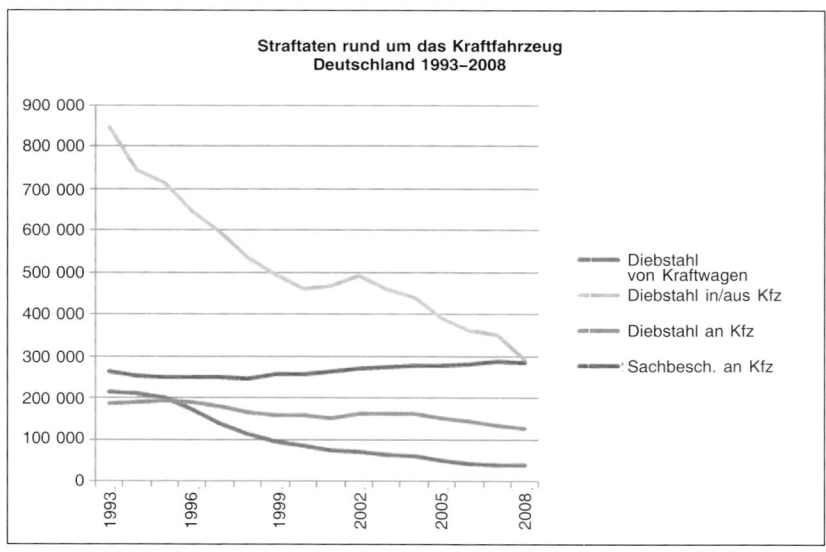

Übersicht: Grafik zur Entwicklung der Straftaten rund um das Kraftfahrzeug, Deutschland 1993–2008

Die Diebstähle aus und an Kfz und die Sachbeschädigung an Kfz sind im Zusammenhang zu betrachten. Oftmals gelingt es dem Tatverdächtigen nicht, das Kfz aufzubrechen (Versuchsanteil 2008: 16,8%) oder zu öffnen.

Es bleibt dann meist bei einer Sachbeschädigung. Diese wird vom Kfz-Halter aber gern zu einem Diebstahl an einem Kfz umdeklariert, da die Versicherung ansonsten den Schaden nicht begleicht. Deshalb ist bei den erfassten Fällen auch von einem nicht unerheblichen Anteil von Vortäuschungen auszugehen.

Andererseits werden versuchte Kfz-Aufbrüche nicht als solche erkannt, da der Schaden gering ist oder als Sachbeschädigung kategorisiert wird. Die Kfz-Versicherer bestehen mittlerweile im Schadensfall darauf, dass immer eine Anzeige bei der Polizei erstattet wird, da dies zu den Obliegenheiten des Versicherungsnehmers gehört. Deshalb ist von einem mittleren Dunkelfeld auszugehen.

Das Delikt stellt strafrechtlich ein Vergehen dar. In der öffentlichen Diskussion spielt es nur eine untergeordnete Rolle. Die Geschädigten erweisen sich jedoch oft als tief betroffen.

## 1.2 Tatzeit

Die langfristige Entwicklung der Delikte wurde in den obigen Tabellen und Grafiken dargestellt. Jahreszeitlich ist festzustellen, dass die Wintermonate überrepräsentiert sind. Dies gilt auch für die Wochenenden und die Abend- und Nachtstunden. Die Tatgelegenheit wird somit mit der Dunkelheit verbunden.

## 1.3 Tatort

Im internationalen Vergleich sind Diebstähle rund um das Kfz im Vergleich zu den anderen Mitgliedsstaaten der Europäischen Union (EU) in Deutschland unterrepräsentiert. Eine repräsentative Befragung von 35 000 ausgewählten Menschen in 15 alten EU-Mitgliedsstaaten im Jahr 2005 durch das Meinungsforschungsinstitut Gallup und das Max-Planck-Institut für ausländisches und internationales Strafrecht (European Crime and Safety Survey – EU ICS)[1] belegt Deutschland nur den vorletzten Platz.

| Gemeinde- größenklasse Einwohner (EW) | Anteil Wohnbevöl- kerung % | Anteil Straftaten insgesamt % | Anteil Diebstahl aus Kfz % | Anteil Diebstahl an Kfz % |
|---|---|---|---|---|
| < 20 000 EW | 41,7 | 24,6 | 17,5 | 26,5 |
| 20 000–100 000 EW | 27,3 | 28,3 | 24,8 | 31,1 |
| 100 000–500 000 EW | 15,1 | 19,4 | 21,3 | 18,8 |
| > 500 000 EW | 15,8 | 27,4 | 36,4 | 23,6 |

Übersicht: Tabelle zum Diebstahl aus und an Kfz, räumliche Verteilung, Deutschland 2007

---

1   Spiegel Online, Panorama, 7.2.2007; http://www.spiegel.de/panorama/justiz

Ein exakter Vergleich zur räumlichen Verteilung der Diebstähle rund um das Kfz ist nur über die Zulassungszahlen zu führen. Ein Vergleich dieser Fallzahlen mit den Bevölkerungszahlen führt vordergründig zu dem Ergebnis, dass der großstädtische Bereich deutlich überrepräsentiert ist. Hier sind aber auch die meisten Kfz im Freien abgestellt. Im ländlichen Bereich erfolgt eine Einbruchsicherung schon über das Abstellen des Kfz in einer Garage.

Interessant ist, dass sich der Anteil der Diebstähle an Kfz deutlich in Richtung ländlicher Bereich und Kleinstädte verschiebt.

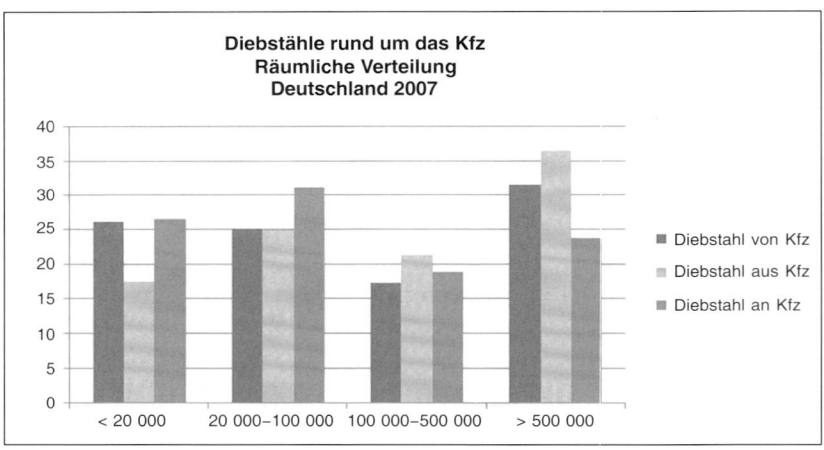

Übersicht: Grafik zur räumlichen Verteilung der Diebstähle rund um das Kfz, Deutschland 2007

Regional sind auch bei diesen Straftaten die Stadtstaaten in der Häufigkeit führend. Bremen hatte 2008 nicht nur die größte Häufigkeitszahl[2], hier lag mit 11,3 % Anteil an der Gesamtkriminalität dieser Deliktsbereich auch an 1. Stelle. Hamburg und Berlin folgen Bremen in der Hitliste der „Autoknacker". Bei den Städten über 200 000 Einwohnern führen neben den Stadtstaaten Düsseldorf, Kiel und Dortmund die Rangliste an.

Bei den Diebstählen an Kfz führt Mecklenburg-Vorpommern die Rangliste der deutschen Bundesländer an. Schlusslicht ist Bayern, welches eine Häufigkeitszahl aufweist, die gerade mal ein Viertel so groß ist wie die in Mecklenburg-Vorpommern. Bei den Städten über 200 000 Einwohnern war Magdeburg 2008 einsamer Spitzenreiter. Hier war die Häufigkeitszahl fast fünfmal so groß wie in München. Rostock und Berlin belegen hinter Magdeburg die nächsten Plätze.

---

[2]  Fälle pro 100 000 Einwohner

Zu den engeren Tatorten ist zu sagen, dass prädestinierte Tatorte etwa Großparkplätze (Flughäfen, Sportstadien), Parkhäuser und Ausflugsziele sind. Daneben werden aber immer wieder auch am Straßenrand geparkte Kfz aufgebrochen.

## 1.4 Tatopfer

Da in der PKS keine Angaben zu den Opfern (Geschädigten) von Kfz-Aufbrüchen gemacht werden, sind Aussagen nicht möglich.

## 1.5 Tatobjekt, Beute

Es werden überwiegend solche Kfz aufgebrochen, die über keine ausreichende Diebstahlsicherung verfügen oder für Täter einfach zu öffnen sind. Die ausgewählten Kfz werden mit dem bevorzugten Tatmittel geöffnet. Diese sind von Modell zu Modell sehr unterschiedlich.

Bevorzugte Beuten sind neben Bargeld auch mitgeführte Gegenstände (Taschen, Fotoapparate, Handys, MP3-Player pp.) und Kfz-Interieur (Autoradios, Navigationsgeräte).

Im Bundeslagebild Kfz-Kriminalität 2008[3] des Bundeskriminalamtes wird der Diebstahl von Fahrzeugteilen und die Entwendung von Navigationsgeräten mit anschließender Hehlerei über das Internet näher beleuchtet.

Beim Diebstahl von Kfz-Ersatzteilen besteht danach weiterhin ein hoher Bedarf in afrikanischen und den osteuropäischen Ländern. Litauen ist der führende Absatzmarkt Osteuropas.[4]

Nach einem kontinuierlichen Anstieg in den letzten Jahren sind die Pkw-Aufbrüche zur Erlangung mobiler und fest eingebauter Navigationsgeräte im Jahr 2008 um 13 % rückläufig.

---

[3] Bundeskriminalamt, Bundeslagebild Kfz-Kriminalität 2008;
www.bka.de/lageberichte/kfz/2008/bundeslagebild_kfz_2008.pdf

[4] Ebenda, S. 11

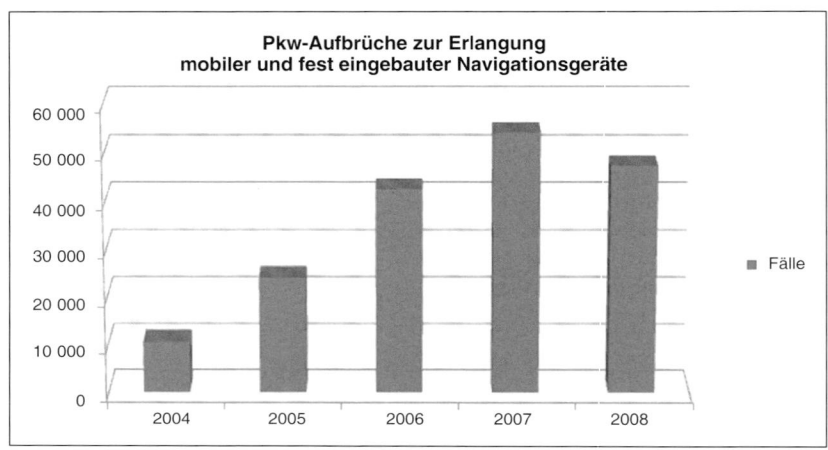

Übersicht: Grafik zu den Pkw-Aufbrüchen zur Erlangung mobiler und fest eingebauter Navigationsgeräte, Deutschland 2004–2008

Die Schadenshöhe betrug 2008 bei den Diebstählen aus Kfz knapp 185
Millionen Euro, beim Diebstahl an Kfz rund 38 Millionen Euro. Ein Drittel der
Schadensfälle lagen zwischen 50 und 250 Euro.

## 1.6    Tatmittel

Die Tatmittel variieren sehr stark. Wurde vor 3 Jahrzehnten die „Reckling-
häuser Schlinge" (Draht zur Entsicherung des Sicherungsstifts von außen
durch die Gummidichtung) als bevorzugtes Tatmittel eingesetzt, sind es
heute unterschiedlichste Gegenstände. So werden Kfz mittels „Schlossste-
chen" geöffnet, indem man mit einem starken Schraubendreher das
Schließsystem manipuliert. Scheiben werden mit Nothämmern oder Zündkerzen, auch den Keramikteilen der Zündkerzen, eingeschlagen.

Es ist jedoch festzustellen, dass bei Neufahrzeugen die Diebstahlsicherungen an den Kfz deutlich stabiler geworden sind.

## 1.7    Tathergang

Die Tatobjekte werden gezielt nach Beute ausbaldowert oder gesucht,
finden sich aber auch situativ per Zufall. Die eigentliche Tatausführung erfolgt laienhaft (Scheiben einschlagen) oder, vor allem bei Tätergruppen,
arbeitsteilig und spezialisiert. Hierzu sind auch Spezialgeräte (Ziehfix) oder
selbstgebaute Werkzeuge eingesetzt.

Für den Ermittlungsansatz von Bedeutung ist die Beuteverwertung. Da der
Eigenbedarf oftmals bereits gesättigt ist, werden Beuteteile bei Hehlern verkauft oder ins Ausland verschoben.

## 1.8    Täter

Der Diebstahl aus und an Kfz ist eine Domäne des Mannes. Bei einer Aufklärungsquote von bundesweiten 11,3 % wurden im Jahr 2008 nur rund 6,5 % tatverdächtige Frauen erfasst. Bei den tatverdächtigen Männern ist die Altersklasse der 14 bis unter 21-Jährigen gemessen an ihrem Bevölkerungsanteil deutlich überrepräsentiert. Sie stellen 40 % der Kfz-Aufbrecher bzw. nahezu 45 % der Diebe an Kfz. Jeder 4. Tatverdächtige eines Kfz-Aufbruches ist ein Nichtdeutscher (25,4 %), bei den Diebstählen an Kfz sind sie jedoch nur mit 14,9 % beteiligt. Die nichtdeutschen Tatverdächtigen sind bei beiden Deliktsgruppen selten illegal in Deutschland. Touristen und Durchreisende stellen mit 14,8 % (Diebstahl aus Kfz) und 17,3 % (Diebstahl an Kfz) einen relativ hohen Täteranteil.

„Autoknacker" handeln zu rund 54 % allein. Das bedeutet aber, dass jede 2. Tat durch zwei oder mehr Täter ausgeführt wird. Sie gehören den Tätern, die überwiegend bereits polizeibekannt sind. Fast 85 % der Kfz-Aufbrecher waren bereits als Tatverdächtige in Erscheinung getreten. Bei den Dieben an Kfz waren dies immer noch rund 2 Drittel. 28,8 % der Tatverdächtigen waren als Konsumenten harter Drogen bekannt. Diesem Täterkreis geht es beim Kfz-Aufbruch um eine schnelle Beuteverwertung. Damit ist dieses Delikt auch der indirekten Beschaffungskriminalität zuzuordnen. Belegbar wird dies auch dadurch, dass beim Diebstahl an Kfz der Täteranteil, der harte Drogen konsumiert, nur 5,5 % beträgt.

7,5 % der Kfz-Aufbrecher standen bei der Tatausführung unter Alkoholeinfluss, beim Diebstahl an Kfz war dieser Anteil mit 14,6 % nahezu doppelt so groß. Schusswaffen spielen bei beiden Delikten keine Rolle. So wurden bundesweit nur 84 (Diebstahl aus Kfz) bzw. 24 (Diebstahl an Kfz) Fälle bekannt, in denen Schusswaffen mitgeführt wurden. Die Tatverdächtigen beider Deliktgruppen werden zu rund 55 % im Bereich ihrer Wohngemeinde tätig.

# 2    Ätiologie

## 2.1    Individuelle Bedingungen

Bei den Diebstählen aus Kfz kann man auf die Aussagen zurückgreifen, die auch zum Diebstahl von Kraftwagen gemacht wurden. Es handelt sich um ein jugendtypisches Delikt. Begründet wird dies auch durch das besondere Interesse, welches dieser Täterkreis an Kraftfahrzeugen und an der zu erwartenden Beute hat. Beim Diebstahl an Kfz gilt dies besonders, da meist die eigenen Fahrzeuge gestylt und frisiert werden. Insofern greifen bei diesen Delikten auch die Erklärungsansätze, die man für das Entstehen von Jugendkriminalität heranzieht.

Eine Besonderheit stellen die Täter beim Kfz-Aufbruch dar, die der indirekten Beschaffungskriminalität zuzuordnen sind. Sie sind keine handwerklichen Spezialisten, können jedoch schnell und unauffällig möglich Beute ausmachen, wenn Geschädigte allzu sorglos mit ihrem Eigentum umgehen.

## 2.2 Situative Bedingungen

Wie bei kaum einem anderen Delikt wird der Umfang der Straftaten rund um das Kraftfahrzeug durch situative Bedingungen geprägt. *„Gelegenheit macht Diebe"* sagt ein altes Sprichwort. Die günstige Gelegenheit ist es, die Diebstähle aus und an Kfz geschehen lässt. Hierzu bedarf es der Analyse der **Tatgelegenheitsstruktur** und des **Opferverhaltens**.

Eine Tatgelegenheit entsteht dadurch, dass sie

- vorhanden ist,
- sichtbar ist,
- attraktiv ist und
- der Widerstandszeitwert gering ist, damit aber auch das Entdeckungsrisiko gering ist.

Beim Diebstahl rund um das Kfz sind die Tatobjekte in der Öffentlichkeit vorhanden, denn dort bewegen sie sich. Die Tatgelegenheiten sind auch sichtbar, da man von außen in das Fahrzeuginnere hinein sehen kann. Bei Diebstählen an Kfz sind zusätzlich angebrachte Teile, etwa durch Tuning, bewusst deutlich sichtbar. Im Fahrzeug zurückgelassene oder eingebaute Gegenstände sind von außen nach ihrer Attraktivität einschätzbar. So kann der Täter erkennen, ob es sich bei dem Handy um ein altes Gerät handelt, oder ob ein brandneues Telefon, das auf dem Markt noch knapp ist, zurückgelassen wurde. Der Widerstandszeitwert ist gering, wenn der Täter in kurzer Zeit die Sicherungen überwinden kann, die das Opfer zum Schutz seines Eigentums veranlasst hat. Je kürzer diese Zeit für den Täter ist, umso geringer ist für ihn das Risiko, bei der Ausübung der Tat überrascht zu werden. Hätte also der Fahrzeughalter den Wagen unverschlossen zurückgelassen, ist der Diebstahl von Teilen aus seinem Kfz wahrscheinlich.

Die Tatgelegenheit wird oftmals durch das Opferverhalten ausgelöst. Gehen Eigentümer zu sorglos mit ihrer Habe um, wird die Tat durch sie ausgelöst. Ein gutes Beispiel dafür, sorglose Verhaltensweisen beim Opfer zu ändern, ist das Plakatprogramm der Polizei, in welchem Fahrzeughalter aufgefordert werden, in Parkhäusern nichts sichtbar im Kfz zu hinterlassen.

## 2.3 Normative Bedingungen

Entgegen der früheren Praxis bestehen Versicherer heute auf einer Anzeige der Geschädigten bei der Polizei. Die Gesetzgebung wurde nicht geändert. Meist werden relativ geringe Strafen ausgesprochen, da es sich oft um jugendliche Täter handelt.

Von Seiten der Industrie wurden neue Diebstahlssicherungen geschaffen. Einbruchhemmendes Glas ist jedoch nur in wenigen Kfz eingebaut.

# 3 Weiterführende Literatur

Springstein, R.: Lehr- und Studienbriefe Kriminalistik, Band 14: Fahrzeug-kriminalität, VDP, Hilden 1991

# Kapitel 20
# Waren- und Warenkreditbetrug

## 1 Phänomenologie

### 1.1 Allgemeine Angaben

Eines der Delikte, welches in den letzten Jahren sehr an Bedeutung gewonnen hat, ist der Betrug. Seit dem neuen Jahrhundert sind ständig über eine Million Vermögens- und Fälschungsdelikte zu verzeichnen. Damit gehört rund jede 6. bekannt gewordene Straftat in Deutschland diesem Deliktsbereich an.

Betrugshandlungen sind nach dem Strafgesetzbuch (StGB) in der Regel Vergehenstatbestände. Nur die bandmäßige, fortgesetzte Tathandlung ist als Verbrechen mit einer Mindeststrafandrohung von einem Jahr ausgewiesen. Betrügereien sind Vermögensdelikte.

Beim **Warenbetrug** besteht die Tathandlung darin, dass der Täter verspricht, eine Ware zu liefern, was jedoch nicht oder nur in minderer Qualität erfolgt. Ziel der Tathandlung ist es, eine Bezahlung vom Opfer zu erlangen.

Dagegen ist beim **Warenkreditbetrug** die Erlangung der Ware das Ziel des Täters. Diese soll ohne oder mit geringer Bezahlung auf Kredit erlangt werden. Der Täter täuscht bei der Tathandlung seine Zahlungswilligkeit oder seine Zahlungsfähigkeit vor.

Betrugstaten zeichnen sich durch eine enorme Begehungsvielfalt aus. Daher sind in der PKS auch zahlreiche unterschiedliche Begehungsformen unter der Straftatengruppe Betrug (Schlüsselzahl: 51000) ausgeworfen.

In diesem Kapitel soll der Waren- und Warenkreditbetrug näher beleuchtet werden. Diese Straftaten werden unter der Schlüsselzahl (SZ) 511000 erfasst. Untergruppen sind das „Betrügerische Erlangen von Kfz" (SZ: 511100), der „Sonstige Warenkreditbetrug" (SZ: 511200) und der „Warenbetrug" (SZ: 511300). Auf das betrügerische Erlangen von Kfz wird im Weiteren nicht eingegangen. In den Bundesländern (z. B. Nordrhein-Westfalen), die bereits komplett die sechsstellige Erfassung nutzen, gibt es weitere Untergruppen. Unter der Gruppe „Sonstiger Warenkreditbetrug" (SZ: 5112000) werden noch die Untergruppen „Tankbetrug" (SZ: 511201), „Stoßbetrug" (SZ: 511202) und „Weitere Arten des Warenkreditbetruges" (SZ: 511279) geführt.

Betrugshandlungen, vor allem besonders raffinierte Täuschungshandlungen, wurden in der Öffentlichkeit immer diskutiert. So warnte der bekannte Fernsehmoderator Eduard Zimmermann in seiner Sendung „Vorsicht Falle – Nepper, Schlepper, Bauernfänger" immer wieder vor neuen Betrügertricks.

Dieses öffentliche Interesse hat in den letzten Jahren eher zugenommen, da auch die Fallzahlen nach oben gingen. Der Grund für diese Entwicklung liegt sicher auch in der technischen Entwicklung der letzten Jahre. Mit der Einführung des Internets, damit aber auch der Möglichkeit, Waren über das Internet zu verkaufen und zu bestellen, wuchsen die Möglichkeiten enorm, den jeweils anderen „über das Ohr zu hauen". Der Hauptgrund hierfür dürfte auch darin liegen, dass es bei der Tathandlung zu keinem persönlichen Kontakt zwischen Täter und Opfer kommt, was früher für den Betrug üblich war. Die jeweils andere Seite ist anonymisiert. Man brauchte keine besonderen Fähigkeiten mehr, um in einem persönlichen Gespräch einen Irrtum beim anderen zu erregen oder ihn von den angeblichen Vorteilen zu überzeugen. Dieses Phänomen gilt besonders für den Warenbetrug. Diese Straftaten werden zu rund drei Viertel mit dem Tatmittel Internet begangen.

## 1.2 Tatzeit

Im Folgenden wird zunächst die langfristige Entwicklung des Deliktsbereiches aufgezeigt.

| Jahr | Betrug<br>SZ: 510000 | Waren- und<br>Warenkreditbetrug<br>SZ: 511000 | %-Anteil<br>Betrug | Sonstiger<br>Warenkredit-<br>betrug<br>SZ: 511200 | Waren-<br>betrug<br>SZ: 511300 |
|------|--------|--------|--------|--------|--------|
| 1987 | 358 493 | 61 877 | 17,3 | 37 278 | 21 960 |
| 1988 | 368 776 | 56 392 | 15,3 | 36 888 | 17 059 |
| 1989 | 401 352 | 54 350 | 13,5 | 36 096 | 15 939 |
| 1990 | 363 888 | 51 521 | 14,2 | 34 817 | 14 307 |
| 1991 | 371 542 | 52 948 | 14,3 | 37 228 | 13 059 |
| 1992 | 407 492 | 54 929 | 13,5 | 41 190 | 10 839 |
| 1993 | 528 410 | 85 934 | 16,3 | 63 266 | 19 276 |
| 1994 | 587 432 | 90 496 | 15,4 | 67 684 | 19 065 |
| 1995 | 623 182 | 109 475 | 17,6 | 88 752 | 17 226 |
| 1996 | 648 650 | 114 792 | 17,7 | 95 216 | 16 529 |
| 1997 | 670 845 | 117 070 | 17,5 | 99 374 | 14 698 |
| 1998 | 705 529 | 123 908 | 17,6 | 107 108 | 14 022 |
| 1999 | 717 333 | 137 182 | 19,1 | 118 832 | 15 235 |
| 2000 | 771 367 | 158 837 | 20,6 | 134 814 | 16 387 |
| 2001 | 793 403 | 172 063 | 21,7 | 147 346 | 21 772 |
| 2002 | 788 208 | 183 995 | 23,3 | 147 324 | 33 610 |
| 2003 | 876 032 | 225 909 | 25,8 | 169 583 | 53 338 |
| 2004 | 941 859 | 269 617 | 28,6 | 183 960 | 82 541 |
| 2005 | 949 921 | 300 722 | 31,7 | 202 959 | 94 642 |
| 2006 | 954 277 | 327 052 | 34,3 | 201 074 | 123 210 |
| 2007 | 912 899 | 292 809 | 32,1 | 183 365 | 106 595 |
| 2008 | 887 906 | 302 488 | 34,1 | 187 361 | 112 721 |

Übersicht: Tabelle zur Entwicklung von Betrug und Waren- und Warenkreditbetrug, Deutschland 1987–2008

Aus der Tabelle kann man erkennen, dass sich Betrugstaten seit der Wiedervereinigung etwas mehr als verdoppelt haben. Beim Waren- und Warenkreditbetrug sind fünfmal so viele Straftaten erfasst worden wie zu Beginn der 90er-Jahre.

Früher waren die Begehungsformen der Waren- und Warenkreditbetrügereien jede 6. Betrügerei, heute ist dies rund jeder 3. Fall.

Aktuell haben sich im Jahr 2009 die Zahlen des Waren- und Warenkreditbetruges erneut erhöht. So wurden in Nordrhein-Westfalen im Jahr 2009 fast 17 000 Fälle mehr als im Vorjahr erfasst. Die Steigerung in diesem Deliktsbereich lag bei 24,3 %.[1]

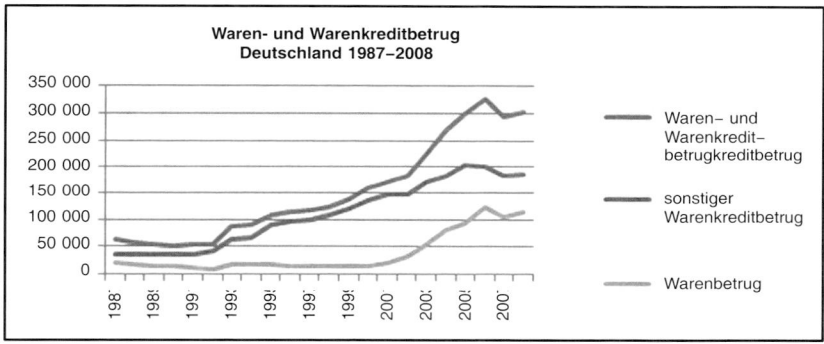

Übersicht: Grafik zur Entwicklung des Waren- und Warenkreditbetruges, Deutschland 1998–2008

Zu den monatlichen Tatzeiten ist festzuhalten, dass sich die Betrugshandlungen zum Jahresende (Weihnachten) hin vergrößern.

## 1.3 Tatort

Wegen der besonderen Erfassungsproblematik im Jahr 2008 wird die räumliche Verteilung des Waren- und Warenkreditbetruges für das Jahr 2007 dargestellt.

| Gemeinde-größenklasse Einwohner (EW) | Anteil Wohn-bevölkerung % | Anteil Straftaten insgesamt % | Anteil sonstiger Wa-renkreditbetrug % | Anteil Waren-betrug % |
|---|---|---|---|---|
| < 20000 EW | 41,7 | 24,6 | 29,4 | 28,2 |
| 20 000–100 000 EW | 27,3 | 28,3 | 30,9 | 25,9 |
| 100 000–500 000 EW | 15,1 | 19,4 | 18,1 | 26,0 |
| > 500 000 EW | 15,8 | 27,4 | 21,6 | 19,9 |

Übersicht: Tabelle zur räumlichen Verteilung Waren- und Warenkreditbetrug, Deutschland 2007

Es fällt auf, dass im Gegensatz zu den Straftaten insgesamt Waren- und Warenkreditbetrügereien kein Phänomen der Großstädte sind. Dies mag daran liegen, dass – wie bereits geschildert – die Tathandlungen vermehrt

---

[1] Polizeiliche Kriminalstatistik, LKA Nordrhein-Westfalen 2009

ohne persönlichen Kontakt zwischen Täter und Opfer ausgeführt werden. Ist das Internet Tatmittel, spielt die Raumstruktur wegen der globalen Erreichbarkeit des Internets keine Rolle.

## 1.4 Tatopfer

Die Angehörigen aller Bevölkerungsschichten sind potenzielle Opfer dieser Delikte. Da nähere Opferdaten nicht in der PKS erfasst werden, sind Angaben zur Opferstruktur nur aus speziellen Lagebildern zu erfahren.

Darüber hinaus sind beim Warenkreditbetrug die Unternehmen Opfer der Straftaten. Die zum Teil erheblichen Schäden kalkulieren die Firmen in ihre Preisgestaltung ein. Damit ist letztlich die gesamte Gesellschaft Opfer dieser Straftaten.

## 1.5 Schaden

Die Beute oder das Tatobjekt ist sehr stark abhängig von den jeweiligen Begehrlichkeiten. Deshalb wird darauf nicht näher eingegangen. Interessant sind jedoch die Schadenshöhe und die Schadensstruktur. Die Gesamtschadenshöhe bei den erfassten Fällen des Betruges liegt in Deutschland bei knapp 5 Milliarden Euro. Davon fällt auf den Leistungskreditbetrug etwa die Hälfte.

Der Warenkreditbetrug verzeichnet eine Schadenshöhe von insgesamt knapp 190 Millionen Euro, der Warenbetrug von 115,5 Millionen Euro. Betrachtet man die Schadenshöhe der vollenden Fälle exakter, so ergibt sich folgende Struktur:

| Straftat | vollendete Fälle | < 15€ % | 15–50 € % | 50 < 500 € % | 500 < 5 000 € % | > 5 000 € % | Schadens-summe in Euro |
|---|---|---|---|---|---|---|---|
| Sonstiger Warenkredit-betrug | 182 408 | 9,6 | 31,2 | 47,1 | 10,4 | 1,7 | 179 840 893 |
| Warenbetrug | 108 663 | 8,7 | 22,7 | 52,1 | 14,3 | 2,1 | 115 460 466 |

Übersicht: Tabelle zu Schadenshöhen Waren- und Warenkreditbetrug, Deutschland 2008

In beiden Deliktsbereichen liegen rund 85 % der Schäden unter 500 €.

Es ist zu vermuten, dass zu den Waren, die betrügerisch abgesetzt werden sollen, auch Diebesgut gehört.

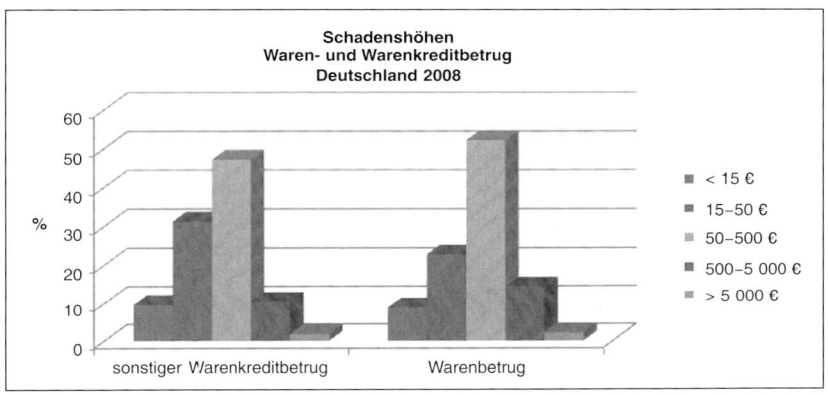

Übersicht: Grafik zu Schadenshöhen Waren- und Warenkreditbetrug, Deutschland 2008

## 1.6    Tatmittel

Wie bereits erwähnt, spielt die Nutzung des Tatmittels Internet bei der Begehung von Waren- und Warenkreditbetrügereien eine große Rolle. Wegen dieser Tendenz, die seit Beginn des neuen Jahrtausends zu beobachten war, wurde im Jahr 2004 die PKS-Tabelle 05 „Straftaten mit Tatmittel Internet" eingeführt. Die Erfassung erfolgt über die Sonderkennung „Tatmittel Internet". Mit Ausnahme des Landes Bayern erfassen alle übrigen Bundesländer dieses Tatmittel.

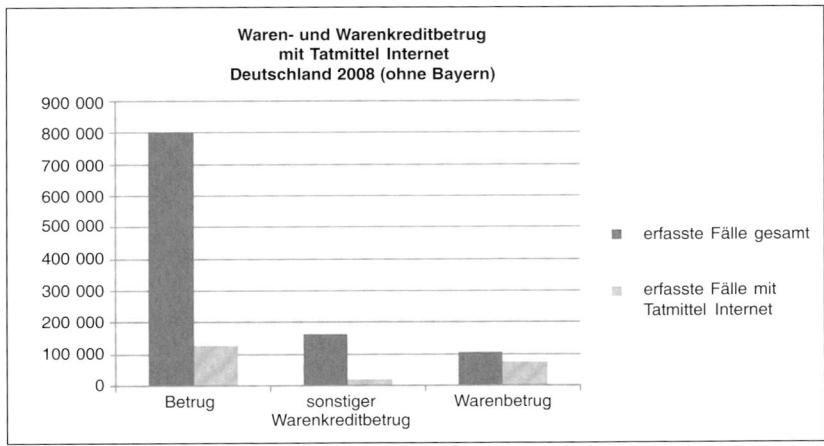

Übersicht: Grafik zum Waren- und Warenkreditbetrug mit Tatmittel Internet, Deutschland 2008 (ohne Bayern)

Vor allem beim Warenbetrug ist das Tatmittel Internet sehr verbreitet. Bezogen auf alle Straftaten entfallen 43,4 % der Fälle, für die das Internet genutzt wird, auf den Warenbetrug. Diese Straftat stellt damit den höchsten Anteil überhaupt. Bezieht man den Vergleich auf alle Betrugstaten, macht der Warenbetrug unter Einsatz des Internets 56,6 % aus.

**Deutsche shoppen gerne im Netz**

**EU Top-10-Liste 2008** | ☺BITKOM

Anteil der Personen, die für private Zwecke Waren oder Dienstleistungen über das Internet bestellt haben

1. Großbritannien — 49 %
2. Dänemark — 47 %
3. Niederlande — 43 %
4. Deutschland — 42 %
5. Schweden — 38 %
6. Luxemburg — 36 %
7. Finnland — 33 %
8. Irland — 30 %
9. Frankreich — 28 %
9. Österreich — 28 %
EU-Durchschnitt — (27 Länder) 24 %

Quelle: BITKOM auf Basis Eurostat; befragt wurden Personen zwischen 16 - 74 Jahren

Quelle: BITKOM, Bundesverband für Informationswirtschaft, Telekommunikation und neue Medien e. V., Presseinformationen 2009

Beim Warenkreditbetrug ist der Anteil der Internettaten geringer. Von allen erfassten Taten wurde 11,4 % der Warenkreditbetrügereien mit Hilfe des Internets begangen.

## 1.7 Tathergang

Der Tathergang ergibt sich bereits aus der unterschiedlichen Definition der Straftaten. Beim **Warenkreditbetrug** täuscht der Täter vor, eine bestellte Ware bezahlen oder per Kredit erwerben zu wollen. Da die Täter oftmals nicht über die entsprechenden Barmittel verfügen, erlangen sie in den Besitz der Beute, bleiben die Zahlung aber schuldig. Die Bestellungen der Waren erfolgten früher oft über Kataloge. Heute wird dazu das Internet genutzt.

Beim Warenkreditbetrug sind verschiedene Tätertypen zu beobachten.

Eine Tätergruppe ist meist bereits hoch verschuldet und hat nicht selten bereits eine eidesstattliche Versicherung abgelegt. Bestellen diese Täter Ware und erhalten sie auch, ist es für den Verkäufer nahezu aussichtslos, seine Forderung einzutreiben.

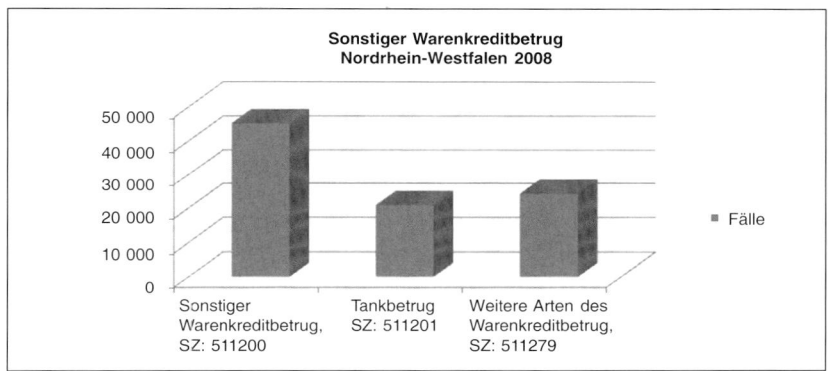

Übersicht: Grafik zum sonstigen Warenkreditbetrug mit Untergruppen, Nordrhein-Westfalen 2008

Andere Täter bestellen unter falschem Namen. Diese Pseudonyme sind bei den Firmen oder Anbietern noch nicht bekannt. Die Alternative besteht darin, unter ständig wechselnden Adressen zu bestellen. In beiden Fällen ist es die Absicht des Betrügers, für den Verkäufer nicht erreichbar zu sein.

Beim **Warenbetrug** bietet der Täter eine Ware an, die er nicht oder nur in deutlich minderer Qualität liefert. Sie wird aus dem hochwertigen Chronometer, der im Internet bestellt wurde, schnell eine minderwertige Allerweltsuhr.

Große Verkaufsportale, denen diese Verhaltensweisen bekannt sind, versuchen durch Bewertungen der Vertrauenswürdigkeit oder Sicherheit der Lieferungen diesen Trend zu stoppen. Auch werden gesicherte Bezahlmöglichkeiten (PayPal o. ä.) vorgeschrieben. Gegen diese Regel etwa des größten Verkaufsportales E-Bay wenden sich neuerdings jedoch die Verbraucherschutzorganisationen.

## 1.8 Täter

Die Aufklärungsquote beim Waren- und Warenkreditbetrug (SZ: 511000) betrug 2008 in Deutschland 78,5 %. Dabei wurden 92 % der Fälle des Warenbetruges und 70,2 % der Fälle des Warenkreditbetruges geklärt.

Von den insgesamt 458 215 ermittelten Betrügern waren 31,1 % Frauen. Damit ist der Betrug ein Delikt, bei dem der Anteil weiblicher Tatverdächtiger deutlich höher ist als bei der Gesamtkriminalität (24,4 %). Beim

Waren- und Warenkreditbetrug liegt der Anteil mit 31,9 % noch geringfügig höher. Beim Warenbetrug stellen Frauen 27,4 % der Tatverdächtigen, beim Warenkreditbetrug 34 %. In der Tendenz bedeutet dies, dass Frauen eher ihre Kreditwürdigkeit bei einer Bestellung vortäuschen, Männer häufiger beim Anbieten der Waren betrügen.

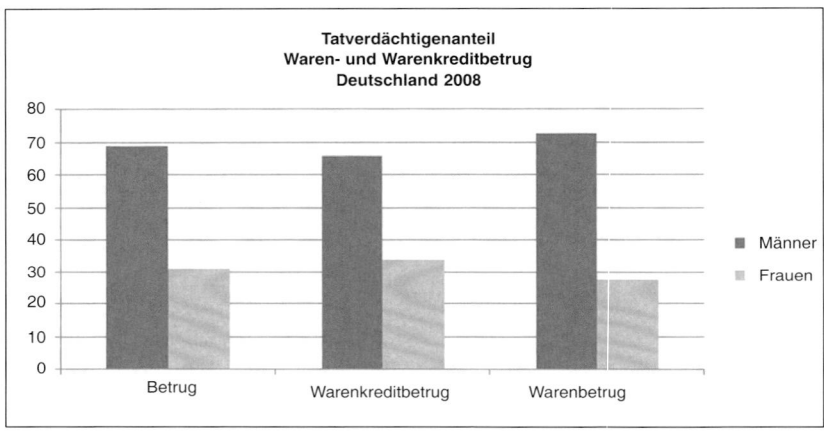

Übersicht: Grafik zur Tatverdächtigenverteilung, Waren- und Warenkreditbetrug, Deutschland 2008

Die beiden Delikte werden überwiegend durch erwachsene Täter begangen. Bein Waren- und Warenkreditbetrug beträgt der Anteil jugendlicher Täter (14 < 18) lediglich 1,7 %. Jugendliche Betrüger dieser Begehungsform sind im Verhältnis zu ihrem Bevölkerungsanteil deutlich unterrepräsentiert. Heranwachsende beginnen jedoch mit dieser Straftatenform. Dies mag auch darin begründet liegen, dass diese Altersgruppe sich besonders gut mit dem Internet auskennt, sie andererseits aber auch eigene Hausstände bilden oder besonders stark an Statussymbolen interessiert sind.

Beide Delikte werden von den Tätern in Wohnortnähe begangen. Der Anteil der Taten, die vom Wohnort oder von unmittelbarer Wohnortnähe begangen werden, beträgt rund 70 %.

Warenkreditbetrüger handeln zu 85,6 % allein. Beim Warenbetrug verringert sich dieser Anteil auf 72,5 %, d. h. hier sind häufiger Mittäter an der Tatbegehung beteiligt. Beide Betrügerkategorien sind zu rund 50 % bereits als Tatverdächtige in Erscheinung getreten.

Beide Begehungsweisen des Betruges werden von Nichtdeutschen unterdurchschnittlich häufig begangen. Beim Warenkreditbetrug lag ihr Tatverdächtigenanteil bei 17 %, beim Warenbetrug bei 14 %. Vor allem der Warenkreditbetrug, an welchem deutsche Frauen jede 3. erfasste Tat bege-

hen, sind nichtdeutsche Frauen nur mit 12 % beteiligt. Beim ausländer-
rechtlichem Status bestehen keine Auffälligkeiten.

# 2 Ätiologie

## 2.1 Individuelle Bedingungen

Zur Erklärung von Kriminalität werden Theorien zu Rate gezogen. Verschiedene Kriminalitätstheorien sind im Kapitel 2 dieses Buches dargestellt.

Eine Theorie, die besonders gut auf den Deliktsbereich Warenkreditbetrug
zutrifft, ist die **Anomietheorie**. Die Verhaltensweise „Innovation" dieser
Theorie schildert die Diskrepanz, die zwischen kulturellen Zielen und den
sozialen Mitteln, die zur Erreichung dieser Ziele benötigt werden, liegt.
Einfacher ausgedrückt bedeutet dies, dass beim Täter die gleichen Statussymbole angestrebt werden wie beim Rest seiner sozialen Schicht, er aber
nicht über die legalen sozialen Mittel (Vermögen, Beruf pp.) verfügt, um
diese Statussymbole zu erlangen. Also muss der Täter sich etwas einfallen
lasse, er muss innovativ sein. Deshalb täuscht er vor, über das notwendige
Kapital zu verfügen, um bestimmte Gegenstände, die er anstrebt, zu erwerben. Dies ist beim Warenkreditbetrug die übliche Begehungsweise.

Da die Täter heute vermehrt das Internet einsetzen, fehlt es am persönlichen Opfer. Diese Anonymisierung stellt auch eine Form der „Verneinung
des Unrechtes" dar. Bestellt der Täter die Ware, unterstellt er, dass „es
keinen Armen trifft". Diese Verhaltensweise ist typisch für die **Theorie der
Neutralisationstechniken**[2].

Beim Warenbetrug verhält sich der Täter deutlich professioneller. Die
Herkunft der Waren, die über das Internet abgesetzt werden sollen, liegt oft-
mals bereits in einer kriminellen Handlung. Der Täter handelt hier quasi als
„Hehler neuer Art".

## 2.2 Situative Bedingungen

Anreize zum Erwerb von Waren erleben wir tagtäglich rund um die Uhr in
den Medien. Dadurch wird der Anreiz auch zum illegalen Erwerb stimuliert.
Da heute über das Internet keine langen Kaufverträge, Kreditanträge o. ä.
mehr gestellt werden müssen, wird es dem Täter leicht gemacht, betrügerisch Waren zu erlangen. Diese Situation, aber auch das Opferverhalten erleichtern die Taten. Beim Warenbetrug ist es so, dass mit scheinbaren
„Schnäppchen" Opfer angelockt werden. Hier ist wieder das Opferverhalten
ausschlaggebend.

---

[2] Lamneck (1999), S. 212

Da diese Taten aber durch die Tatsituation und das Opferverhalten bestimmt werden, besteht andererseits eine große Chance, die Taten durch kriminalpräventive Maßnahmen zu verhindern.

## 2.3 Normative Faktoren

Die Fallzahlen dürften beim Waren- und Warenkreditbetrug mittelfristig nicht zurückgehen. Es steht eher zu vermuten, dass weniger Einbruchdiebstähle zu verzeichnen sein werden, andererseits Straftaten über das Internet steigen. Von daher ist durch eine angepasste gesetzliche Regelung auf das Phänomen zu reagieren, denn es steht zu vermuten, dass die Täter neue Arbeits- und Vorgehensweisen entwickeln, um betrügerisch Waren zu erlangen.

Auch die Reaktionen der Wirtschaft auf Betrugshandlungen, etwa durch größere Sicherheit bei der Bezahlung, dürften nur eingeschränkt erfolgreich sein, denn auf der anderen Seite besteht nach wie vor das Bedürfnis daran, Waren in großem Umfang zu verkaufen.

## 3 Weiterführende Literatur

*Bley, R.:* Warenkreditbetrug , Verlag Dr. Kovač, Hamburg 2008

# Kapitel 21
# Ladendiebstahl

## 1 Phänomenologie

### 1.1 Allgemeine Angaben

Eine der Straftaten, die in Deutschland am häufigsten begangen wird, ist der Ladendiebstahl. Im Sinn der Polizeilichen Kriminalstatistik (PKS) ist er dann gegeben, wenn es sich um einen „Diebstahl von ausgelegten Waren in Verkaufsräumen durch Kunden während der Öffnungszeiten" handelt. Strafrechtlich kommen die Straftaten des „einfachen" Diebstahls (§ 242 StGB), in seltenen Fällen des „schweren" Diebstahls (§§ 243 f. StGB) und des Diebstahls geringwertiger Gegenstände (§ 248a StGB) in Betracht.

Der Ladendiebstahl ist ein typisches Massendelikt. Er bestimmt seit Jahren das Bild und den Umfang der PKS. Der Ladendiebstahl ist kein eigener Diebstahltatbestand. Es handelt sich vielmehr um die kriminologische Beschreibung einer Tat.

In der Beurteilung der Bevölkerung handelt es sich beim Diebstahl um ein „Bagatell-" oder „Kavaliersdelikt". Dass dies eine offenbare Fehleinschätzung ist, wird deutlich, wenn man den wirtschaftlichen Schaden im stationären Einzelhandel betrachtet. Dieser beträgt nach Untersuchungen des Einzelhandels jährlich rund 4 Milliarden Euro. Statistisch gesehen ist demnach jeder 200. gefüllte Einkaufswagen nicht bezahlt.[1] Dabei gehen Experten davon aus, dass die Dunkelziffer über 95 % beträgt. Die Hauptursache für die Inventurdifferenzen liegt nach Einschätzung des Einzelhandels im Ladendiebstahl (50 %), gefolgt von Diebstählen der Mitarbeiter (20 %). Der Rest entfällt auf Lieferanten, Servicekräfte und organisatorische Fehler.

In der PKS wird der Ladendiebstahl unter der Schlüsselzahl (SZ) 326*00 erfasst. Von den knapp 1,3 Millionen Diebstählen ohne erschwerende Umstände waren rund 30 % Ladendiebstähle. Der Anteil des Ladendiebstahls an der Gesamtkriminalität beträgt 6,3 %.

| Jahr | Straftaten insgesamt | Diebstahl insgesamt | Einfacher Diebstahl | Schwerer Diebstahl |
|------|----------------------|---------------------|---------------------|--------------------|
| 1993 | 6 750 613 | 4 151 087 | 1 605 495 | 2 545 592 |
| 1994 | 6 537 748 | 3 866 336 | 1 489 037 | 2 377 299 |
| 1995 | 6 668 717 | 3 848 308 | 1 530 796 | 2 317 512 |
| 1996 | 6 647 598 | 3 672 655 | 1 560 779 | 2 111 876 |

---

[1] Schenk (2009), S. 286

| Jahr | Straftaten insgesamt | Diebstahl insgesamt | Einfacher Diebstahl | Schwerer Diebstahl |
|------|---------------------|---------------------|---------------------|--------------------|
| 1997 | 6 586 165 | 3 537 610 | 1 572 558 | 1 965 052 |
| 1998 | 6 456 996 | 3 323 989 | 1 525 869 | 1 798 120 |
| 1999 | 6 302 316 | 3 133 418 | 1 480 659 | 1 652 759 |
| 2000 | 6 264 723 | 2 983 269 | 1 463 794 | 1 519 475 |
| 2001 | 6 363 865 | 2 971 727 | 1 475 375 | 1 496 352 |
| 2002 | 6 507 394 | 3 090 154 | 1 535 562 | 1 554 592 |
| 2003 | 6 572 135 | 3 029 390 | 1 540 932 | 1 488 458 |
| 2004 | 6 633 156 | 2 961 030 | 1 516 894 | 1 444 136 |
| 2005 | 6 391 715 | 2 727 048 | 1 415 530 | 1 311 518 |
| 2006 | 6 304 223 | 2 601 902 | 1 362 615 | 1 239 287 |
| 2007 | 6 284 661 | 2 561 691 | 1 314 277 | 1 247 414 |
| 2008 | 6 114 128 | 2 443 280 | 1 277 295 | 1 165 985 |

Da bei den meisten angezeigten Ladendiebstählen der Täter bereits bekannt ist, beträgt die Aufklärungsquote 93,1 %.

| Jahr | Einfacher Diebstahl 3***00 | Ladendiebstahl 326*00 |
|------|---------------------------|-----------------------|
| 1993 | 1 605 495 | 662 172 |
| 1994 | 1 489 037 | 579 274 |
| 1995 | 1 530 796 | 607 471 |
| 1996 | 1 560 779 | 650 152 |
| 1997 | 1 572 558 | 670 153 |
| 1998 | 1 525 869 | 647 924 |
| 1999 | 1 480 659 | 589 011 |
| 2000 | 1 463 794 | 554 565 |
| 2001 | 1 475 375 | 541 656 |
| 2002 | 1 535 562 | 549 353 |
| 2003 | 1 540 932 | 525 380 |
| 2004 | 1 516 894 | 501 433 |
| 2005 | 1 415 530 | 452 897 |
| 2006 | 1 362 615 | 428 553 |
| 2007 | 1 314 277 | 400 183 |
| 2008 | 1 277 295 | 386 039 |

Übersicht: Tabellen zum Ladendiebstahl

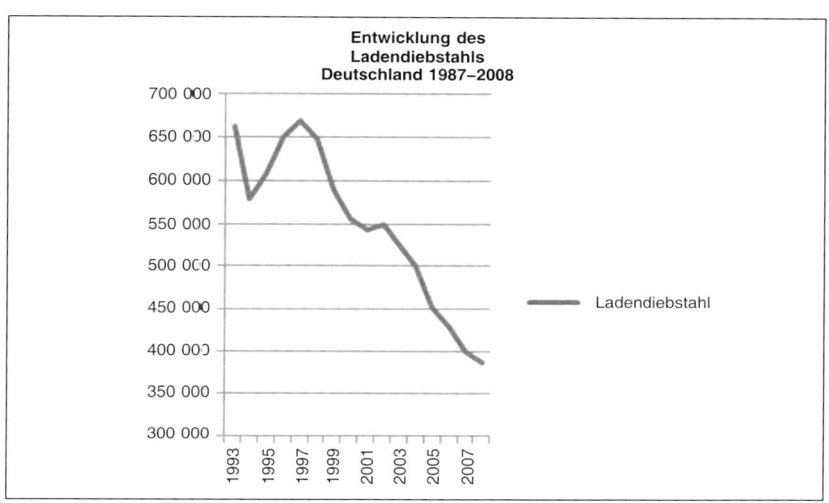

Übersicht: Grafik zu Fallzahlen und Entwicklung des Ladendiebstahls, Deutschland 1993–2008

## 1.2 Tatzeit

Ausgehend von der Definition des Ladendiebstahls liegen die Tatzeiten in den Öffnungszeiten der Geschäfte. Jahreszeitlich ist von einem erhöhten Fallaufkommen in der Vorweihnachtszeit auszugehen. Auch bei Sonderverkäufen und Aktionen, die während des gesamten Jahres angeboten werden, ist mit höheren Fallzahlen zu rechnen.

## 1.3 Tatort

Beim Ladendiebstahl bestimmen sich die Tatorte durch das Vorhandensein von Geschäften und Warenhäusern. Da diese in Ballungsgebieten und Großstädten häufiger zu finden sind, ist hier der Anteil der Taten im Verhältnis zur Wohnbevölkerung auch größer.

| Gemeindegrößen-klasse Einwohner (EW) | Anteil Wohnbevölkerung % | Anteil Straftaten insgesamt % | Anteil Ladendiebstahl % |
|---|---|---|---|
| < 20 000 EW | 41,7 | 24,6 | 14,9 |
| 20 000–100 000 EW | 27,3 | 28,3 | 32,4 |
| 100 000–500 000 EW | 15,1 | 19,4 | 23,7 |
| > 500 000 EW | 15,8 | 27,4 | 29,0 |

Übersicht: Tabelle zur räumlichen Verteilung des Ladendiebstahls, Deutschland 2007

Die Länder mit der höchsten Häufigkeitszahl sind die Stadtstaaten Bremen, Berlin und Hamburg. Bei den Städten über 200 000 Einwohnern führen Magdeburg vor Frankfurt am Main und Hannover.

## 1.4 Tatopfer

Geschädigt sind beim Ladendiebstahl anonyme Opfer, nämlich die Warenhauskonzerne und Geschäftsinhaber. Gerade dies ist auch ein Grund dafür, dass die Skrupel vor einer Tat gering sind. In „Tante-Emma-Läden" ist die Zahl der Taten im Verhältnis deutlich geringer.

## 1.5 Schaden

Für die knapp 380 000 „einfachen" Ladendiebstähle wurde in der PKS ein Schaden von rund 24,5 Millionen Euro ausgewiesen. In mehr als der Hälfte der Fälle (54 %) lag der Schaden unter 15 €. Für diese Taten ist der Tatbestand des Diebstahls geringwertiger Gegenstände einschlägig. Diese Straftaten werden nur auf Antrag verfolgt. Strafanträge der geschädigten Firmen sind jedoch üblich.

Gestohlen werden die unterschiedlichsten Waren. Diese reichen von Lebensmitteln bis zu elektronischen Geräten. Das Diebesgut ist in hohem Maße vom Alter der Tatverdächtigen abhängig. Außerdem ist eine intensive Bewerbung von einzelnen Waren dafür verantwortlich, dass gerade diese Teile bevorzugt gestohlen werden.

## 1.6 Tatmittel

Die meisten Taten werden ohne spezielles Tatmittel begangen. Die Waren werden aus den Regalen genommen und in der Kleidung oder in mitgeführten Taschen etc. versteckt. Bei organisierten Tätergruppen sind Diebesschürzen oder präparierte Kleidungsstücke im Einsatz.

## 1.7 Tathergang

Die Taten sind sehr stark davon abhängig, welche baulichen Voraussetzungen die Täter vorfinden und welche technischen Sicherungsmaßnahmen von den Warenhäusern getroffen wurden. Neben dem Verstecken am Körper sind das Umetikettieren der Waren, das Umpacken in andere Verpackungskartons oder das Entfernen von Sicherungschips o. ä. üblich.

In einzelnen Fällen, in denen die Tatverdächtigen erst beim Verlassen des Geschäftes angesprochen werden, kommt es auch zum räuberischen Diebstahl (§ 252 StGB), weil die Tatverdächtigen Gewalt anwenden, um sich im Besitz der Ware zu halten.

## 1.8    Täter

Für die rund 386 000 Ladendiebstähle in Deutschland im Jahr 2008 wurden 313 707 Tatverdächtige ermittelt. 40 % der ermittelten Tatverdächtigen waren weiblich.

Von den ermittelten Tatverdächten waren 13,1 % Kinder, 19,3 % Jugendliche, 6,2 % Heranwachsende und 61,4 % Erwachsene. Gemessen an ihrem Bevölkerungsanteil waren damit gerade Jugendliche und Kinder erheblich überrepräsentiert. Das mag auch darin begründet sein, dass gerade diese Altersgruppen von Kaufhausdetektiven besonders beobachtet werden.

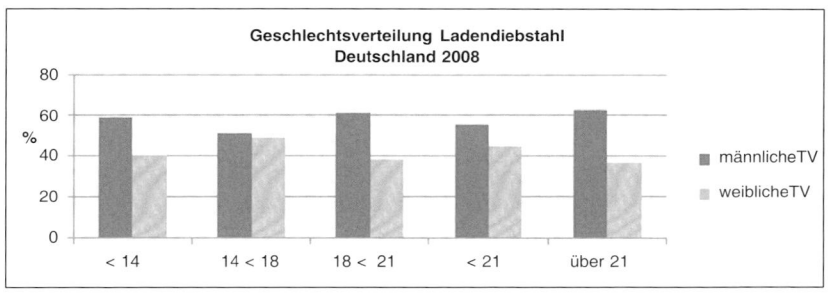

Übersicht: Grafik zur Geschlechtsverteilung und Lebensalter, Ladendiebstahl, Deutschland 2008

Nichtdeutsche stellten 20,4 % der ermittelten Tatverdächtigen. Von diesen waren 40,6 % weiblich. Nichtdeutsche Ladendiebinnen waren damit prozentual genauso häufig an Taten beteiligt wie deutsche Täterinnen. Von den nichtdeutschen Tatverdächtigen waren nur 1,2 % illegal in Deutschland. Touristen und Durchreisende stellten rund jeden 8. nichtdeutschen Ladendieb.

75,6 % der Ladendiebe handelten allein. 37,1 % der Ladendiebe waren bereits als Tatverdächtige in Erscheinung getreten. Konsumenten harter Drogen stellten immerhin 4,6 % der ermittelten Tatverdächtigen. Unter dem Einfluss von Alkohol standen 3,7 % der Ladendiebe. Alkoholisiert waren allerdings nur 13 % der weiblichen Täterinnen. Im Jahr 2008 wurden von den über 313 000 Ladendieben keine Schusswaffen mitgeführt. Der Aktionsradius der Ladendiebe ist relativ klein, denn 77 % der Täter stahlen in der Tatortgemeinde oder im Landkreis der Tatortgemeinde.

# 2    Ätiologie

## 2.1    Individuelle Bedingungen

Bei einem Massendelikt, wie es der Ladendiebstahl ist, findet man Täter aus allen sozialen Schichten. Jugendliche Täter, die am Beginn einer kriminellen Karriere stehen, Täter, die aus einer wirtschaftlichen Notlage heraus stehlen, oder Gelegenheitsdiebe, die den schnellen Zugriff wagen, sind genauso vertreten wie Kleptomanen, die aus krankhaftem Trieb heraus tätig werden, oder organisierte Kriminelle. Deshalb gibt es nicht den einen Erklärungsansatz beim Ladendiebstahl.

Gängige Erklärungstheorien wären die **Anomietheorie** in der Ausprägungsform der Innovation. Die Täter wollen über die gleichen Statussymbole wie der Rest der Gesellschaft verfügen, können dies aber nur durch den Einsatz illegaler sozialer Mittel.

Gut als Erklärungsansatz wäre auch die Theorie von den **Neutralisationstechniken** heranzuziehen. Die Täter neutralisieren ihr schlechtes Gewissen, indem sie die Schuld für die Tat auf die Opfer übertragen. „Die haben den Schwund doch schon auf die Preise aufgeschlagen" oder „die Metro wird auch nicht ärmer, wenn ich im Media-Markt eine CD mitnehme" wären typische Schlagworte, mit denen die Täter sich die Tat erklären.

Andere Theorien, die gut herangezogen werden können, wären etwa die **Halttheorien** oder die **Theorie der differenziellen Gelegenheiten**. Näheres hierzu findet sich im Kapitel **Kriminalitätstheorien**.

Im Folgenden sollen einige individuelle Gründe aufgeführt werden, die für das Entstehen der Ladendiebstähle ursächlich sein können:[2]

–  **Warenüberfülle:** diese führt zur irrtümlichen Vorstellung eines minimalen Schadens,
–  **Reizüberflutung:** diese in der Fachterminologie als „flooding" bezeichnete Verhaltensform wird durch den Erlebnishandel mit Präsentations- und Dekorationsorgien ausgelöst. Warenfülle ohne Orientierungshilfen, Warten und Suchen im Gedränge führen zu einer Überaktivierung und Überspannung. Kleinere Entwendungen führen als vermeintliche Kavaliersdelikte zu Deaktivierung und zum Spannungsabbau,
–  **Geringschätzung des Eigentums:** diese ideologische Voreingenommenheit ist bei einigen Tätern zu beobachten,
–  **Geringschätzung des Handels:** es bestehen Vorurteile vor der kapitalistischen Wirtschaftsweise und der Globalisierung. Diese führt zur Rechtfertigung über die Technik der Neutralisation,
–  **Wohlstandsverwahrlosung:** bei Kindern und Jugendlichen zu beobachtende Verwahrlosung, die neben verstärkter Gewaltbereitschaft, Aggression und Angabe auch zum *Cliquen-Sport* Ladendiebstahl führt,
–  **Gruppendruck:** der Besitz *cooler Marken* als Statussymbol,
–  **Krankhafte Stehlsucht:** die Kleptomanie ist in allen Gesellschaftsschichten vertreten; bei Drogenabhängigen entwickelt sie sich im Rahmen der indirekten Beschaffungskriminalität,

---

2  Schenk (2009), S. 286

- **Zunehmende Armut,**
- **Zunehmende Vereinsamung und Verzweiflung alter Menschen:** Alterskriminalität.

## 2.2 Situative Bedingungen

Ladendiebstähle werden oft durch die besonderen situativen Bedingungen ausgelöst. Zum einen wollen die Händler gern und viel verkaufen, preisen deshalb ihre Waren möglichst offen an, zum anderen bedingt dies aber den schnellen Zugriff durch die Täter. Dieses Selbstbedienungsprinzip verstärkt den Tatentschluss bei potenziellen Tätern. Mangelnde Diebstahlssicherungen verstärken diesen Effekt. Bei einer unzureichenden Raumüberwachung oder Warensicherung werden die Täter quasi angelockt.

Nach *Schenk*[3] gibt der Handel jährlich ca. 1 Milliarde Euro für organisatorische und personelle Maßnahmen der Diebstahlsicherung aus. Dies wären rund 0,3 % des Umsatzes. In Frage kommen folgende Einzelmaßnahmen:

- **Ladengestalterische Maßnahmen:** in Frage kämen hier übersichtliche, helle Verkaufsräume ohne tote Winkel und Ecken; weiter empfehlen sich Spiegel mit konvexem Schliff, Durchblickspiegel, Spiegeldecken und niedrige Regale,
- **Elektronische Hilfsmittel:** feste oder bewegliche Videokameras, elektronische Artikelsicherungen, Spezialetiketten mit Ausgangssicherungen wären Beispiele für diese Sicherungsform,
- **Technische Hilfsmittel:** hier wären direkte Warensicherungen über Ketten, Perlonschnüre oder Schließmechanismen, festsitzende Klebeetiketten oder Preisauszeichnungen mit Spezialfarben anzuführen,
- **Organisatorische Maßnahmen:** Personalschulungen über Tricks der Ladendiebe, regelmäßige Prüfungen der Sicherungssysteme, Stichprobenkontrollen bei Lieferanten und Spediteuren, aber auch rechtliche Aspekte und korrekter Umgang mit Personen, die einen Alarm ausgelöst haben, sind Beispiele für solche Maßnahmen,
- **Personelle Maßnahmen:** als Beispiele wären hier der Einsatz qualifizierter Hausdetektive, die Motivation des Personals zur Aufmerksamkeit (Fangprämien), aber auch die Abhängigkeit der Tantiemen für Führungskräfte vom Inventurergebnis anzuführen.

## 2.3 Normative Bedingungen

Betrachtet man die jährlichen Ausgaben für Inventursicherungen und den Inventurverlust in Höhe von rund 5 Milliarden Euro wird deutlich, dass es sich beim Ladendiebstahl keineswegs um ein Bagatelldelikt handelt. Hier

---

3  Schenk (2007), S. 86

gilt es umzudenken. Zu Diebstählen kommt es auch, weil die Angst vor Bestrafung fehlt. Die ausgesprochenen Sanktionen sind oft harmlos, erzielen damit aber auch keine Abschreckungswirkung.

Neue Gesetze werden nicht gebraucht. Es sollte jedoch eine schnelle Bestrafung im Rahmen des vereinfachten Verfahrens erfolgen, um durch die zeitliche Nähe zwischen Tathandlung und Sanktion dieser Handlung eine unmittelbare Beziehung herzustellen.

# 3 Weiterführende Literatur

*Schenk, H.-O.:* Psychologie im Handel, 2. Auflage, Oldenbourg Wissenschaftsverlag, München 2007

*Schenk, H.-O.:* Haltet den Dieb! Economag-Magazin 12/2009 (economag.de)

# Literaturverzeichnis

*Albrecht, G.:* Kriminalgeographie, Städtebau und Kriminalität. In: Kaiser, G./Kerner, H.-J./Sack, F./Schellhoss, H. (Hrsg.), Kleines Kriminologisches Wörterbuch, 3. Auflage, UTB Bd. 1274, C. F. Müller Verlag, Heidelberg 1993

*Amendt, G.:* Unzucht mit Kindern. In: Kriminalistik 7/00, S. 452–456

*Ammer, A.:* Kommunale Kriminalprophylaxe, Weisser Ring, Gemeinnützige Verlags-GmbH, Mainz 2000

Arbeitsgemeinschaft Kinder- und Jugendschutz (AJS), Landesstelle NRW: Gegen den sexuellen Missbrauch an Mädchen und Jungen; 12/93

*Bange, D./Deegener, G.:* Sexueller Missbrauch an Kindern, Beltz Psychologie Verlags Union, Weinheim 1996

*Behrmann, K./ Wienberg, H./ Püschel, K.:* Zur Vortäuschung von Sexualdelikten. In: Kriminalistik 4/90, S. 207–210

*Bley, R.:* Warenkreditbetrug, Verlag Dr. Kovac, Hamburg 2008

*Braun, G.:* Täterinnen beim sexuellen Missbrauch von Kindern. In: Kriminalistik 1/02, S. 23–27

*Braun, M./Endress, E./ Trube-Becker E.:* Sexueller Missbrauch von Kindern und Jugendlichen in der Familie, Verlag Hoheneck, Hamm

*Brill, K./Dombrowski, Th./ Friedrich, K.:* Vorgetäuschte Vergewaltigungen – Fiktion und Fakten. In: Der Kriminalist 2/98, S. 75–77

Bundeskriminalamt (Hrsg.): Aktuelle Phänomene der Gewalt, BKA-Forschungsreihe, Bd. 29, Wiesbaden 1994

Bundeskriminalamt (Hrsg.): Polizeiliche Kriminalstatistik 2008, Bundesrepublik Deutschland, Wiesbaden 2009

Bundeskriminalamt (Hrsg.): Kriminalprävention in Deutschland, Länder-Bund-Projektsammlung, Wiesbaden 1999

*Burghard, W., et al. (Hrsg.):* Kriminalistik Lexikon, 3. Auflage, Kriminalistik Verlag, Heidelberg 1996

*Clages, H.:* Der rote Faden, 11. Auflage, Kriminalistik Verlag, Heidelberg 2004

*Clages, H./Nisse, R.:* Bearbeitung von Jugendsachen, Lehr- und Studienbriefe Kriminalistik/Kriminologie, Band 12, VDP, Hilden 2009

*Clages, H./Nisse, R.:* Musterklausuren Kriminologie, Verlag Deutsche Polizeiliteratur, Hilden 1999

*Deidenhofer, A.:* Jugendrecht, 30. Auflage, Beck-Texte, dtv, München 2009

*Diemer, H./Schoreit, A./ Sonnen, B.-R.:* Jugendgerichtgesetz, 5. Auflage, C. F. Müller Verlag, Heidelberg 2008

*Drießen, B.:* Vergewaltigung und sexuelle Nötigung. In: Der Kriminalist 11/03, S. 415–419

*Egg, R.:* Zur Rückfälligkeit von Sexualstraftätern. In: Kriminalistik 6/99, S. 367–373

Erlasse Erlasse zum Opferschutz oder zur Bearbeitung von Straftaten gegen die sexuelle Selbstbestimmung, z. B. Erlass des IM NRW v. 3.2.2004, MBl. NRW Nr. 9, S. 229–232

*Exner, F.:* Kriminologie, 3. Auflage, Springer-Verlag, Berlin, Göttingen, Heidelberg 1949

*Fattah, E. A.:* Vers une typologie criminologique des victimes, Revue Internationale des Police Criminelle 1967, S. 97–116

*Fischer, Th.:* Strafgesetzbuch, 57. Auflage, Verlag C. H. Beck, München 2010

*Fischer, G./Köhler, H.:* Wohnungseinbrüche in Köln. In: Der Kriminalist 1703, S. 2–9

*Fröhlich, W. D.:* Wörterbuch Psychologie, dtv, 25. Auflage, München 2005

*Füllkrug, M./Schmidt, V.:* Sexualdelikte, Kindermisshandlung, Lehr- und Studienbriefe Kriminalistik, Heft 10, 3. Auflage, Verlag Deutsche Polizeiliteratur, Hilden 1998

| | |
|---|---|
| *Gallwitz, A.:* | Kinderfreunde – Kindermörder, 2. Auflage, Verlag Deutsche Polizeiliteratur, Hilden 2001 |
| *Gallwitz, A.:* | Ratschläge zum elterlichen Umgang mit ihren Kindern. In: Deutsche Polizei 3/97, S. 9–10 |
| *Gallwitz, A./Paulus, M./ Drewes, D.:* | Das Tabu: Sexuelle Gewalt, Polizei – Dein Partner, VDP, Hilden 2005 |
| *Galtung, J.:* | Frieden mit friedlichen Mitteln, Leske u. Buderich Verlag, Opladen 1998 |
| *Geßner, H.:* | Vorgetäuschte Sexualdelikte. In: Kriminalistik 12/91, S. 799–800 |
| *Göbel, R./ Wallraf-Unzicker, F.:* | Kriminalprävention, Eine Auswahlbiographie, BKA-Forschungsreihe, Bd. 45, Bundeskriminalamt, Wiesbaden 1997 |
| *Göppinger, H./Bock, M.:* | Kriminologie, 6. Auflage, Verlag C. H. Beck, München 2008 |
| *Gorodecka, B.:* | Kfz-Kriminalität in Polen. In: Kriminalistik 8/94, S. 567–574 |
| *Groß, H./Geerds, F.:* | Handbuch der Kriminalistik, 10. Auflage, J. Schweizer Verlag, Berlin 1977 |
| *Häcker, H. O./ Stapf, K.-H.(Hrsg.):* | Dorsch, Psychologisches Wörterbuch, 15. Auflage, Verlag Hans Huber, Bern 2009 |
| *Harbort, St.:* | Das Serienmörder-Prinzip, Piper Verlag, München 2008 |
| *Harras, H.:* | Fahrzeugkontrollen – erfolgreich gestalten. In: Der Kriminalist 9/01, S. 338–341 |
| *Harras, H./Lapp, M.:* | Phänomen Kraftfahrzeugverschiebung. In: Der Kriminalist 10/98, S. 393–399 und 11/98, S. 450–456 |
| *Hellmer, J.:* | Jugendkriminalität, 4. Auflage, Luchterhand Verlag, Neuwied, Darmstadt 1978 |
| *Hellmer, J.:* | Kriminalitätsatlas der Bundesrepublik Deutschland und West-Berlins – ein Beitrag zur Kriminalgeographie –, BKA-Schriftenreihe, Wiesbaden 1972 |
| *Hentig, Hans von:* | The criminal and his victim, Archon Books, New Haven 1948 |

*Hermanutz, M./*
*Lasogga, F.:*            Einbruchsdiebstahl. In: Kriminalistik 3/98,
S. 171–179

*Herold, H.:*            Die Bedeutung der Kriminalgeografie für die
polizeiliche Praxis. In: Kriminalistik 7/77,
S. 289–296

*Hofmann, F.:*            Kriminalgeographie. In: Kerner, H.-J. (Hrsg.),
Kriminologie Lexikon, 4. Auflage, Kriminalis-
tik Verlag, Heidelberg 1991

*Jarchow, E./*
*Meier, K. H.:*            Aufklärungsquote als Zielinhalt. In: Kriminalistik 6/07, S. 386–391

*Janssen, H.:*            Chicago-Schule. In: Kerner, H.-J. (Hrsg.),
Kriminologie Lexikon, 4. Auflage, Kriminalis-
tik Verlag, Heidelberg 1991

*Julius, K-P. et al:*            Strafprozessordnung, Heidelberger Kommentar, C. F. Müller Verlag, Heidelberg 2009

*Kaiser, G.:*            Kriminologie, 9. Auflage, UTB Bd. 594, C. F.
Müller Verlag, Heidelberg 1993

*Kaiser, G.:*            Kriminologie. Ein Lehrbuch, 3. Auflage,
C. F. Müller Verlag, Heidelberg 1996

*Kaiser, G./Kerner, H. J./*
*Sack, F./*
*Schellhoss, H. (Hrsg.):*            Kleines Kriminologisches Wörterbuch,
3. Auflage, UTB Bd. 1274, C. F. Müller
Verlag, Heidelberg 1993

*Kaiser, G./Schöch, H.:*            Kriminologie, Jugendstrafrecht, Strafvollzug,
7. Auflage, Verlag C. H. Beck, München
2010

*Keller, Ch.:*            Stalking und Opferhilfe – Leitfaden für polizeiliches Handeln, Richard Boorberg Verlag,
Stuttgart 2008

*Kerner, H. J. (Hrsg.):*            Kriminologie-Lexikon, 4. Auflage, Kriminalistik Verlag, Heidelberg 1991

*Kreuzer, A./*
*Römer-Klees, R./*
*Schneider, H.:*            Beschaffungskriminalität Drogenabhängiger,
BKA-Forschungsreihe Bd. 24, Wiesbaden
1991

*Kube, E./Koch, K.-F.:*            Kriminalprävention, Lehr- und Studienbriefe
Kriminologie, Band 3, VDP, Hilden 1992

*Kube, E./Störzer, H. U./*
*Timm, K. J.:*            Kriminalistik, Handbuch für Praxis und Wissenschaft, Band 1, Richard Boorberg Verlag, Stuttgart 1992

*Küper, W.:*            Strafrecht Besonderer Teil – Definitionen mit Erläuterung, 7. Auflage, C. F. Müller Verlag, Heidelberg 2008

*Kury, H./Chouaf, S./*
*Obergfell-Fuchs, J.:*      Sexuelle Viktimisierung an Frauen. In: Kriminalistik 4/02, S. 241–247

*Kürzinger, J.:*         Kriminologie, 2. Auflage, Boorberg Verlag, Stuttgart 1996

*Lamnek, S.:*          Theorien abweichenden Verhaltens, 7. Auflage, UTB Bd. 740, W. Fink Verlag, München 1999

*Luff, J./Sutterer, P.:*    Diebstahl von Kraftfahrzeugen, Bayerisches Landeskriminalamt, Kriminologische Forschungsgruppe der Bayerischen Polizei

*Meier, B. D.:*         Kriminologie, 3. Auflage, Verlag C. H. Beck, München 2007

*Mendelsohn, B.:*      Une nouvelle Branche de la Science Bio Psycho-Sociale – la Victimologie, Revue Internationale de Criminologie et de Police Technique 1956, S. 95–105

*Mergen, A.:*          Kriminologie, Eine systematische Darstellung, 3. Auflage, Verlag Vahlen, München 1995

*Meyer, J.:*           Wohnungseinbruch in München – Eine Auswertung der Täterarbeitweisen im Jahr 2004 im Vergleich zu 1999. In: Kriminalistik 2/06, S.118–120

*Müther, J.:*           Sexuelle Gewalt. In: Deutsche Polizei, 10/93, S. 6–12 und 14–18

*Niggemeyer, B.:*      Kriminologie, Leitfaden für Kriminalbeamte, Schriftenreihe des Bundeskriminalamtes, Wiesbaden 1967

*Nimtz,H.:*            Der neue Straftatbestand gegen Stalking. In: 7 und 8–9/07,

*Nisse, R.:*           Kriminalisten Fachbuch (KFB), Kriminalistische Kompetenz, 2. Auflage, Verlag Schmidt-Römhild, Lübeck 2002

*Nommel, J.-U.:*  Das geografische Muster der Kriminalität – Eine GIS-Analyse zur Identifizierung kriminogener Faktoren. In: GIS/Geobit 10/01, S. 29–31

*Paulus, M.:*  Die Polizei im Umgang mit Opfern sexueller Gewalt. In: Der Kriminalist 5/00, S. 215–217

*Rauch, E.:*  Sexualdelikte 1987–1996. In: Kriminalistik 2/02, S. 96–101

*Rinne, H.:*  Taschenbuch der Statistik, 4. Auflage, Harri Deutsch Verlag, Frankfurt am Main 2008

*Rückert, S.:*  Tote haben keine Lobby, 4. Auflage, Hoffmann und Campe Verlag, Hamburg 2008

*Rupprecht, R.:*  Polizei Lexikon, 2. Auflage, Kriminalistik Verlag, Heidelberg 1995

*Sack, F.:*  Kritische Kriminologie. In: Kleines kriminologisches Wörterbuch, 3. Auflage, C. F. Müller Verlag, Heidelberg 1993

*Schenk, H.-O.:*  Psychologie im Handel, 2. Auflage, Oldenbourg Wissenschaftsverlag, München 2007

*Schenk, H.-O.:*  Haltet den Dieb! In: Economag magazin 12/2009 (http://www.economag.de)

*Schmelz, G.:*  Lehr- und Studienbriefe Kriminologie, Band 14, Raub, räuberischer Diebstahl, VDP, Hilden 2002

*Schmitt, B.:*  Kriminologie, Jugendstrafrecht, Strafvollzug, 5. Auflage, Alpmann u. Schmidt, Juristische Lehrgänge, Münster 2008

*Schneider, H. J.:*  Kriminologie der Sexualdelikte – Neue Forschungsergebnisse zu Erscheinungsformen, Ursachen und Reaktionsmöglichkeiten. In: Kriminalistik 4/99, S. 233–238 und 5/99, S. 297–302

*Schneider, H. J.:*  Kriminologie, Verlag de Gruyter, Berlin, New York 1987

*Schneider, H. J.:*  Kriminologie, Prüfe Dein Wissen, 3. Auflage, Verlag C. H. Beck, München 1992

*Schneider, H. J.:*  Kriminologische Ursachentheorie. In: Kriminalistik 5/97, S.306–318

*Schulz, H.:*  Bekämpfung der Rauschgiftkriminalität, Kriminalistik Verlag, Heidelberg 1987

| | |
|---|---|
| *Schwind, H.-D.:* | Kriminologie, 20. Auflage, Kriminalistik Verlag, Heidelberg 2010 |
| *Schwind, H.-D./ Ahlborn, W./Weiß, R.:* | Dunkelfeldforschung in Bochum 1986 / 87, BKA-Forschungsreihe, Bd. 21, Wiesbaden 1989 |
| *Schwind, H.-D./ Baumann, J. (Hrsg.):* | Ursachen, Prävention und Kontrolle von Gewalt, Band I–IV, Duncker & Humblot Verlag, Berlin 1990 |
| Sexueller Missbrauch | Sexueller Missbrauch von Kindern; Leitthema des Delegiertentages des Bundes Deutscher Kriminalbeamter (BDK), BDK/NRW, Print 12/97 |
| *Springstein, R.:* | Fahrzeugkriminalität, Lehr- und Studienbriefe Kriminalistik, Band 14, VDP, Hilden 1991 |
| *Thamm, B. G.:* | Drogen – legal – illegal, VDP, Hilden 1991 |
| *Vier, L./Müller, W./ Rauch, G.:* | Die vorgetäuschte Vergewaltigung. In: Der Kriminalist 9/84, S. 353–359 |
| *Walter, M.:* | Jugendkriminalität, 2. Auflage, Boorberg Verlag, Stuttgart 2001 |
| *Wondrak, I.:* | Stalking, VDP, Hilden 2008 |
| *Zimmermann, E.:* | Jugendgewalt. In: Kriminal Digest 5/93, S. 10–36 |

**Berichte**

Periodischer Sicherheitsbericht – Kurzfassung, November 2006, Bundesministerium des Innern und Bundesministerium der Justiz der Bundesrepublik Deutschland

Rauschgift-Jahreskurzlage 2008, Bundeskriminalamt, Wiesbaden 2009

Rauschgiftkriminalität-Lagebild NRW 2008,

Landeskriminalamt NRW, Düsseldorf 2009

Polizeiliche Kriminalstatistik Bundesrepublik Deutschland 2008, Bundeskriminalamt, Wiesbaden 2009

## Internet-Fundstellen

*Heinz, W.:* Jugendkriminalität in Deutschland, http://www.uni-konstanz.de

Programm Polizeiliche Kriminalprävention: http://www.polizei-beratung.de

Wörterbuch der Sozialpolitik: http://www.socialinfo.ch/cgi-bin/dicopossode/

http://www.bka.de

http://www.bmj.de

http://www.helpline.de

http://www.mivea-digital.de

http://www.gdv.de

http://www.kba.de

http://www.polizei-nrw.de/LKA/kriminalpraevention

http://www.polizei-beratung.de

http://www.kriminologie.uni-hamburg.de

http://www.krimlex.de

# Stichwortverzeichnis